KB076451

"프랭크 캐프라는 '영화는 질병이다'라는 말을 했습니다. 저는 일찍이 그 병에 걸렸죠."

「카지노」 촬영장에서.

마틴 스코세이지: 레트로스펙티브

MARTIN SCORSESE

A RETROSPECTIVE

톰 숀 지음 김경진 옮김

그책
THAT BOOK

일러두기

1. 외국 인명과 지명은 외래어표기법을 따르되 일부는 관용적인 표기를 따랐다.
2. 영화·방송·오페라·뮤지컬·연극·대본은 「 」, 단행본·단편·신문·잡지는 『 』, 노래·시·미술 작품은 〈 〉로 표기했다.
3. 각주는 모두 역자 주이다.

목차

"**오랜** 세월 동안 수많은 영화감독들이 제게
영감을 주었습니다. 그들의 이름을
어디서부터 언급해야 할지 모르겠네요. 그들에게 감사를
드립니다. 치열한 경쟁이 펼쳐지는 직업 속에서 살아남아
자신의 비전을 내세우는 독창적인 영화 제작자에게도
마찬가지입니다.
개인적 표현에 대해 이야기할 때면 저는 엘리아 카잔의
영화 「아메리카 아메리카」를 자주 떠올립니다.
카잔의 삼촌이 아나톨리아¹를 떠나 미국으로 향한
여행 이야기, 아주 생소한 이국땅에서 이 나라로 건너온
수많은 이민자들의 이야기를 담은 영화죠. 저는 이 영화에
일종의 동질감을 느꼈고 또 깊은 감명을 받았습니다.
사실 저는 이와 같은 여행을 하고 있었어요.
아나톨리아는 아니지만 어떤 면에서는 아주 낯선 땅인
제가 사는 뉴욕 지역에서 떠난 여행이었습니다.
상상할 수도 없는 일이었던 영화를 만들기 위해
그 땅에서 여행을 떠난 겁니다.
사실 제가 더 어렸을 때는 다른 여행을 하려고 했습니다.
종교적인 여행이었죠. 성직자가 되고 싶었습니다.
하지만 곧 제 진짜 천직, 진정한 소명召命은 영화라는 걸
깨달았어요. 저는 교회와 영화, 신성함과 불경함이
부딪친다는 걸 전혀 알지 못했습니다. 둘 사이엔 분명
중대한 차이점이 있지만 교회와 극장 사이에는 커다란
유사성도 있습니다. 둘 다 사람들이 함께 가서 공통된
경험을 나누는 곳이죠. 저는 영화가 신앙을 대체할 수 있는
건 아닐지라도 거기엔 영성靈性이 담겨 있다고 생각해요.
지난 수년간 D. W. 그리피스의 영화 「인톨러런스」부터
존 포드의 「분노의 포도」, 앨프리드 히치콕의 「현기증」,
스탠리 큐브릭의 「2001 스페이스 오디세이」, 그 외
다양한 작품에 이르기까지 수많은 영화가 인간의 본성에
담긴 영적인 측면을 다룬다는 걸 알게 되었습니다.
공통된 무의식의 오랜 탐구에 대해 영화가 대답을 해 주는
것 같습니다. 영화는 사람들이 공통된 기억을 나누어야
한다는 정신적 욕구를 충족해 주거든요."

마틴 스코세이지, 「마틴 스코세이지의 영화 이야기」(1995) 중에서.

1　흑해와 에게해, 지중해로 둘러싸인 서아시아의 반도. 과거에는 소아시아로 불렸으며 현재의 튀르키예 영
　토에 해당한다.

「순수의 시대」(1993) 촬영 중.

서문

이제 백발이 된 그의 머리는 더 큰 소명을 받은 인물처럼 말쑥하고 근엄한 느낌을 준다. 영화가 그의 종교로 자리하기 전 그가 한때 몸담으려 생각했던 성직자의 모습일지도 모르겠다. 그는 우디 앨런, 스티븐 스필버그와 더불어 이름뿐만 아니라 얼굴까지 잘 알려진 몇 안 되는 영화감독 중 한 명이다. 급하게 활짝 웃는 웃음, 굵은 눈썹과 뿔테 안경은 한때 히치콕의 퉁퉁한 실루엣이 그랬던 것처럼 그가 "영화감독"이라는 사실을 분명하게 보여 주고 있다.

마틴 스코세이지는 일흔이 넘었지만[1] 사그라지지 않은 활기로 가득 차 있다. 그는 마치 착암기鑿巖機와 같은 리듬으로 빠르게 말하는데, 『뉴요커』의 영화 평론가 앤서니 레인은 이에 대해 "강단과 청중 사이에 끼어 있는 설교자"라는 인상적인 비유를 한 바 있다. 그는 비토리오 데 시카의 「움베르토 디」 클라이맥스에 등장하는 개의 얼굴 표정("진정 멋진 연기 중 하나")에서부터 「생쥐와 인간」에서 개를 죽이는 장면("충격적"), 그가 「좋은 친구들」을 연출하던 시기에 네 번째 아내 바바라 드 피나가 사 준 비숑 프리제("총소리 때문에 신경 쇠약에 걸려 버린 불쌍한 개")에 이르기까지, 영화의 역사와 개인의 추억을 섞어 활기차게 이런저런 이야기를 시작한다. 그의 이야기는 폭발하듯 터져 나오는 웃음으로 끝난다. 느낌표와도 같은 웃음이 방을 가득 채우고 그의 몸은 흔들리며 뒤로 젖혀진다. 그는 많이 웃는다. 어렸을 때는 천

---

1 마틴 스코세이지는 1942년 11월 17일생으로, 2023년 현재 나이는 81세이다.

"영화는 다른 이를 집에 초대하는 것과 같습니다. 영화 없이는 살 수 없을 정도로 영화가 삶에서 더없이 중요한 부분이 된다는 건 꽤나 근사한 일이에요. 그게 바로 제가 다른 이들을 위해 이루고 싶은 일이라는 생각을 했습니다."

좋았던 시절—「택시 드라이버」로케이션 중에.

"아카데미 시상식의 한 관계자가
그런 말을 한 적이 있어요.
제가 좀 더 인도주의적인
영화를 만들면 기꺼이 상을
주겠다더군요…
「택시 드라이버」이후로는 상을
받을 수 없다는 걸 깨달았죠.
덕분에 정말로 만들고 싶은 영화를
만들 수 있는 자유를 얻었고요.
제게는 그게 진짜 상이에요.
저는 영화 일을 하는 내내
다른 사람 때문에 상처를 입거나
방해받지 않고 제가 좋아하는 걸
만들어 왔습니다."

식에 시달린 탓에 웃는 게 힘들었다고 한다. 요즘에는 질문을 던졌을 때 그의 눈 속에서 또 자세에서 가끔씩 엿보이는 투쟁 도피 반응[2]을 통해 숫기 없었던 어린 시절의 흔적이 드러난다. 질문자의 말이 발사되어 날아오는 미사일이라도 되는 양 고개를 숙여 무릎을 바라보는 자세 말이다.

같은 시대에 활동한 많은 사람들 가운데에서도 스코세이지의 커리어는 지난 50년간 표현 수단이 완전히 바뀐 구조적 변화의 전형을 가장 잘 보여 준다. 영화는 예술일까 사업일까? 개인적인 영화를 만들며 경력 전체를 유지할 수 있을까? 유럽 스타일의 영화 작가가 할리우드에서 얼마나 오래 버틸 수 있을까? 스코세이지 덕분에 지금 우리는 마지막 질문의 답을 알고 있다. 9년이다. 이는 이 감독이 할리우드에 머물렀던 기간으로, 그가 1971년 1월 로스앤젤레스에 도착해서 빈센트 미넬리의 영화 「낯선 곳에서의 2주」포스터를 침대 위에 붙였던 순간부터 「뉴욕, 뉴욕」의 실패로 할리우드에서 그의 평판이 곤두박질치고 코카인 때문에 건강이 망가진 채 뉴욕으로 돌아온 1979년 겨울까지다. 그리고 그사이에 그는 폭력과 가슴 졸이는 유머, 분노와 로큰롤로 가득한, 미국 영화 중에서도 가장 개인적이라 할 수 있는 격정적이고 민감한 작품들, 즉 「비열한 거리」, 「택시 드라이버」, 「분노의 주먹」

을 포함한 다수의 영화를 만들었다. "「비열한 거리」는 제 자신의 일부나 다름없는 작품이었습니다." 그는 1981년 한 인터뷰에게 이렇게 말했다. 폴 슈레이더가 쓴 「택시 드라이버」대본을 읽었을 때 그는 자신이 꿈꾸어 왔던 작품이라고 생각했다. 「분노의 주먹」은 설사 마지막 작품이 된다 할지라도 그가 반드시 만들어야 했던, "가미카제처럼 무모하게 제작한 영화"였다.

스코세이지는 이 영화들에서 가슴속의 모든 걸 툭 털어놓거나 자신의 생각을 거리낌 없이 드러내지는 않았다. 그중에서도 「택시 드라이버」와 「분노의 주먹」은 표현주의 걸작이다. 바이마르 공화국 시기의 영화감독들이 개척한 이 영화 스타일[3]은 이후 어렴풋이 나타나는 그림자와 매끄럽게 퍼지는 공포의 모습으로 미국 필름 누아르에 스며들었다. 이는 주인공들의 심리 상태를 표현하는 들쭉날쭉한 시각적 시정詩情을 찾아내고자 하는 감독의 의지에 따라 무대 장치, 의상, 카메라 앵글, 편집 등 일체의 수법에 사용되어 왔다. 「택시 드라이버」에서 스코세이지의 카메라는 탯줄로 이어져 있는 것처럼 영화 내내 트래비스 비클을 쫓는다. 트래비스가 식당에 앉으면 카메라도 그를 따라 자리에 앉는다. 「분노의 주먹」의 가장 중요한 경기

---

2 위급한 상황에 처하거나 갑작스러운 자극이 닥쳤을 때 맞서 싸울지 도주할지 결정하는, 빠른 방어 행동 또는 문제 해결을 위해 발생하는 생리적 반응.

3 바이마르 공화국은 1919년 수립되고 1933년 히틀러가 총통이 되며 나치당에 의해 무너진 독일의 공화국 체제를 일컫는다. 독일 무성 영화의 전성기였던 이 시기에 「칼리가리 박사의 밀실」(1920, 로베르트 비네)이나 「노스페라투」(1922, 프리드리히 빌헬름 무르나우), 「메트로폴리스」(1927, 프리츠 랑)와 같은 표현주의 걸작들이 등장했다.

제이크 라모타 역의
로버트 드 니로가 홀로
자신의 악마를 마주하고
있다. 피에트로 마스카니가
작곡한 「카발레리아
루스티카나」의 간주곡으로
시작하는 「분노의 주먹」의
장엄한 오프닝 장면.

장면에서 제이크 라모타가 슈거 레이 로빈슨과 대결할 때 로빈슨은 역광 속에서 악마와 같은 실루엣을 띠고 나타나는데, 관중이 깨닫지 못하는 동안 카메라는 맹렬하게 이동해 들어가서 단 하나의 사실을 전달한다. 제이크가 그 자신의 악마와 싸우고 있다는 사실이다. 그는 쉽사리 자기 자신과 싸울 수 있는 인물이다.

마치 호흡을 함께하듯 만드는 이와의 연관성을 품고 있는 이러한 개인적인 영화 만들기의 유일한 문제는 그 관계가 끊어질 때 그걸 즉각 알 수 있다는 점이다. 『뉴요커』에 「샤인 어 라이트」[4]를 리뷰하며 앤서니 레인은 이렇게 썼다. "주제를 탐구하는 스타일에 있어 뚜렷한 인상을 받았다. 「에비에이터」와 「디파티드」처럼 자

신들의 능란한 솜씨에 사로잡히는 것처럼 보이지만 더 이상 절박한 욕망에 이끌리지 않는 영화에서도 다르지 않았다. 스코세이지가 2차 세계 대전 말에 확 타올랐다가 이후 20년에 걸쳐 연소되어 사라진 이탈리아 영화에서 아주 좋아하는 것, 그리고 그 자신이 초창기 뉴욕 영화들과 「분노의 주먹」에서 다시 불붙이고자 했던 것은 소리 높여 들려줘야 하는 이야기에 대한 감각, 또 어쩔 수 없이 새롭고 자극적인 방식으로 이야기해야 하는 감독들이 지니는 감각이었다. 나는 「샤인 어 라이트」 전체를, 하비 카이텔이 베개에 머리를 누일 때 사운드트랙으로 로네츠의 〈Be My Baby〉가 왁자하게 불쑥 터져 나오는 「비열한 거리」의 오프닝 크레디트 이전 장면 하나와 기꺼이 맞바꿀 수 있다."

이는 스코세이지를 비판하는 이들, 특히 그를 한없이 존경하거나 그를 "살아 있

---

4   롤링 스톤스의 2006년 투어 중 10월 29일과 11월 1일 맨해튼에 있는 비콘 극장에서 가진 콘서트를 담은 스코세이지의 다큐멘터리 영화.

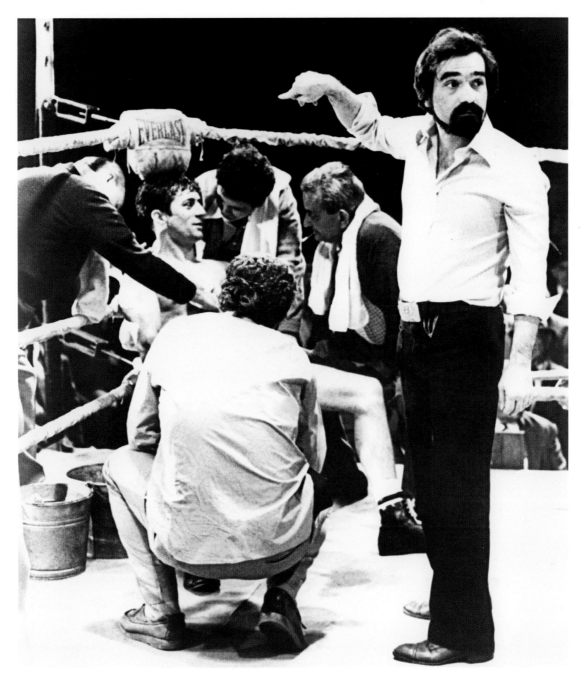

"영화를 만든다는 건 매번 링 위에 오르는 것과 같습니다." 70년대 후반 궁지에 몰려 있던 스코세이지는 「분노의 주먹」으로 활개를 쭉 폈다.

는 가장 위대한 미국 영화감독"으로 생각하는 사람들에게 공통적으로 반복되는 말이다. 그들에게는 스코세이지의 필모그래피 중 어떤 것도 그가 70년대에 만든 작품이 지니는 감동적인 유려함을 능가할 수 없다. 그가 초기 영화에서 보여 준 강렬한 탐구는 거장의 기량이 되었다. 『새로운 영화 인명 사전The New Biographical Dictionary of Film』에서 데이비드 톰슨은 이렇게 썼다. "스코세이지의 영화는 오슨 웰스 이래 미국 영화에서 가장 위대한, 그리고 가장 고통스러운 전기傳記일 것이다."

스코세이지는 80년대에 뉴욕으로 돌아와 조금은 누그러진 채 「코미디의 왕」, 「특근」, 「컬러 오브 머니」 같은 보다 작고 수수한 프로젝트를 맡게 된다. 창의성이 다시 살아나고 회복되긴 했지만, 스코세이지의 경력에서 평론가들이 가장 과소평

가한 유일한 기간이 있다면 그게 바로 이 시기다.

「분노의 주먹」이 「몬스터」의 샤를리즈 테론에서부터 「파이터」의 크리스찬 베일에 이르기까지 아카데미 수상 배우들의 온갖 변화무쌍한 연기 틀을 확립함으로써 특수 효과 가득한 볼거리의 시대에 배우들이 어떻게 자신의 위치를 고수하는지를 보여 주었다면, 「특근」은 예측 불가능한 카메라 앵글을 지닌 코언 형제식 코미디를 예상케 해 주고, 「코미디의 왕」은 리얼리티 TV가 지나치는 사각지대와 카리스마를 예고하며, 「컬러 오브 머니」는 「더 레슬러」부터 「달라스 바이어스 클럽」까지 영화 스타들이 자신들의 커리어를 다시 시작하기 위해 사용하는 노골적인 복귀 수단의 모델이라 할 수 있다. 스코세이지는 그저 살아남기만 한 게 아니었다. 그는 90년대와 그 이후에 펼쳐질 독립 영화의 지형을 혼자서 그려 가고 있었다.

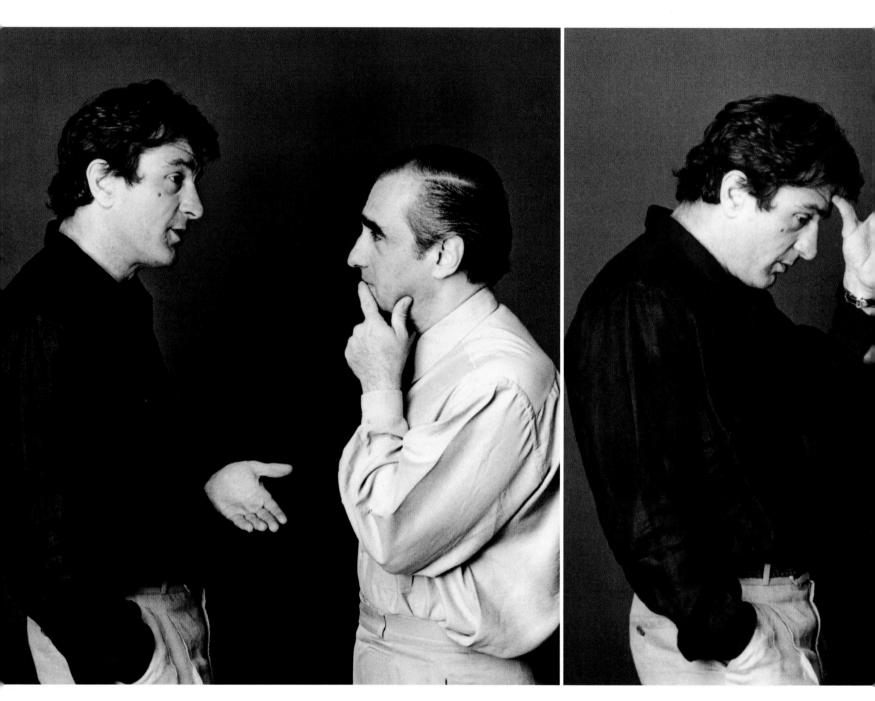

"우린 같은 소재를 고르는 데 있어 마음이 아주 잘 맞았던 것 같습니다.
말로 분명하게 표현할 수 있는 건 아니에요. 서로를 아주 강하게 신뢰하기
시작했다고 볼 수 있죠."

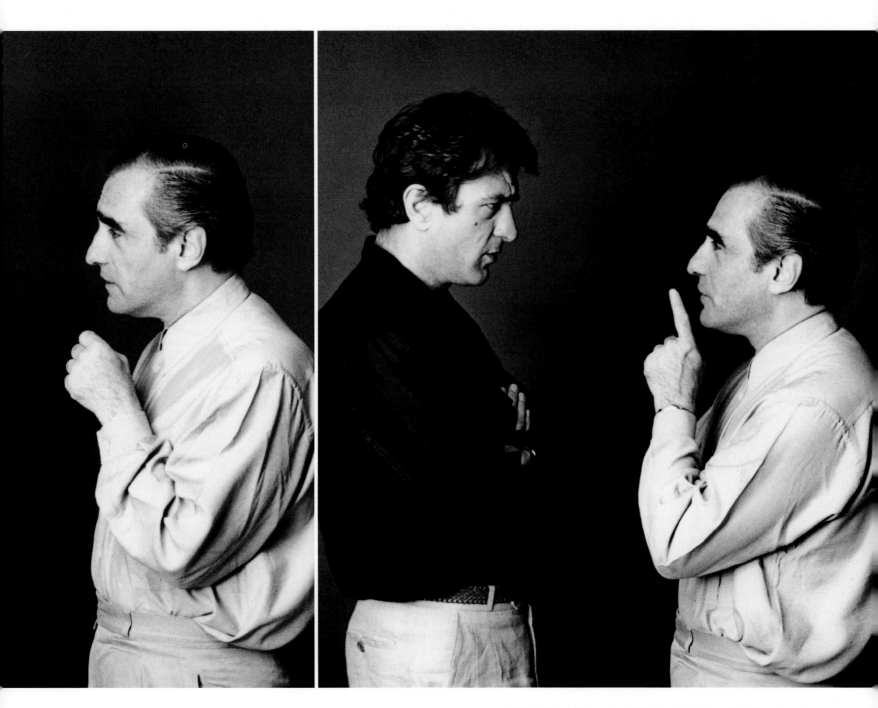

"나한테 말하는 거냐?" 1985년 디디에 올리브레가 찍은 스코세이지와 로버트 드 니로.

「갱스 오브 뉴욕」에서 부유한 집주인으로 카메오 출연한 모습.

"현대 사회에서 종교와 기독교 윤리의 실천에 관한 전체적 개념은 항상 저를 매료하는 주제입니다. 매일 제 머리와 마음속을 스치는 중요한 일이기도 하고요. 제 삶에서 변치 않는 부분이죠. 하지만 말예요, 한편으로 그건 일을 단순화하는 방식입니다. 자신의 개인적 삶을 항상 기자나 TV에 말하고 싶은 건 아니니까요. 그래서 그건 또한 비켜가는 방법이기도 한 거죠. 그게 전부예요. 아이, 영화와 종교. 고맙습니다!"

그러고 나서 「좋은 친구들」이 등장하는데, 특히 급격히 부상했다가 코카인으로 인해 몰락한 스코세이지의 1막을 그대로 반복한 듯한 작품이기 때문에 영화 사상 가장 대단한 2막 복귀작이라 할 만하다. 영화감독과 범죄자의 경력이 그렇게 얽힌 경우는 없었다. 그가 리틀 이탈리아[5] 거리의 조직 범죄를 노출한 것 못지않게, 거의 세포 수준으로 각인된 스코세이지의 할리우드 경험은 아주 생생한 감각 기억이라는 걸 말해 주고 있었다. 그가 「좋은 친구들」은 물론 「카지노」와 최근의 「더 울프 오브 월 스트리트」에서 그러했듯 저 혜성처럼 극적인 이야기를 들려줄 때마다 그의 영화 제작은 갑작스럽고 짜릿한 활기를 띠곤 했다. 여러 면에서 그의 후기작들을 하나로 통합해 주는 두 가지 주제는 성공과 실패였다. 특히 「시민 케인」에서 오슨 웰스가 처음으로 탐구한, 실패와 구분되지 않는 미국식 성공이다. 그게 「좋은 친구들」의 오만불손한 난투극이든 「코미디의 왕」에서 루퍼트 펍킨의 전도된 명성이든 「에비에이터」에서 하워드 휴즈에게 번뜩이는 죽음이든 혹은 「휴고」에서 달아오른 석탄처럼 부활한 나이 든 조르주 멜리에스의 흔적과 추억이든 말이다.

그리고 스코세이지는 박스 오피스(그의 히트작들 중 반 이상이 2000년대 이후에 나

왔다[6])뿐만 아니라 결국 「디파티드」로 아카데미 시상식에서도 성공을 거두었다. (「디파티드」는 2007년 작품상과 감독상을 포함해 4개의 오스카를 수상했다.) 이 명장名匠은 돈을 벌고 상을 타는 법을 배웠다. 그가 다소 불편함이 따르는 아첨과 찬사를 견뎌 낸다면 그건 아마도 일흔이 넘은 그가, 60년대 초반 일을 시작하며 머릿속은 영화로 가득 차 있고 말하고 싶은 온갖 것에 대한 생각으로 가슴이 뛰는 젊은이처럼, 자신의 재능에 대한 의무를 뼈저리게 인식하고 있기 때문일 것이다. 그는 이렇게 설명한다. 「셔터 아일랜드」가 됐든 「휴고」나 「대중 연설」이나 혹은 「조지 해리슨: 물질 세계에서의 삶」이든 결국 그것들은 모두 제가 보면서 자라난 할리우드의 내러티브 영화에 대한 대답입니다. 그래서 늘 거기서 뭔가를 끌어낼 테지만 더 이상 시간이 없어요. 저는 노력합니다. 제가 말하고 싶어 안달이 난 뭔가를 찾고자 애쓰는 거죠."

---

5 뉴욕 로워 맨해튼에 위치한 이탈리아인 거주 지역.

---

6 스코세이지 영화의 박스 오피스 흥행 순위는 다음과 같다: 1. 「더 울프 오브 월 스트리트」(2013, 3.92억 달러) / 2. 「셔터 아일랜드」(2010, 2.95억 달러) / 3. 「디파티드」(2006, 2.92억 달러) / 4. 「에비에이터」(2004, 2.14억 달러) / 5. 「갱스 오브 뉴욕」(2002, 1.94억 달러) / 6. 「휴고」(2011, 1.86억 달러) / 7. 「케이프 피어」(1991, 1.82억 달러) / 8. 「카지노」(1995, 1.16억 달러) / 9. 「컬러 오브 머니」(1986, 0.52억 달러) / 10. 「좋은 친구들」(1990, 0.47억 달러)

초기

"제 인생의 첫 5~6년을 주로 극장에서 보냈습니다.
운동 경기나 놀이에 함께할 수가 없었기 때문에
그곳은 제가 꿈을 꾸고 환상을 펼치는
더없이 편안한 곳이 되었죠."

마틴 스코세이지가 처음으로 거리의 힘을 느꼈던 건 여덟 살 때의 일이다. 그때까지만 해도 그의 가족은 뉴욕 퀸스에 위치한 코로나에서, 뒤편에 작은 마당이 있고 입구 쪽에는 나무가 서 있으며 근처에 공원이 있는 커다란 두 가족용 주택에서 개를 키우며 살고 있었다. 그의 부모 찰스와 캐서린은 가먼트 지구에서 옷을 다림질하고 바느질을 하는 사람들이었다. 그들 둘 모두 열심히 일해 맨해튼을 벗어나 퀸스에 정착한 시칠리아 이민자 2세대였다. 스코세이지는 말한다. "그분들에게는 전원주택으로 이주한 거나 다름없었어요. 정말 신분 상승을 한 거죠." 그 후 1950년에 어린 스코세이지가 제대로 이해할 수 없었던 몇 가지 이유로 그의 아버지와 집주인 간에 다툼이 있었다. 대립은 주먹다짐으로 번졌고 결국 집주인이 도끼를 집어 들기에 이르렀다. 소년에게 벌어진 다음 일은 그들이 다시 맨해튼으로 돌아가야 했으며, 그의 아버지가 태어난 리틀 이탈리아의 엘리자베스 스트리트에 있는, 방 세 개에 여섯 명이 살아야 하는 바로 그 공동 주택 건물에서 조부모님과 함께 살아야 했다는 "굴욕감"이다. 스코세이지는 그곳에서의 첫날 밤 비상계단에 가서 아래를 내려다보며 거기서 펼쳐지는 온갖 혼돈을 온몸으로 느끼던 일을 기억한다. "그 모든 삶, 소음, 거리를 이리저리 뛰어다니는 아이들, 넘어지는 주정뱅이들. 그저 악몽이었습니다. 그 광경을 절대 잊을 수 없을 거예요."

결국 스코세이지 가족은 그 블록을 따라 좀 더 내려가면 나오는 253번지의 크림

어머니(왼쪽), 레나 이모와 그 아들 앤서니(오른쪽)와 함께 옥상 나들이 중인 7개월 된 스코세이지.

퀸스에서 즐겁게 카우보이와 인디언 놀이를 하고 있는 모습.
그는 배우가 되고 싶었다.

색 벽돌로 된 아파트를 사서 이사했다. 그들은 3층을 썼고 조이 삼촌이 바로 아래 층에 살았다. 가끔씩 날씨가 더울 때면 마티[1]와 그의 형 프랭크는 밖으로 나가 비상 계단에서 잠을 자곤 했다. 그러면서 그들은 아래 거리의 모습과 소리에 흠뻑 젖어 들고 있었다. 온통 열린 창문과 문을 통해 어떤 방에서는 「아이다」가, 다른 방에서는 로큰롤 음악이 울려 퍼졌다. 1950년대의 리틀 이탈리아는 마치 맨해튼 시내 중심부에 자리한 거대한 시칠리아의 마을 같았다. 자신들만의 규범에 따라 움직이는 이 폐쇄적인 세계의 주민들 대부분은 시칠리아 중북부에 있는 두 언덕 마을 폴리치 제네로사와 치민나에서 이주한 사람들이었다. 총은 일상 생활 속 물건이었다. 아이들은 경찰에게 뇌물을 줘야 거리에서 스틱볼을 즐길 수 있었다. 거기에선 그저 쥐 죽은 듯 입 닥치고 있어야 했다. 나중에 스코세이지의 한 친구는 나치 독일에 점령당한 프랑스에 있는 것과 다름없었다고 전했다.

마티는 매일 아침 작은 서류 가방을 들고, 주정꾼들이 서로 병을 휘두르며 싸운 흔적들이 널린 거리의 유리와 피를 넘어서, 프린스 스트리트와 모트 스트리트 남서 쪽 모퉁이에 자리한 뉴욕 최초의 가톨릭 성당인 성 패트릭 성당에 있는 학교까지 걸어서 등교했다. 키가 작고 허약하며 병치레가 잦은 스코세이지는 마마보이였다. 태어난 지 2주가 되었을 때 그는 새파랗게 질리도록 기침을 하다가 백일해百日咳로 거의 죽을 뻔했다. 세 살 때는 의사들이 그를 입원시키고 만성 천식 진단을 내렸다.

병에 시달리는 마티가 많은 관심을 받는 걸 시기한 여섯 살 위의 형 프랭크는 항상 동생을 때렸다. 형과 싸우는 게 아니면, 그는 TV에서 어떤 영화가 방영되고 있든 아버지와 형, 조이 삼촌에게 말대꾸를 하며 다채로운 수다를 펼쳤다: *남자가 이렇게 할 거고 여자가 그를 떠날 거고 저 남자가 다른 남자를 죽일 거야.* 보통 그의 해설은 영화 자체보다 더 재미있었다.

조이는 무슨 일이 됐든 항상 곤경에 처해 있었고 늘 깡패들에게 돈을 빌려 빚을 지고 있었다. 스코세이지는 조이가 조폭에게 살해당하지 않았는지 확인하기 위해 가족들이 모여 앉아 이야기를 나누던 모습을 기억한다. 그 상황은 항상 아버지가 삼촌에게 돈을 빌려주고 어머니가 남편에게 간청하는 걸로 끝났다: *그러지 말아요, 돈 빌려주지 말라고요! 몇 번이나 말해야 돼요?* "매일 밤 드라마가 펼쳐졌죠." 그가 말했다. "20년, 25년 동안 제가 들은 게 그런 거였어요. 무엇이 옳고 그른지에 대해서요. 정글 속에 있는 것처럼 혼란스러웠습니다. 명성이 지니는 위엄, 그리고 위태로운 상태에 처한 존경심과 관련이 있었죠." 마티는 거기 앉아 모든 걸 하나하나 살펴보고 흥분하면서도 말 한마디 할 수 없었다. 그저 빠져들고 빠져들고 또 빠져들었다. 1993년 아버지가 돌아가시고 나서야 스코세이지는 「비열한 거리」가 얼마나 찰스와 그의 동생[2]에 관한 이야기였는지를 깨닫게 되었다. 「분노의 주먹」 역시 마찬가지다. "그 집에서 발생한 문제는 그 후 줄곧 제가 다루어 온 일이었

---

[1] 마틴 스코세이지.

[2] 스코세이지의 아버지 찰스와 조이 삼촌.

1940년대 후반의 스코세이지 가족사진. 왼쪽부터 형 프랭크, 부모님 찰스와 캐서린, 그리고 마틴.

"저희 집은 도덕적 측면에서 거의 중세 시대나 다름없었습니다. 아버지는 그런 일에 있어 아주 엄격하셨죠. 이미 끝난 일과 아직 끝나지 않은 일에 대해, 신뢰와 배신에 대해서요. 그리고 그건 내내 제 삶과 제가 만든 영화에 영향을 주었습니다."

습니다." 그가 말했다.

영화관은 처음에는 그저 아이가 숨기 좋은 장소에 불과했다. 그의 아버지는 아들을 달리 어떻게 해야 할지 몰라서 그를 세컨드 애비뉴에 있는 유대인 극장 로스 코모도어나 이스트 14번가에 자리한 아카데미 오브 뮤직 같은 극장에 데리고 갔다. 그들은 항상 영화 상영 도중에 도착해 두 번째 상영에서 그들이 들어와 보기 시작한 시점이 등장할 때까지 머물러 있었다. 영화 예고편은 소년에게 깊은 인상을 남겼다. 술이 달린 재킷을 입고 나무에서 뛰어 말에 올라타는 로이 로저스[3]를 보며 그들은 이런 대화를 나누었다.

"저게 트리거야." 아버지가 아들에게 말했다. "너 트리거가 뭔지 아니?"

"네, 총에 있는 거잖아요."[4]

"아니, 말이야.[5] 다음 주에 와서 볼래?"

"네."

처음 그를 사로잡은 건 서부 영화, 뮤지컬, 로버트 와이즈의 「지구가 멈추는 날」이나 하워드 혹스의 「괴물」 같은 공상 과학 영화 등 판타지의 요소였다. 비록 당시

---

3 100여 편의 서부 영화에 출연하여 '카우보이의 왕'으로 불리며 큰 인기를 누린 미국의 영화배우이자 컨트리 가수.

4 'trigger'는 '방아쇠'를 뜻하는 단어다.

5 트리거는 로이 로저스 소유의 팔로미노(흰색 갈기와 꼬리, 크림색 또는 황금색 털을 지닌 말) 종마다. 로저스와 여러 영화에 함께 출연하며 '영화 사상 가장 영리한 말'로 명성을 떨쳤다.

감독의 이름이 그에게 큰 의미를 지녔던 건 아니지만 말이다. 그는 붉은 종마에 올라타는 카우보이 같은 배우가 되고 싶었다. 그는 마치 트래비스 비클과 제이크 라모타가 거울 앞에서 각자의 환상을 실연해 보이듯, 침실 거울 앞에서 「셰인」의 앨런 래드, 「황야의 결투」의 빅터 머추어, 「하이 눈」의 게리 쿠퍼 등 자신의 영웅들처럼 연기하곤 했다. 그가 똑같은 영화를 몇 번씩이나 보는 통에 그의 어머니는 미칠 지경이 되었다: *또 그 영화 보는 거니? 그만 꺼라.* 그들은 그 블록에서 처음으로 텔레비전 수상기(RCA 빅터 16인치)를 들여놓은 가족이었다. 그가 뒷마당에 있을 때 사촌 피터가 부리나케 달려 나가며 외쳤다. "이리 와서 TV 좀 봐 봐. 이 집 전체보다 더 크다고!"

마티는 열중하고 있었다. 그는 부모님이 일을 마치고 돌아오기 전인 3시에 학교에서 집으로 와 TV를 켜거나 아니면 식탁에 앉아 자신이 본 걸 스케치했는데, 그건 흑백 영화의 표준 규격인 가로세로 비율 1.33:1의 완벽한 작은 스토리보드였다. 그는 주로 유나이티드 아티스츠가 만들고 크레디트에 해럴드 헥트와 버트 랭카스터가 등장하는 전쟁 영화를 그렸다. 「하이 눈」을 본 후에는 게리 쿠퍼가 자신의 부츠 바로 옆 바닥에 내던진 보안관 배지만 그렸고, 더 많은 걸 찾아보기 위해 돌아가서 또다시 영화를 봤다. 로마 시대를 배경으로 한 "영원한 도시"라는 제목의 대규모 서사 영화를 구상하기도 했지만 전쟁에서 귀환한 황제를 기념하기 위한 초반의 검투사 싸움 장면에서 교착 상태에 빠졌다. 필름 포맷은 와이드스크린보다 더 넓은

"스스로 파멸하여 생을 마감하며
바로 우리 눈앞에서 죽어 가는 남녀를
보고는 교회에 가서 연민을 이야기하는
사제의 말을 듣는 것,
이런 게 오래도록 남아 있습니다."

나들이옷을 입고 프랭크, 캐서린과 함께.

75밀리로 결정했다.

그는 비웃음거리가 될까 두려워 아무에게도 보여 주지 않았다. 자신이 크면 뭐가 될 거라고 생각했을까? 카우보이? 1950년대의 리틀 이탈리아에서 천식을 앓는 여덟 살짜리가 선택할 수 있는 직업이라곤 폭력배 아니면 성직자 정도였다. 늘 형에게 얻어맞고 심지어 거리에서 스틱볼 놀이를 할 수도 없는 아이가 훗날 깡패가 되는 건 좀 아닌 것 같았다. 그는 매일 잔뜩 겁에 질린 눈을 한 보통 사람들, 더 이상은 궁핍함을 참을 수 없는 선량한 사람들을 보았다. 아마도 그들은 마피아와 어울리며 부정한 돈벌이에 연루되어 있었을 것이다. 하지만 "그들은 정작 일을 해야 할 때가 되면 그걸 하지 못했"기 때문에 그냥 무너져 버리고 말았다. "그들은 끊임없이 굴욕을 당했습니다." 스코세이지가 회상했다.

남은 건 성직자였다. 마피아조차 자신들의 자동차와 애완동물이 은총을 받는 일요일 미사에서 신부에게는 깍듯이 인사했다. 가톨릭 학교에 들어간 직후 처음 참례參禮했던 미사에서 스코세이지는 화려한 강당과 이탈리아 노인들이 전부 라틴어로 찬송가를 부르는 모습에 깊은 감명을 받았다. 그는 죄책감, 영겁의 벌에 대한 두려움을 비롯한 모든 걸 가슴에 새겼다. 그는 일요일 미사에 빠지거나 금요일에 고기

를 먹으면 지옥에 가게 될 거라 믿었다.[6] 친구들이 그를 놀려 댔다: *이런, 마티, 너 정말로 신부가 말해 준 것들을 다 믿는단 말야?* 그는 개인적 의례를 지키기 시작하여 무슨 일이 있어도 특정한 숫자를 피했고 행운의 물건들을 강박적으로 모았다. 그는 2~3년 동안 복사服事로 일하다가 아침 7시 미사 시간을 지키지 못해 쫓겨났다. 열네 살 때 그는 브루클린에 있는 소신학교小神學校인 커시드럴 칼리지에 입학했지만 한 소녀와 사랑에 빠져 공부에서 점점 멀어졌고, 결국 1년 후 기도회 중 소란을 피운 끝에 퇴학을 당했다. 그는 대신 브롱크스에 있는 카디널 헤이스 고등학교에 들어가서 매일같이 지하철을 타고 등하교를 했는데, 그가 그렇게 긴 시간 동안 리틀 이탈리아를 벗어나 본 건 처음이었다.

가죽 재킷을 입고 리틀 리처드와 엘비스 프레슬리를 즐겨 듣던 마티는 이제 특유의 유머를 발휘하고 있었다. 그는 아주 빠르게 말하고 터무니없는 허풍과 호언장담을 늘어놓으며 자신의 소심함을 희극으로 바꾸어 모두에게 웃음을 안겨 주었다. "제가 다른 아이들과 같은 수준의 신체적 조건을 갖추는 건 불가능했어요… 그

6 가톨릭교회에서는 그리스도의 수난과 죽음을 기리고 몸과 마음을 깨끗이 하여 부정을 멀리하기 위해 예수가 세상을 떠난 금요일에 육식을 억제하는 금육재禁肉齋를 행한다.

> "오랫동안 사제가 되고 싶었어요. 그러고 나서 내가 형편없는 신부가 될 거라는 걸 깨달았죠."

휴스턴 스트리트에서 패거리와 함께 (오른쪽에서 세 번째가 스코세이지다).

래서 다른 방향으로 나갔죠. 무리의 기록자로서 주변에 있는 좋은 친구가 되고자 했습니다." 열서너 살쯤 되던 무렵 그는 자신의 패거리를 거느리고 있었다. 그들은 주말이면 술집이나 영업이 끝난 클럽에 몰려다니며 여자를 헌팅하기도 하고 독주를 마시기도 했지만 마약에는 절대 손대지 않았다. 싸움이 벌어질 때마다 누군가 "빨리 나와" 하고 외치면 서둘러 달려갔지만, 그들이 도착할 때쯤이면 어떻게든 (어떤 때는 우연히, 또 어떤 때는 계획적으로) 모든 게 끝나 있었다. 그들은 언제나 말썽이 일어나지 않도록 주의하며 촉각을 곤두세웠다. 나중에 스코세이지는 이렇게 말했다. "사람들은 제 영화가 편집증에 관한 것이라고 하지만, 제게 있어서는 온전히 생존에 관한 이야기입니다."

어느 땐가 새벽 2시에 그들은 오픈카 뒷좌석에 앉아 있었다. 파트타임으로 일하는 경찰이었던 차 주인이 그들을 태워 준 것이었는데, 그가 너무 시끄럽게 떠들어 대는 게 마음에 들지 않아서 마티와 친구들은 내려서 집으로 갔다. 차에는 한 아이만 남아 있었다. 차를 몰던 경찰은 다음 교차로에서 어떤 차 한 대가 초록불이 들어오는데도 안 가고 서 있는 걸 보았다. 그 뒤에 차를 세운 그는 경적을 울린 후 차에서 내려 마침내 총을 꺼냈다: *경찰이다, 차 빼.* 운전자는 그가 시키는 대로 했다. 다음 날 아침 스코세이지는, 이 경찰이 어제 새벽 그로부터 30분 후 애스터 플레이스를 달리던 중 옆 차에서 자신에게 총을 겨누고 있는 걸 보았으며 결국 아이와 함께 총에 맞아 죽었다는 이야기를 들었다. "우리가 죽을 수도 있었어요." 스코세이지가

말했다. "그날 밤 제가 그 차 안에 있었기 때문에 「비열한 거리」가 만들어질 수밖에 없었습니다. 저는 거기로 되돌아갔어요. 도대체 그가 어떻게 그런 상황에 처하게 됐던 걸까요. 우린 심지어 그들을 알지도 못했어요. 이거야말로 이야깃거리라고 혼자 중얼거렸죠."

마티의 영화 관람 경험은 빠르게 발전했다. 처음에는 배우에 집중했다. 그와 친구들은 「수색자」를 끝없이 반복해서 보며 대사를 외우고 배우들의 연기, 특히 존 웨인의 역할을 따라 했다. 「누가 내 문을 두드리는가?」에서 하비 카이텔이 그러는 것처럼 말이다. 또 형편없는 영화를 마구 헐뜯기도 했다. "저는 극장에서 잘난 척 떠들면서 영화 만드는 법을 배울 수 있었습니다." 마티가 말했다. "우린 가차 없었거든요."

그러나 시간이 지날수록 그는 같은 이름이 크레디트에 반복해 등장한다는 사실에 주목하기 시작했다: *저 사람은 자기 영화에 말을 많이 데리고 나와. 저 사람은 무법자의 대사를 좋아하지.* 그는 TV에서 방영된 「제3의 사나이」를 통해 이 작품에 사용된 캔티드 앵글[7]을 파악했다. 「호프만 이야기」를 보고는 카메라 워크에 따른 음악 사용 방식에 주의를 기울였다. 「하이 눈」을 보면서는 나머지 주민들로부터 고립되어 있는 게리 쿠퍼의 와이드 앵글 숏에 주목했다. 게리 쿠퍼를 프레임 안에 그렇게나 작게 담아낸 게 왜 그토록 효과적이었을까? 누가 쿠퍼의 콧대를 꺾었을까?

7 canted angle: 비스듬하게 기울어진 앵글.

스코세이지는 1962년 뉴욕대학교에서
영화 과정을 시작했다.

그건 그가 폭력배와 성직자 사이에서 찾아냈던 것과 같은 종류의 질문이었다: *이 모든 걸 책임지는 사람은 누구인가?*

바로 감독이다. 「사랑은 비를 타고」에서 진 헤이건에게 마이크가 뭔지 설명해 주는 더글러스 파울리의 역할, 또는 「악당과 미녀」 중 할리우드에서 퇴출되어 장례식에 아무도 오지 않는 커크 더글러스의 아버지가 맡은 역할 말이다. 그들은 다른 세계에서 온 것만 같은 몽상가이자 무뢰한이며 순교자이기도 한, 모순투성이의 대단한 인물들이었다. 스코세이지와는 아무런 상관이 없는 것만 같았다. 그 후 1962년 그는 우연히 뉴욕대학교 안내서를 보게 되었는데, 거기엔 텔레비전·영화·라디오 학부에서 재학생들에게 영화의 역사 과정과 실제 영화 제작을 할 수 있는 몇 안 되는 기회를 제공한다는 내용이 담겨 있었다. 스코세이지의 아버지가 학자금 대출을 받을 수 있게 도와주었고, 마티는 오리엔테이션에 참석해 각 학과의 이야기를 들었다. 영문과의 누군가가 일어난 후 불문과가 뒤를 이었다. 마침내 영화과 대표의 차례가 왔다. 헤이그 마누지언이라는 이름의 교수는 한때 마티가 신학교에 매료되었던 것과 같은 바로 그런 열정으로 빛나는 것처럼 보였다. 스코세이지는 그에게 빠져들었다.

불같은 성격에 카리스마 넘치고 개인적 예술 형식으로서의 영화에 대한 열렬한 믿음을 지닌 마누지언은 거의 종교적이라 할 만한 열정으로 자신의 수업을 이끌어 한 시간 반 동안 빠르게, 스코세이지보다도 더 빠르게 이야기를 펼쳤다. 한번은 그가 학생들에게 에리히 폰 슈트로하임의 걸작 무성 영화 「탐욕」을 보여 주었는데 학생 하나가 "음악은 없나요?"라고 묻는 바람에 마누지언이 분노했다. "넌 이게 쇼 프로그램이라고 생각하는 거냐?" 그가 소리쳤다. "당장 나가!" 그는 매 학기마다 사람들을 추려 냈다. 결국 이미 알고 있는 것에 대해 영화를 만드는 문제였다. 메이즐스 형제나 리처드 리콕, D. A. 페니베이커의 작품들처럼 남몰래 관찰하는 다큐멘터리 말이다.[8] "여러분이 사과를 먹고 있다고 가정해 봅시다." 그는 학생들에게 이렇게 말하곤 했다. "그걸 5~6분짜리 영화로 만든다고 해 보세요. 무척 어려울 겁니다."

---

8 1960년대 미국에서는 대규모 스태프나 무대 장치, 미리 계획된 내러티브 등을 거부하고 핸드헬드 카메라로 있는 그대로의 사실을 기록하는 다이렉트 시네마direct cinema 운동이 펼쳐졌다. 같은 시기 비슷한 개념으로 프랑스에서 발전한 시네마 베리테cinéma vérité와의 차이는, 다이렉트 시네마의 경우 피사체가 카메라의 존재를 의식하지 않는다는 점이다. 1960년 11월 위스콘신주에서 펼쳐진 민주당의 두 상원의원 존 F. 케네디와 휴버트 험프리의 대통령 예비 선거 과정을 리처드 리콕과 앨버트 메이즐스, D. A. 페니베이커가 카메라에 담은 「예비 선거」(1960), 1965년 봄 투어를 위해 영국으로 떠난 밥 딜런의 모습을 찍은 D. A. 페니베이커의 「돌아보지 마라」(1967), 1969년 겨울 미국 알타몬트에서 개최된 롤링 스톤스의 무료 콘서트를 담은 앨버트와 데이비드 메이즐스 형제의 「김미 셸터」(1970) 등은 다이렉트 시네마를 대표하는 다큐멘터리로 꼽는다.

"우리는 열린 마음으로 일체의 규칙을 벗어나 수많은 다양한 방식으로
영화를 만들었습니다. 그렇다고 우리가 원칙을 먼저 배우지 않고 영화를
만들었다는 건 아니에요. 우리는 마스터 숏[9]과 미디엄 숏, 클로즈업, 트래킹[10]과
패닝[11]의 개념에 대해 알고 있었습니다. 하지만 저는 많은 새로운 영화를 통해
저만의 카메라 움직임과 편집 양식을 만들어 낼 수 있었어요.
「너처럼 멋진 여자가 이런 곳에서 뭘 하고 있는 거야?」가 말하자면
좀 젊고 유치한 그런 식의 자유를 반영하고 있죠."

1960년대 전반기에 영화 학교에 다닌다는 건 흥미진진한 일이었다. 그때 프랑스에서 누벨바그 영화가 막 등장했기 때문이다. 스코세이지는 「쥘 앤 짐」의 첫 2분 동안 프랑수아 트뤼포가 자신의 이야기를 엮어 내고 도약하기 위해 보이스오버 내레이션을 사용하는 방식에 감탄했다. 「비브르 사 비」에서 장뤼크 고다르가 점프 컷[12]과 안나 카리나의 사랑스러운 롱 숏을 오가며 보여 주는 방식 또한 마찬가지였다. 설정 숏[13]은 없다. 마스터 숏도 커버리지[14]도 없다.

그는 가벼운 16밀리 카메라로 제작한 존 카사베티스[15]의 첫 번째 영화 「그림자들」을 보고 홀딱 반해 버렸다. "이걸 보고 나도 영화를 만들 수 있다는 사실을 깨달았습니다." 그는 동네의 싸구려 극장에서 로저 코먼[16]의 B급 오토바이 영화 「와일드 엔젤」과 에드거 앨런 포의 소설을 원작으로 한 코먼의 「어셔가의 몰락」, 마리오 바바의 고딕 호러 「사탄의 가면」, 케네스 앵거의 「스콜피오 라이징」을 봤다. 그리고 앵거의 단편에 등장하는 오토바이 폭주족 때문이 아니라 음악에 깜짝 놀랐다. 그는 늘 라이선스 비용이 너무 비싼 탓에 로큰롤 음악은 사용할 수 없다고 들어 왔는데, 여기엔 엘비스 프레슬리와 리키 넬슨 같은 그가 아는 음악이 스크린에서 쾅쾅 울려 나오고 있었다.

뉴욕대에서 영화 제작 실습 교육은 16밀리 아리플렉스 카메라[17]와 시네스페셜[18] 같은 장비만을 사용하는 등 제한적이었다. 그러나 1학년이 끝나갈 무렵 마누지언

9　master shot: 모든 등장인물이 한 화면에 담기게끔 장면 전체를 같은 카메라 각도로 촬영하는 숏. 일반적으로 먼 거리에서 롱 숏으로 하나의 테이크로 촬영되며 설정 숏으로서 기능하기도 한다.

10　tracking: 레일 위에서 움직이는 이동식 촬영대(camera dolly)에 설치된 카메라가 이동하는 피사체를 따라가며 촬영하는 기법.

11　panning: 카메라를 삼각대 등에 고정한 상태로 좌우로 움직여 피사체를 촬영하는 기법.

12　jump cut: 급격히 장면을 전환함으로써 동작이나 사건이 지니는 연속성의 흐름을 깨뜨리는 편집 방식.

13　establishing shot: 대상 전체를 찍어 관객에게 공간과 상황에 관한 정보를 알려 주는 숏.

14　coverage: 마스터 숏과 다른 각도나 방향, 다른 화면 크기로 촬영하는 일. 이를 통해 클로즈업, 인서트 등 편집에 필요한 다양한 개별 숏을 얻을 수 있다.

15　자신의 돈으로 제작과 배급을 하는 등 미국 독립 영화의 선구자로 평가되는 영화감독이자 배우. 복잡한 내면을 지닌 캐릭터의 행동에 특별한 설명을 부여하지 않는다거나 대본 없이 펼치는 즉흥적 연출 방식으로 유명하다. 대표작으로 「그림자들」(1959), 「영향 아래 있는 여자」(1974) 등이 있다.

16　독립 영화의 선구자이자 '대중 영화의 교황'으로 불린 미국의 영화 제작자이자 감독. 주로 B급 저예산 영화를 만들었으며 여러 작품이 컬트적 인기를 얻었다. 마틴 스코세이지를 비롯해 프랜시스 포드 코폴라, 론 하워드, 피터 보그다노비치, 조 단테, 제임스 캐머런, 잭 니콜슨, 피터 폰다, 실베스터 스탤론 등 여러 감독과 배우들에게 영향을 주었다. 그는 1954년부터 2008년까지 55편을 연출했고 400편 가까운 영화를 제작했다.

17　Arriflex: 1917년 독일 뮌헨에서 아우구스트 아르놀트와 로베르트 리히터가 설립한 영화 장비 제조 회사 아리(Arri)의 카메라 브랜드.

18　Cine-Special: 미국의 필름·영화 장비 제조 회사 이스트먼 코닥에서 1930년대부터 60년대까지 생산한 16밀리 무성 영화 카메라.

「너처럼 멋진 여자」 촬영장에서 동작을 취하고 있다.

스코세이지가 학생 시절 만든 다음 영화는
기발한 범죄 영화 「너뿐만이 아니야, 머리!」였다.

"제 모든 영화들 중에서도 머리는 그런 사람들이 막 자취를 감추기 직전인
60년대에나 볼 수 있었던, 예전 이웃의 모습을 보여 주는 인물입니다."

이 여름 워크숍을 열어 36명의 학생들에게 6주간 자기 작품의 대본 작업과 연출, 편집 및 인화를 할 수 있도록 해 주었다. 그들은 6개 그룹으로 나뉘었고 교수는 각 구성원에게 감독, 카메라맨, 촬영 보조 등의 역할을 맡겼다. 스코세이지는 시나리오를 쓴 사람이 감독이 된다는 걸 알았기에 뚝딱 대본을 써 승인을 받았고, 처음으로 촬영 팀을 책임지게 되었다.

그는 5일 동안 준비를 하고 6일 만에 촬영을 마쳤다. 멜 브룩스와 칼 라이너가 TV에서 선보이고 있던 새로운 스타일의 유대인 초현실주의[19]에서 영감을 얻은 이 짤막한 풍자극에는 「너처럼 멋진 여자가 이런 곳에서 뭘 하고 있는 거야?What's a Nice Girl Like You Doing in a Place Like This?」라는 제목이 붙었다. 영화는 호수에 떠 있는 보트 사진에 너무 집착한 나머지 사회적 역할을 할 수 없게 되는 앨저넌이라는 사내에 관한 빠른 템포의 몽타주로 구성되어 있다. 결혼을 할 수 있을 정도로 충분히 공포증을 극복한 이후 증세가 재발되고 그는 사진 속으로 사라진다.

스코세이지는 이 영화가 "완전한 편집증"에 대한 이야기는 아니며 "진부한 아이디어로 가득한 아주 바보 같고 유치한" 작품이라고 했다. 하지만 그는 여기에 말

도 안 되는 카메라 앵글과 저속 촬영, 고속 촬영, 라이브 액션의 향연 속에서 번갈아 가며 등장하는 정지 사진 같은 재미있는 카메라 효과를 잔뜩 집어넣고 거기에 「쥘 앤 짐」 스타일의 보이스오버 내레이션을 입혔다. 그는 이 작품으로 장학금을 받았다. 덕분에 그의 아버지는 아들의 2학년 등록금을 낼 수 있었으며, 그는 1964년 3학년 2학기 동안 또 다른 단편 영화 「너뿐만이 아니야, 머리!It's Not Just You, Murray!」를 만들 수 있었다. 오늘날 이 초기 단편들을 보면 스코세이지의 후기 작품에서 꿈틀거리는 이상야릇하고 신경증적인 유머가 연상된다. 특히 뒷마당에서 밀주를 주조하다가 경찰에 적발되는 두 무능한 삼류 사기꾼 조와 머리의 농담 섞인 기발한 재담才談이 담긴 「너뿐만이 아니야, 머리!」는 「좋은 친구들」의 전조와도 같다. 트뤼포를 한껏 빨아들인 스코세이지는 성과를 거두었다. 속사포처럼 쏟아지는 대사와 익살맞은 편집으로 가득한 이 영화에는 장난스러운 쾌활함이 있으며, 경찰의 현장 급습이 한 테이크에서 길게 지속되는 동안 조가 어떻게 철창 신세를 지게 되었는지 해명하는 장면("나는 오해를 받았다… 그리고 이 오해 때문에… 한동안 여러 곳에 갈 수 있는 많은 자유 시간이 박탈되었다…")에는 이미지를 강조하지 않으면서도 돋보이게 하는 보이스오버의 활용법에 대한 본능적 이해가 담겨 있다. 스코세이지는 이 영화로 1965년 영화제작자조합상Screen Producers Guild Awards 시상식에서 제시 L. 라스키 대학 연합상Jesse L. Lasky Intercollegiate Award을 수상했으며, 스

---

19 코미디 배우이자 영화감독인 멜 브룩스와 배우·감독·시나리오 작가인 칼 라이너는 1960년대 초반 코미디 프로그램 「2000살 먹은 남자」를 탄생시켰다. 브룩스가 연기한 이 캐릭터는 라이너의 질문에 강한 유대인 억양이 실린 재치 있는 답변으로 많은 이들에게 웃음을 주었다.

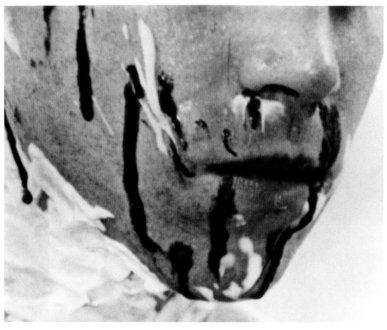

스코세이지(왼쪽 아래)가 1969년 우드스톡 페스티벌을 준비한
맥스 야스거에게 같은 손짓으로 응답하고 있다.
스코세이지는 이 페스티벌을 담은 1970년 다큐멘터리를
편집함으로써 할리우드에 진출할 수 있었다.

"「빅 셰이브」는 전쟁에 대한 분노로 가득한
거센 항의와 같은 작품이었습니다.
그러나 정작 제 내면에서는 전쟁과는 정말 아무런
관련이 없는 다른 일이 벌어지고 있었던 것 같아요."

뉴욕대학교를 졸업한 후 스코세이지는 베트남 전쟁에 대한
미국의 개입을 풍자한 또 다른 아마추어 단편 「빅 셰이브」를 만들었다.

난 아르메니아인으로 징병을 피해 망명했으나 영어를 거의 못 했던, 「머리!」의 공동 각본가 마딕 마틴이 포함되어 있었다. 스코세이지는 그와 대화가 가능한 유일한 사람이었는데, 이 작고 신경질적인 아웃사이더와 곧바로 친해졌다. 「머리!」가 큰 성공을 거두자 그들은 스코세이지가 자라난 거리의 이야기를 담은 좀 더 자전적인 작품을 같이하기로 했다. 처음에 "마녀의 계절"이라고 명명했던 이 작품은 결국 「비열한 거리」가 되었다.

그의 첫 장편 영화는 다른 프로젝트였다. 표면상으로는 뉴욕대의 후원하에 촬영되었는데, 대학에서 만든 최초의 35밀리 필름 영화였다. 당시에 대학원 과정이 있는 건 아니었지만, 헤이그 마누지언은 스코세이지의 아버지가 6,000달러의 학자금 대출을 받을 수 있게 해 제작을 도왔다. 마티는 주간지 『쇼 비즈니스』에 배우 오디션 광고를 냈고, 코미디언 친구 하나가 대학의 그린 스트리트 빌딩 8층에서 책상에 앉아 배우들을 면접했다. 좁은 어깨에 더벅머리를 하고 상냥하게 알랑거리는 태도를 지닌 한 젊은 남자 배우가 자리에 앉았다.

"여기서 뭐하는 겁니까?" 그들이 물었다.

"광고 보고 왔습니다."

"무슨 광고요? 우린 광고를 낸 적이 없는데요. 당신 도대체 누구요?"

그러고 나서 그들은 몇 분 동안 심하게 말다툼을 했다. 스코세이지가 연기를 멈췄다. "당신, 훌륭하군요." 그가 말했다. 배우는 격분했다.

"즉흥 연기라는 걸 왜 말해 주지 않은 겁니까?"

"그렇게 하려고 한 게 아니었거든요."

이 젊은 배우의 이름은 하비 카이텔이었다. 스코세이지는 그를 「누가 내 문을 두드리는가?」의 주연으로 캐스팅했다.

물세 살의 나이에 로스앤젤레스로 초빙되어 일주일간 「몽키스」[20]의 한 에피소드 작업에 참여했다. "그는 스타였습니다." 동기인 짐 맥브라이드는 나중에 이렇게 말했다. "우리들하고는 완전히 차원이 달랐어요. 이 친구는 다른 영화를 장면 하나하나까지 묘사하며 인용할 수 있었죠. 우리가 적정 노출을 얻으려고 애쓰는 동안 그는 이 작은 보석과 같은 작품들을 만들고 있었던 겁니다."

그는 또한 자신의 커리어에서 아주 중요한 사람들이 될 협력자들과 교류를 하고 있었다. 여기엔 네거티브 편집이 잘못된 「너처럼 멋진 여자가 이런 곳에서 뭘 하고 있는 거야?」가 제 모습을 찾도록 도와준 셀마 스쿤메이커, 그리고 이라크에서 자라

20 1966년 9월부터 1968년 3월까지 NBC TV에서 방영된 시트콤. 「잃어버린 전주곡」(1970)으로 잘 알려진 감독 밥 라펠슨과 프로듀서 버트 슈나이더가 기획한 이 프로그램은 록 밴드 이야기를 담은 작품이다. 이를 통해 데이비 존스를 주축으로 한 4인조 그룹 몽키스가 탄생했고 큰 상업적 성공을 거두었다.

영화감독

"슬프거나 재미있거나 폭력적이거나 평화로운, 인간의 기본적인 수준에서 의사소통을 하고 싶습니다. 그것들이 저를 영화감독으로서뿐만 아니라 한 인간으로 성장시키지 않는다면, 그것들을 가지고 제가 이야기하고 싶은 것을 말할 수 없다면, 저는 영화를 하고 싶지 않습니다."

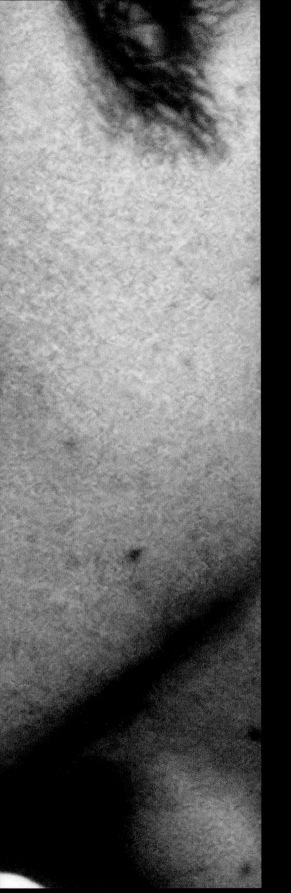

누가 내 문을 두드리는가?
Who's That Knocking At My Door
1967

"어떤 면에서는 제 첫 번째 장편 영화
「누가 내 문을 두드리는가?」가 특히
마음에 들지 않습니다. 이걸 만들며
우리가 겪었던 온갖 문제들 때문이죠.
이 영화를 시작했을 때는 하고 싶은 게
뭔지 알고 있었지만 제가 가진 돈으로는
그게 불가능했어요."

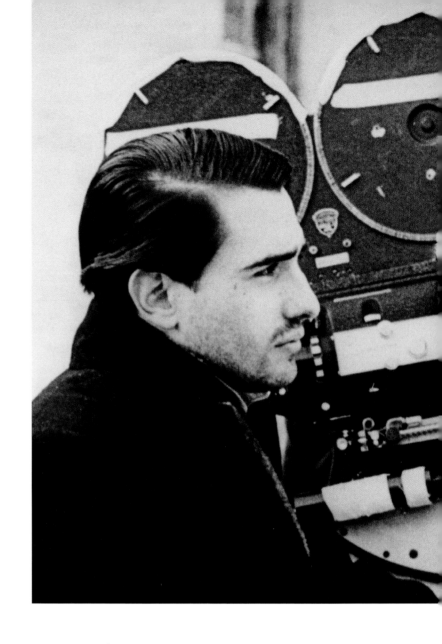

속기사로 근근이 생계를 꾸리며 오프브로드웨이Off-Broadway 연극에 **법원** 출연하던 하비 카이텔은 스코세이지의 광고에 응했을 때 연기를 막 그만두려던 참이었다. 변덕스러운 감독과 달리 그는 유연한 감정을 지니고 있었고 스코세이지는 여기에 끌렸다. "그를 뺄까 하는 생각도 했지만 낯선 사람들이나 여자들을 훨씬 편하게 대하더군요. 그는 좀 더 대담한 사람이었어요." 두 남자는 「누가 내 문을 두드리는가?」를 찍으며 거의 형제처럼 절친한 친구가 되어서, 카이텔은 감독의 아파트에 있는 간이 침대에서 잠을 자기도 했다. 그들은 이후 어렵사리 제작비를 긁어모으며 띄엄띄엄 영화를 만드느라 2년을 보냈다. "악몽이나 다름없었어요." 카이텔이 말했다. "한 장면의 촬영을 시작하죠. 그러고는 두 달이 지나서야 재촬영을 해요. 배우들은 머리를 깎아야 합니다. 아니면 다른 일을 하고 있어서 작업을 할 수가 없는 거예요."

시카고에서 상영된, 로맨스가 빠지고 카이텔의 캐릭터와 그의 친구들만 등장하는 영화의 초기 버전은 재앙과도 같았다. 여기엔 별다른 일도 벌어지지 않은 채 그저 숱한 음주 장면과 자동차로 뉴욕을 돌아다니는 장면만 있었다. 이걸 좋아하는 사람은 아무도 없었다. 이 영화를 상영한 바이오그래프 극장은 존 딜린저[1]가 총에

맞은 곳이었다. "그 블록에서 죽은 게 둘이 됐구먼." 스코세이지의 삼촌 중 하나가 이런 우스갯소리를 했다.

한편 스코세이지의 첫 번째 결혼 생활은 둘이 함께하게 된 것만큼이나 빠르게 무너져 내리고 있었다. 스코세이지는 학부생 시절 같은 뉴욕대학 학생이던 라레인 마리 브레넌을 만나 사랑에 빠졌다. 그들은 1965년 5월 15일에 결혼했다. 졸업과 함께 그들은 저지시티에 있는 그녀의 작은 아파트로 들어가 그곳에서 12월 첫 주에 딸 캐서린을 낳았다. 마티는 한밤중에 일어나 아기를 흔들어 재우며 심야에 방영하는 「사이코」를 보거나 가끔은 살짝 빠져나가서 마딕 마틴과 "마녀의 계절"을 작업하기도 했다. 두 남자는 한겨울에 마틴의 차에서 몸을 떨며 앉아 있곤 했다. 그들의 숨결로 유리창에는 김이 서렸고, 그들의 뉴욕, 그들의 거리, 그들의 이야기를 쓰며 내내 자신들이 미친 건 아닐까 생각하고 있었다. "아내들은 우리를 질색했습니다." 마틴이 회상했다. "'두 사람 그만 포기하고 제대로 된 일을 구하는 게 어때요? 도대체가, 영화라니요?' 우리를 하도 못살게 굴어서 집에 들어갈 수가 없었어요." 그들은 "당신의 결혼 생활을 구원해 줄 수 있는 영화"라는 제목의 형편없는 충고로 가득한 영화를 구상하고 있었다. 면도를 하며 자신의 목을 베어 피를 흘리는 사내를 다룬 스코세이지의 단편 영화 「빅 셰이브The Big Shave」는 이 시기에 나왔

---

1 경제 대공황 시기 은행 강도 조직을 이끌던 갱스터. 24개 은행을 털고 숱한 살인을 저질렀던 그는 1934년 시카고의 바이오그래프 극장에서 영화를 보고 나오다가 잠복해 있던 FBI의 총에 맞아 사망했다. 마이클 만 감독의 「퍼블릭 에너미」(2009)를 비롯한 여러 영화에서 다룬 인물이다.

스코세이지의 첫 장편 영화에서 주역을 맡은 이들은 하비 카이텔과 지나 베순이었다.

다. 그는 이 작품을 일컬어 "터무니없는 결과를 초래한 도박"이라고 했다. "당시 제 기분이 그랬습니다."

마침내 그에게 구명 밧줄과 같은 기회가 찾아왔다. 마누지언과 그의 학생 중 하나가 「누가 내 문을 두드리는가?」의 마무리를 위해 스코세이지에게 필요했던 37,000달러를 용케 마련해 주었던 것이다. 그들은 공포 영화 배급자이자 「난폭한 여인들」과 「범죄 조직」 같은 익스플로이테이션 영화[2] 개봉의 배후 인물이기도 한 조지프 브레너를 알게 되었는데, 그는 영화에 누드 장면을 넣으면 극장에 걸어 주겠다고 했다. 그 당시 암스테르담에 있었던 스코세이지는 바워리가[3]의 다락방처럼 보이는 장소를 찾아서 미국에 있던 카이텔을 불러 섹스 신을 찍었다. 그는 이 장면을 착한 여자와 나쁜 여자(처녀와 "방탕한 계집" 들)에 관한 대화 중간에 넣고 거기에 도어스의 음악을 썼다.[4] 편집한 필름은 몰래 가지고 들어와 세관을 통과했다.

스코세이지의 아버지가 임금을 지불함으로써 마침내 1967년에 완성된 「누가 내 문을 두드리는가?」는 그해의 시카고국제영화제에서 첫 상영이 되었다. 자전적

내용을 느슨하게 담아낸 이 '사랑에 눈먼 젊은 예술가의 초상'[5]은 자신의 여인과 친구들, 청춘과 성년기, 섹스와 교회 사이에 끼인 J.R.(카이텔)이라는 이름의 젊은 이탈리아계 미국인 남자에 대한 이야기다. "난 뭐랄까, 말하자면 어중간한 처지에 있어요." J.R.이 스태튼 아일랜드 페리에서 만난 금발 여인(지나 베순)에게 말한다. 그는 10분 동안 존 웨인과 「수색자」에 대해 떠벌리며 그녀에게 잘 보이려 애쓴다. "존 웨인 영화를 그렇게 많이 보진 않았어요." 그녀가 말한다. "미국에서 태어난 거 맞아요?" 그는 반농담조로 묻는다. 사실 그들이 만나는 장면은 친구들과 카드 게임을 하다가 지루해진 J.R.의 회상이다. 영화의 많은 부분이 그런 식으로 전개된다. 이제 막 사랑에 빠진 젊은이의 마음속에서 도취된 백일몽의 띠가 풀어지고 있다. 스코세이지는 월터 미티[6]와 같은 깊은 사랑의 분열을 멋지게 담아낸다. 친구들과 법석을 떨고 술에 취해 벨 노츠[7]의 연주와 함께 포드 선더버드 자동차를 타고 돌아다니며 J.R.은 자신의 마음이 끝없이 방황하고 있다는 걸 알게 된다. 베순과 옥탑방으로 돌아와서는 줄곧 리 마빈에 대해 말하거나("그는 사람을 죽이고 가구를 때려 부수지")[8] 자기 방으로 가서 작은 막달라 마리아 조각상이 지켜보는 아래에서 사랑

---

2 exploitation film: 섹스와 폭력, 공포 등 선정적이고 말초적인 주제와 표현을 담아 저예산으로 제작된 B급 장르 영화와 싸구려 상업 영화를 통칭하는 말.

3 뉴욕 로워 맨해튼에 있는 오래된 거리. 당시에는 싸구려 술집이 즐비하고 노숙자와 주정뱅이들이 모이는 빈민 지역이었다.

4 이 장면에 도어스의 명곡 〈The End〉(1967)가 흐른다.

5 아일랜드의 작가 제임스 조이스가 쓴 자전적 소설 『젊은 예술가의 초상A Portrait of the Artist as a Young Man』(1916) 제목을 차용해 'A Portrait of the Artist as a Young Romeo'라고 패러디한 표현이다.

6 미국의 유머 작가이자 만화가인 제임스 서버가 1939년 주간지 『뉴요커』에 게재한 단편 『월터 미티의 은밀한 생활』의 주인공. 스스로 만든 환상 속에서 영웅이 되어 활약하며 현실의 초라함에서 벗어나는 인물이다. 이 작품은 1947년과 2013년 영화화되었다.

7 The Bell Notes: 1950년대 미국 롱아일랜드에서 결성된 로큰롤 밴드. 그들의 1958년 히트곡 〈I've Had It〉이 영화에 등장한다.

8 주로 악역을 맡았던 배우 리 마빈이 존 웨인, 제임스 스튜어트와 함께 출연한 존 포드의 서부 영화 「리버티 밸런스를 쏜 사나이」(1962)에 대한 언급.

십자가에 못이 박히는 모티프는 여기서 시작되어
스코세이지의 작품에 자주 등장하게 된다.

"우리는 지나치게 의욕적이었지만
원하는 앵글을 얻기 위해 카메라를
움직일 수도 없다는 사실을
깨달았습니다. 그렇지만 아무 일도
일어나지 않고 그저 앉아 있거나
차를 몰고 돌아다니는 우리 모습을
정확하게 담았어요. 한편으로는
그게 이 영화의 주제였고,
다른 측면으로는 성적 콤플렉스와
교회에 관한 이야기였습니다."

을 나눈다. 둘의 모습을 뺨과 입술, 속눈썹의 물결치듯 구불구불한 곡선으로 묘사한 이 놀라운 클로즈업 시퀀스의 흑백 촬영은 이와 비슷하게 애정 어린 「분노의 주먹」의 러브 신을 연상케 한다.

영화에는 J.R.과 그의 친구들이 총을 가지고 장난을 칠 때, 총이 자기들 쪽으로 향하자 모두가 몸을 휙 숙이는 시퀀스에서 펼쳐지는 눈부시게 아름다운 슬로 모션 장면이 포함되어 있다. 영화 포스터의 스틸 사진으로만 구성한 화려한 총격전(상상 장면)이나 J.R.과 친구가 내내 투덜거리며("바에서 촌놈들 떼거리하고 술 마시며 하루를 보내야 하는 것만으로도 서러운데 말야…") 캣스킬 산⁹을 오르는 장면 또한 인상적이다. 모두가 각자 최선을 다해 스코세이지에게 깊은 인상을 남긴 듯하다. 스코세이지는 특히 둥근 얼굴의 뚜렷한 용모에 장난기 어린 웃음으로 온갖 갈망을 불러일으키는 카이텔을 저 냉소적인 천재 로버트 드 니로와 의기투합하기 전 자신의 여러 작품에 캐스팅한다. 영화의 마지막 3분의 1에는 어떤 일이 벌어지게 될지가 더 잘 드러난다. 카이텔은 베순이 과거에 강간당했다는 사실을 알고는 그녀에게서 물러서는데, 그러고 나서 오만하게 은혜라도 베푸는 양 그녀를 "용서"하려고 한다. 스코세이지가 지닌 가톨릭 신앙은 마치 향로에서 피어오르는 향처럼 강렬하게 영화

9 뉴욕주 남동부에 자리한 애팔래치아 산맥 자락의 산.

의 클라이맥스를 뒤덮는다. 그는 비슷한 소재를 끼워 넣는 훨씬 나은 방식을 「비열한 거리」에서 찾게 될 테지만, 우아하고 활기차고 진심 어린 「누가 내 문을 두드리는가?」는 여전히 놀라운 데뷔작이다. 시카고에서 이 영화를 본 젊은 로저 에버트는 "예술적으로 만족스러우며 기술적으로는 어디에서 제작되는 작품이든 최고의 영화들에 견주어도 뒤지지 않는다"고 평가했다. 영화는 그 후 1970년 뉴욕의 카네기홀 극장에서 공개되었는데, 로저 코먼이 존 카사베티스를 그곳으로 불러 함께 보았다. "이 영화는 「시민 케인」만큼이나 좋네요." 카사베티스가 말했다. "아니, 「시민 케인」보다 낫습니다. 더한 열정이 담겨 있으니까요." 스코세이지는 하늘을 나는 듯한 기분이었다.

좋은 소식이 더 있었다. 에이전트인 해리 어플랜드는 스코세이지의 단편 영화들을 보고 그와 계약을 체결한 후 곧바로 그에게 「허니문 킬러」의 감독 일을 구해 주었다. 스코세이지는 대본이 마음에 들지 않았지만 어쨌거나 승낙을 하고 200페이지짜리 시나리오를 전부 마스터 숏으로 촬영하기 시작했다. 그는 자신이 마치 카메라의 거장이라도 되는 양 단순한 저예산 누아르 영화를 칼 테오도르 드레이어[10]

의 작품으로 바꾸려 하고 있었다. 그는 영화를 만들려고 한 게 아니라 명성을 얻고자 애쓰고 있었던 것이다. 그는 일주일 후에 해고되었는데, "마땅히 그럴 만했다." 1970년작 다큐멘터리 「우드스톡」을 공동으로 편집한 후 그는 마침내 워너브라더스의 부사장 프레드 와인트라웁의 전화를 받았다. 와인트라웁은 그에게 또 다른 록 다큐멘터리 「메디슨 볼 카라반」Medicine Ball Caravan의 편집을 요청했다. "LA로 오는 게 어때요?" 와인트라웁이 말했다. "2주 정도 나와서 이 영화 한번 해 보시죠. 당신을 심하게 조일 생각은 없어요. 즐거운 시간을 보내게 될 거예요. 어떤 일이 생길지 봅시다."

그냥 지나치기엔 너무 좋은 제안이었다. 당시 할리우드에 진출할 수 있는 다른 방법은 없었다. 그래서 그는 1971년 1월에 혼자 로스앤젤레스로 이주해 아파트를 임대했다. 그리고 빈센트 미넬리, 존 포드, 니컬러스 레이, 하워드 혹스 등 어린 시절 흠모했던 감독들을 잊지 않기 위해 빈센트 미넬리의 1962년 영화 「낯선 곳에서의 2주」 포스터를 침대 위에 붙였다. 그의 결혼 생활은 끝났다. 이제 영화를 연출할 시간이 되었다.

---

10 「잔다르크의 수난」(1928), 「오데트」(1955), 「게르트루드」(1964) 등으로 잘 알려진 덴마크의 거장 영화감독. 섬세한 카메라 워크와 아주 긴 롱 테이크, 클로즈업 촬영으로 유명하다.

바바라 허시의
공황 시대
Boxcar Bertha
1972

"저는 주로 어린아이처럼
행동하고 폭력을 휘두르다가
죽음을 맞이하는 그런
캐릭터를 보여 주려고
했습니다."

주인공 버사 톰슨 역을 맡은 바바라 허시.

허시와 데이비드 캐러딘은 연기를 할 필요가 없을 정도로 완전히 사랑에 빠져 있었다.

"'로저 코먼의 장르'에 머물러 있는 한 로저는 엄청난 자유를 선사해 줍니다. 「바바라 허시의 공황 시대」에는 총과 시대의 복장이 등장하죠. 그래서 수락했어요."

할리우드에

도착하고 나서 두 주 동안 스코세이지는 프랜시스 포드 코폴라와 스티븐 스필버그, 그리고 조지 루카스를 만났다. 윌리엄 모리스 에이전트에서 그를 로저 코먼과 만나게 해 주었는데, 코먼은 스코세이지에게 자신이 연출한 1970년작 갱스터 영화 「블러디 마마」의 속편을 할 의향이 있냐고 물어보았다. 브라이언 드 팔마 또한 그에게 「택시 드라이버」라는 제목의 대본을 뒷주머니에 넣고 다니던 작가 폴 슈레이더를 소개해 주었다. 너무도 즐거운 시간이었다. "우린 그저 한껏 들떠 있었습니다." 후에 스코세이지가 말했다. "1971년부터 1976년까지는 최고의 시기였습니다. 우리가 막 시작하던 때였으니까요. 친구들이 다음 영화에서, 브라이언과 프랜시스가 다음 영화에서 뭘 했는지 궁금해서 기다리는 게 힘들 정도였어요."

「허니문 킬러」에서 경험한 바가 있기 때문에 스코세이지는 코먼의 영화를 하는 게 불안했다. 대공황 시대를 배경으로 한 드라마 「바바라 허시의 공황 시대」는 기본적으로 「우리에게 내일은 없다」를 모방한 작품으로, 박해를 받는 노조의 주동자 "빅" 빌 셸리(데이비드 캐러딘)와 부유한 도박꾼의 살인에 휘말린 후 기차 화물칸을 타고 도주하는 그의 떠돌이 여자 친구 버사 톰슨(바바라 허시)[1]에 대한 이야기다. 대본은 200페이지에 달했으며 아주 복잡했다. "자네가 원하는 대로 다시 쓰게." 코먼

이 그에게 말했다. "하지만 마티, 적어도 열다섯 페이지마다 알몸 노출이 등장해야 한다는 걸 잊지 말아야 해." 스코세이지는 이 지시에 따라 당시 연인 사이였던 허시와 캐러딘의 뜬금없는 러브 신 몇 장면을 찍었다. 이번에는 그가 영화 전체의 스토리보드를 그렸다. 그가 계획했던 대로라면 각 등장인물은 다른 카메라 앵글 속에서 죽을 예정이었다. 그는 대본을 다시 써서, 거의 스코세이지의 분신처럼 돼 버린 겁 많은 뉴잉글랜드 출신 도박꾼 배리 프라이머스의 역할을 키웠고, "커튼 뒤에 있는 남자는 신경 쓰지 마세요"라는 대사를 비롯해 「오즈의 마법사」와 관련된 여러 설정으로 영화를 채웠다.[2] 여기엔 허수아비, 사자, 그리고 양철 나무꾼(캐러딘, 프라이머스, 버니 케이시)도 있다. 그는 심지어 허시의 헤어스타일을 도로시처럼 양 갈래로 땋았다.

이 작품은 스코세이지가 훗날 "밀수업자의 영화"라고 부르게 되는 스타일의 완벽한 본보기였는데, 그건 마치 도그 휘슬[3]처럼 몇몇 사람들만 알아들을 수 있는 영화감독의 레퍼런스들이 겹겹이 쌓인 작품을 의미한다. 우선 그런 장난기는 그가 영

---

1 '지붕이 있는 화물차'를 의미하는 'Boxcar'는 버사의 별명이 된다.

2 '커튼 뒤의 남자' 대사는 「오즈의 마법사」에서 강아지 토토가 커튼을 젖히는 바람에 정체가 탄로난 마법사가 당황하여 뱉는 말이다.

3 dog whislte: 개를 부르기 위해 사용하는 호각. 사람의 가청 주파수 범위를 벗어나기 때문에 사람에게는 들리지 않지만 개는 들을 수 있는 소리를 낸다. 정치학에서 도그 휘슬은 어떠한 메시지를 특정 그룹만 알아들을 수 있는 언어로 이야기함으로써 정치적 메시지를 공유하는 행위를 의미하기도 한다.

스코세이지와 그가 다시 쓴 대본에서 역할이 커진 배리 프라이머스.

아칸소에서 로케이션 촬영 중인 출연진과 제작진.

화사로부터 자유를 박탈당할 수도 있다는 생각에 얼마나 불안해했는지를 보여 준다. 아칸소주에서 고작 24일 동안 로케이션 촬영으로 완성한 이 영화는 그가 처음으로 출연진과 제작진을 제대로 갖추고 60만 달러의 예산으로 제작한 작품이다. 또한 로저 코먼의 아메리칸 인터내셔널 픽처스AIP라는 작은 스튜디오이긴 했지만 그가 영화사와 일한 첫 경험이기도 했다. 코먼은 간섭하지 않는 걸로 유명한 인물이었지만, 그럼에도 촬영장까지 와서 일이 어떻게 진행되고 있는지 살펴봤고 나중에는 모텔 방으로 스코세이지를 찾아왔다.

"뭐 준비한 것 좀 있나?" 그가 물었다.

"보여 드릴게요." 스토리보드를 3~400장 정도 꺼내며 스코세이지가 말했다. "이 장면은 이렇게 가고 이건 저런 식으로 갑니다. 그리고 이건 그냥 평범한 장면이지만 그다음에 이런 식으로 진행되고요…"

"잠깐만. 영화 전체를 이렇게 그렸단 말인가?"

"예."

"여기까지만 보도록 하지."

코먼은 잔뜩 인상을 쓴 채 촬영장을 돌아다니며 스태프들에게 겁을 주어 그들을 재촉했다. 촬영이 막바지에 이르렀을 때 그는 스코세이지를 한쪽으로 데리고 가서는 추격 장면이 있으면 좋겠다고 말했다. 스코세이지는 촬영 일정을 더 달라고 요청했다. 코먼이 거절했지만 스코세이지는 이미 빡빡한 스케줄에 어떻게든 간신히 일정을 끼워 넣었다. 코먼이 편집실에서 여전히 스코세이지의 주변을 서성이는 가운데 그는 깔끔하게 90분 분량의 영화를 제시간에 완성했다.

AIP의 수장인 새뮤얼 아코프는 이 영화가 몹시 마음에 안 들었다. 주제에서 벗어난 이야기, 몇몇 사람만 알아들을 수 있는 농담, 겉멋을 부린 듯한 누벨바그풍 예술성 등 그가 싫어한 모든 디테일은 스코세이지가 좋아한 것들이었다. "유곽에서 가지는 즉흥적 면담, 유리잔을 먹는 노인, 사실은 여장 남자인 방 뒤쪽의 매춘부, 문을 가지고 하는 장난, 그리고 인터뷰 장면 등을 「비브르 사 비」에서 가져왔습니다. 에피소드 전체에 속속 스며들어 있는 몽환적 분위기도 마찬가지고요. 영화 속 모든 게 무척 기묘합니다. 바바라 허시와 데이비드 캐러딘도 아주 즐거워했죠. 그들은 연기할 필요가 없을 정도로 서로에게 완전히 푹 빠져 있었어요."

버사와 화물차에 올라타는 그녀 패거리의 또 다른 구성원 중 하나인 본 모튼(버니 케이시).

이 영화는 여전히 매혹적인 동시에 기이하다. 초기의 이런 꽤나 창의적인 조악함에는 스코세이지가 고용되어 만드는 작품을 특징짓게 될 분위기의 흐름이 담겨 있다. 그는 지속적인 액션을 선보인다. 비행기 추락, 폭동, 탈옥, 추격, 열차 강도 등이 모두 경쾌한 하모니카 음악과 함께 이어지는데, 이 플롯은 겉으로는 오로지 캐러딘과 그의 무리와 함께 화물차를 빠져나가는 바바라 허시의 얼굴에 웃음을 짓게 하기 위한 것처럼 보인다. 당시 허시는 스물네 살이었다. 영화는 첫 장면에서 홍조를 띤 이 시골뜨기 미녀의 모습을 뚜렷이 보여 준다. 버사가 원피스를 위로 올려 허벅지를 긁을 때 캐러딘은 철도 선로에서 탐욕스러운 시선으로 그녀를 바라본다. 허시가 모든 장면에서 아주 헐렁한 옷을 입고 나오는 이 작품은 분명 익스플로이테이션 영화지만, 버사의 성적인 부분을 솔직하게 다루었을 뿐만 아니라 스코세이지의 유려한 카메라 덕분에 영화에 음흉한 시선을 던질 여지를 주지 않는다. 진정 에로틱한 자극이 여기 담겨 있다.

또한 그는 저예산이라는 상황 속에서 마지막 한 방울까지 짜내어 이미 대단히 세련된 편집을 보여 주고 있다. 마지막에 산탄총으로 사람들을 쓸어 버리는 장면에

> "생각지도 못할 때 모든 게 무너지고 사람들이 목숨을 잃는다는 걸 강조하기 위해 갑작스러운 폭력의 요소를 사용했습니다."

패거리는 대담하게 열차를 약탈한다.

영화 마지막의 충격적이고 터무니없는 책형 장면.

서 카메라는 총에 맞아 허공을 가르며 날아가는 이들을 따라가는데, 이는 배치와 몸동작 연출, 편집에 있어 사소하지만 경이로운 성과다. 캐러딘이 기차 옆면에 못 박히는 클라이맥스의 책형磔刑은 스코세이지가 손을 보기 전부터 대본에 있던 장면이었다. 그러나 그는 이후에 「그리스도 최후의 유혹」에서 이 장면 하나하나를 그대로 재현하여 마땅히 들어가야 할 곳에 넣었다. 여긴 제자리가 아니었다.

스코세이지는 두 시간짜리 가편집본을 존 카사베티스에게 보여 주었다. 그는 스코세이지를 자신의 사무실로 데려가 툭 터놓고 이야기했다. "마티, 넌 이런 허접한 작품을 만드느라 네 인생의 일 년을 꼬박 써 버린 거야. 좋은 영화라는 건 알겠는데, 넌 이런 영화나 만드는 그런 부류의 사람들보다 훨씬 낫다고… 네가 정말 관심이 가는 주제로 영화를 만들어 보지 그래?"

"작업 중이던 대본이 있어요."

"그걸 해."

"다시 써야 하지만 말이죠."

"그럼 다시 써!"

스코세이지는 "마녀의 계절"을 찾으러 갔다.

비열한 거리
Mean Streets
1973

"교회에서 죄를
바로잡을 수는 없다
그건 거리에서 하고
집에서 하는 거다.
누구나 알고 있듯
나머지는 헛소리다.

리틀 이탈리아에서 로케이션 장소 섭외 중에.

"저는 그냥 인류학적 연구 같은 걸 하고 싶었습니다. 이건 저와 제 친구들에 관한 이야기예요. 이 영화가 선반 위에 놓여 있다가 몇 년 후에 사람들이 이걸 꺼내 본다면 대부나 조폭 두목이 아니라 보통 수준의 삶을 사는 이탈리아계 미국인들의 일상적 삶이라고 할 겁니다. 70년대 초반과 60년대 후반에 그들이 실제로 이렇게 말했고 이런 모습을 했으며 이렇게 행동했다고 말이죠. 60년대 초반에도 마찬가지입니다. 이게 그들의 생활 방식이었으니까요."

동네 제과점/아이스크림 가게 밖에서.

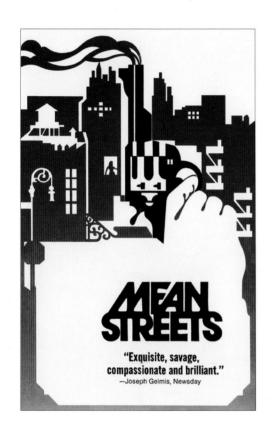

찰리(하비 카이텔)가 조반니 삼촌(세자레 다노바)과 사업 이야기를 나누고 있다.

영화의 제목은 레이먼드 챈들러가 쓴 "남자는 이 비열한 거리를 지나가야 한다…"라는 문장에서 나온 것으로,[1] 『타임』지에 영화 평론을 쓰던 스코세이지의 친구 제이 콕스가 제안했다. 스코세이지는 처음엔 이게 좀 가식적이라고 생각했는데, 이 제목 덕에 그는 리틀 이탈리아에서 로케이션 촬영을 하는 동안 끝없이 골머리를 썩여야 했다. 화가 난 사람들이 그에게 다가와서는 이렇게 말하곤 했다. "이 거리에 무슨 문제가 있다는 겁니까?" 스코세이지가 그들에게 말했다. "아니, 이건 그냥 임시로 붙인 제목이에요." 그러나 너무 긴장을 한 그는 자기 손톱을 물어뜯지 않으려고 흰 장갑을 끼게 되었다. "모든 사람들과 협의를 해야 했습니다." 그가 말했다. "일이 끝날 때쯤 아버지가 이야기를 듣고는 제게 와서 말씀하셨어요. '왜 나한테 말하지 않았니? 내가 아무개하고 아무개한테 얘기해 줄 수도 있었는데. 그러면 그가 아무개 아버지한테 얘기할 거고. 그리고 우린 이

러저러한 협의를 할 수 있잖느냐.' 제가 말했죠. '아뇨, 아버지가 여기 관여하게 하고 싶지 않았어요.'"

어떤 의미로 보면 그의 아버지는 더할 수 없을 만큼 깊이 관여되어 있었다. 이 이야기는 마티가 어렸을 때 밤마다 들었던 아버지와 조이 삼촌의 말다툼에서 시작되었기 때문이다. 영화는 이와 유사한 가족의 분노에 대한 연구다. 난폭하지만 인정 많은 깡패와 그의 친구 조니 보이가 짝을 이루는데, 그 구역의 미치광이인 조니는 끊임없이 문제를 일으키면서도 이에 맞서기를 꺼리고("그가 하는 최악의 일") 결국 그것들은 그에게 부메랑이 되어 돌아온다. 스코세이지는 주인공의 이름까지도 아버지의 이름에서 딴 찰리로 지었으며, 롤링 스톤스, 로네츠, 샹텔스, 레이 바레토, 셔렐스 등을 비롯하여 1963년과 1964년 여름 사교 클럽에서 거리로 쏟아져 나왔던 온갖 광경과 소리로 영화를 가득 채웠다. 그는 이렇게 말했다. "「비열한 거리」는 저 자신과 제 옛 친구들을 스크린에 올림으로써 우리가 어떻게 살았으며 리틀 이탈리아에서의 삶은 어떠했는지를 보여 주려는 시도였습니다." 그건 "자신이 누구인지에 대한 선언이요 성명"이었다.

---

1   하워드 혹스의 동명 영화로도 유명한 하드보일드 소설 『빅 슬립』(1939), 빌리 와일더가 연출한 영화 「이중 배상」(1944)의 시나리오를 쓴 미국 작가 레이먼드 챈들러의 에세이 『살인의 예술』(1950)에 담긴 문장이다.

"교구 신부들이 이탈리아계 미국인들을 위해
개최한 어느 댄스파티에서 드 니로를
만났던 게 기억납니다…
그래서 「비열한 거리」를 하게 되었을 때
생각했어요. '그 친구에게 딱 맞는 역할이군.'
그는 당시 14번가에 있는 아파트에
살고 있었고 유행이 지난 옷들을 좀 가지고
있었어요. 그가 모자를 쓰고 있는 걸 보고
속으로 그랬죠. '오, 완벽해.' 그에게 그렇게
말하지는 않고 보기 좋다고만 했습니다.
하지만 그 모자를 보았을 때 그가 바로
조니 보이라는 걸 알았어요."

조니 보이(로버트 드 니로)와 찰리는 항상 의견이 일치하는 건 아니지만 영화 밖에서 드 니로와 카이텔은 절친한 친구였다.

그가 마딕 마틴과 오랫동안 작업해 온 대본 "마녀의 계절"은 대폭 수정되었다. 제작자 프레드 와인트라웁(그를 처음 로스앤젤레스로 끌어냈던 인물)의 딸이자 당시 마티의 여자 친구였던 샌디 와인트라웁은, 폭죽을 터뜨리거나 당구장에서 한 친구가 다른 친구를 "무크"[2]라고 불러서 벌어지는 싸움 같은, 그가 그녀에게 얘기해 주었던 리틀 이탈리아에서 자란 이야기가 가톨릭교도의 고뇌에 너무 심하게 얽매인 대본의 어떤 내용보다도 더 재미있다고 꼭 집어 얘기했다. "영화에 그런 장면들을 넣지 그래요?" 그녀가 제안했다. 그래서 그는 종교적인 내용을 다 들어내고 당구장과 폭죽 장면을 집어넣었다.

많은 부분이 즉흥적으로 만들어졌다. 그래머시 파크 호텔에서 일을 하는 동안 스코세이지는 출연진과 열흘을 보내며 찰리(하비 카이텔), 조니 보이(로버트 드 니로), 토니(데이비드 프로발), 마이클(리처드 로마너스), 테레사(에이미 로빈슨) 등 주요 등장인물들 간에 얽힌 관계를 풀어 나갔다. 그들은 리허설 장면을 녹화했고 그들의 즉흥 연기가 포함된 테이프를 대본을 한층 더 고쳐 쓰는 데 사용했다. 드 니로와 카이텔이 클럽 뒤쪽에서 이야기하는 장면의 대본이 이런 식으로 쓰였지만, 막상 촬영할 때가 되자 카이텔은 자신이 한 걸 기억하지 못해서 다시 즉흥 연기를 해야 했다.

쓰레기통을 가지고 싸우는 장면은 마찬가지로 촬영 중에 즉흥적으로 이루어졌다. 당구장에서 벌어지는 싸움은 개략적인 구상이 되어 있었지만 스코세이지는 대사를 쓰는 데에 신물이 났다. 조지 메몰리(조이)가 익살스러운 대사를 생각해 냈고 그들은 촬영에 들어가서 무대 셋업을 서른여섯 번이나 바꾸며 꼬박 열여섯 시간을 찍었다. 그날이 다 갈 무렵에야 원하는 장면을 얻을 수 있었다.

그들은 하루에 보통 무대 셋업을 평균 스물네 번 정도 했지만 이 또한 여전히 놀라운 숫자였다. 영화업계에 진출하고 싶어 했던 스물다섯 살의 록 밴드 투어 매니저 조너선 태플린이 자금(60만 달러)을 댔다. 빠르게 촬영을 마친(1972년 가을에 27일 동안 찍었다) 「비열한 거리」는 로저 코먼의 방식으로 만들어졌는데, 코먼의 보조 프로듀서인 폴 랩이 주도하여 근처에 있는 뉴욕대학의 졸업생들로 제작진을 꾸렸다. 랩은 스코세이지에게 센터 스트리트에 있는 오래된 경찰서와 성 패트릭 성당의 묘지처럼 로케이션이 필요한 야외 장면을 위해 뉴욕에서 촬영할 수 있는 시간이 6일 밖에 없다고 말했다. 나머지 실내 장면은 모두 로스앤젤레스에서 20일 안에 끝내야 했다. 스코세이지는 편집실에서 두세 개의 상황으로 구성된 장면들을 이어 붙여야 했다. 데이비드 캐러딘이 술집에서 총에 맞는 장면은 로스앤젤레스에서 찍었지만 그가 거리에서 쓰러지는 모습은 뉴욕에서 촬영했다. 드 니로가 총으로 엠파이어 스테이트 빌딩의 불을 끄려고 할 때 그는 뉴욕에 있는 옥상에서 총을 쏘지만

---

2 mook: '얼간이'라는 의미의 속어.

"사람들은 제게 항상 왜
「비열한 거리」에 등장하는
그런 인물들에 관심을 가지냐고
묻습니다. 답을 하자면 그건
제가 이런 사람들과 함께 자랐기
때문입니다. 그들이 한 일이
무엇이었는지 알기 전에는
그 모든 게 정상적이라고
생각했어요."

「비열한 거리」로 인해 스코세이지는 물론 드 니로의
이름도 널리 알려졌다. 이 두 사람은 이후 20년이 넘는
기간 동안 또 다른 일곱 편의 영화에서 함께하게 된다.

그가 맞힌 유리창은 로스앤젤레스에 있는 것이었다. "바비[3], 당신이 어디에 있는지 정확하게 알고 있어야 우리가 제대로 할 수 있어요." 스코세이지가 드 니로에게 말했다.

「비열한 거리」는 지금까지 장편 영화 여덟 편에 이르는 로버트 드 니로와의 협업이 처음 시작된 작품이다. 그들은 제이 콕스의 아파트에서 열린 크리스마스 만찬에서 브라이언 드 팔마의 소개로 처음 만났다. 드 팔마는 「안녕, 엄마」에서 드 니로와 함께 작업을 하고 있던 참이었다. 퉁명스러운 말본새로 악명이 높은 드 니로는 식사 내내 별로 말이 없었다. 마침내 그가 말문을 열었다. "당신을 알아요. 당신과 어울렸던 사람들도 잘 알죠." 그러고는 조이와 커티를 비롯해 마티가 어렸을 때 같이 놀았던 다른 몇몇 친구들의 이름을 술술 나열하기 시작했다. "그걸 어떻게 알아요?" 그가 물었다. 알고 보니 드 니로는 열여섯 살 때 자기 패거리와 몰려다니며 그랜드 스트리트와 헤스터 스트리트 주변에서 놀았던 친구였다. 엄밀하게 그들이 라이벌은 아니었지만 "약간의 긴장"은 있었다고 스코세이지가 말했다. 드 니로는 늘 가장 매력적이고 다정한 친구로서 돋보이는 인물이었다. 그날 밤 두 남자는 그럴

법하지 않은 상황에서도 죽이 잘 맞아서 이후 수십 년간 지속될 돈독한 관계를 조용히 시작하고 있었다. 스코세이지는 이렇게 말했다. "그냥 서로를 마주 보며, 가끔씩 고개를 젓고는 다음 얘기로 넘어가는 거죠."

드 니로는 처음에 테레사의 통제 불능 사촌인 조니 보이의 역할을 거절했다. 그는 자신의 양심과 조직 사이에서 괴로워하는 주인공 찰리를 연기하고 싶었다. 한편 영화에 돈을 댄 사람들은 스타를 원했다. 그들은 그 무렵 아카데미 수상작 「미드나잇 카우보이」를 끝낸 존 보이트를 캐스팅하기 위해 협상을 하고 있었다. 스코세이지는 그가 애초 염두에 두고 대본을 쓴 배우 카이텔을 고수했고, 드 니로가 마음을 바꾸어 조니 보이 역할을 맡도록 설득했다. 두 배우의 우정은 영화에서 곧바로 확연히 드러났다. "저 3주 반이라는 촬영 기간 동안 하비와 바비 사이에 벌어진 일은 정말 멋지다는 생각이 들었습니다. 그들은 결국 관계라는 것이 서로에 대한 애정에 바탕을 두고 있지만 거기서 한 사람은 다른 사람보다 더 많은 걸 얻는다는 사실을 이해하거든요."

그럼에도 카이텔은 카메라를 꺼내는 마지막 순간까지 출연 결정을 미루었던 보이트에게 역할을 빼앗길 뻔했다. 카이텔은 만일 스타 배우가 의사를 밝히면 분명 배급망이 더 확대될 것이라는 사실을 이해했기에 한발 물러서서 보다 작은 역할을

---

3 로버트 드 니로.

"『뉴욕 타임스』에 이런 기사가
났습니다. '도대체 누가 이런
사람들에게 관심을 가질까?'
그래서 생각했죠.
'음, 나 같은 사람이지.'"

할 각오가 되어 있었다. 마침내 영화 오프닝 장면의 배경을 이루는 산제나로 페스티벌[4]이 펼쳐지는 동안, 스코세이지는 옥상에서 퍼레이드를 내려다보며 보이트에게 전화를 걸었고, 하지 않을 거라는 답변을 들었다. 스코세이지는 카이텔을 돌아보고는 바로 그날 바니스 백화점에서 산 찰리의 코트를 내밀었다.

"하비, 당신 코트예요." 그가 말했다. "내려가요. 축제가 벌어지는 거리에서 찰리를 따라가 봅시다…"

그들은 거리로 나가 촬영을 시작했다.

―――――
4 나폴리의 수호성인守護聖人 성 야누아리우스San Gennaro를 기리기 위해 뉴욕 리틀 이탈리아의 멀베리 거리에서 매년 9월 개최되는 11일간의 거리 축제.

「비열한 거리」는 할리우드 최고의 스타를 물리쳤다는 이야기를 방금 듣고는 바니스 백화점의 코트를 어깨에 걸치고 "자, 나가서 근처 거리를 걸어 다녀"라고 말하는 누군가의 이야기를 담은 영화 같다. 이 영화는 젊은 활기와 뻔뻔함이 넘치는 독불장군의 영화다. 16세기 이탈리아의 상류 사회에는 궁정의 신하들이 반드시 갖추고 있어야 할 자질을 일컫는 단어가 있었다. 숙련돼 보이는 인상을 뜻하는 스프레차투라sprezzatura, "온갖 기술을 감추고, 모든 말과 행동이 노력도 없고 거의 생각도 없이 하는 것처럼 보이게 만들기 위한 일종의 태연자약함"(발다사레 카스틸리오네, 『궁정인The Book of the Courtier』, 1528년)이다. 마르첼로 마스트로야니의 연기에는 스프레차투라가 있으며, 페데리코 펠리니의 「비텔로니」와 「8과 1/2」역시 그러하다. 「비열한 거리」도 마찬가지다. 스코세이지가 처음으로 탁월한 기량을 드러

암흑가의 압박에 시달리는 찰리는 뇌전증을 앓는 조니 보이의 사촌 테레사의 품 안에서 위안을 찾는다.

낸 탓에 이 영화는 흔히 스코세이지의 첫 작품으로 오인된다. "교회에서 죄를 바로 잡을 수는 없다. 그건 거리에서 하고 집에서 하는 거다. 누구나 알고 있듯 나머지는 헛소리다"라는 오프닝의 보이스오버 내레이션을 한 사람은 카이텔이 아닌 스코세이지 본인이다. 모든 것을 스크린에 담으려는 젊은 영화감독의 질주로 가득 찬 이 영화에는 일기에 쓴 것 같은 생생한 불안감이 담겨 있다. "난 스파게티와 클램 소스, 산山, 아시시의 성 프란치스코, 닭고기, 레몬과 마늘, 존 웨인이 좋아. 그리고 널 좋아하지." 바닷가를 거닐며 찰리가 테레사에게 말한다. "햇빛은 질색이야." 그가 툴툴거린다. 그는 술집과 클럽, 자동차 소음과 경찰차의 사이렌 소리가 끊임없이 들려오는 비좁은 아파트로 돌아가고 싶어 한다. 그 거리는 찰리와 그의 무리가 돌아다니며 빌려준 돈을 회수하고 일제日製 어댑터와 말보로 담배를 팔거나 아

니면 아이들에게 20달러쯤 떼먹고 극장에 가서 뒷줄에 앉아 낄낄거리는 그런 곳이다. 스코세이지는 모든 입구와 출구에서 휘프 팬[5] 촬영을 활용하는데, 마치 이렇게 말하는 것만 같다: 이것 좀 볼래요? 선더버드 뒷자리에서 보이는 맨해튼을 한번 보시겠어요? 공격하기 전 머리를 늘어뜨린 이 암살자(스코세이지 자신이 연기한)를 보세요. 죽기를 거부하는 이 취객을 봐요. 굉장하지 않나요? 아니면 슬로 모션으로 날아가는 도넛 모양의 담배 연기를 보세요. 퓨마와 새끼 호랑이가 우리 안에서 왔다 갔다 서성거리는 모습도요. 찰리와 그 패거리는 흩어졌다가 마치 자신들의 모습에 홀리기라도 한 듯 다시 모여들죠.

5 whip pan: 카메라를 좌우로 재빠르게 움직여 찍는 패닝 숏의 일종으로, 모션 블러(피사체의 잔상과 줄무늬가 생기는 효과)가 생기며 주로 장면 전환에 사용된다.

마이클 롱고(리처드 로마너스)에게 총을 겨눔으로써 조니 보이는 선을 넘게 된다.

"「비열한 거리」는 분명 폭력적인 영화입니다.
하지만 그게 바로 삶의 방식이에요.
어떻게 할까요? 이 인물들은 육체적으로나
정서적으로 폭력적인 세계에서 살고 있습니다.
그게 싫으면 보지 말아야죠."

"이 위선적인 더러운 개자식! 한 번만 더 날 때렸다간 봐!"
분노의 감정이 폭발하는 조니 보이와 찰리.

"무크가 뭔지 보여 주지!" 툭 던지는 모욕적인 말은 당구장에서 벌어지는 폭력의 신호다.

제게 있어 '무의미한'
폭력 같은 건 없습니다.
당구장 싸움 장면을 길게 묘사한 건
무력감과 그 모든 게 어리석다는 걸
보여 주기 위해서였어요."

조니 보이를 살해하고 현장에서 빠져나가기 전,
지미 쇼츠(스코세이지가 연기)와 마이클은 잠시
자신들이 해치운 작업을 감탄하며 바라보고 있다.

미국 영화에서 이런 게 나온 적은 한 번도 없었다. 『뉴요커』의 영화 평론가 폴린 케일은 이 영화를 「비텔로니」에 비견하며 이렇게 썼다. "마틴 스코세이지의 「비열한 거리」는 우리 시대의 진정 독창적인 작품이며 개인적 영화 만들기에 있어 대단한 업적이다. 여기엔 특유의 환각적 스타일이 담겨 있다. 등장인물들은 바로 이런 섬뜩한 조명과 색채를 지닌 술집의 어둠 속에서 살아간다. 여기엔 특유의 불안하고 단편적인 리듬과 더없이 격렬하고 다양한 감정이 있으며 이는 아찔하게 관능적이다… 갱스터 세계를 다룬 미국의 다른 어떤 영화도 이런 개인적 강박의 요소를 지니고 있지 않다. 감독이 '이건 내 이야기야'라고 하는 듯한 느낌을 주는 갱스터 영화는 이전에 존재하지 않았다."

불과 1년 전에 개봉한 「대부」도 이런 수준의 격렬한 감정을 다루거나 시도하지 못했으며 대신 마호가니 빛깔의 서사적 영화로 방향을 잡았다. 「비열한 거리」에는 살인과 자동차 충돌과 목에 맞은 끔찍한 총상이 등장하지만 이 모든 건 자전거처럼 가볍게 느껴진다. 밀고자가 된 마피아 헨리 힐(스코세이지가 「좋은 친구들」의 바탕으로 삼은 실존 인물)이 말한 것처럼 「비열한 거리」가 「대부」를 제치고 조직폭력배가 가장 좋아하는 갱스터 영화로 자리한다면, 그건 사실 범죄가 진짜 주제가 아니기 때

문일지도 모른다. "이 영화의 주제는 실제 범죄가 아니라 과장됨, 피해망상, 그리고 체면치레 같은 것들이다." 대단히 깊은 통찰력을 지닌 매니 파버[6]는 이렇게 썼다. 일찍부터 당구장에서 카이텔의 패거리와 주인 간에 벌어지는 싸움 장면을 좋아했던 그의 표현에 의하면 "테니스화를 신은 호전적인 뚱보가 미후네 도시로[7]로 변한다." 마블레츠의 노래 〈Please Mr. Postman〉과 함께 펼쳐지는 이 장면은 경찰이 도착할 때까지 지속되다가 평정을 찾게 되고, 앞서 적수였던 이들은 자신들의 칼에 대해 얼버무리려고 한다. "그거 손톱 다듬는 거예요." 그러고 나서 그들이 서로의 건강을 기원하며 술을 마시고 막 떠나려 할 때 다시 싸움이 벌어진다. 화해의 가능성이 폭력으로 돌변한 것이다.

영화의 모든 부분은 아슬아슬하게 균형을 이루고 있다. 분위기도 그래서 유쾌하다가도 위협적으로 바뀌고는 다시 돌아오는데, 이는 같은 장면에서 빈번하게 여러 차례 반복된다. 분위기는 정반대로 흘러가고 장면들은 서로 뒤에서 이어진다.

---

6 기존의 관습적 글쓰기 방식에서 벗어나 직관적이고 강렬한 스타일로 평론계에 큰 영향을 준 미국의 영화 평론가이자 화가.

7 「라쇼몽」(1950), 「7인의 사무라이」(1954), 「숨은 요새의 세 악인」(1958), 「요짐보」(1961) 등 구로사와 아키라 감독의 여러 걸작에서 사무라이를 연기한 일본의 배우.

"보세요, 전체적 아이디어는
오늘날의 성인聖人 이야기를 만드는
것이었습니다. 자신의 집단 속 성인,
하지만 그의 집단은 바로 깡패들인 거죠."

피비린내 나는 영화의 클라이맥스: 조니 보이는 마이클을 지나치게 몰아붙인 대가를 치르지만,
찰리는 파멸에서 간신히 비틀거리며 빠져나온다.

장뤼크 고다르의 「네 멋대로 해라」에 대한 오마주인 러브 신에서는 총소리 효과가 터져 나온다. 드 니로와 카이텔이 쓰레기통 뚜껑을 가지고 벌이는 싸움은 지친 두 사람이 새벽 6시에 한 침대에 오르는 걸로 끝을 맺는다("이불 덮어 줄까, 자기야?"). 영화에 출연한 모든 배우들 중에서, 장엄하게 파멸하기 전 굽이치는 파도를 타는 것 같은 이런 분위기 전환을 가장 잘 활용하는 이는 드 니로다. 비싼 옷을 어디서 구했는지 찰리에게 변명하느라 코트 보관소에 바지를 맡기고 들어오는 첫 등장 장면에서부터 드 니로는 페도라를 쓴 뻔뻔스럽고 오만한 인물의 표상과 같다. 그는 완벽한 헛소리의 아리아("짜잔! 400달러나 잃어어!")를 늘어놓다가 제지를 당하고 나서야 이를 멈추고 얼버무리지만 다시 또 다른 허세를 부릴 태세를 갖춘다. 이는 체면치레의 희극적 요소와 성마른 뻔뻔스러움이 가득 담긴 연기로, 이후 시간이 흐를수록 점점 더 굴욕적이 될 틀에 박힌 연기를 뛰어넘는다. 드 니로가 다시 이런 재미있는 연기를 하기까지는 오랜 시간이 걸릴 터였다.

이 영화는 1973년 가을 뉴욕영화제에서 처음 상영되었으며 스코세이지는 기립 박수를 받았다. 그러나 아들의 영화를 어떻게 생각하느냐는 기자의 질문을 받은 그의 어머니는 영화에 나오는 온갖 욕설에 대해 사실을 따져 밝히고 싶어 했다. "우린 집에서 절대 그런 말을 쓰지 않았어요." 평론가들은 열광적이었다. 『뉴욕 타임스』의 빈센트 캔비는 "의심할 여지 없는 최고 수준의 영화"라고 썼다. 로저 에버트는 『시카고 선타임스』에 쓴 리뷰에서 "오늘날의 TV 범죄 프로그램에서 볼 수 있는 세세한 부분에 이르기까지 여러 측면에서 「비열한 거리」는 현대 영화의 근원지 중 하나"라고 했다. 폴린 케일은 "진정 독창적"이라는 극찬의 표현을 쓰긴 했지만 경고의 말을 잊지 않았다.

"전통적 취향을 지닌 사람들은 거친 말투와 오페라풍의 과장된 스타일을 견디기 힘들 수도 있지만, 이 작품이 대단한 성공을 거두지 못한다면 그 이유는 영화가 어떤 이들에게는 너무 충격적이어서 반응할 수 없고 말문이 막힐 정도로 독창적이기 때문일 것이다."

앨리스는 이제 여기 살지 않는다
Alice Doesn't Live Here Anymore
1974

"페미니즘 계열의 영화를 만들 생각은 없었어요.
이 작품은 자기 책임에 관한 영화이며
또 사람들이 어떻게 같은 실수를 계속
반복하는지에 대한 영화입니다."

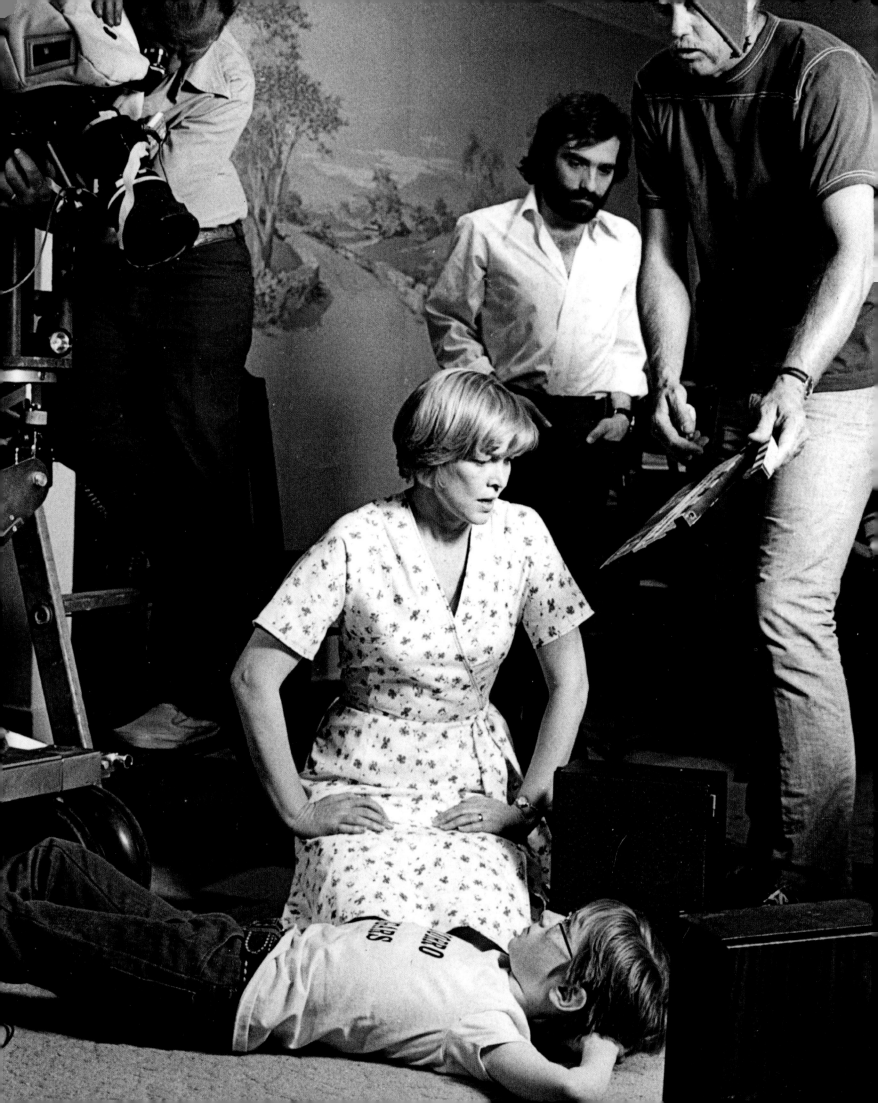

당시 여자 친구였던 보조 프로듀서 샌디 와인트라웁과 촬영장에서 평소와 달리 조용히 앉아 있다.

폴린 케일이 우려했던 것처럼 「비열한 거리」는 흥행에 실패했다. 워너브라더스의 누구도 이 영화를 어떻게 팔아야 할지 몰랐다. 그들은 두 종류의 포스터를 만들었는데 하나에는 총이, 하나에는 시체가 담겨 있었다. 영향력 있는 예술영화 극장 체인 소유주인 돈 루고프는 스코세이지에게 이렇게 말했다. "팔리지 않는 광고가 있지. 총과 시체가 등장하는 광고야." 스코세이지는 귀를 의심하지 않을 수 없었다. "돈, 우리가 막 광고 두 개를 만들었는데 그게 딱 그런 광고예요."

이 작품은 미국 내 최종 수익 1억 9,300만 달러를 향해 가고 있던 또 다른 워너브라더스 영화 「엑소시스트」에 참패했지만 스코세이지 역시 곧 득을 보게 된다. 「엑소시스트」로 아카데미 여우 주연상 후보에 오른 엘렌 버스틴은 로버트 게첼이 쓴 대본 「앨리스는 이제 여기 살지 않는다」를 재미있게 연출할 젊은 감독을 찾고 있었다. 이 작품은 한 과부와 그녀의 열두 살짜리 아들이 미국 남서부 지역을 옮겨 다니며 더 나은 삶을 찾는다는 이야기다. 버스틴은 프랜시스 포드 코폴라와 식사를 하다가 「비열한 거리」를 보라는 권유를 받았다. 영화에 크게 감명받은 그녀는 생각했다: *바로 이 사람이야. 감독이 누구든 간에 이 사람은 배우들을 현실적으로 보이게 할 줄 아는 사람이야.* 그녀는 워너브라더스의 제작 책임자인 존 캘리에게 전화를 걸었고 그는 스코세이지에게 대본을 보냈다. 그 무렵 스코세이지에게는 갱스터

영화 시나리오가 엄청나게 많이 들어오고 있어서 여자 친구인 샌디 와인트라웁에게 그것들을 검토해 달라고 부탁해야 했다. 「앨리스」를 읽고 마음에 든 와인트라웁은 그에게 말했다. "흥미로운 캐릭터들이 등장하는 몇 안 되는 대본이에요."

"제가 여자에 대해서는 전혀 몰라서 말이죠." 버스틴, 와인트라웁, 캘리와 가진 미팅에서 감독은 걱정을 내비쳤다.

"여자들도 똑같은 사람이에요." 와인트라웁이 말했다.

스코세이지는 결혼한 지 13년쯤 지나서 갑작스럽게 아이와 단둘이 남게 된 여인이라는 아이디어가 마음에 들었다. 그는 앨리스의 거만한 말투에서 자신의 어머니를 떠올렸다. "어머니는 더 구시대적이었지만 유머와 냉소 같은 게 있어서 시종일관 재치 있는 말을 하며 끊임없이 자존심을 건드렸습니다. 그리고 자기 자존심을 깎아내리기도 했고요." 자신의 가족에 대한 그의 감정은 진화하고 있었다. 한편으로 그는 「앨리스」를 끝내고 그의 부모님이 이탈리아 이민자의 자손으로서 겪은 일들에 대해 이야기하는 다큐멘터리 「이탈리아계 미국인Italianamerican」의 제작에 곧바로 돌입할 예정이었다. 다른 한편으로는 자신의 "뿌리를 이루는 모든 걸 지워버리고 싶은" 마음도 있었다. 와인트라웁과 만나고 난 이후 그는 머리를 길렀고 로스앤젤레스에 있는 레트로 숍에서 산 카우보이 셔츠를 입었다. 두 사람은 멀홀랜드 드라이브를 지나 샌 페르난도 밸리가 내려다보이는, 말런 브랜도와 잭 니콜슨의 집

"이제 제게 대본이 많이
몰리고 있었기 때문에 샌디
와인트라웁이 이걸 먼저 읽고
정말 재미있다고 말해 주었어요.
변화를 준다는 의미에서
여성을 다루는 건 역시 좋은
아이디어라고 생각했죠.
다만 저는 그중 일부를
즉흥적으로 하고 농장주가
등장하는 세 번째 파트를
바꾸었으면 했습니다. 우리가
찍은 건 세 시간 반짜리
영화였는데 그걸 두 시간이
안 되게 줄여야 했기 때문에,
저는 결과물에 대해
부분적으로만 만족했어요."

「엑소시스트」로 성공을 거둔 이후 이 프로젝트의 창작에 대한 통제권을 쥐게 된 엘렌 버스틴은 감독으로 스코세이지를 선택했다.

바로 서쪽에 있는 작은 스페인식 집으로 이사를 했다. 그곳에서 그들은 끝도 없이 싸웠다. "그는 벽을 치고 전화기를 내던지는 그런 사람이었어요." 후에 와인트라웁이 말했다. "집에 전화기를 둘 수가 없었죠."

스코세이지는 자신이 처음부터 다시 같은 실수를 반복하려고 결혼 생활을 포기했던 게 아닌가 생각했는데, 그건 「앨리스」가 그의 말마따나 "감정과 기분, 관계, 그리고 혼란에 빠진 사람들에 대한 영화"가 되어 간다는 의혹에서 비롯된 것이었다. "당시 엘렌과 제게 있어서는 아주 개인적인 문제였습니다. 우린 그 모든 걸 계획해서 불화를 보여 주고, 사람들이 인생을 망치고 나서야 그걸 깨닫고 모든 게 무너질 때에야 대처하려 하는, 그런 끔찍한 실수를 저지르는 걸 보여 주고 싶었습니다… 기본적으로 우리 모두를 분석한 것 같은 영화였어요. 미친 짓이죠."

끝없는 사막으로 둘러싸인 애리조나주 투손에서 로케이션 촬영을 하는 동안 광장공포증이 있는 이 감독은 "덩그러니 서 있는 선인장에 미쳐 버릴 지경"이 되었다. 그는 주로 여성 스태프를 고용했는데, 와인트라웁은 보조 프로듀서를, 토비 라펠슨은 미술 감독을, 그리고 마샤 루카스는 편집을 담당했다. 앨프리드 러터라는 소년은 300명 정도 되는 아역 배우 오디션을 통해서 선발되었다. 와인트라웁이 그에게 커서 뭐가 되고 싶느냐는 질문을 하자 그는 "스탠드업 코미디언요"라고 답했다. 마티는 이걸 알아야 했다. 처음에 스코세이지 앞에서 말을 하지 않았던 러터의 방

안에서 버스틴에게 입을 열었다. 사실 러터는 조용한 성격이 아니어서 촬영 기간 내내 "어떻게 그렇게 울 수 있는 거예요?" 같은 질문으로 그녀를 괴롭혔고 마침내 그녀는 자기를 좀 가만 놔두라고 애원하기에 이르렀다. "이 아이와 함께 있으면 그녀는 참아야 했습니다." 스코세이지가 말했다. "그녀는 계속 저를 쳐다봤어요. 우린 서로를 바라보며 여러 가지를 적어 내려갔고요."

석 달이라는 제작 준비 기간 동안 「앨리스」에는 「비열한 거리」보다 더 많은 즉흥적 내용이 담겼다. 버스틴과 다이앤 래드의 화장실 장면, 버스틴과 크리스 크리스토퍼슨이 처음 섹스를 나누고 부엌에 있는 장면 등이 그것이다. 「비열한 거리」보다 세 배나 많은 예산을 들인 이 영화는 스코세이지가 그 역사를 다 꿰고 있던 메이저 영화사에서 만든 첫 작품이었다. 그는 스튜디오 시스템 속에서 일하며 영화를 만들었지만 자신의 고유한 스타일을 간직했던 하워드 혹스나 니컬러스 레이처럼 숙련된 장인과 같은 영화 작가의 대열에 합류하게 된다는 기분을 한껏 즐겼다. 그렇지만 바로 그 할리우드는 붕괴 직전에 있었다. 「앨리스」는 가워 스트리트에 있는 오래된 컬럼비아 스튜디오에서 촬영한 마지막 영화였다. 스코세이지는 「시민 케인」의 무대 디자이너 중 한 명을 용케 찾아내서 영화의 시작 장면인, 앨리스가 몬터레이에 사는 어린 소녀로 등장하는 회상 시퀀스의 세트를 그곳에 만들었다. 일몰의 사막으로 180도 둘러싸인 세트는 「바람과 함께 사라지다」, 「오즈의 마법사」, 「에덴

"「앨리스는 이제 여기 살지 않는다」를 하며 제 영화 인생에서 처음으로
제대로 된 세트를 지을 수 있었습니다."

의 동쪽」, 「백주의 결투」 같은 고전 영화 세트에 대한 오마주였다. "회상 신을 달리 어떻게 할 수 있겠어요?" 스코세이지가 이유를 말했다. 이 세트를 만드느라 「누가 내 문을 두드리는가?」에 들어간 총 예산의 두 배가 넘는 8만 5,000달러라는 비용이 들었는데, 이 장면은 최종 편집에서 잘릴 뻔했다.

영화사는 회상 시퀀스를 없애고 싶어 했다. 스코세이지는 그들에게 그걸 뺄 수는 있지만 그러면 영화에서 자신의 이름도 빼야 할 거라고 했다. 그가 영화사에 여러 차례 하게 될 협박의 시작이었다. 그건 먹혀들었지만 결말과 관련하여 또 다른 다툼이 생겼다. 존 캘리는 앨리스가 남자를 얻는 해피 엔딩을 원했다. 스코세이지는 그녀가 음악 커리어를 좇아 떠나는 걸로 끝내고 싶었다. 결국 그들은 크리스토퍼슨이 제안한 절충안을 따랐다. 식당 장면에서 크리스토퍼슨은 그녀에게 "짐 싸요, 몬터레이로 데려다줄게요"라고 말해 손님들로부터 박수갈채를 받지만, 스코세이지는 결국 버스틴이 그녀의 아들과 단둘이 거리를 걷는 걸로 영화를 마무리했다. 최초 편집본은 세 시간 반에 달했는데, 앨리스와 빌리 그린 부시가 연기한 그녀의

변덕스러운 남편과의 관계가 꼬박 한 시간 동안 펼쳐지며 앨리스가 처하게 되는 반복되는 상황의 발단을 명확히 보여 준다. "진짜 대단한 여정이었어요. 끝내줬죠." 그가 주장했다. 버스틴은 생각이 달랐다. 편집본을 본 뒤 조목조목 지적하는 그녀의 비판을 듣고 나서 그는 다짐했다. "두 번 다시 배우를 내 편집실에 들어오게 하지 않겠어."

시스템 내부에서 역할을 하며 영화 작가로서 위상을 갖겠다는 스코세이지의 포부는 상처를 입었는데, 한 가지 이유는 늘 "부분적으로만 만족한다"며 그 스스로 「앨리스는 이제 여기 살지 않는다」를 항상 과소평가했기 때문이다. 평단도 대체로 이를 따라 일치된 의견을 내놓았다. 「앨리스」는 이례적이고 이질적이며, 암벽에 남성의 불안을 새겨 넣는 데에 전념한 스코세이지의 다른 작품들과 달리 "감정과 기분과 관계"를 다룬 영화라는 평가를 받는다. 1974년이라는 시점에서 봤을 때 그가 드 니로를 만나지 않았다면 그의 커리어가 어떻게 됐을지 궁금해지는데, 「앨리

"아이가 아주 무시무시하네요." 앨리스의 남자 친구 데이비드(크리스 크리스토퍼슨)가 그녀의 아들이 총을 뽑아 들며 까불자 곤혹스러워 한다.

스는 이제 여기 살지 않는다」에서는 스코세이지가 1967년 「누가 내 문을 두드리는 가?」에서 시작하여 「바바라 허시의 공황 시대」(1972)와 「비열한 거리」(1973)에서 계속했던, 그리고 마침내 「뉴욕, 뉴욕」(1977)에서 정점에 이르게 될 남녀 관계에 대한 연구가 이어졌다. 심연을 들여다보는 고독한 남자에 관한 영화 「택시 드라이 버」(1976)만이 유일하게 70년대 말을 앞둔 무렵 깊은 흔적을 남긴다. 감정과 기분 과 관계에 관한 영화 다섯 편, 고독한 남성의 불안에 관한 영화 한 편.

게다가 「앨리스」는 창의력의 정점을 향해 빠르게 다가서고 있는, 매니 파버의 말을 빌리자면 "갈망으로 얼룩진 세상에 대한 본능적 두려움"에 심하게 빠져 있으 며 "스코세이지의 영화"가 뭔지 혹은 어떤 주제에 국한해야 하는지 아직은 알지 못 하는 영화감독이 만든 보석과 같은 작품이다. 「앨리스」를 만든 저 스코세이지는 분 명 자신이 여자를 이해할 수 없다거나 감독할 수 없다는 사실을 인지하지 못했다. 엘렌 버스틴은, 힘든 하루 일을 끝낸 후 피로하지만 여전히 활기와 반항기와 자학

유머가 넘쳐서 아들과 함께 여러 장면을 애보트와 코스텔로[1]의 오이디푸스 콤플렉 스적인 코미디 루틴처럼 만들어 버리는 앨리스 역할로 아카데미상을 수상하게 된 다. "끝내주진 않지만 괜찮네요." 또 다른 싸구려 모텔에 들어서며 아들 토미가 말 한다. "좋아, 난 부자 되러 나간다." 밝은 녹색 이브닝드레스를 쫙 빼입은 앨리스가 얘기한다. 혼자서 일하며 아이를 키우는 엄마와 조숙한 아이가 쏟아 내는 거침없 이 징징대고 시시덕거리는 수다를 이보다 잘 표현한 사람은 없을 것이다. "누구세 요?" 아홉 시간 후에 그녀가 문을 두드리는 소리를 들은 토미가 묻는다. "다이애나 로스[2]다." 익살맞은 대답이 들려온다.

---

1 1940년대와 50년대에 큰 인기를 누린 코미디 듀오 버드 애보트와 루 코스텔로를 말한다. 무대와 라디 오, TV, 영화에서 활약을 펼쳤으며, 1938년 라디오에서 처음 방송된 「1루수가 누구야」는 흔히 20세기 최고의 코미디 루틴으로 일컬어진다.
2 1960년대를 대표하는 걸 그룹 수프림스의 리드 싱어로 명성을 얻고 70년대 이후 성공적인 솔로 활동 을 이어 간 R&B·팝 가수. 마이클 잭슨과 비욘세를 비롯한 수많은 아티스트에게 영향을 주었다.

“「앨리스」의 성공이 아니었으면
「택시 드라이버」를 만들 수
없었을지도 모르겠네요.
상업주의 문제는 골칫거리입니다.
하나를 선택해야 해요.
아카데미상을 타서 백만장자가
되느냐 혹은 하고 싶은 영화만 만들다
굶어 죽느냐, 둘 중 어느 하나를
목표로 삼아야 하는 문제인 거죠.”

조디 포스터는 토미의 친구 오드리를 자신만만하게 연기함으로써 스코세이지의 다음 영화에서 역할을 맡게 되었다.

이 영화가 성공을 거두고 많은 사랑을 받은 시트콤으로 자리하게 된 건 놀라운 일이 아니다. 앨리스와 토미는 TV 수상기 앞에서 아주 오랫동안 붙어 있다가 이제 세상에 풀려나온 사람들의 풍자적이고 자기 현시적인 성향을 지니고 있으며, 자신들이 알게 된 것에 대해 끝도 없이 지껄여 댄다. 그들이 찾아낸 건 이런 것들이다: 하비 카이텔이 연기한, 볼로 타이[3]를 매고 거침없이 활짝 웃음을 짓는 애인은 알고 보니 유부남에 폭력적인 사람이다. 조디 포스터가 연기한, 모든 게 "괴상하다"고 생각하며 가게에서 좀도둑질을 하는 어린 10대는 경찰서에서 "또 보자, 머저리들아!"라는 대사와 함께 새엄마에게 끌려간다. 포스터의 초기 출연 영화 중 하나인 이 작품 이후 스코세이지가 「택시 드라이버」에서 아이리스 역할로 그녀를 떠올린 건 놀랄 일도 아니다. 그녀는 당돌한 소외자의 특징적인 모습을 훌륭하게 표현해 낸다. 영화의 모든 등장인물은 각기 기질적으로 활기를 지니고 있어서 화면에 등장하는 내내 스코세이지의 완전한 주목을 받는다. 폴린 케일은 "도망자의 영화"라고 했

다. "스코세이지는 캐릭터들을 제멋대로 하게 놔두는 것 같다. 카메라는 한시도 가만있지 않고 그들을 쫓는다."

오늘날의 기준으로 보면 아주 솔직한 영화라는 인상을 준다. 이 영화를 보면 1998년 「맥스군 사랑에 빠지다」가 개봉했을 때 스코세이지가 왜 웨스 앤더슨에게 맨 먼저 팬레터를 썼는지 알 수가 있다. 두 영화 모두 같은 종류의 유쾌하고 제정신이 아닌, 약간은 비통한 태도를 지닌다. 그 시점에 스코세이지의 연애는 여전히 진행 중(아마도 연애의 마지막 단계)이었기 때문에 그가 완전하게 이성異性을 다루었을 때는 실망감조차 신선하게 느껴졌다. 여기서 중요한 건 처음 한 시간을 편집에서 뺐다는 점인데, 그럼으로써 앨리스의 실패한 남자관계가 선의의 실패가 되기 때문이다. 그 한 시간이 있었다면 되풀이되는 그녀의 감정 주기는 즉시 분명해졌다가 이후 「뉴욕, 뉴욕」에서 중추적 관계를 망치게 되는 것과 같은 필연성에 의해 흐려졌을 것이다. 관계라는 것이 사소한 접촉에서 비롯되는 덫과 같다는 스코세이지의 생각은 아직 완전히 형성되지 않았다. 그러한 견해는 다른 근거에 의거한 확증이

3 펜던트 장식으로 끈을 고정하는 끈으로 된 타이.

스코세이지는 워너브라더스에게 자신의 방식으로 해피 엔딩을 선사했다.

필요하고 또 확증을 받게 될 것이다. 드 니로는 미들급 파이터 제이크 라모타의 대필 자서전을 손에 쥔 채 「앨리스」의 촬영장에서 기다렸다가 스코세이지를 붙잡고 이야기를 시작했다. 『분노의 주먹』이라는 작품이었다.

　　스코세이지는 드 니로가 이 이야기에 가지는 열정을 이해할 수 없었다. 술집에서 벌어지는 싸움은 납득할 수 있지만, 권투라니? "저는 어렸을 때도 늘 권투가 따분하다고 생각했어요." 그가 말했다. 어린 시절부터 스포츠는 보통 금기시되어 왔다. "공으로 하는 어떤 놀이도 별로였죠." 게다가 그에게는 「바바라 허시의 공황 시대」 이후 그를 끓어오르게 만들었던 진정으로 하고 싶은 프로젝트가 있었다. 바바라 허시가 소개해 준, 예수의 삶을 다룬 니코스 카잔차키스의 1953년작 소설 『최후의 유혹』이었다. 그러나 그는 다음 영화를 같이 만드는 동안 드 니로를 달래기 위해 그의 권투 이야기를 함께하기로 합의했다.

택시 드라이버

Taxi Driver

1976

"트래비스는 벼랑 끝에 서 있습니다.
첫 장면에서부터 그는 불안한 상태이고
우리는 1시간 51분 동안 그가 그걸
넘어서기를 기다리죠.
하지만 저는 그가 대부분의 사람들이
품고 있는 많은 감정, 많은 문제를
표면적으로 드러내고 있다고 생각합니다."

"신이 내린 외로운 남자" 트래비스 비클 역을 맡은 로버트 드 니로.

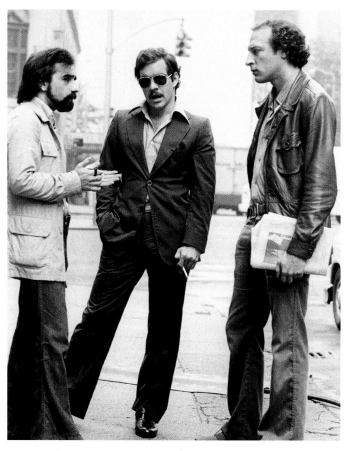

"폴의 대본을 읽었을 때 그게 제가 느꼈던 바로 그 감정이라는 걸, 우리 모두가 그런 감정을 지니고 있기 때문에
그게 만족스럽지 않다고 하면서도 받아들이고 인정하는 방식이라는 걸 알았습니다."

폴린 케일의 제자인 폴 슈레이더는 미시간주 태생의 영화 평론가다. 그는 1972년 어려운 시기를 맞이했는데, 아내에게 쫓겨나고 일하던 미국 영화연구소에서 실직했으며, 차 안에서 생활하고 잠을 자면서 정크 푸드를 먹고 포르노를 보고 밤낮으로 술을 마시며 로스앤젤레스 주변을 떠돌기 시작했다. 총에 심취한 그는 자살을 생각하기도 했다. 위궤양으로 병원에 입원한 그는 간호사와 이야기를 나누는 동안 들려오는 자신의 목소리를 통해 몇 주 동안이나 성대를 사용하지 않았다는 사실을 깨달았다. "바로 그때 택시에 대한 은유가 머릿속에 떠올랐습니다." 그가 말했다. "그건 제 모습이었죠. 관이나 다름없는 쇠로 된 상자 안에 있는 이 사람은 도시를 떠돌아다니지만 외톨이처럼 보입니다."

슈레이더는 도스토옙스키의 『지하로부터의 수기』와 1972년 대선 후보 조지 월리스의 암살 미수범인 아서 브레머의 일기에서 영감을 받아 2주 만에 「택시 드라이버」를 썼다. 대본의 서두에는 토머스 울프의 에세이 『신이 내린 외로운 남자God's Lonely Man』에서 가져온 다음 문장이 적혀 있다. "이제 내 인생에 있어 온전한 신념은, 외로움이라는 것이 드물고 기이한 현상이 아니라 인간 실존의 중심적이고 불

가피한 사실이라는 믿음에 달려 있다." 폭력적이고 소외된 베트남 참전 용사인 뉴욕의 택시 운전사는 미끄러지듯 거리를 달리며 밤의 도시를 방랑한 후 피를 닦고 뒷좌석을 들어내는데,[1] 슈레이더는 그게 "내 안에 있는 악마를 몰아내려는" 시도였다고 했다. 나중에 그는 "트래비스 비클은 바로 나"라고 인정했다.

아무도 여기에 손을 대려 하지 않았다. 슈레이더의 회상에 의하면 모두들 "이건 훌륭한 대본입니다. 누군가는 만들어야 할 텐데, 우린 아니고요"라고 말했다. 대본을 마음에 들어 했던 브라이언 드 팔마조차 이렇게 생각했다. "도대체 누가 이걸 보겠어?" 대본의 또 다른 팬은 머지않아 「스팅」으로 잘나가게 되는 프로듀서 마이클 필립스였다. 그러나 그의 아내이자 제작 파트너인 줄리아는 이걸 읽고 나서 슈레이더와 단둘이 방 안에 남아 있으려 하지 않았다. 그들은 이미 1972년에 이 대본을 스코세이지에게 보여 주었는데 그는 자신이 자라며 느꼈던 분노와 외로움, 소외를 그토록 속속들이 연결해 낸 이 이야기가 그간 꿈꾸어 온 작품이라고 생각했다. 슈레이더는 더 유명한 사람을 끝까지 요구하려 했으나 「비열한 거리」의 1차 편

---

1 야간 운행을 마치고 손님들이 더럽힌 택시 내부를 청소한다는 의미.

캐서린 스코세이지가 자신의 의견을 전달하고 있다.

드 니로와 스코세이지-트래비스라는 삼각형의 두 변.

집본을 보고 나서는 감독이 로버트 드 니로를 데려온다는 걸 전제로 생각을 바꾸었다. 원래 스코세이지는 하비 카이텔을 원했지만, 드 니로는 슈레이더의 대본에 매료되어 있었고 정치적 암살범에 관한 이야기를 직접 쓰고 있었다. 그는 즉시 작업을 그만두었다. "그가 바로 트래비스였습니다." 스코세이지가 말했다.

그렇게 세 명이 뭉쳤다. 그의 표현처럼 "꽤나 특이한 유형의 공생"을 이룬 세 남자는 모두 이 정신적 부적응자이자 징벌을 내린다고 자처하는 인물 트래비스 비클의 산파 역할을 했다. "우리 셋은 그저 함께 뭉쳤습니다." 스코세이지가 말했다. "그게 바로 우리가 바라던 것이었죠. 아주 신기한 일이기도 했어요." 이는 가장 위대한 영화를 특징짓는 요소인, 세 명 모두가 캐릭터에서 자신의 모습을 본다는 보기 드문 3자 간의 시너지였다. 이런 경우는 「워터프론트」가 유일했는데 버드 셜버그와 엘리아 카잔, 그리고 말런 브랜도가 테리 맬로이에게서 각자의 무언가를 보았기 때문이다. 「졸업」에서의 벤저민 브래독은 벅 헨리와 마이크 니콜스, 더스틴 호프먼의 독특한 혼합체였다. 그리고 평론가들이 항상 "두 번 다시 만들지 못할 영화"라고 얘기하는 「택시 드라이버」에서도 마찬가지인데, 사실 그때 그들은 가까스

로 영화를 완성할 수 있었다. 1975년 「대부 2」로 아카데미 남우 조연상을 수상한 드 니로와, 버스틴이 「앨리스」로 아카데미상을 받는 데에 일조한 스코세이지, 그리고 그 전해에 「스팅」으로 받은 오스카 트로피를 아직도 과시하고 다니는 마이클과 줄리아 필립스가 똘똘 뭉쳐 열의를 보였기에 가능한 일이었다. 그렇게 해서 그들은 컬럼비아로부터 이래저래 130만 달러를 짜냈다. 스코세이지는 상업적으로 성공할 가능성이 희박하지만 그들이 좋아서 하는 작업이라 확신했고, 누아르 영화의 분위기를 내기 위해 흑백으로 찍을 생각까지도 했다.

1975년 여름은 무더웠다. 곳곳에 쓰레기가 넘쳐 나서 스코세이지가 카메라를 갖다 대는 모든 곳에 쓰레기 더미가 쌓여 있었다. "밤의 대기에는 마치 바이러스가 스며들어 있는 것 같았어요. 공기에서 그 냄새가 났고 입에서는 그 맛이 느껴졌습니다." 드 니로는 면허까지 따서 직접 택시를 몰며 역할을 준비했다. 스코세이지는 그와 함께 차를 타고 이틀 밤 동안 8번가를 이리저리 다니며 승객들이 드 니로를 얼마나 철저히 무시하는지를 봤다. "완전히 존재하지 않는 사람처럼 말이죠. 사람들은 그가 모는 택시의 뒷자리에 앉아서 그가 거기 없는 것처럼 아무 말이든 아무

"이 영화는 성적 억압을 다루기 때문에 대화는 많이 등장하지만 섹스나 사랑의 행위,
  노출은 없습니다. 관객이 노출을 본다면 그건 방출 밸브와 같은 역할을 하게 될 거예요.
  쌓여 온 긴장이 사라지는 거죠."

10대 매춘부 아이리스 역을 맡은
조디 포스터.

짓이든 하더군요."

즉흥적으로 이루어진 부분도 있었다. 시빌 셰퍼드(벳시)와 드 니로의 커피숍 장면, 그리고 곧 철거될 89번가의 버려진 아파트 건물에서 촬영한, 드 니로가 거울 속 자신을 마주하는 유명한 장면이 그러하다. 대본에는 이렇게만 쓰여 있었다: *트래비스가 거울 앞에서 혼잣말을 한다.* 드 니로는 스코세이지에게 무슨 말을 해야 하냐고 물었다. 스코세이지가 그에게 말했다. "음, 트래비스는 총을 가지고 놀며 센 척하는 어린애 같은 사람이야." 그래서 드 니로는 그 무렵 뉴욕 지하철에서 들은 한 코미디언의 *"나 쳐다보는 거냐?"*라는 말을 기반으로 자신의 대사[2]를 만들었다. 촬영 기간 40일이라는 스케줄에서 이미 5일을 초과했다는 사실을 알고 있던 스코세이지는 자동차 소음을 걱정하며 이어폰을 낀 채 그의 발 아래 쭈그리고 앉았다.

"다시 말해 봐."

조감독인 피트 스코파가 문을 두드리고 있었다. "이봐, 스케줄 챙겨야 한다고!"

스코세이지가 애원했다. "2분만, 2분만 더 줘요. 이거 진짜 좋거든요." 그러고는

드 니로에게 돌아섰다.

"다시! 다시!"

자신이 거기 있는 유일한 사람이며 혼잣말을 해야 한다는 사실을 받아들인 순간, 마침내 드 니로는 대사를 생각해 냈다. "바로 그거야." 스코세이지가 말했다. 그들은 세 시간을 넘기지 않고 촬영을 마쳤다.

그들은 제대로 된 버전이 나올 때까지 편집을 반복했지만, 사실상 박스 오피스에서의 사망 선고라 할 수 있는 'X등급'이라는 미국영화협회의 위협에 직면해야 했다. 줄리아 필립스, 컬럼비아의 수장 데이비드 베겔만, 부사장 스탠리 자페가 참석한 회의에서 그들은 'R등급'을 받을 수 있도록 스코세이지가 다시 편집을 하지 않으면 회사가 직접 하겠다고 말했다. 스코세이지는 친구들인 존 밀리어스, 스티븐 스필버그와 브라이언 드 팔마에게 긴급회의를 소집하여 멀홀랜드에 있는 자신의 집으로 불렀다. "그렇게 화가 난 마티는 본 적이 없어요." 스필버그가 말했다. "금방이라도 울음을 터뜨릴 듯 분노하고 있었습니다. 그가 산산조각 낸 스파클레츠[3] 유리병이 부엌 바닥 여기저기에 흩어져 있었고요. 우린 그의 양팔을 잡고 진정시키

2 드 니로가 거울 앞에서 읊조리는 유명한 대사 "나한테 말하는 거냐? You talkin' to me?"를 의미한다.

3 Sparkletts: 가정 내 직배송 서비스를 겸한 미국의 생수 브랜드.

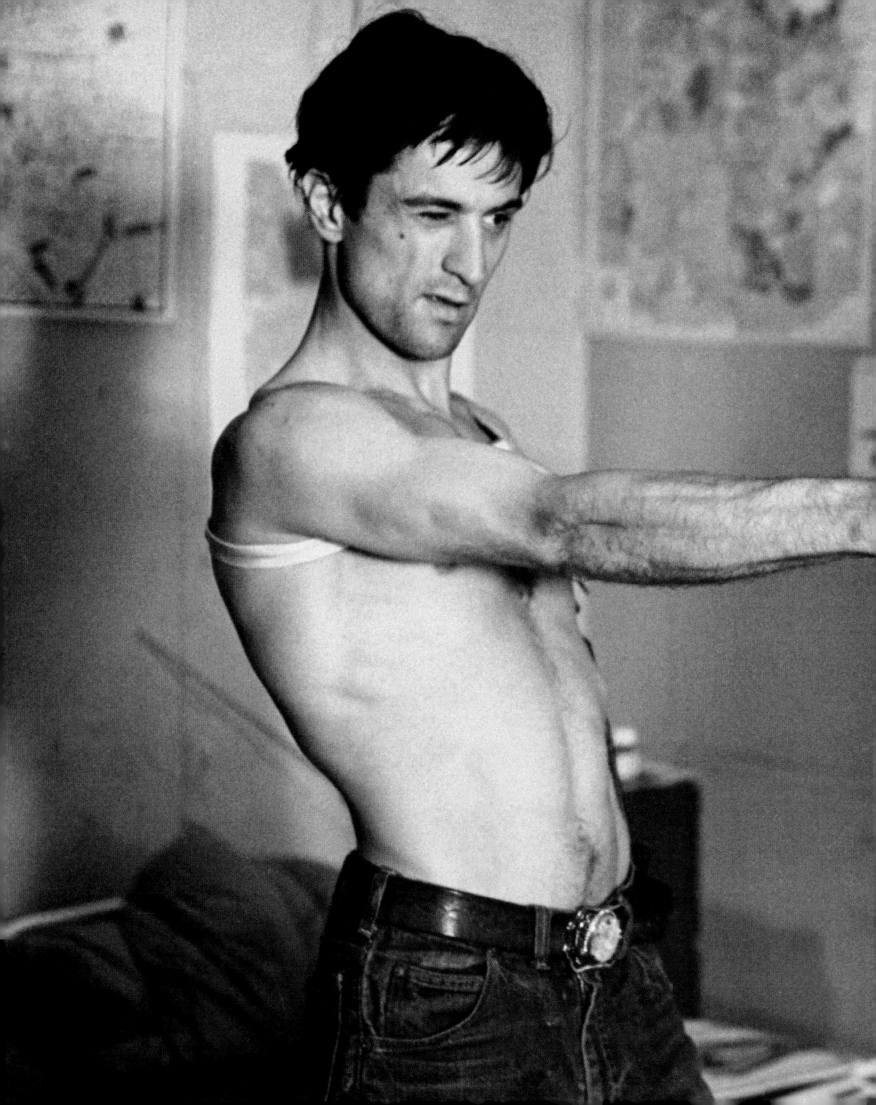

"오는 거 다 보여, 이 비열한 개자식아…"

"당시 저는 우리가, 뭐랄까,
좋아서 하는 작업이라고
생각했습니다. 많은 사람들이
공감하지 못할 수도 있는,
어쩌면 어떤 사람들의 더
어두운 면을 보여 줄 수 있는
영화인데, 이렇게 호응을
얻게 되어 놀랐습니다."

즉흥 연기의 기술: 시빌 셰퍼드(벳시: 위),
하비 카이텔(스포트: 왼쪽 가운데),
그리고 드 니로(79쪽)를 지도하고 있다.

데, 그녀는 그들에게 필요하다면 자신의 칼럼에서 베겔만에게 공개서한을 쓰겠다고 했다. 그 소식을 들은 베겔만과 자페는 몹시 화를 냈다. 그들에게 프린트를 빼앗길까 걱정이 된 스코세이지는 필름을 자기 차 트렁크에 넣고는 스튜디오를 몰래 빠져나왔다. 하지만 결국 그는 잘린 손가락에서 피가 분출하는 모습이 담긴 몇몇 프레임을 잘라 내는 데 동의했고, 존 휴스턴의 「모비 딕」에서처럼 색의 채도를 줄여서 피 색깔을 『데일리 뉴스』 분위기를 풍기는 적갈색을 띠게 만들었다.

영화 개봉 전날, 그는 마지막 만찬에 모든 사람들을 불러 모아서 말했다. "내일 무슨 일이 일어나든 간에 우리는 끝내주는 영화를 만든 겁니다. 설사 영화가 쫄딱 망하더라도 우린 이걸 진짜 자랑스럽게 생각해야 해요." 개봉일 아침에 늦잠을 잔 슈레이더는 12시 15분쯤 극장에 도착해서 블록을 빙 둘러 가며 늘어서 있는 줄을 보았다. 그러고 나서 깨달았다. 그건 정오 상영이 아니라 2시 상영을 기다리는 줄이었다. "더없이 기뻤

면서 왜 그렇게 화가 났는지 알아내려고 했죠. 결국 그가 말해 주더군요. 컬럼비아 사에서 영화를 보고는 결말을 질색해서 일체의 폭력, 총격전 장면 전체를 들어냈으면 했다는 사실을 말이에요."

필립스 부부가 편집 작업용 필름을 뉴욕으로 가져가 폴린 케일에게 보여 주었는

던 순간이었습니다." 그가 말했다. 영화는 성공을 거두었다. 뉴욕에서 첫 주에 5만 8,000달러를, 극장에서 내려가기 전 전국 2,800만 달러를 기록함으로써 1976년 열일곱 번째로 높은 수익을 거둔 영화가 되었다. 스코세이지는 자신의 커리어에서 가장 크고 믿기 힘든 박스 오피스 성공을 거두었다.

「택시 드라이버」가 활용한 대중 의식의 기이한 대뇌변연계[4] 영역은 무엇일까? 스코세이지의 모든 영화 중에서도 「택시 드라이버」는 가볍게 감상하기에 가장 적합하지 않은 작품이다. 한동안 이 영화를 보지 않았다는 이유로 감상 대상으로 삼아서는 안 된다. 재개봉 때에도 보지 말아야 한다. 아주 철저한 검증 없이는 관심을 가지는 이들에게 추천해서도 안 된다. 그들은 이걸 볼 준비가 되어 있는가? 자신이 어떤 상황에 처하게 될지 알고 있는가? 영화를 본 이후의 계획은 있는가? 「택시 드라이버」를 처음 보고 나서도 그걸 견뎌 낸 바 있는, 휘둥그런 눈을 한 또 다른 불면증 환자와 식사를 하는 게 아니라면 취소하는 게 맞을 것이다. 아니면 성직자이거나. 이 영화는 느긋하게 즐길 수 있는 작품이 아니다. 그러려면 트래비스 비클이 자기 방에서 팔 굽혀 펴기를 하는 것처럼 훈련이 필요하다. 거기엔 그가 벳시에게 주

[4] 본능 행동 및 기억과 감정, 호르몬 조절 등의 역할을 담당하는 뇌의 부분.

려고 샀던 꽃이 싱크대에서 말라비틀어져 있고, 생기 없이 단조롭지만 장엄하게 자신의 일기를 읽는 그의 목소리가 보이스오버 내레이션으로 흐른다: "6월 29일. 나는 몸을 만들어야 한다. 너무 오래 앉아 있어서 몸이 망가져 버렸다. 너무도 오랫동안 혹사한 것이다…" 좀 더 시시한 배우였다면 보다 능란한 말투를 지닌 트래비스를 보여 주었을 테지만, 드 니로의 대사 낭독에는 새된 목소리와 머뭇거리는 투가 무자비하게 섞여 있다. 그의 대사는 독학자, 서투른 연기자, 사이코패스, 그리고 따분한 사람이 들려주는 애절한 음악과 같다.

이 영화에는 코브라와 같은 고요함이 서려 있다. 스코세이지는 핸드헬드 카메라 촬영을 포기하고 식당이나 길모퉁이 등에서 빈번하게 정면 숏으로 장면을 시작한 다음 화면을 가로질러 흐르는 동작을 보여 주고, 편집증 환자의 경련과 같은 다소 역동적인 편집으로 보는 이의 집중도를 끌어올린다. "모든 장면에는 광란과 정적이 동시에 결합되어 있다." 평론가 매니 파버는 이렇게 썼다. 홀로 있거나 사람들 틈에 있거나, 밤이거나 대낮이거나, 드 니로는 프레임 안에서 혼자다. 그의 가장 사소한 몸짓과 움직임은, 마치 그가 물속에 있어서 남은 인간성을 다른 속도로 가동하는 것처럼 미세하게 터져 나오는 슬로 모션으로 표현된다. 스톱워치를 가져와서 그의 반응 시간을 재 보라. 영화가 진행될수록 속도가 느려지는데, 그가 저지르는

트래비스가 편의점 강도를 저지한다.

"당신, 내가 완전 미쳤다고 생각하지?" 불안감을 주는 카메오로 출연한 스코세지는 트래비스에게 자신이 어떻게 아내를 죽일 것인지 정확히 설명해 주는 승객을 연기한다.

끔찍한 행위에 가까워질수록 그를 행동으로 이끄는 새로운 경멸과 새로운 자극을 더 잘 음미할 수 있다. 막바지에 그는 레이저로 이마에 표적을 새기기라도 하듯 카이텔을 노려본다. 영화는 유명한 충동적 폭력 장면으로 끝을 맺지만 더 오싹한 건 뒤이어 나오는, 위지[5]의 사진처럼 시간이 멈춰 버린 듯한 잿빛 광경이다. 그 정적을 깨는 건 드 니로의 총에서 나는 무기력한 찰칵 소리와 소파 뒤에서 웅크리고 있는 조디 포스터의 훌쩍임이다. 그리고 마침내 파도처럼 물결치는 버너드 허먼의 음악이 우리를 매혹한다. 그가 1975년 말 세상을 떠나기 전에 완성한 마지막 작품이다.

이 클라이맥스가 다시 봐도 놀라운 이유는 충격적이어서가 아니라 그 불가피성 때문이다. 시나리오 작가들은 완벽하게 비틀린 플롯을 서술하기 위해 항상 그런 공식을 사용하지만, 세 사람의 유혈극을 마치 비가 내리는 것처럼 필연적인 것으로 보이게 하기 위해서는 극히 드물게도 시적인 우아함과 병적인 측면이 혼합되어 있어야 한다. 그래서 우리는 그걸 어떻게 한 건지, 어떻게 속였는지, 돌이킬 수 없는 지점, 트래비스가 아직 위기에서 벗어날 수 있는 지점을 찾아낼 수 있는지를 보기 위해 극장으로 되돌아간다. 그럼 우리는 뭘 찾아냈을까? 바로 그가 뻔히 보이는 곳에 숨은 채 내내 위태로운 곳에 걸터앉아 있다는 사실이다. "무슨 일인가요?" 첫

장면에서 그를 채용하는 택시 회사 관리자가 묻는다. "부업을 원해요?" 그도 알고 있다. 이 사내에겐 뭔가가 있다. 아이리스(포스터)는 그를 마약 수사관이라고 생각한다. 스포트(카이텔)는 그에게 경찰이냐고 묻는다. 트래비스가 동료 택시 운전사 위저드(피터 보일)에게 솔직하게 털어놓으려고 하면서 "머릿속에 나쁜 생각이 떠올라요"라고 말하지만 위저드는 "가서 여자 데리고 잠이나 자"라고 충고하는데, 이는 어쩌면 이성異性을 혐오하고 거짓된 용기의 순수한 꿈과 포르노의 판타지에 빠져든 트래비스에게 할 수 있는 거의 최악의 말이다. "이 영화에는 사실상 섹스가 없다." 케일은 영화에 대해 이렇게 썼다. "그게 바로 이 영화의 내용이다. 섹스의 부재, 피를 흩뿌려 발산함으로써 넘치는 에너지와 감정을 억누르기."

이 영화에는 마치 악취와도 같이 외로움의 흔적이 넘쳐 난다. "당신은 외로운 사람 같아요." 트래비스가 벳시에게 얘기한다. "당신 눈을 보면 행복하지 않다는 걸, 그래서 뭔가가 필요하다는 걸 알 수 있죠." 그는 그녀의 직장 동료(앨버트 브룩스)에 대해 "그가 당신을 존중하는 것 같진 않네요"라고 한다. 그 다음에는 아이리스에게 말한다. "넌 집에 있어야 해." 트래비스가 언급한 사람들에게는 이 중 어느 것도 사실이 아니다. 모든 건 그에게 해당되는 말이다. 뉴욕의 거리를 걸으며 그는 자기 자신의 모습만 본다. 영화는 결국 잊을 수 없는 지옥의 환영幻影으로 귀결된다. 사르

---

5 Weegee: 황량한 뉴욕의 흑백 사진으로 유명한 미국의 사진작가. 1945년 뉴욕의 삶을 담은 사진집 『벌거벗은 도시』를 출간했고 이 작품은 줄스 다신의 1948년작 동명 누아르 영화에 영감을 주었다.

점점 미쳐 가는 트래비스는 팰런타인 상원 의원의
암살 시도에 대비해 모호크족처럼 머리를 민다.

"신부인 제 친구가 「택시 드라이버」를 보고는 성금요일聖金曜日[9]이 아니라
부활절에 끝을 내 줘서 다행이라고 얘기하더군요."

트르의 말[6]처럼 다른 사람들이 아니라 트래비스의 모습을 재구성한 타인, 한 사람의 눈꺼풀에 있는 혈관에 그려진 악마들로 이루어진 지옥이다. 스코세이지의 촬영 감독 마이클 채프먼은 「택시 드라이버」를 일컬어 "마음의 다큐멘터리"라고 했는데, 이는 10년간 도시 표현주의 실험을 지속해 온 감독의 최고작을 완벽하게 규정 짓는 평이다. 영화의 옥외 장면은 외부 같지가 않고 실내처럼 느껴지며, 비클의 내면에 있는 지옥불만이 영계靈界와도 같은 도시를 밝혀 준다. "비클의 택시 앞 유리를 통해 보이는 매춘 소굴의 전경全景, 만연한 마약 거래, 황폐한 건물, 그리고 불결한 노숙자는 타임스 스퀘어의 보잘것없는 전성기를 낭만적으로 묘사한 사람들에 대한 질책이며 그걸 디즈니 놀이동산처럼 만든 것에 대한 비난이다." 제임스 월코트는 2002년 『배니티 페어』에 이렇게 썼다. "「택시 드라이버」의 미드타운[7]은 줄리아니 시장[8] 이전, 그 엉망진창이던 시대의 모습을 담고 있다."

스코세이지는 두 번 등장한다. 길모퉁이에서 시빌 셰퍼드에게 은근한 눈길을 보

---

6 프랑스의 실존주의 철학자이자 극작가·소설가인 장 폴 사르트르의 1944년작 희곡 「출구 없는 방Huis Clos」에 수록된 유명한 대사 "타인은 지옥이다"를 의미한다.

7 뉴욕 맨해튼의 중심 지역.

8 루돌프 줄리아니는 1994년부터 2001년까지 뉴욕 시장을 지낸 인물로, 뉴욕의 범죄 문제에 강경하게 대응하여 치안을 안정시켰으며 살인 등 중대 범죄율을 현격하게 줄이는 데 큰 역할을 했다.

9 예수가 십자가에서 당한 고난과 죽음을 기념하는 날로, 부활절 직전의 금요일을 뜻한다.

내는 장면이 첫 번째고, 두 번째는 드 니로의 뒤통수에 44 매그넘을 겨누고 자기 아내를 죽인다는 말을 하는, 그 유명한 불안한 독백 장면이다. "이걸로 여자의 음부에다 뭘 할 수 있는지 본 적 있나? 그걸 꼭 봐야 해." 장면에서 볼 수 있듯 이는 스스로를 통렬하게 비난하는 불안한 행동으로, 영화가 끌어낸 깊은 심리적 영역을 연상케 한다. 감독은 이 영화를 만드는 동안 그가 드 니로, 슈레이더와 함께 누렸던 소름 끼치는 일치성을 이후 다시는 보이지 않는다. 「분노의 주먹」에서도 그런 건 없어서, 그는 관객을 「택시 드라이버」의 트래비스에게 한 방식으로 라모타의 시선 뒤에 두지 않는다. 스코세이지가 생각할 수 있는 유일한 구원이 도덕이 아닌 미학인 것처럼, 라모타의 잔혹성과 확연한 대비를 이루는 것이 더 아름답다는 것을 알기에 「분노의 주먹」에는 더욱 의식적인 심미적 요소가 담겨 있다. 그러한 대치代置에 완전히 만족하기는 어렵다. 정지 화면과 보이스오버 내레이션, 트래킹 숏 등이 사용된 「좋은 친구들」은 감독의 가장 열정 넘치는 성과지만, 스코세이지는 그 영화에서 폭력적인 남자들 무리에서 인정받는다는 어린 시절의 꿈을 실현하고 있다. 「택시 드라이버」는 화려하며 낯설고 불가해한, 대낮에 펼쳐지는 너무도 개인적인 악몽과 같아서 가끔은 그들이 이걸 영화로 만들었다는 사실을 믿을 수가 없다. "마티는 당신의 눈 뒤에 숨어 있습니다." 조디 포스터는 이렇게 말했다. 「택시 드라이버」는 바로 거기에 있다.

"관객들이 폭력을 받아들이는 방식에 충격을 받았어요.
영화가 개봉하던 날 밤에 극장에서 「택시 드라이버」를 봤는데 마지막 총격전에서
모든 이들이 소리치고 비명을 지르더군요. 이 작품을 만들 때 관객들이
'그래, 해 보자. 나가서 죽여 버리자'라는 식으로 반응하게 하려는 의도는 없었습니다."

영화의 결말에 등장하는 필연적이고 잊을 수 없는
폭력의 분출 동작을 지도하고 있다.

스코세이지는 끔찍한 결과를 조망하는 오버헤드 숏[10]을 사용했다.

10 overhead shot: 인물 또는 대상의 바로 위에서 촬영한 장면.

뉴욕, 뉴욕
New York, New York
1977

"이걸 진정한
할리우드 영화로 만들고
싶었습니다.
전 아직도 할리우드 영화를
소중하게 생각하니까요."

라이자 미넬리는 나이트클럽 가수 프랜신 에번스 역을 맡아 화려한 연기를 펼친다.

1977년 6월 「뉴욕, 뉴욕」 시사회에서
두 번째 아내 줄리아 캐머런과 함께.

스코세이지는

1976년 「택시 드라이버」로 유럽에서 영화감독이 가장 갈망하는 상인 칸영화제 황금종려상을 수상하는 영광을 누렸다. 다음 작품을 찾고 있던 그는 색소폰 연주자와 가수의 사랑 이야기인 「뉴욕, 뉴욕」을 1940년대와 50년대 MGM의 대규모 뮤지컬에 헌정하는 작품으로 만들 생각을 했다. 로버트 드 니로와 라이자 미넬리를 주연으로 한 이 영화는 어느 모로 보나 분명 "히트"할 작품인 것만 같았다. 「택시 드라이버」로 예상치 않은 성공을 거둔 스코세이지는 자신과 일반 대중 사이에서 마음의 문을 열고 의사소통 방식을 강화하고자 했다. 그는 새로운 영화가 관객을 즐겁게 하기를 바랐지만, 그건 자신의 방식대로, 즉 느슨한 다큐멘터리와 시네마 베리테의 느낌으로 찍은, 존 카사베티스의 향취가 담긴 빈센트 미넬리풍[1]이어야 했다.

"바로 그거였어요! 할리우드 스튜디오의 관습적 영화가 새로운 스타일, 이탈리아 영화, 프랑스 영화, 카사베티스를 만나거나 혼합되는 겁니다. 물론 엘리아 카잔으로 거슬러 올라가는 것이기도 하고요." 그는 "나 자신, 우리의 관계, 우리의 결혼

---

1 Vincente Minnelli: 할리우드의 황금기에 「세인트루이스에서 만나요」(1944), 「파리의 미국인」(1951), 「밴드 왜건」(1953), 「지지」(1958) 등 여러 걸작 뮤지컬 영화를 연출한 감독. 1950년대의 미국 문화와 생활 양식을 잘 담아낸 거장 중 한 명으로 평가된다. 아름다운 색감과 대담한 카메라워크, 디자인적 요소의 활용 등으로 유명하다.

생활"에 바탕을 두고 싶었다. "아닌 게 아니라 영화에서 등장인물(지미 도일)의 아내는 임신을 했는데, 제 아내도 임신을 했고 바비(로버트 드 니로)의 아내도 임신을 한 상태였습니다. 말도 안 되는 시절이었어요… 그냥 정신이 나간 거죠."

줄리아 캐머런이라는 기자가 스코세이지를 인터뷰하러 왔을 때는 「택시 드라이버」를 촬영하던 중이었다. 그와 함께 저녁을, 그다음에 아침을 먹은 그녀는 스코세이지의 서른세 번째 생일로부터 몇 주가 지난 후 그의 두 번째 아내가 되었다. 몇 달 안에 그는 또다시 아버지가 될 예정이었다.

「뉴욕, 뉴욕」은 가정과 일이라는 양립할 수 없는 두 가지를 융화시키려 하는 두 예술가에 관한 이야기로 함께(혹은 따로) 시작되었다. 얼 맥 라우치가 쓴 대본이 불만족스러웠던 스코세이지는 오랜 친구이자 「비열한 거리」에서 같이 작업한 마딕 마틴을 불러 다시 쓰게 했지만 마틴은 제시간에 끝내지 못했다. 라이자 미넬리가 라스베이거스에서 공연을 하기로 되어 있었기 때문에 스코세이지는 완성된 대본 없이 일단 촬영에 들어갔다.

그는 영화가 결국 어떻게 마무리될지 결말을 알지 못한 채 뮤지컬 넘버 〈Happy Endings〉 하나를 찍느라 첫 2주를 보냈다. 그는 밴드가 연주하는 모습을 흥미롭게 보여 주기 위해 빈센트 미넬리의 예전 영화들(특히 「밴드 왜건」)에 담긴 카메라의 움직임을 모방하며 감독으로서 한껏 즐거움을 누렸다. "처음에 카메라는 마스터 숏

"즉흥적으로 하는 게 썩 만족스럽지 못했어요. 어디로 가게 될지를 알려면 실패를 해 봐야 합니다. 작은 영화로 하는 게 더 쉽다는 사실이 바로 실패의 요령이죠. 하지만 스튜디오의 자본으로 하는 건 심각한 문제가 됩니다. 우리는 저 영화에서 모든 걸 운에 맡기고 해 봤습니다."

이 시기 스코세이지는 미넬리와의 불륜을 비롯한 쾌락적 삶을 누리고 있었다.

없이 첫 번째 컷 이전에 음악 몇 소절을 연주하는 밴드를 향해 이동해 들어가는데, 이는 24소절 정도 지속됩니다. 그다음에 카메라가 한 앵글에서 12소절 정도를 따라가고 또 다른 앵글로, 그런 식으로 앞뒤로 움직이다 보면 하나의 스타일로 굳어지는 거죠." 이후 그는 「분노의 주먹」의 권투 장면과 「컬러 오브 머니」의 당구 경기 장면에서 이와 같은 정교한 트래킹 촬영을 사용한다. 이러한 스타일은 스코세이지의 가장 잘 알려진 트레이드마크로 자리한다. 그러나 수많은 엑스트라와 2주간 촬영을 하고 난 끝에 그가 건진 건 한 시간에 달하는 오프닝 넘버 하나였다. 마딕 마틴은 아직도 결말을 해결하지 못했다. "악몽과도 같았어요." 그가 말했다. "마지막 프레임까지 대본을 쓰고 있었죠. 보통 영화를 그렇게 만들진 않잖아요."

그때 스코세이지는 영화의 나머지 부분을 즉흥으로 하겠다는 결정을 내렸다. "프랑스에 항상 감사하는 일 중 하나는 칸에서 「택시 드라이버」로 제게 그랑프리를 줌으로써 제가 얼마나 완전한 실패자가 될 수 있는지를 깨닫게 해 주었다는 사실입니다." 나중에 그는 이렇게 말했다.

그는 스튜디오에서 먹고 자며 생활했다. 그는 컬버시티에 있는 MGM 촬영 스튜디오의 거처에 틀어박혀 코카인을 시작했고 동시에 라이자 미넬리와 불륜에 빠졌다. 앤디 워홀은 미넬리와 스코세이지가 한 유명 패션 디자이너의 문 앞에 나타나서는 "가지고 있는 약 다 줘요"라는 요구를 했다고 자신의 일기에 쓴 바 있다. 언젠가 감독은 의상을 다 차려입은 150명의 엑스트라를 기다리게 하고는 트레일러에서 정신과 의사와 상담을 하기도 했다. 한편 「상하이 제스처」, 「자이언트」, 「웨스트 사이드 스토리」 같은 영화들로 잘 알려진 전설적인 프로덕션 디자이너 보리스 레븐이 세트를 제때 끝내기 위해 힘겹게 애쓰는 동안, 온갖 즉흥적 요소로 인해 스케줄은 14주에서 20주로 연장되고 있었다. 그가 아무리 빨리 작업을 해도 이 끊임없는 변화를 따라갈 수가 없었다. 드 니로와 미넬리는 즉흥 대사로 시작하고는 이내 즉흥적으로 한 세트에서 나와 다른 세트로 움직이기 일쑤였다. "저 가련한 보리스

"작품을 만들면서 너무나 안 좋은 경험을 했던 탓에, 영화를 마쳤을 때 극도의 실망감에 사로잡혔습니다. 그러나 세월이 흐르며 여기에 진실이 담겨 있다는 걸 알게 되었죠. 여전히 이 영화를 좋아하지는 않지만 어떤 면에서는 사랑하는 작품이에요."

촬영이 시작되었을 때에도 대본이 완성되지 않은 상태였던 영화의 구조는 갈피를 못 잡게 되었고 스코세이지는 "너무 약에 취해서 해결할 수 없었다".

는 '오케이'라고 말한 후 툴툴거리며 자리를 뜨고는 몇 시간 뒤에 돌아와 자신의 계획을 제안하곤 했습니다." 스코세이지가 말했다. 그는 그들을 원래 세트로 되돌려 다시 즉흥 대사를 좀 더 만들어야 했다. "장면들이 그렇게 긴 이유가 그겁니다." 스코세이지는 이렇게 말했지만 나중에 시인했다. "너무 약에 취해서 그 구조를 해결할 수가 없었어요."

20주 동안 촬영을 한 끝에 그들은 마침내 "영화라 할 만한 것"을 손에 쥐게 되었다. 1차 편집본은 네 시간이 넘는 길이였다. 유나이티드 아티스츠는 분위기가 너무 어두운 게 아닌가 염려했지만 스코세이지는 단 한 장면도 바꾸려 하지 않았다. 당시 「스타워즈」를 마무리하고 있던 조지 루카스가 편집실에 찾아와서는 그에게 만약 드 니로와 미넬리가 행복한 커플이 되어 저녁노을 속으로 걸어 들어가기만 해도 1,000만 달러는 더 벌어들이게 될 거라고 말해 주었다. 스코세이지는 자신이 그런 노선을 따라간다면 두 번 다시 스스로나 배우들의 얼굴을 똑바로 쳐다보지 못할 거라는 사실을 알고 있었다. 하지만 그는 루카스의 이야기가 타당하다는 걸 모르지 않았다. 옛 MGM 뮤지컬 영화의 흔한 결말이 바로 그런 것이었으니까. 그때 그는 깨달았다. "난 틀렸어… 난 이 업계에서 성공할 수가 없어… 오락 영화를 만들 수도, 할리우드 영화의 감독이 될 수도 없어."

감독이 "영화의 역사에 보내는 러브레터"로 의도한 영화들에 주목해 보자. 수정

주의자들은 이제 마이클 치미노의 「천국의 문」,[2] 테렌스 맬릭의 「천국의 나날들」, 마틴 스코세이지의 「뉴욕, 뉴욕」 같은, 영화 작가들의 과잉의 결과물인 저 70년대 빛바랜 대작들을 마치 산호를 먹고 사는 물고기처럼 가볍게 스쳐본다. 그럼에도 뮤지컬 영화를 향한 스코세이지의 애정에는 감탄할 여지가 다분하다. 폴린 케일은 "순수한 실패"라고 했다. "스코세이지는 1940년대 뮤지컬 로맨스 영화의 기교 안에서 작업한다… 그는 과거의 영화를 떠올리게 하면서도 오래된 상투적 구성에서 벗어나 어두운 면에 이르고자 한다. 그러나 주인공들 간에 전개되는 카사베티스풍의 즉흥적인 심리극은 공허해 보이고 우리를 불편하게 하며, 시퀀스들은 여전히 불안정한 배경으로 둘러싸여 있다… 그로 인해 지독하게 재능 있는 사람들이 형편없는 분위기를 뿜어낸다."

거울의 맞은편에서 드 니로의 대단히 잊을 수 없는 장면들이 나온 데에는 이유가 있다. 그는 영화계에서 가장 반사회적인 재능을 갖춘 인물이며, 군중 속에서 고

---

2   1980년 말 개봉된 이 서부 대서사극의 제작비는 4,400만 달러(2023년 현재 화폐 가치로 환산하면 약 1억 5,000만 달러/1,890억 원)에 달했지만 박스 오피스 수익은 350만 달러(현재 가치 약 1,200만 달러/151억 원)에 그쳤다. 이 여파로 인해 결국 제작사인 유나이티드 아티스츠는 MGM의 소유주인 커크 커코리언에게 매각되었다. 더불어 이후 할리우드의 스튜디오들은 감독의 의도보다는 보다 치밀한 기획에 집중하여 예산 통제를 강화하기 시작했고, 아메리칸 뉴웨이브의 시대는 실질적으로 막을 내렸다.

"40년대에 성공을 위해 분투하는 밴드에 관한 좀 다른 종류의 영화,
완전히 개인적인 작품을 만들고 싶었습니다. 분투하는 40년대의
밴드와 이 업계에서 온갖 스트레스와 함께 성공을 위해 애쓰는
저 자신이 정말 아무런 차이가 없다고 생각했죠."

"우린 그저 열렬한 영화광일 뿐입니다. 이 작품은 50년대에 대한 애정, 50년대 초반 뮤지컬 영화의 화려한 장면에 대한 노골적인 오마주였어요. 그런데 사람들은 40년대든 뭐든 간에 이걸 보고 싶어 하지 않네요."

드 니로가 다시 영업용 택시에, 이번에는 손님으로 탔다. 드 니로와 미넬리는 한 세트에서 다른 세트로 넘어가며 즉흥 연기를 펼쳤다.

립되어 있거나 아니면 정신병적 생기로 이를 감추면서 끊임없이 어두운 카리스마를 내뿜는 진정한 다크 스타이다. 그는 그럴듯한 연인에 절대 어울리지 않는다. 「뉴욕, 뉴욕」의 첫 장면에서 그가 연기한 지미 도일은 라이자 미넬리가 연기한 프랜신에게 강간범처럼 집요하게 치근덕거린다. 미넬리는 깜짝 놀란 것처럼 행동하는데, 우리는 그 놀라움 아래에 사람들을 즐겁게 해 주는 엄청난 욕망이 자리하고 있음을 엿볼 수 있다. 연이은 찬란한 세트를 지나며 녹초가 될 때까지 매 장면마다 말다툼하고 을러대고 자존심을 건드리고 싸우고 서로에게서 벗어나는 이 두 사람에게 함정이 놓여 있다. 열정적 관계를 다룬 스코세이지의 영화는 사실 사랑의 종말에 관한 이야기다. 이는 다른 어떤 맥락에서도 의미 있는 주제지만, 여기서는 마치 가시철사로 웨딩 케이크를 자르듯 뮤지컬 영화의 따사로운 사랑을 잘라 내고 만다. 이 영화는 1977년 6월 21일 개봉한 후 바로 박스 오피스에서 힘을 잃어 1,600만 달러의 수익을 거두는 데 그쳤다. 5월 25일 개봉해 다른 모든 작품을 날려 버린 조지 루카스의 「스타워즈」가 그해의 주인공이었다. 이 영화는 첫 주말 수익만 3,600만 달러에 달했으며 최종적으로 3억 700만 달러에 이를 것이었다. "「스타워즈」가 있었고 스필버그가 있었습니다. 우린 끝장이 났고요." 혹평에 기분이 상한 스코세이지가 말했다. 그는 특히 "내가 마땅히 받아야 할 벌을 받은 것처럼 취급받은" 데에 상처를 입었다. "무엇 때문일까요? 「비열한 거리」를 만들어서? 「앨리스」와 「택시 드라이버」 때문에?"

「뉴욕, 뉴욕」을 끝내고 기진맥진하긴 했지만, 그는 곧바로 록 그룹 더 밴드의 해체에 관한 다큐멘터리 「라스트 왈츠」와 또 다른 다큐멘터리 「아메리칸 보이: 스티븐 프린스의 프로필American Boy: A Profile of Steven Prince」의 작업에 들어갔다. 또한 미넬리와 함께 「디 액트The Act」라는 브로드웨이 뮤지컬을 시작했는데, 이 작품은 "배우자를 비롯해 가까이 있는 모든 이들을 파멸에 이르게 하는, 제대로 미친 재앙과도 같은 사람"인 일벌레의 이야기였다. 이는 줄리아 캐머런을 노골적으로 비꼰 것으로, 스코세이지는 1976년 9월 딸 도메니카가 태어나고 얼마 되지 않아 「뉴욕, 뉴욕」에서 지미 도일이 그런 것처럼 그녀를 떠났다. 결혼 생활이 끝나자 스코세이지는 세계를 여행했고 흥청망청 지내며 자신을 다시 일로 이끌어 줄 것을 찾았다. "제게 남은 시간이 별로 없습니다." 자신이 마흔 살까지 살지 못할 거라 확신했던 그는 인터뷰어에게 이렇게 얘기했다.

분노의 주먹
Raging Bull
1980

"박스 오피스나 관객을
절대 생각하지 않고
가능한 숨김없이 솔직하게
하자는 것이 이 영화 제작의
기본 아이디어였습니다.
제가 말했죠.
'됐어. 결국 이 영화는
내 경력의 마침표가 될 거야.
바로 이거라고.
이게 마지막이야.'"

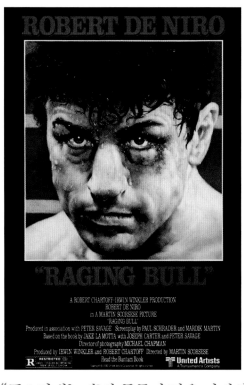

실제 제이크 라모타와 함께 있는 로버트 드 니로.

"포스터에는 흠씬 두들겨 맞은 바비의 얼굴 사진이 담겨 있습니다.
무슨 말이냐면, 당신이 젊은 여성이라면 '이 영화 보러 가자'고
말할지 어떨지 모르겠다는 거예요."

스코세이지는

「뉴욕, 뉴욕」으로 완전히 진이 빠졌다. 그는 이렇게 말한다. "제 삶에서 아주 문제가 많았던 그 시기를 되돌아보면 제가 정말로 두려워했던 게 뭔지 이젠 알고 있습니다. 제가 영화에서 더 이야기하고 싶은 게 하나도 없다는 사실이었어요. 저는 어떻게 해야 감독이 되는 건지 몰랐고 어떻게 아침에 그렇게 일찍 촬영장에 나와서 다른 누군가의 문제를 해결할 수 있는 건지 이해하지 못했습니다. 영화를 만드는 즐거움을 누렸지만 다른 사람들을 생각한 적은 없었던 거죠." 그가 완전히 무너지지 않을 수 있었던 유일한 작품은 「라스트 왈츠」였다. "거기서부터 다시 전열을 가다듬기 시작했어요. 병원에서 치료를 받는 사람처럼요." 그는 말한다. "여러 가지가 제 머릿속에서 짜맞춰졌습니다. 하지만 의심할 여지는 없었어요. 다시는 찾아내지 못할 거라 생각하고 있었거든요. 제 안에 뭔가가 더 있을 줄은 몰랐어요."

그는 1978년 노동절[1] 주말 동안 콜로라도주 로키 산맥 고지대에서 개최되는 텔루라이드영화제에 참석하기로 했다. 그곳에서 그는 질 나쁜 코카인, 처방약, 그리고 피로가 겹친 탓에 쓰러지고 말았다. 뉴욕에 돌아온 그는 입과 코, 눈에서 피를 흘리며 병원으로 실려 갔다. 의사들은 그에게 당장 뇌출혈로 쓰러져도 이상하지 않

을 정도로 위험한 상태라며 코르티손[2]을 잔뜩 투여하고는 침대에 누워 절대적 안정을 취하라고 지시했다. 로버트 드 니로가 찾아와서 「분노의 주먹」을 연출하도록 그를 설득했던 게 바로 그때다.

드 니로는 몇 년 동안 이 프로젝트로 스코세이지를 괴롭혀 왔지만 감독은 또 다른 영화를 함께 만들고 싶은지에 대한 확신이 없었다. 친밀하면서도 사소하게 짜증을 유발하기도 하는 그들은 이미 좋은 의미로든 나쁜 의미로든 "형제나 다름없는" 사이였다. "드 니로는 그 영화를 만들고 싶어 했지만 저는 거기 엮이고 싶지 않았어요." 스코세이지는 말한다. "저는 밥(드 니로)과 메이저 영화 세 편을 같이 했어요. 더 이상은 하고 싶은 생각이 없었습니다. 「갱스 오브 뉴욕」이나 「그리스도 최후의 유혹」을 하고 싶었죠. 권투에 대해서도 전혀 아는 바가 없었고요."

"밥이 병원으로 저를 찾아와서 말하더군요. '이봐, 그래서 하고 싶은 게 뭔데? 죽고 싶은 거야? 그런 거야? 살아서 네 딸이 자라고 결혼하는 걸 보고 싶지 않아? 좋은 영화 두어 편 만들고는 그걸로 끝인 그런 감독이 될 거야?' 그가 말했어요. '너 정말 이 영화 만들어야 해.' 저도 모르게 '좋아'라고 했어요. 마침내, 결국, 제가 완전히 망가지고 나서야 이 영화를 해야 한다는 걸 깨달은 겁니다. 여기에 사로잡

---

1 9월 첫째 월요일.

2 생체의 항상성 유지에 중요한 역할을 하는 부신 피질 호르몬제.

"당시 제이크를 개인적으로 알고 있었는데, 그는 아주 흥미로운 사람이었습니다. 조용조용한 사람이었고요. 이상한 일이죠. 가끔씩 짐승이 보이지만 그 짐승은 평온해요. 권투 선수들은 때때로 그런 식입니다. 매일같이 링에 오르는 진짜 선수들 말이에요. 그게 야수성의 일부인지 인간성의 일부인지는 모르겠지만, 제이크는 끔찍한 여정을 거친 후 살아서 반대쪽으로 나와서는 말하자면 자신에 대한 이해에 도달했습니다."

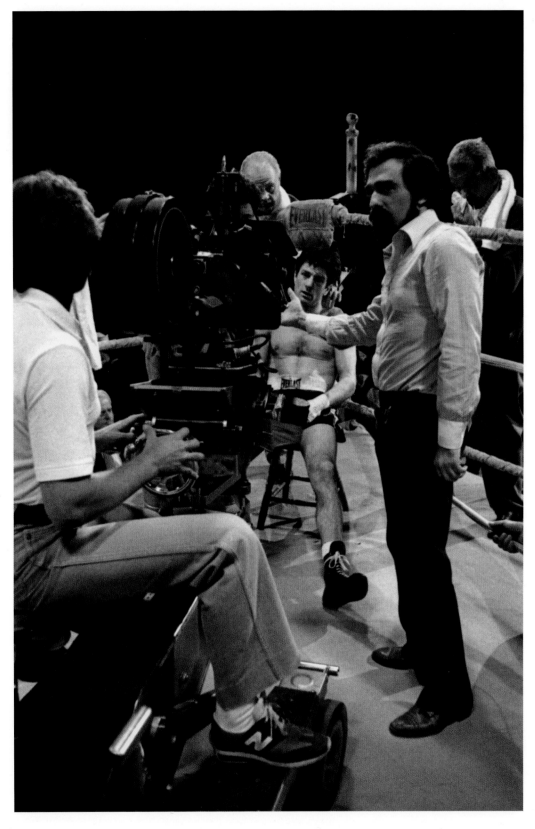

스코세이지는 시합 장면을 위해 카메라를 가까이 가져다 댐으로써 관객이 선수의 시각으로 볼 수 있게 했다.

히게 됐죠. 제대로 망가진다는 것은, 어차피 나빠질 거라면 그렇게 되게 놔두라는 의미였어요. 더 이상 신경 쓰지 않았어요. 그저 이게 마지막이라는 걸 알았죠. 제가 할 수 있는 말은 이것이 마지막 기회였다는 사실이에요."

「분노의 주먹」은 사실 권투에 대한 영화가 아니다. 이건 자기 파괴에 대한 이야기다. 그는 그걸 잘 알고 있었다. "여기 끔찍한 시기를 거쳐 온 한 사람이 있습니다. 자기 자신과 주변의 다른 모든 사람들을 모질게 대해 온 그는 그 후 주변 사람들과 더불어 일종의 평화로운 상태에 이르는 단계로 발전합니다." 그가 말했다. "「분노의 주먹」은 가미카제처럼 무모하게 제작한 영화라는 생각을 했습니다. 우린 이걸 만드는 데에 알고 있는 모든 걸 쏟아부었죠. 저는 정말이지 이 작품이 제가 만드는 마지막 영화가 될 줄 알았어요."

드 니로가 가장 먼저 한 건 회복기에 접어든 감독을 카리브해에 있는 생마르탱 섬으로 데려간 일이었는데, 거기서 그들은 몇 주 동안 별장을 빌렸다. 스코세이지에 따르면 「8과 1/2」에 나오는 것 같은, 온천 비슷한 곳"이었다. 드 니로는 늘 일찍 일어나 해변을 달린 후 스코세이지를 깨워 그에게 커피를 내려 주었다. 두 남자는 영화에 대해 장면 하나하나를 논의하고 오후에는 노란색 리갈패드에 새로운 내용을 작성하며 하루를 보내곤 했다. 저녁이 되면 드 니로와 스코세이지는 골프 카트를 타고 근처에 있는 작은 식당으로 가서 저녁을 먹었다. 스코세이지는 이 경험에 대해 "완전한 집중"이었다고 말했다. "저 우스꽝스러운 카바나 비치파라솔이 놓인 작은 테이블에서 모든 작업을 끝내고는 바다를 바라보는 거죠."

"「분노의 주먹」은 난관에 봉착한 남자의 이야기입니다…
여기 한 남자가 있습니다. 그는 체계적으로 자신을 파괴하고
다른 사람들까지 무너뜨리며 가장 깊은 구덩이 속으로
빠져들어 갑니다. 그리고 자신을 다시 끌어 올리죠.
무엇을 위해 다시 끌어 올리는 걸까요? 그건 중요하지 않아요.
스트리퍼와 살려고? 그래요, 그게 어때서요?
당신이 스트리퍼보다 더 훌륭한 사람이라 자신할 수 있나요?"

드 니로와 조 페시는 제이크와 조이 라모타 형제로
출연했다. 이들은 「좋은 친구들」과 「카지노」에서도
함께하게 된다.

맨 처음 대본을 작업했다가 거절당한 작가는 뉴욕대학 시절 스코세이지의 친구이자 「비열한 거리」의 시나리오를 함께 쓴 마딕 마틴이었다. 그는 소년 시절, 청소년기, 링에서 거둔 대성공과 패배, 리틀 이탈리아에서 보낸 스코세이지의 어린 시절에서 가져온 일화들로 살을 붙인 내용 등 판에 박힌 연대순의 전기 영화를 내놓았다. 드 니로가 초안을 마음에 들어 하지 않아서 이 내용은 폐기되었다. 드 니로는 새로운 원고를 위해 당시 「금지 구역」을 찍고 있던 폴 슈레이더에게로 갔다. 「택시 드라이버」가 칸에서 드 니로와 스코세이지의 공동 작업이라는 식으로 알려진 이후 이 작가와의 관계는 "다소 민감한" 상태였지만, 슈레이더는 마틴의 대본에 무엇이 빠져 있는지를 바로 알아보았다. "대본이 그렇게 따분했던 이유는 여기에 조이 라모타가 없었기 때문입니다. 그건 그저 사건의 나열일 뿐이었어요." 그가 말했다. 실제로 "그들은 무언의 합의를 통해 제이크는 경기를, 조이는 매니저를 하며 여자를 제공했고 둘은 돈을 나누었습니다. 재앙은 불 보듯 뻔했죠. 저는 이 형제의 이야기를 알고 있었고 그걸 어떻게 써야 할지도 알고 있었습니다."

스코세이지는 앞부분을 없애고 바로 중반부터 영화를 시작하는 슈레이더의 원고가 "기막히게 훌륭하다"고 생각했다. 제이크는 시합에서 상대를 때려눕히고 분명한 승리를 거둔다… 하지만 그는 패배한다. 왜일까? "마피아에게 굴복하려 하지

않기 때문입니다. 명예 때문이 아니라 자신의 돈을 그들과 나누고 싶지 않기 때문이죠." 그러나 아직 해야 할 일이 남아 있었다. 슈레이더는 깊이를, 스코세이지는 공격성을 더하고자 했다. 맨해튼의 셰리네덜란드 호텔에서 열린 대본 회의에서 생긴 일이다. "바비가 제게 받아쓰라며 내용을 구술하기 시작했습니다." 슈레이더가 말했다. "전 폭발해서 그에게 대본을 집어던졌어요. 제가 말했죠. '비서가 필요하면 차라리 비서를 고용하시죠. 작가가 필요하다면 제가 방에 있을 겁니다.'" 결국 그는 이 프로젝트에서 떨어져 나왔다. 그러나 나오기 전 그는 스코세이지에게 말했다. "당신은 근성으로 「비열한 거리」를 끌어냈어요. 다시 한번 해요. 하지만 이번에

는 주요 캐릭터를 두셋 정도로 제한해 보세요. 넷을 다룰 수는 없을 겁니다."

맨해튼 섬에서 그들은 라모타의 동생 조이, 절친한 친구 피트 새비지라는 두 캐릭터를 하나로 합쳤고 라모타가 경찰서 유치장에서 나락으로 떨어지는 최악의 상황을 생각해 냈다. 슈레이더는 그가 자위행위를 하는 걸 넣었으나 드 니로는 그 아이디어를 거부했다. 뉴욕에서 이 배우는 자신의 머리와 주먹으로 감방 벽을 맹렬하게 강타한다는 대안을 제시했다. 스코세이지는 "언어는 몸에 있다, 바로 거기에 언어가 있다"는 걸 확신했다. 생마르탱에서 그 상황을 다시 반복하며 그는 이를 납득했다. "거기서 그걸 보았을 때 그 장면을 생각했습니다." 그가 말했다. "여러분이

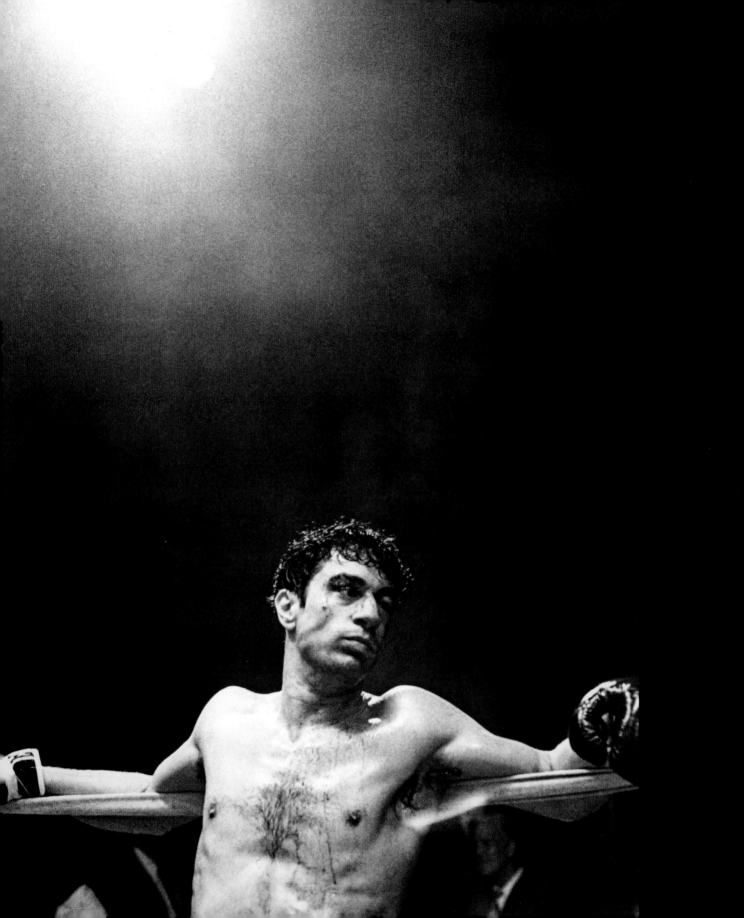

"촬영을 시작하기 전, 저는 권투 시합을 두 번 보러 갔습니다.
무명 선수들이 펼치는 5라운드 경기였어요.
첫날 저녁, 링에서 멀리 떨어져 있었는데도 피로 붉게 물든 스펀지가 보이더군요.
영화가 구체화되기 시작했죠. 그 다음번에는 훨씬 더 가까이 있었는데,
로프에서 피가 뚝뚝 떨어지는 걸 봤습니다. 이건 분명 어떤 스포츠와도
아무런 상관이 없는 거라고 혼자 중얼거렸어요."

「분노의 주먹」을 준비하며 스코세이지는 40년대와
50년대의 고전 누아르 영화들을 참고했다.

영화에서 보게 되는 바로 그 숏을 떠올린 거예요. 카메라가 없어서 얼마나 아쉬웠는지 모릅니다. 있었다면 바로 찍었을 텐데 말이죠."

제작에 들어가기 전에 그는 드 니로에게 영화 몇 편을 보여 주었는데, 즉석에서 진행되는 이런 영화의 역사 수업은 감독과 배우들 간의 전통 같은 게 될 터였다. 이 프로그램에는 헨리 해서웨이의 「죽음의 키스」(1947), 에이브러햄 폴론스키의 「악의 힘」(1948)(드 니로가 가장 좋아하는, 뉴욕에서 불법 복권 도박에 깊이 빠진 두 형제의 이야기), 그리고 로버트 로센의 「육체와 영혼」(1947)이 포함되어 있었다. 흥미롭게도 이들 중 한 편(로센의 작품)만이 권투를 다룬 영화였다. 스코세이지는 특히 촬영 감독 제임스 웡 하우의 방식에 깊은 감명을 받았는데, 「성공의 달콤한 향기」에서 찬란하게 빛나는 흑백 영상을 만들어 낸 바 있는 그는 카메라맨에게 롤러스케이트를 신겨 선수들과 함께 링을 돌게 했던 인물이다. 링 밖에서 촬영된 옛날 뉴스릴 장면들이 여럿 있었다. 그는 드 니로를 따라 링 곳곳을 누비는 스테디캠[3] 사용을 제외하면, 이와 비슷한 느낌을 내고 싶었다. 어느 날 오후 스코세이지는 마이클 파월과 함께 촬영 장면을 보고 있었다. 파월이 말했다. "빨간 글러브가 좀 이상해 보이는데."
"그러네요." 스코세이지가 말했다. "흑백으로 찍어야겠어요."

3 카메라를 손으로 들고 찍을 때 흔들림을 방지하기 위해 진동을 흡수하고 수평을 유지하는 기능이 담긴 장치.

1979년 4월 뉴욕에서 본 촬영이 시작되었다. 영화의 대부분을 그곳에서 찍었지만 시합 장면들은 로스앤젤레스에 있는 오래된 올림픽 오디토리엄에서 촬영했다. 드 니로는 라모타와 1년 가까이 훈련을 하며 14번가에 있는 체육관에서 수천 라운드를 뛰었고, 66킬로그램 체격에서 근육량 9킬로그램을 늘렸다. (그는 영화의 나중 장면들을 위해 27킬로그램을 더 찌웠다.) 실력이 꽤 는 드 니로는 라모타가 잡아 준 프로 시합 세 경기에 가명으로 출전해 그중 두 게임을 이겼다. 처음에는 오른쪽에서, 그다음엔 왼쪽에서, 매시간 매 테이크마다 두들겨 맞는 배우를 매일같이 지켜보며, 이 영화로 아카데미 편집상을 수상한 셀마 스쿤메이커는 경악했다. "이보다 더 땅바닥과 친한 사람은 본 적이 없네요." 그녀가 말했다.

스코세이지는 「워터프론트」에 등장하는 말런 브랜도의 "나는 도전자가 될 수도 있었어"라는 대사를 라모타가 거울 앞에서 읊는 클라이맥스 장면을 열아홉 번이나 찍었다. 드 니로는 좀 더 감정적인 버전을 좋아했다. 스코세이지는 더 밋밋한 버전을 골랐다. 그래서 그들은 두 버전을 연달아 보았지만 서로의 마음을 바꿀 수는 없었다. 스코세이지는 자신이 고른 걸 선택했다. "그래도 내가 고른 게 제일 나은 거 같아." 감독이 말했다. "알았어, 그걸로 가자." 드 니로가 말했다. "믿을 수 있는 사람과 함께할 때만 그렇게 할 수 있습니다. 그 친구가 '내가 원하는 테이크를 써야 해. 왜냐하면 내 이름 때문에 영화가 만들어진 거니까'라는 말로 결론을 낼 수도 있

> "마치 관객이 선수가 된 것처럼, 그래서 선수가 생각하거나 느끼거나 듣는 것이 고스란히 보는 이들의 느낌이 될 수 있게 시합 장면을 연출하고 싶었습니다. 내내 두들겨 맞는 것처럼요."

영화를 준비하며 드 니로는 라모타의 체육관에서 1년 동안 훈련을 받았다. 그는 심지어 세 번의 프로 시합에 가명으로 출전해 싸우기도 했다.

으니까요." 스코세이지의 말이다.

누가 옳았을까? 저 한 번의 선택이 라모타를 혐오스럽게 생각하는 스코세이지의 숭배자들과 라모타가 비참해지는 게 당연하다고 여기는 사람들을 갈라놓았을지 모르지만, 우리는 결코 알 수가 없다. 오늘날까지도 영화 말미에서 제이크가 구원을 찾는지 그렇지 않은지에 대한 문제보다 더 극명하게 광팬들을 분열시키는 건 거의 없다. 구원이 있다면 그건 극도의 압박, 극도의 강박에 의해 겨우 얻은 것이다. 「분노의 주먹」은 단단하게 요새화되고 타협하지 않는 스코세이지의 마음 한구석에서 비롯되었다. 이 작품은 그의 최고작까지는 아니더라도 다른 어느 작품보다도 그의 "걸작"으로 인정되는 영화다. 흑백으로 촬영되어 모든 장면 하나하나가 아름다운 이 영화에는 피에트로 마스카니의 「카발레리아 루스티카나」 중 간주곡이 사운드트랙으로 담겨 있다. 영화는 「시민 케인」으로부터 「데어 윌 비 블러드」에 이르기까지 미국의 여러 걸작 영화에 담긴 전통적 주제인, 마치 미국이 지닌 자유의 이면에 자신을 파괴할 자유가 기라도 한 것처럼 자신에게 파멸을 퍼붓는 남자에 관한 이야기를 펼친다. 이 영화는 흡사 「뉴욕, 뉴욕」에서 스코세이지를 버렸던 관객에 대한 복수처럼, 호감 가는 영웅 또는 캐릭터가 변화하거나 결말에서 구원받기를 기대하는 이들을 무시한 채 정신적으로 단호하게 밀어붙이는 행위("그게 별로였다고? 이거 한번 봐 봐…")처럼 느껴진다. 「분노의 주먹」은 그 숭배자들이 주장하는

정도로 80년대 영화에서 우뚝 솟아 있는 작품은 아닐지도 모르지만, 확실히 그런 평가를 압도하는 작품이다. 가톨릭교도나 권투 선수의 입장에서 형벌과도 같은 영화다.

1라운드. 기법. 영화가 진행되는 동안 스코세이지는 세상에서 도피하는 제이크를 뒤쫓기라도 하듯 추상적 개념을 점점 높여 가며 경기를 연출하여, 결국 시합은 산산이 부서진 자신의 머릿속에서 펼쳐지는 것처럼, 자신의 그림자와 싸우는 것처럼 보인다. 클리블랜드에서 지미 리브스를 상대로 한 첫 번째 시합에서, 맹렬한 펀치의 클로즈업과 신장을 강타하듯 선수들 사이를 누비는 크레인 숏은 손에 땀을 쥐게 하기에 충분하다. 디트로이트에서 열린 슈거 레이 로빈슨과의 타이틀 결정전인 두 번째 시합에서는 스테디캠과 슬로 모션이 본격적으로 펼쳐진다. 더 많은 마스카니의 음악과 함께 여러 라운드가 빠르게 지나가고 라모타는 마치 성자처럼 물에 흠뻑 젖어 들며 달콤한 승리를 거둔다. 로빈슨과 다시 맞붙은 세 번째 시합을 치를 때에는 관중이 거대한 링 가장자리 너머로 거의 사라져 버린다. 불빛이 어두워진다. 이동하며 줌 인 하는 카메라의 아찔한 움직임 속에서 상대는 악마와 같은 실루엣을 한 채 주먹을 들어 올리고 있다. 제이크의 숨소리 외에는 아무 소리도 들리지 않는다. 그리고 날카로운 바람 소리를 뚫고 플래시가 터진다. 그는 자신의 악마와 함께 혼자 남겨진 것이나 다름없다. 미노타우로스는 자기 자신의 미로가 된다.

제이크와 비키(캐시 모리어티)가
다정한 한때를 보내고 있다.

2라운드. 러브 스토리. 그렇다. 얼어붙어 마침내 빛을 잃게 되는 사랑을 보여 주는 거라면 그런 게 있긴 하다. "오늘날 당신이 오랜만에 「분노의 주먹」을 다시 접한다면, 기억하고 있는 것보다 영화가 훨씬 더 섬세하다는 걸 알게 될 것이다. 때로 달콤함이 어려 있기까지 하다." 리처드 시켈은 이렇게 썼다. 맞는 말이다. 비키(캐시 모리어티)가 새로운 연인의 몸에 든 멍과 굴곡을 입술로 이리저리 훑어가는 러브 신은 스코세이지가 찍은 가장 애정 어린 장면 중 하나다. 「분노의 주먹」을 보면 볼수록 모리어티의 수영 선수처럼 넓은 어깨와 건장한 골격, 나직하고 감미로운 목소리에 더욱 마음을 빼앗기게 된다. 떠나려고 짐을 싸는 장면에서 그녀를 보면, 그녀는 드 니로가 으르렁거리는 동안 기가 꺾이고 그가 손을 대는 순간 몸서리치지만 놓아 줄 때까지 끈기 있게 기다리고는 계속 짐을 꾸린다. 맞지 않는 법을 아는 노련

한 여자의 보디랭귀지다. 스코세이지는 여성을 이해하지 못하지만 특정한 유형의 여자에 대해서는 꼼꼼히 이해하고 있다는 게 일반적인 중론이다. 비키와 같이 난폭한 사람들에 매료되거나 「좋은 친구들」의 캐런(로레인 브라코)처럼 폭력에 이끌리는, 혹은 「케이프 피어」의 로리(일리아나 더글러스)처럼 희생양이 되는 그런 부류 말이다. 그러한 여성들이 있다. 스코세이지의 인물 묘사는 공감을 불러일으키며 예리하고 솔직하다.

3라운드. KO 펀치. 스코세이지가 아니라 드 니로가 날렸다. 프로듀서 어윈 윙클러는 처음부터 "밥의 영화"였다고 말한다. 아카데미위원회가 오스카 시상식에서 스코세이지를 퇴짜 놓은 일은 유명하지만(그해 작품상과 감독상은 「보통 사람들」이 받았다), 드 니로는 두 번째 남우 주연상 트로피를 거머쥐었다. 리처드 콜리스는 『타

드 니로가 나이 들고 살찐 라모타를 연기하기 위해 체중을 66킬로그램에서 98킬로그램으로 늘리는 몇 달 동안 제작이 중단되었다.

임』지에 이렇게 썼다. "결국 「분노의 주먹」의 많은 부분이 드 니로에게 격정적인 솜씨를 발휘할 기회를 주기 위해 존재한다고밖에 할 수 없다."『뉴요커』의 폴린 케일은 다른 의견을 냈다. "어떤 관점에서 보면 엄청나다고 할 수도 있겠지만, 엄밀히 말해 드 니로는 이 영화에서 연기를 한 게 아니다." 여기서의 키워드는, 이 영화의 우군과 적군을 하나로 묶어 주는 중심축 역할로서, 경외심을 고취하거나 충분히 받을 만하다는 단어 본래의 의미로서 "엄청나다awesome"는 말이다. 예전에 스타들은 역할을 위해 자신을 완전히 바꾸었다. 1950년대와 60년대에 스튜디오 시스템이 무너지기 시작하자 배우들은 자신의 이미지에 대한 주도권을 강화함으로써 기존의 이미지를 뒤엎었다. 「보스턴 교살자」(1968)의 주인공 역할을 위해 옅은 푸른색 눈을 멀겋게 뜨고 체중 9킬로그램을 늘린 토니 커티스나 「밤의 열기 속에서」

(1967)를 위해 매일 저녁을 두 끼씩 먹으며 104킬로그램이 넘도록 몸무게를 늘린 로드 스타이거가 그런 것처럼 말이다. 「분노의 주먹」에서 드 니로의 연기는 전혀 다른 것이었다. 자기 파괴 행위와 같은 또 다른 중요한 선례의 측면에서, 그는 자신의 모습을 찢어발김으로써 「몬스터」의 샤를리즈 테론, 「머시니스트」의 크리스찬 베일, 「블랙 스완」의 나탈리 포트먼이 육체적으로 변모하고 탈바꿈할 수 있는 길을 열어 주었다. 드 니로는 조지 루카스의 「스타워즈」가 했던 최첨단 스펙터클을 솔직하게 반박했다. 배우가 어떻게 맞설 수 있었을까? 말 그대로 자신을 구경거리로 만들고 자기 자신이 특수 효과 자체가 됨으로써 가능했다. 그는 변화하고 있었다. 또한 그는 블록버스터의 시대를 꿋꿋이 버텨 냄으로써 독립 영화 제작에 논리적 근거를 마련해 주기도 했다.

코미디의 왕
The King Of Comedy
1982

"이 영화에서 숱하게 등장하는
거절은 끔찍할 정도입니다.
제가 다 보기 힘든 장면들도
있어요."

로버트 드 니로는 토크 쇼 진행자 제리 랭퍼드(제리 루이스)를 스토킹하는 코미디언 지망생 루퍼트 펍킨을 연기했다.

스코세이지는 1979년 말 뉴욕으로 돌아왔다. 로스앤젤레스에서의 기나긴 체류는 끝난 것 같았다. 그는 로워 맨해튼에 있는 침실 하나가 딸린 작은 아파트로 거처를 옮긴 후 그곳을 철제 책장, 금속과 등나무로 만든 싸구려 의자 등 실용적인 가구로 채워서 사람 사는 집처럼 보이게 했다. 그는 일어나서 TV 편성표를 보고 어떤 고전 영화를 방영하는지 확인한 다음 심리 치료사를 만나러 나갔다. 일주일에 5일을 갔고 주말에는 전화로 상담을 했다. 자신의 커리어가 끝난 건지가 가장 궁금했다. "왜 사람들이 결국은 영화 만들기를 중단하는지 이해할 수 있다는 말을 해야겠네요." 그가 말했다. "그렇게 열정적으로 영화를 만들려면 정말로 확신을 가져야 하기 때문입니다. 그 이야기를 정말 들려주고 싶어야 하는데 시간이 좀 지나면 삶 자체가 영화 제작 과정보다 훨씬 중요하다는 걸 알게 되거든요."

「코미디의 왕」은 로버트 드 니로에게서 받았던 것이다. 드 니로는 1974년 스코세이지가 「앨리스」를 찍고 있을 때 폴 짐머맨의 대본을 그에게 처음 주었다. 그는 이 대본이 토크 쇼 진행자를 납치한다는 익살맞은 상황에 관한 영화가 될 것으로 보았다. "이해를 못 했죠." 그가 말했다. "제가 거기 너무 가까이 있었던 거예요." 그러나 그 후 세계 각지의 영화제에서 「비열한 거리」와 「택시 드라이버」로 환대를

받으며 유명 인사가 된 그는 「뉴욕, 뉴욕」이 비난받는 걸 지켜봐야 했다. 그는 명성이라고 하는 기이한 소용돌이가 자신의 세계를 뒤흔든 방식으로 빛을 구부러뜨리기도 한다는 걸 알았다. 1979년에 다시 대본을 읽으며 그는 성공을 향한 루퍼트 펍킨의 병적일 정도로 터무니없는 의지를 이해하게 되었다.

"제가 처음 영화를 만들었을 때와 똑같습니다." 그가 강조했다. "돈도 없이 끊임없이 거절당하면서, 돌아가고 돌아가기를 반복하다가 마침내 그럭저럭 행운이 찾아온 거예요. 어디든 가서 무엇이든 하고, 상영회에 찾아가고 어떤 사교적인 자리에든 들어가서 프로젝트에 관해 논의해 보려고 애썼던 기억이 납니다."

그는 영화를 찍으면서 자신이 70년대 초반 제작자들을 괴롭히느라 사용했던 바로 그 공중전화에서 펍킨(드 니로)이 제리 랭퍼드(제리 루이스)에게 전화를 걸도록 했다. 하지만 그는 조심성과 피해망상을 지닌 랭퍼드도 이해하고 있었다. 스코세이지는 「비열한 거리」와 「대부 2」의 성공 이후 드 니로가 팬들에 둘러싸인 상황을 가까이에서 보았었다. 특히 어떤 한 사람이 드 니로의 전화번호를 어찌어찌 손에 넣어서는 시도 때도 없이, 가끔은 회의 도중에 전화를 걸어 댔다. "내 친구 바비, 별일 없어요? 뭐해요? 오늘 같이 저녁 어때요?" 처음에는 회피했던 드 니로는 점점 궁금해져서 결국 「분노의 주먹」 촬영 도중 그 남자를 만났다. 그는 아내와 함께 드

"드 니로의 연기는 역대 최고라고 생각했습니다. 「코미디의 왕」은 우리가 할 수 있는 극한까지 갔던 작품이었기 때문에 당시에는 더 이상 나아갈 수가 없었죠."

니로를 기다리고 있었는데, 수줍음이 많은 평범한 여자였던 그녀는 분명 이 상황에 당혹스러워하고 있었다. 이 남자는 드 니로를 차에 태워 뉴욕에서 두 시간 정도 떨어진 자기 집에 데려가고 싶어 했다.

"왜 날 쫓아다니며 괴롭히는 겁니까?" 드 니로가 남자에게 물었다. "원하는 게 뭐예요?"

"당신하고 저녁을 먹는 거요. 술도 한잔하고 수다도 떨고. 우리 엄마가 안부 전해 달라고 하셨어요. 친구들도 그렇고요. 그들이 이러저러한 걸 궁금해 하네요…"

그는 연이어 질문을 퍼붓고는 떠났다. 그는 그 후에도 계속 전화를 했다. 「코미디의 왕」을 찍는 동안 드 니로는 실제로 유명인의 사인을 모으는 사람들과 역할 바꾸기를 시도했다. 반쯤은 조사를 위해, 반쯤은 팬 주짓수[1]로서였다. 그는 그들에게 달려들고 스토킹하고 질문으로 끊임없이 괴롭혔다. 결국 이것이 영화의 주제였다. 즉 유명인과 팬, 망상에 사로잡힌 사람과 강박 관념, 스코세이지 자신의 인격에 내재한 두 모순적 측면의 모호한 경계다.

스코세이지도 「코미디의 왕」을 아쉬워한 적이 있다. "우린 「분노의 주먹」에서

서로가 할 수 있는 모든 걸 탐구했습니다." 그가 드 니로와의 네 번째 공동 작업에 대해 이야기했다. "제게서 무언가가 나오기를 기다렸어야 했어요." 평단의 반응은 경멸에서 당혹스러움에 이르기까지 다양했다. "「코미디의 왕」은 이제껏 내가 본 가장 무미건조하고 지루하며 고통스러운 영화." 로저 에버트는 『시카고 선타임스』에 이렇게 썼다. 그런데 그는 이 영화의 팬이었다. 그렇지 않았던 폴린 케일은 "거짓으로 꾸민 드 니로는 예술혼을 부정하고 있다"고 썼다. "그가 그저 자신을 비워내서 제이크 라모타나 「고백」의 데스 신부[2] 혹은 루퍼트 팹킨이 되는 건 아니다. 그는 그들 역시 텅 비게 만들고는 캐릭터의 공허함과 하나가 된다."

케일은 이러한 글을 찬사의 표현이 아니라, 「코미디의 왕」의 왜곡 거울(모든 것을 거꾸로 뒤집어 버리거나 정반대로 일그러뜨리는)이 이 영화에서 드 니로의 천재성에 거의 못을 박을 뻔했다는 의미로 썼다. 이는 그가 카멜레온과 같다는 뜻이 아니다. 오히려 그 반대다. 그의 가장 탁월한 연기는 우리 대부분이 아주 고약한 말썽꾼이라는 판단에 근거한다. 그리고 루퍼트 팹킨은 무리 중에서 최악이요 과장되게 연기하는 삼류 배우이며, 드 니로가 이제껏 우리에게 보여 준 온갖 외로운 사람들 중에서도 그 정수精髓이자 다른 것들이 모두 사라지고 없는 원초적 결핍과도 같은 인물

1   fan jujitsu: 팬과 소통하거나 팬과 관련된 상황을 능숙하게 처리하기 위한 전략적인 접근 방식을 의미한다.

2   울루 그로스바드 감독의 1981년작 범죄 영화 「고백」에서 로버트 드 니로가 연기한 캐릭터.

마샤(샌드라 버나드)가 펍킨의 계획을 알아챈다.

이다. 그는 트래비스 비클의 무능한 사촌, 또는 저 매듭지은 넥타이와 무표정한 발언 뒤에 자신의 모든 고통과 폭력성을 억누른 채 남의 비위를 맞추는 사람으로 다시 태어난 제이크 라모타일 수도 있다. "저거 코르크인가요?" 그가 랭퍼드의 비서에게 묻는다. "그녀는 세상의 더없이 아름다운 다른 많은 여인들처럼 비극적으로 혼자 죽었잖아요." 그는 리타와의 첫 데이트에서 마릴린 먼로에 대해 이야기한다. "당신에게는 그런 일이 일어나지 않았으면 좋겠어요." 그는 그런 운명에 처할 가능성이 더 높은 사람이 자신이라는 걸 깨닫지 못한 채 이렇게 말한다.

영화 전체가 그런 식이다. 이는 서로를 헐뜯고 비난하는 소극적 공격자들로 넘쳐 나는 뉴욕에 대한 홉스식 비전[3]이다. "성적으로 위협을 가하는 인물"인 마샤를 연기한 샌드라 버나드는 마치 시종일관 다른 누군가의 악취에 기분이 상하기라도 한 듯 얼굴을 퍼그처럼 일그러뜨린다. 그리고 제리 루이스는 이상한 짓거리에 불쾌해하며 위대한 코미디언만이 할 수 있는 적대감을 드라이아이스처럼 뿜어낸다. 그

는 평론가 데이비드 톰슨의 표현에 따르면 "비트겐슈타인의 책에 나올 법한, 누구나 알고 있는 별 볼 일 없는 사람"을 훌륭하게 연기했다. "그가 거리를 걷는 시퀀스가 있다. 사람들이 많은 곳에서, 군중이 떼 지어 몰려들기를 기대하지만 그렇게 되지는 않는다. 그건 어쩌면 루이스가 한 가장 은근하면서도 탁월한 코미디일 것이다."

「코미디의 왕」은 개봉하자마자 곤두박질쳐서 제작비 1,900만 달러 중 겨우 250만 달러를 거두어들였다. 1983년 말 친구인 제이 콕스와의 저녁 식사 자리에서 스코세이지는 TV에 나온 누군가가 이 영화를 언급하며 "올해의 망작"이라고 하는 걸 들었다. 그리고 자신과 같은 영화 제작의 시대는 끝났다고 생각했다. 물론 이 작품은 실패했다. 실패가 두려워 흘리는 진땀에 관한 영화를 달리 어떻게 받아들이겠는가? 루퍼트 펍킨에게 반쯤 빈 극장에서 끙끙거리는 것보다 더 나은 데뷔가 뭐가 있을까? 그 자신을 알아보고 끄집어내어 얼굴에 저 환한 웃음을 띤 채 밀고 나가게 하는 더 좋은 기회가 뭐가 있을까? 그리고 「코미디의 왕」은 해가 갈수록 점점 더 선견지명을 갖춘 작품으로 인정되었다. 영화가 나올 무렵 존 힝클리는 「택시 드라이버」에서 영감을 얻어 로널드 레이건 대통령의 암살을 기도했다. 「코미디의 왕」은

---

3 '사회 계약설'의 전형으로 평가되는 저서 『리바이어던』(1651)으로 잘 알려진 17세기 영국의 정치 철학자 토머스 홉스는 자연 상태에서 인간은 평등하며 누구도 절대적 우위를 확보할 수 없다고 주장했다.

> "뭔가를 너무 간절히 원해서
> 그걸 위해 뭐든 끝장낼 수
> 있다는 게 어떤 건지 살펴보고
> 싶었습니다. 끝장낸다는 게
> 물리적으로 죽인다는 의미가
> 아니라, 마음을 억제할 수 있고
> 관계를 없앨 수 있고 삶에서
> 우리 주변의 다른 모든 것들을
> 끝장낼 수 있다는 뜻입니다."

상상 속 장면에서 랭퍼드가 펍킨을 호화로운 점심 식사에
초대해 자신의 토크 쇼 진행자를 맡아 달라고 부탁하지만(위)
그들 관계의 실체는 완전히 동떨어져 있다(아래).

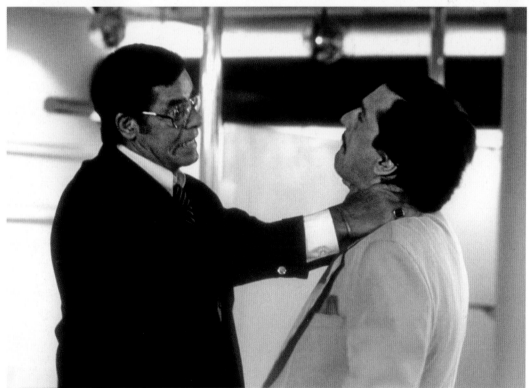

이후 20년 동안 「래리 샌더스 쇼」[4]와 「커브 유어 엔수지애즘」[5] 같은 변형된 쇼 비즈

니스 풍자의 등장뿐만 아니라 리얼리티 쇼의 확산을 통해, 우리에게 근거 없는 열망으로 가득한 문화와 고통에 찬 모호한 코미디를 남겨 주었다. 루퍼트는 마지막에 웃게 될 것이다. 그리고 그건 마치 그가 대본에 있는 웃음소리를 세는 것처럼 들릴 것이다.

---

4 1992년부터 1998년까지 HBO에서 방영된 시트콤. 가상의 심야 토크 쇼를 배경으로 허구와 사실을 섞어 쇼 비즈니스에 대한 풍자가 펼쳐지는 작품이다.

5 2000년부터 HBO에서 방영 중(2021년 말까지 11개 시즌 방영)인 시트콤. 코미디언이자 작가인 래리 데이비드의 다양한 에피소드를 중심으로 전개되는 블랙 코미디.

특근
After Hours
1985

"시스템이 정신을 으스러뜨리게
놔둘 수 없다는 걸 깨달았어요.
나는 영화감독이야,
나는 프로가 될 거고
다시 시작하려고 해.
저예산 영화 「특근」을
만들겠어."

헨리 밀러에 관한 대화는 폴 해킷(그리핀 던)이 한 번도 겪어 본 적이 없는 가장 이상한 밤의 발단이 된다.

스코세이지는 「코미디의 왕」 다음으로 「그리스도 최후의 유혹」을 하려고 했었다. 「바바라 허시의 공황 시대」 촬영장에서 바바라 허시에게 책을 받은 이후 그가 예수 그리스도 내면의 투쟁에 관한 니코스 카잔차키스의 소설을 다 읽기까지는 6년이 걸렸다. 그는 책을 들어 올렸다가 내려놓고 다시 읽기를 반복하며 졸음을 유발하는 카잔차키스의 언어에 서서히 빠져들었다. 그리고 마침내 1978년 「초원」을 찍고 있던 타비아니 형제를 만나러 토스카나에 가 있는 동안 독서를 마쳤다. 그곳에서 그는 세 번째 아내 이사벨라 로셀리니를 만나기도 했다. 학교에서 배운 복음서의 가르침에 의하면 예수는 사실상 어둠 속에서 빛나는 너무도 성스러운 인물이었다. 카잔차키스의 소설에 등장하는 예수는 아주 다른 모습이었는데, 인간의 나약함과 의혹에 괴로워하는 그는 극심한 자기 심문을 하고 나서야 가슴속에서 설교를 끌어낸다. 이는 스코세이지 자신과 꽤나 비슷해 보였다.

이 영화는 원래 당시 사장인 마이클 아이스너와 제작 책임자 제프리 캐천버그가 이끌던 파라마운트 영화사가 만들 예정이었는데, 그들은 1,200만 달러의 예산과 90일의 촬영 스케줄을 잠정적으로 승인한 상태였다. 아이스너는 2주에 한 번은 스코세이지에게 전화를 걸어 이야기하곤 했다. "이 영화에 청신호가 켜졌습니다. 꼭 만들어야 하는 영화란 거죠. 제프리가 확실히 밀고 있고요." 캐천버그도 나중에 전

화해서 이렇게 말했다. "마이클 아이스너가 당신이 이 영화를 만들 수 있도록 분투하고 있습니다." 누구와 싸운다는 걸까? 스코세이지는 스튜디오의 최고 경영자 둘이 이 영화를 만들고 싶어 한다는 걸 왜 그리 열심히 자신에게 확신시키려고 애쓰는지 이해할 수가 없었다.

그는 로스앤젤레스에서 하루 반 걸리는 모로코와 이스라엘로 로케이션 장소를 찾아다니기 시작했다. 멀리 떨어진 촬영지에서 유명 감독에게 전권을 주게 되는 상황을 경계하고 있던 아이스너와 캐천버그(「천국의 문」의 대실패는 모든 경영진의 뇌리에 각인되어 있었다)는 스코세이지가 보다 가까운 곳, 이를테면 샌프란시스코 같은 곳에서 찍기를 원했다. 그들도 에이던 퀸이 예수를 연기한다는 아이디어를 납득할 수 없었다. 보수 종교 단체들이 파라마운트를 소유한 걸프 앤드 웨스턴에, 준비 중인 영화가 그리스도를 동성애자로 묘사(허위 사실이었다)하여 신성을 모독할 것이라며 항의하는 편지를 퍼붓기 시작한 일, 또는 어윈 윙클러의 예산 추정액이 올라가기 시작해 1,200만 달러에서 1,300만 달러로, 그러고 나서 1,600만 달러가 된 일은 상황을 악화시켰다. 스코세이지는 매일 텔아비브행 비행기를 예약하며 준비를 갖췄다. 마침내 1983년 10월, 윙클러는 200만 달러를 더 요구하러 파라마운트로 갔다. 윙클러가 제작한 또 다른 영화 「필사의 도전」이 그 주에 개봉하여 저조한 실적을 거두고 있었다. 파라마운트의 회장 배리 딜러는 뉴욕에 있는 한 호텔에서 스

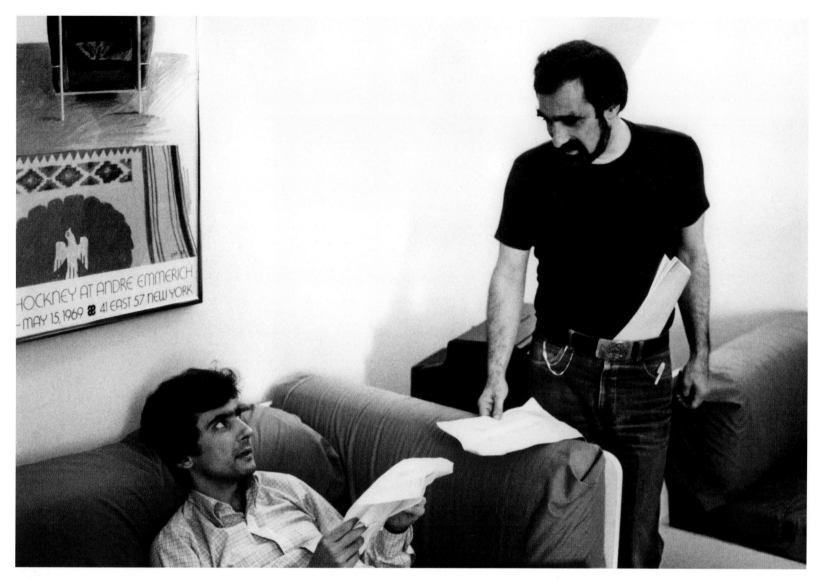

"1983년 「그리스도 최후의 유혹」이 취소된 후 저는 체력을 회복해야 했어요. 운동을 했죠. 그리고 그건 효과가 있었어요."

코세이지를 만나 왜 그 영화를 만들고 싶어 하는 건지 물어봤다.

"예수를 더 잘 알고 싶으니까요." 스코세이지가 대답했다.

틀린 답이었다. 딜러가 미소를 지었다. "마티," 그가 말했다. "유나이티드 아티스츠 극장 체인에서 이 영화를 상영하지 않겠다는 게 현실입니다. 미안해요, 여기서 손을 떼야 할 것 같네요. 우리가 영화 한 편에 1,800에서 1,900만 달러를 투자하면 어디선가는 상영이 돼야 하잖아요."

예전 같았으면 스코세이지가 거의 틀림없이 가구를 뒤집어 엎는다거나 전화기를 벽에 내던지는 등 광분했을 것이다. 이번에는 너무 충격을 받아 반응할 수조차 없었다. "대답할 엄두도 안 났어요." 그가 말했다. "마치 스프링이 고장난 것처럼, 아니면 내 속에 무언가가 죽어 가고 있는 것처럼 말이죠." 그는 「스카페이스」의 반응에 의기소침해 있던 오랜 친구 브라이언 드 팔마를 만나 웨스트 할리우드에 있는 휴고 레스토랑에서 점심을 먹었다.

"우리 여기서 뭐하고 있는 거지?" 드 팔마가 물었다. "우리가 할 수 있는 게 뭐야? 선생이라도 돼야 하나?"

그들은 서로를 바라보았다.

"모르겠어요." 스코세이지가 말했다. "이런 식으로 갈 수는 없어요. 그 사람들은 우리가 만들고 싶은 영화를 하고 싶어 하지 않아요."

그의 에이전트인 해리 어플랜드는 몇 주 동안 희망을 버리지 않고 절반의 비용과 절반의 촬영 스케줄로 영화를 제작할 수 있는 다른 후원자를 찾으려 했지만 성과가 없었다. 스코세이지는 어떤 영화가 됐든, 그저 살아남기 위해 다른 영화를 만들어야 한다는 걸 깨달았다. 그를 달래느라 혈안이 된 캐천버그와 아이스너는 「베벌리 힐스 캅」과 「위트니스」를 제안했지만, 그는 자신이 LA의 경찰에 관한 어색하고 불편한 상황을 다룬 코미디("물 밖으로 나온 물고기가 뭔가요?" 그가 물었다)[1]를 연출하거나 펜실베이니아주 시골에서 아미시 교도[2] 사람들과 어울리는 모습이 상상이 안 되었다. 뉴욕으로 돌아온 스코세이지는 결국 그의 변호사 제이 줄리언으로부터 대본 하나를 건네받았다. 컬럼비아대학교를 갓 졸업한 조지프 미니언이 쓴 "소

---

1 이런 유형의 영화를 'fish out of water comedy'라고 하는데, 일상이나 친숙한 상황을 벗어나 낯설고 새로운 환경에 처하게 된 주인공의 이야기를 다룬 코미디를 일컫는 말이다.

2 유아 세례를 인정하지 않는 개신교 재세례파의 일파로, 현대 문명을 거부한 채 공동체를 이루어 살아가는 집단. 펜실베이니아와 오하이오, 인디애나주 등에 분포되어 있다. 피터 위어가 연출한 「위트니스」(1985)는 아미시 공동체를 배경으로 한 영화다.

"누아르 영화의 패러디, 그리고 더불어 스릴러의 패러디가 될 거라 생각했습니다. 여러 앵글 자체가 패러디예요. 앵글, 편집, 그리고 프리츠 랑 스타일의 숏, 히치콕의 패러디 같은 것들요."

로재너 아케트가 연기한 마시는 묘하게 매혹적인 팜 파탈이다.

호에서의 하룻밤"이라는 제목의 이 대본은 기이한 금발 여인에 매료되어 소호 주변을 부질없이 헤매며 밤을 보내는 한 젊은 회사원에 관한 이야기였다. 이건 대본이라기보다는 소설 같았는데, 스코세이지의 말마따나 "미숙하지만 가능성이 있는" 작품이었다. "대단한 열의를 느낄 수 있었죠."

「그리스도 최후의 유혹」으로 받은 상처 때문에 여전히 멍해 있던 그는 대본의 넌더리 나는 유머, 운 나쁜 주인공 폴에게 불운이 차곡차곡 쌓이는 방식을 즐겼다. 그가 일체감을 가질 수 있는 시나리오였다. 그러나 그 여자, 마시가 죽는 순간 이야기는 무너져 버렸다. 원래의 결말은 폴이 중년의 고독한 여인 준과 아이스크림을 사러 나가는 장면이었다. 스코세이지의 격려에 힘입어 미니언은 다른 결말을 생각해 냈다. 준이 엄청나게 큰 키로 자라나고 폴은 그녀의 치마 속으로 사라져 자궁으로 돌아간다는 초현실적인 프로이트식 전개였다. 그 버전의 대본은 마시가 「오즈의 마법사」에 대해 내뱉은 말인 "포기해, 도로시"에서 제목을 가져왔다. "마티, 그건 안 돼요, 제정신이 아니군요." 데이비드 게펀이 그에게 말했다. 스티븐 스필버그는 폴이 성난 군중으로부터 자신을 지키기 위해 종이 반죽을 발라 미라처럼 굳어진 후에 그를 트럭 뒤에서 떨어뜨려서 그 거푸집을 산산조각 나게 하는 게 어떠냐

고 했다. 마이클 파월은 그가 트럭에서 떨어지고 다시 일을 하는 걸로 마무리해야 한다고 생각했다. 테리 길리엄은 그에게 모든 걸 잃게 하라고 말했다. 거의 모두가 폴이 트럭에서 떨어져야 한다는 데에 동의하는 것 같았다.

스코세이지는 영화 전체의 스토리보드(500개의 숏, 그가 「코미디의 왕」에서 다섯 번을 했던 것과는 대조적으로 하루 열여섯 번의 셋업)를 그렸고, 영화의 주인공 그리핀 던과 「비열한 거리」에서 테레사 역을 했던 배우이자 프로듀서인 에이미 로빈슨이 받은 은행 융자로 자금을 조달해 딱 40일 동안 촬영을 했다. 스코세이지는 넉 달 동안 영화를 편집했다. 스코세이지는 관객을 긴장하게 만드는 숱한 클로즈업(별다른 것 없이 이를테면 전등 스위치에 올려진 손가락 같은)과 어지럽게 흔들리며 폴이 처한 곤경을 말해 주는 카메라의 움직임으로 히치콕을 패러디하고자 했다. 그는 던에게 말했다. "여기엔 말도 안 되는 장면들이 아주 많아요. 당신은 왼손으로 전화를 받고 이런 식으로 말해야 합니다. 그렇게 할 수 없거나 불편하다고 생각되면 제게 얘기해줘요." 던은 아무 문제 없었고 스코세이지는 제자리로 돌아왔다. "기적 같은 일이었어요." 그가 말했다. 「코미디의 왕」은 처음부터 끝까지 우울한 경험이었다. 「특근」을 하면서는 "뷰파인더에 눈을 갖다 댈 때마다 행복"했다.

뭉크풍의 조각상은 폴의 커져 가는 공포와 좌절감을 표현해 준다.

"모든 장면을 밤에 찍었습니다.
8주간의 야간 촬영이었죠.
대단했어요. 편집도 주로 밤에
했어요. 전화가 걸려 오지 않으니
밤이 더 좋더군요."

마시의 룸메이트이자 조각가인 키키 브릿지스를 연기한 린다 피오렌티노.

코미디 영화에서는 카메라 앵글이 중요한 게 아니다. 프레스턴 스터지스는 오케스트라를 한 바퀴 도는 긴 크레인 숏으로 「거짓 편지」를 시작해 정면에서 활기차게 지휘하는 렉스 해리슨에게로 카메라를 가까이 가져간다. 하지만 빌리 와일더와 하워드 혹스는 프레임 안에 날것 그대로의 모습을 더 잘 담아내려는 듯 가장 분주한 장면을 눈높이의 마스터 숏으로 찍었다. 물론 이제 우리에게는 코언 형제가 있다. 그들은 「블러드 심플」에서 한 것처럼 술집 카운터를 따라 카메라를 트래킹하고 술에 취해 잠든 사람을 휙 뛰어넘는 걸 아무렇지도 않게 여긴다(그들 특유의 블랙 코미디는 세상에 대한 삐딱한 시선을 필요로 하는 듯하다). 그러나 이 형제가 아직 그들의 첫 번째 시체 운반용 가방 지퍼를 올리고 있을 때 스코세이지는 「특근」에서 패닝, 틸팅[3], 크레인과 트래킹으로 로워 맨해튼을 누비고 있었다.

이 영화는 그의 가벼운 작업 중 하나(단테의 『신곡』 중 〈지옥편〉에서 동전을 굴리듯 더없이 탄탄한 궤도를 빙빙 도는 블랙 코미디)이지만 대단히 익살맞은 가톨릭교도가 된 감독은 여기에 그에 못지않은 활기와 낙천성을 담아냈다. 그리핀 던은 은밀한 욕망과 변명, 말 없는 고통의 완벽한 혼합체이며 로재너 아케트는 찬란하게 빛난다. "사실 촬영을 하며 가장 즐거웠던 건 로재너 아케트의 장면들이었습니다." 스코세

「특근」의 비공개 시사회에서 새 아내 바바라 드 피나, 그리고 부모님 찰스와 캐서린과 함께.

3 tilting: 카메라를 고정한 상태로 위아래로 움직여 피사체를 촬영하는 기법.

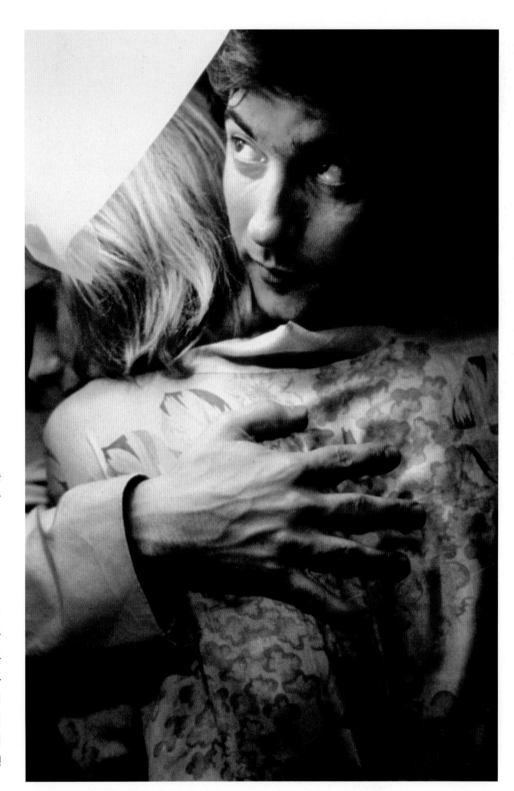

폴이 여전히 마음속에 욕망을
품은 채 마시를 안고 있다.

이지가 말했다. 그는 아마도 마시의 모습을 통해 자신의 성적
이상형을 가장 가깝게 그려 냈을 것이다. 별난 요부에 변덕스러
우며 남자의 욕망에 끝없이 당황하고 상처를 입은 그녀의 낄낄
거리는 웃음은 마치 갑작스러운 소나기처럼 신비롭게 딱 멈춘
다. 깜짝 놀라는 것처럼 보이는 아케트의 리액션은 즉흥적으로
터져 나오는데, 미묘하고 멋진 연기다. 스코세이지는 폴에게 고
통을 안겨 줄 세 명의 세이렌(이 시점까지 스코세이지가 기록한 결
혼 횟수와 동일하다는 걸 알 수 있다)을 준비해 두었지만, 점점 더
정신이 이상해지는 테리 가와 캐서린 오하라의 잊을 수 없는 연
기에도 불구하고 일단 아케트가 영화에서 사라지자 영화의 생
기 또한 사라진다.

영화는 목적을 달성했다. 스튜디오 시스템 외부에서 400만 달러로 찍은 빠른 피
로 회복제와 같은 이 작품은 스코세이지의 기운을 북돋워 주었으며 그에게 1986
년 칸영화제 감독상을 안겨 주기까지 했다. 결국 결말은 스코세이지가 채택했는데,
트럭에 실려 있다가 도시 외곽 사무실 문 앞에서 쿵 떨어지며 종이 반죽으로 된 번
데기에서 탈피하는 폴은 「코미디의 왕」의 결말에서 자신의 고치를 탈출하는 제리

루이스와 유사한 이미지의 반복이었다. 그로 인해 두 영화는 연이어 미라化, 해
방, 그리고 부활의 이미지로 끝나는 작품이 되었다. 무언가가 익어 가고 있었다.

컬러 오브 머니
The Color Of Money
1986

"「컬러 오브 머니」에서 두 명의 대스타와
작업을 하며 우리는 할리우드 영화를
만들고자 했습니다. 아니, 더 정확히 말하면
저는 할리우드 스타인 폴 뉴먼과 함께
제 영화를 만들려고 했습니다.
그 핵심은 미국의 아이콘에 관한
영화 만들기였죠."

톰 크루즈(빈센트 로리아)와 뉴먼(에디 펠슨)이 맞대결을 하고 있다.

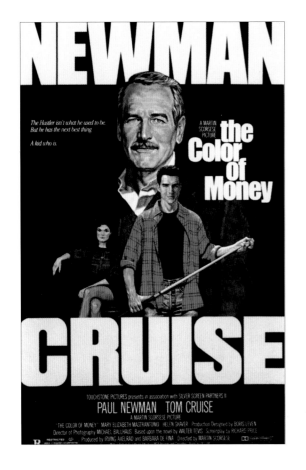

"이 영화는 자신의 생활 방식을 바꾸고 가치를 바꾸는 존재에 관한 이야기입니다. 그의 무대는 당구장이지만 그게 뭐든 중요하지는 않아요. 이 영화는 망상과 관용, 왜곡과 순수에 관한 이야기입니다."

스코세이지의 스크린 우상 중 한 명인 폴 뉴먼과 함께 촬영장에서.

스코세이지가 프로모션 투어 차 런던에 있을 때 폴 뉴먼이 전화를 걸었다. 이 스타 배우는 그에게 두 단어를 말했다.

"에디 펠슨일세."

"그 캐릭터를 좋아합니다." 스코세이지가 말했다.

"에디 펠슨은 자네 영화에서 자네가 다루었던 캐릭터를 떠올리게 하지." 뉴먼이 말을 이었다. "그리고 난 그에게서 더 많은 말을 들어야 할 것 같아."

"누가 관련돼 있죠?"

"자네와 나 둘뿐이야."

"뭘 가지고 계신 건가요?"

"대본이 있지."

뉴먼의 대본은 첫 번째 영화 「허슬러」에서 발췌한 장면이 포함된 아주 전형적인 속편이었지만 스코세이지는 소설가 리처드 프라이스에게 이와는 다른 원고를 요청했다. 「특근」이 스코세이지의 커리어 회복을 시작하는 작품(시스템 외부에서 단 40일 만에 저렴하게 찍은 표현주의 작품)으로 남았다면 「컬러 오브 머니」는 감독이 승부를 겨룰 수 있는 체력을 빠르게 되찾고 있다는 사실을 보여 주었다. 톰 크루즈의 일도 맡고 있던 뉴먼의 에이전트 마이크 오비츠의 후원으로 제작된 이 스튜디오 영화는 거대 예산과 두 명의 스타 등 모든 게 한데 모인, 80년대의 대단한 계약 사례 중 하나로 손꼽히는 작품이다. "저는 더 강력한 세력과 직면해 있었습니다." 스코세이지가 말했다. "훨씬 더 많은 스태프와 엑스트라 부대, 더욱 공들인 시각적 연출, 그리고 그들이 변덕을 부리거나 즉흥 연기를 하거나 혹은 그저 촬영장에 늦게 나오더라도 자신들 손아귀에서 저를 쥐락펴락할 수 있는 두 명의 스타가 함께하는 1,400만 달러짜리 영화를 지휘함으로써 제가 시스템 안에서 살아남을 수 있다는 걸 증명해 보이고 싶었어요."

불신이 담긴 흥미로운 카드 게임이다. 뉴먼은 스코세이지에게, 감독의 이름을 "마이클 스코세이지"로 잘못 적긴 했지만, 자신이 「분노의 주먹」을 얼마나 좋아하는지에 대해 팬레터를 보낸 적이 있었다. 스코세이지는 열네 살 때 로버트 와이즈가 연출한 미들급 복싱 챔피언 로키 그라치아노의 전기 영화 「상처뿐인 영광」을 본 후부터 이 배우를 숭배해 왔다. 뉴먼은 완전히 다른 세상에서 온 것 같았다. 그는 맥주를 마셨고 스포츠에 열광했으며 야외 활동을 좋아했던 반면, 스코세이지는 컴컴한 영화관에 숨어서 대부분의 시간을 보냈으며 누가 선인장을 보여 주기라도 하

---

1 「허슬러」(1961)는 월터 테비스의 1959년작 동명 소설을 원작으로 로버트 로센이 연출하고 폴 뉴먼이 주연을 맡은 작품이다. 「컬러 오브 머니」는 테비스의 1984년작 동명 소설을 바탕으로 한 「허슬러」의 속편이다.

배우들은 모든 당구 장면을 직접 연기했다.

면 화들짝 놀라는 아이였다. 하지만 뉴먼에게는 강한 호기심을 끄는 구석이 있었다. "이 사람은… 나이를 먹을수록 진화하는 인물입니다. 그는 우승을 하지 못할지라도 자동차 경주에는 참가하죠. 그가 정상급 포뮬러 원 드라이버들을 능가할 수는 없어요. 자신이 절대 최고가 될 수 없다는 걸 알고 있다면 왜 위험을 무릅쓰고 레이싱을 하는 건지 알고 싶었습니다."

그는 이 질문의 대답이 에디 펠슨을 알 수 있는 열쇠가 될 거라고 직감했다. 이 남자는 왜 「허슬러」로부터 25년이 지난 후 쉰둘의 나이에 다시 포켓볼을 치기 시작한 걸까? 첫 미팅 자리에서 그는 뉴먼에게 물어봤다. "매번 이기지도 못하면서 왜 레이싱을 하시는 겁니까?" 이 스타는 대답을 못 한 채 그를 바라보았다. "그게 바로 이 영화입니다." 스코세이지가 말했다. 그는 「허슬러」의 결말에서 볼 수 있던 것처럼 에디가 절대 당구대를 벗어날 수 없다는 사실을 알고 있었다. "그의 핏속에 흐르고 있는 거죠." 그가 말했다. 리처드 프라이스도 같은 생각이었다. 펠슨은 절대 그만두지 않았을 것이다. 그는 아마도 자신이 직접 포켓볼을 치는 게 아니라 재능 있는 젊은이를 몰아붙이는, 그저 다른 타입의 도박꾼이 되었을 것이다. 스코세이지는 나이 많은 이가 젊은이를 타락시키고 그 과정에서 승부에 대한 자신의 감각을 되찾게 된다는 아이디어에 매료되었다.

그와 프라이스는 1985년 2월 말리부에 있는 뉴먼의 임대 주택에서 그에게 이

아이디어를 말해 주었다. 태평양이 내려다보이는 베란다에서 이야기를 나누며, 그리고 푹푹 찌는 햇볕 속에서 뉴욕에서처럼 옷을 입고 있는 스코세이지를 보며 뉴먼은 웃음을 터뜨렸다. "그가 저를 노스페라투[2]로 생각하는 것 같았어요." 스코세이지가 말했다. 그렇지만 배우가 제안을 마음에 들어 했기 때문에 새로운 작업 방식이 생겨났다. 프라이스가 혼자 대본을 써서 그걸 스코세이지에게 가져가면 두 사람은 뉴먼에게 가서 그의 의견을 듣는다. 가끔씩 배우가 자동차 경주를 하러 가면 작업은 중단되었다. 스코세이지는 프라이스에게 지속적으로 이야기했다. "우린 저 남자가 입을 스리피스 정장을 만들고 있는 거야. 그는 주인공이면서 우리가 이 일에 관여하게 된 이유이기도 하거든. 그의 모습은 정해진 대로 보여져야 되고 또 대사는 그의 성대에 걸맞게 나와야 해."

예산보다 적은 비용으로 일정에 맞춰서 영화를 끝내기로 한 감독은 "군사 작전과 같은" 제작 계획을 세웠다. 그의 빠듯한 제작팀에는 뉴먼의 변호사이자 프로듀서인 바바라 드 피나가 포함되어 있었는데, 당시 그녀는 스코세이지의 네 번째 아내였다. 스코세이지와 뉴먼이 받아야 할 보수의 몫은 예산 초과에 대비해 보험으로 걸었다. 뉴먼의 요청에 따라 스코세이지는 장면들의 진행에 따른 동선을 그렸고,

2 브램 스토커의 소설 『드라큘라』(1897)를 원작으로, 독일 표현주의의 거장 감독 프리드리히 빌헬름 무르나우가 연출하여 1922년 개봉한 걸작 무성 영화 「노스페라투」의 주인공인 흡혈귀 올록 백작의 별칭.

「컬러 오브 머니」는 스코세이지가 연출한 최초의 진짜 스타 중심의 작품이었으며 뉴먼에게는 첫 오스카 남우 주연상을 안겨 주었다.

"스타 배우와 작업한 건 처음이었습니다. 스타 배우는 제가 열 살이나 열한 살쯤에 대형 스크린에서나 보던 사람이에요. 드 니로나 다른 사람들은 경우가 달랐어요. 우린 친구였죠. 우린 말하자면 창의적 측면에서 함께 성장했다고 할 수 있습니다… 하지만 폴과 함께 있으면 그의 얼굴에서 다른 수많은 영화를 볼 수가 있었죠."

에디가 모젤(브루스 A. 영)에게 돈을 지불한다. 돈은 스크린 안팎에서 중요한 문제였다. 스코세이지는 이 영화를 자신이 후원을 받을 만한 가치가 있는 선수라는 사실을 증명하기 위해 "의도한 사업적 한 수"로 봤다.

이삼일 동안 모든 포켓볼 게임의 스토리보드를 그리며 배우들과 대규모 리허설을 했다. 그래서 촬영이 시작되었을 때 그들은 아주 잘해나갈 수 있었다.

「컬러 오브 머니」는 1985년과 1986년 사이의 겨울에 춥고 궂은 날씨가 계속되었던 시카고에서 촬영한 작품이다. 뉴먼과 크루즈는 자신들의 모든 경기에서 직접 당구를 쳤으며, 영화는 빠르게 군더더기 없이 최대한 돈을 아끼며 제작되었다. 스코세이지는 마지막 전화 요금에 이르기까지 철저하게 비용에 주의를 기울였다. 모두가 트레일러를 얻었는데, 뉴먼과 크루즈는 전화를 가지고 있었지만 스코세이지는 없었다. 그는 25센트짜리 동전을 모아 촬영장에 있는 공중전화에서 다른 사람들이 와서 몰아낼 때까지 전화를 했다. 상황이 점점 곤란해지자 제작부의 트럭 운전사 하나가 그에게 자기 전화기를 쓰라고 했다. 그는 계속 사람들에게 자기한테 전화를 해 달라고 요청했다.

그들은 50일이 아니라 49일 만에 끝냈다. 1,450만 달러가 아니라 1,300만 달러를 썼다. "할리우드에서 그런 건 성스러운 일이죠." 스코세이지가 인터뷰어들에게 자랑스럽게 이야기했다. 누가 봐도 기분 좋게 만족한 목소리였다. "이 영화를 만드는 게 대단히 즐거웠습니다." 「컬러 오브 머니」는 좋은 영화다. 새로운 수법을 배워 가는 나이 든 사람에 관한 빠르고 견고한 블루스 리프와도 같은 작품이다. 스코세이지 순혈주의자들이 이 작품에 그저 두루뭉술하게 찬사를 보내거나 스코세이지 자신이 그런 것처럼 과소평가하는 경향이 있다면 그건 아마도 이 영화가 단순히 "마틴 스코세이지의 영화"라는 사실 외에 아주 많은 것들을 담고 있기 때문일 것이다. 이 영화는 속편이고 스타의 재능과 매력을 중심으로 하는 작품이며, 그것도 여느 평범한 스타가 아닌 폴 뉴먼과 「위험한 청춘」[3]에서처럼 쿨하지 않은 모습을 지닌 톰 크루즈가 주인공이다. 그뿐만 아니라 이 작품은 미국에서 비용의 네 배에 달하는 5,200만 달러를 벌어들임으로써 지금까지 가장 수익성이 높은 스코세이지의 영화로 자리하고 있다. 요컨대 오직 한 사람만이 승리를 거머쥐고 떠날 수 있는 대중적 성공이라는 제로섬 대결에 감독을 몰아넣었던 사람들에게 이 영화는 재물의 위력이 거둔 엄청난 승리를 상징한다. 이런, 제목에까지 돈이 등장한다.

자, 이 영화는 스코세이지가 80년대 중반부터 말까지 만들었던 모든 영화 중에서도 최고다. 「택시 드라이버」가 그의 70년대 최고작인 것처럼 말이다. 감독, 주연 배우, 작가가 만들어 낸 보기 드문 3자 간의 시너지라는 점도 두 작품이 최고인 이유다. 스코세이지, 뉴먼과 프라이스 세 사람 모두 패스트 에디 펠슨에게서 각자의 모습을 보았으며 모두가 마치 자신의 일처럼 간절하게 그가 재기해야 한다고 생각했다. 그들의 갈망은 저기 스크린 위에, 시카고의 모텔과 밀실, 음식점에 달려 있는

---

3 톰 크루즈가 주연한 폴 브릭먼 감독의 1983년작 하이틴 코미디 영화.

"「컬러 오브 머니」는 제게 상업성에 관한 좋은 훈련이었습니다. 구조와 스타일에 대해 아주 많이 배웠죠."

"당신이 그를 기분 좋게 해 주면 내가 그에게 어떻게 치는지 알려 주도록 하지." 카멘의 도움으로 에디는 빈센트에게 사기 기술을 가르친다.

푸른색을 띤 짙은 회색빛 전등 속에 자리하고 있다. 그 갈망은 한때 내기 당구장의 대단한 천재였다가 주류 판매원이 된 에디 펠슨의 주의 깊고 예리한 시선 속에 담겨 있다. 여자 친구 카멘(메리 엘리자베스 매스트란토니오)을 즐겁게 해 주기 위해 당구대에서 돈을 벌어들이며 동네에서 잘나가고 있는 빈센트(크루즈)를 만나자 펠슨은 쉽게 한밑천을 잡을 수 있다는 걸 감지한다. 그 갈망은 에디가 무슨 일이 벌어지고 있는지 보려고 목을 길게 뺄 때(그의 솜씨는 영화의 중심을 이루는 3인조 구성을 위한 프라이스의 간결하면서도 재치 있는 대본과 긴밀하게 어우러진다), 경기자가 게임 전에 당구공을 제자리에 놓는 것만큼이나 빠르게 패닝하는 스코세이지의 카메라에도 담겨 있다.

크루즈는 너무 바쁘게 울어 대느라 자신의 연인에게 어떻게 휘둘리고 있는지 알지 못하는 수탉 같은 인물을 아주 훌륭하게 연기한다. 물론 에디는 그걸 즉각 알아

채며, 뉴먼과 매스트란토니오의 장면은 영화에서 가장 탁월한 순간이 된다. 이 배우들은 누가 먼저 점심을 먹느냐를 두고 말다툼을 벌이는 두 마리 표범과 같은 인물들에게 쉽고 즉각적인 친밀감을 형성해 준다. 에디가 자신을 유혹한 카멘을 나무라는 장면을 보라. 그때까지 평정심을 유지하던 뉴먼의 연기는 사라지고 적나라한 공격성이 급속도로 터져 나온다. 그는 고양이처럼 움직인다. 스코세이지는 이전에 연기 중심으로 연출을 했지만(「분노의 주먹」과 「코미디의 왕」은 모두 드 니로의 간청으로 연출을 하게 된 작품들이다) 「컬러 오브 머니」는 그가 처음 만든 스타 중심의 작품이었으며, 아마도 영화의 역사에 조금이라도 덜 흔적을 남긴 배우를 위해서였다면 하지 못했을 것이다. 이번에 한해서 감독과 기록 보관자라는 그의 역할은 하나가 되었다. 결국 강렬함과 부드러움이 조화를 이루는 뉴먼의 트레이드마크를 유지하며 놀라울 정도로 잘 맞아떨어진 인물상이 나왔는데(이 작품은 그에게 처음으로 오

신용이 회복된 스코세이지는 이제 매스트란토니오뿐만 아니라 할리우드의 품에도 안길 수 있게 되었다.

스카 남우 주연상을 안겨 주었다), 이는 스코세이지의 절박함이 가미된 결과이기도 했다. 영화의 마지막 장면에서 에디가 어둠을 뚫고 카메라를 쳐다보며 "내가 돌아왔어"라고 말한 다음 멋들어지게 화면이 멈출 때, 그의 말은 그 자신 못지않게 감독을 대변한 것이었다.

스코세이지는 자신이 서 있었던 갈림길을 똑똑히 바라보았다. "문제는 이거였습니다. 할리우드 영화 제작자로서 살아남을 수 있을 것인가? 저는 뉴욕에 살고 있지만 '할리우드 감독'이거든요. 그런데 제가 할리우드 영화를 만들려고 할 때 제 안에서 '다른 길로 가'라고 말하는 뭔가가 있습니다." 그가 만든 모든 영화 중에서도 「컬러 오브 머니」는 동인動因으로 역할하는 대단히 뛰어난 인물을 테이블 한가운데에 내보냄으로써 가장 논쟁 없이 타협을 이룬 작품이다. 이 시기에 스코세이지가 만든 영화들(「코미디의 왕」과 「특근」, 「컬러 오브 머니」), 즉 그가 90년대 초반의 제

대로 된 복귀를 준비하며 70년대로부터 회복하는 동안 만든 "재활" 영화들을 간과하는 경향이 있다. 그건 잘못된 거라 생각한다. 그게 단지 작품들을 만드는 과정에서 스코세이지가 체득한 훈련이기 때문이 아니다. 이 세 영화는 모두 단단하게 속이 꽉 찬 흑연의 광채를 발하며 바닥에 낮게 자리하고 있다. 그것들 중에 쓸데없는 장면은 하나도 없다. 「코미디의 왕」이 시시각각 점점 더 선견지명을 드러내고 「특근」이 코언 형제를 예감케 한다면 「컬러 오브 머니」는 「펄프 픽션」에서 쿠엔틴 타란티노와 존 트라볼타의 동맹, 「더 레슬러」에서 대런 애러노프스키와 미키 루크의 동맹, 그리고 감독과 스타 배우가 영화사의 돈이 담긴 여행 가방을 손에 넣기 위해 연대한 다른 온갖 사례들을 예고해 준다. 스코세이지는 단순히 살아남은 게 아니었다. 그는 앞으로 다가올 독립 영화 산업을 개괄적으로 준비하고 있었다.

그리스도 최후의 유혹
The Last Temptation Of Christ
1988

"기도하듯, 예배를 드리듯 이 영화를
만들었습니다. 저는 사제가 되고
싶었어요. 제게는 평생 영화와
종교뿐이었습니다. 그게 전부예요.
다른 건 아무것도 없습니다."

"다 이루었나이다." 예수 역의 윌럼 더포. 십자가에 못 박힌 모습을 참혹하게 묘사한 장면.

예수의 양옆에 서 있는 막달라 마리아(바바라 허시)와 가룟 유다(하비 카이텔).

1983년 파라마운트가 「그리스도 최후의 유혹」에서 손을 뗀 후, 해리 어플랜드는 희망을 버리지 않고 불필요한 부분을 뺀 버전으로 영화를 살려 보려 동분서주했지만 이 영화는 할리우드 칵테일파티의 웃음거리가 되었다. "업계의 높으신 분들께서 뒤돌아보며 '그래, 자네가 하는 영화들을 잘 알지'라고 얘기했습니다." 스코세이지가 말했다. "어떤 이가 어느 회사의 수장이라는 사람을 제게 소개해 줬어요. 그가 말했죠. '이 친구가 「최후의 유혹」을 만들 겁니다.' 남자가 저를 보고는 면전에서 웃음을 터뜨리더니 '그래, 알았네. 다음 주에 전화하게'라고 하고는 가 버리더군요. 정말이지, 내가 이러려고 그 세월을 헤쳐 왔던가? 심장을 걷어차이는 것 같았어요."

결국 이 프로젝트의 구세주는 「컬러 오브 머니」의 계약을 성사해 주었던 인물이자 80년대 말 즈음 CAA[1]의 공동 설립자로서 할리우드의 파워 맨이 되는 남자 마이크 오비츠였다. 그와 스코세이지의 협업은 그의 커리어의 흐름을 영원히 바꾸어 놓게 되는데, 그는 「그리스도 최후의 유혹」이나 「좋은 친구들」, 「순수의 시대」 같은 프로젝트를 진행했을 뿐만 아니라 어퍼 맨해튼에 있는 자신의 사무실에 편집실과 상영실을 완전히 갖추고 감독의 영화 재단을 설립할 수 있도록 해 주었다. "마이크

가 다 했습니다." 스코세이지는 방문객들에게 이렇게 말하곤 했다. "거의 모든 게 마이크 오비츠 덕분이에요."

1986년 가을 어느 날 밤, 오비츠는 로스앤젤레스의 브렌트우드 파크에 있는 자신의 집, 피카소와 뒤뷔페의 그림이 걸려 있는 신新조지 왕조풍의 크고 하얀 대저택으로 스코세이지를 초대했다.

"돈을 받을 수 있다는 걸 알고 계실 겁니다." 오비츠가 그에게 말했다.

스코세이지가 웃음을 터뜨렸다. 이 시점에 그는 돈에 대해 신경을 쓰지 않았다. 「분노의 주먹」에서 그와 드 니로는 신뢰의 표시로 봉급을 쪼갠 바 있다. 「컬러 오브 머니」에서 그는 자신의 급여를 보험으로 내놓았었다.

"가장 하고 싶은 게 뭔가요?" 오비츠가 물었다.

"「그리스도 최후의 유혹」이죠." 스코세이지가 대답했다.

오비츠가 미소를 지었다. "제가 성사되게 해 드릴게요."

스코세이지는 믿을 수가 없었다. 하지만 오비츠는 석 달 만에 시네플렉스 오데온 극장[2]의 수장인 가스 드라빈스키와 함께 유니버설의 톰 폴록과의 거래를 성사시켰다. 1987년 1월 그는 스코세이지에게 전화를 걸었다.

---

1 Creative Artists Agency: 1975년 LA에서 마이크 오비츠를 포함한 5명의 에이전트가 설립한, 미국의 가장 영향력 있는 탤런트 및 스포츠 에이전시.

2 캐나다의 멀티플렉스 극장 체인.

"이런 일을 하는 것에 대해
그렇게 요란한 반응이 나올 거라고는
상상도 못 했습니다. 지금은 이해하기
어렵겠지만, 처음 이 영화를 만들기로
했던 당시에는 이런 종류의 영화가 문제
없이 받아들여질 거라 생각했어요."

파라마운트가 프로젝트를 취소한 지 5년 만에 스코세이지는
마침내 「최후의 유혹」을 만들게 되었다.

"제작비가 얼마나 되나요?" 그가 물었다.

스코세이지는 그에게 영화의 새로운 제작 예산을 말해 주었다.
600에서 700만 달러, 거의 헐값이었다.

"그들이 하겠답니다." 오비츠가 그에게 얘기했다.

그러나 스코세이지는 폴록을 설득해야 했다. 도움을 청해야 하는 새로운 역할
이 편치 않았던 그는 미팅을 앞두고 긴장했다. "기분이 어때요?" 오비츠가 물었다.
"내일 거기로 가서 점심 미팅을 하세요. 그들에게 당신의 생각을 말해 줘요."

"모르겠어요." 그가 말했다. "내가 할 수 있을지 모르겠네요."

"'모르겠다'니 무슨 말씀이세요?" 오비츠가 대답했다. "들어가서 그들에게 역대
최고의 영화를 만들 거라고 얘기하세요. 그렇게 하시면 됩니다."

다음 날 스코세이지는 무사히 협상을 마치고 폴록의 사무실을 나왔다.

그는 지난 1983년에 출연진을 모집해 놓았었는데, 유다 역의 하비 카이텔, 막달
라 마리아 역의 바바라 허시, 성 베드로 역의 빅터 아고 등 그들 대부분이 아직 남
아 있었다. 하지만 이번에 그는 예수 역에 에이던 퀸 대신 윌럼 더포를, 본디오 빌
라도 역에 스팅 대신 데이비드 보위를 캐스팅했다. 폴 슈레이더가 니코스 카잔차키
스의 600페이지짜리 소설을, 대부분의 역사적 맥락을 없애고 예수와 유다의 관계
에 초점을 맞춘 대본으로 요약함으로써 영화를 한 쌍의 대립하는 인물, 즉 설교자

와 혁명가, 영적인 사람과 행동가, 배신자와 배신을 당하는 사람에 대한 매혹적인
연구로 바꾸어 놓았다. 이는 스코세이지가 「좋은 친구들」, 「갱스 오브 뉴욕」, 그리
고 「디파티드」에서 더한층 추구하게 되는 주제이기도 하다. 그와 제이 콕스는 여러
달 동안 슈레이더의 대화를 더 알기 쉽고 자연스럽게 고쳐 썼다. "예수는 속세에서
살았습니다." 그가 말했다. "그는 사원에 있지 않았고 교회에 있지 않았어요. 세상
속에 있었죠. 거리에 있었던 겁니다."

모로코에서 촬영에 들어가기 두 달 전, 스코세이지는 1983년에 작성한 스토리
보드를 보다 단순하게 만들었다. 당시 그는 와이드 앵글과 크레인 숏을 적극적으
로 사용하고 수천 명의 엑스트라가 등장하는 대규모 서사 영화를 머릿속에 그리고
있었다. 제작은 겨우 700만 달러의 예산과 62일에 불과한 일정으로 특공 작전처럼
진행되었으며, 사막에서의 짧은 일정을 소화하기 위해 마지막 세부 사항까지 모든
것을 꼼꼼하게 계획했다. 제작진은 해가 뜨기 전에 와 있어야 했다. 오후 4시 30분
이면 해가 지기 시작했고 6시쯤 되면 200년 동안 변함없는 고요하고 황량한 자취
위의 어둠이 그들을 감쌌다. "우리가 모로코에 있는데 해가 지고 있고 발전기는 고

"로마인들을 비롯한 어느 누구의 잘못도 아니라는 게 이 영화의 요점입니다. 모든 것이 계획의 일부입니다. 그렇지 않다면 터무니없는 일이죠. 제 말은 유대인들이 우리에게 신을 보내 주었고 그렇기 때문에 우리는 2,000년 동안 그들을 박해했다는 뜻입니다."

허시는 지난 1972년 「바바라 허시의 공황 시대」를 촬영하던 도중 니코스 카잔차키스의 원작 소설을 스코세이지에게 소개해 주었다.

장이 나고 배우의 가발이 벗겨지면, 우리에게는 베르톨루치처럼 2,600만 달러와 1만 명의 엑스트라[3]가 없다는 사실을 깨닫게 됩니다. 그게 바로 고행이죠."

촬영 일정은 매일 바뀌었다. 스코세이지는 살이 좀 빠졌고 볕에 타기까지 했다. 이는 그가 처음 겪는 일이었는데, 애리조나주에서 「앨리스는 이제 여기 살지 않는다」를 찍을 때도 이 정도는 아니었다. "「앨리스」 때는 하다못해 술집이라도 있었죠." 그가 반농담조로 말했다. 모로코에는 술집도 전화도 아무것도 없었다. 영화를 "무작정" 찍어야 했던 그들은 촬영분을 셀마 스쿤메이커에게 보내 편집을 요청한 다음 뭐가 나왔는지 알려 달라고 그녀를 닦달했다. "뭐 같아 보여요?" 스코세이지가 그녀에게 묻곤 했다. "이 장면에서 이런 일이 생길까요, 저런 일이 생길까요?"

세례 요한 장면은 단 하루 만에 끝났다. 좋은 날씨를 최대한 활용하기 위해, 예수가 십자가에 못 박히는 장면은 중간에 카메라 셋업을 60차례 바꿔 가며 점심도 거른 채 중단 없이 사흘에 걸쳐 찍었다. 스코세이지의 스토리보드가 없었으면 불가능했을 것이다. 더포는 위에 매달려 있을 수밖에 없었는데, 이삼 분이 지나자 숨을 쉬기가 어렵다는 걸 알게 되었다. "거기 없는 건 못뿐이었죠." 스코세이지가 말했다. 그는 그리스도의 마지막 말을 뭘로 해야 할지 결정하지 못한 채 세 가지 버전의

예수는 광야에서 여러 모습을 한 악마의 유혹을 받는다.

---

3   1987년 개봉한 베르나르도 베르톨루치의 대작 영화 「마지막 황제」를 의미한다.

모로코 사막에서의 촬영은 무척이나 힘겨운 일이었다.

결말을 찍었다. "다 끝났나이다"? 너무 로이 오비슨 같다.[4] "완성했나이다"? 너무야하다.[5] "다 마쳤나이다"? "완료했나이다"? 그들은 결국 카잔차키스가 썼던 "다 이루었나이다"를 사용하기로 했다. 바꿔 말하면 이 말은 마침내 영화를 상영할 수 있게 되었다는 안도감에 들뜬 스코세이지가 한 인터뷰에게 옮긴 말로 해석할 수 있다: *내가 해냈다! 해냈어! 해냈다고!*

"영화는 종교적 관습에서 탄생한 게 아니다." 폴 슈레이더는 그의 탁월한 책 『영화의 초월적 스타일: 오즈, 브레송, 드레이어Transcendental Style in Film: Ozu, Bresson, Dreyer』에서 이렇게 말한다. "그게 아니라 완전히 세속적인 자본주의와 기술의 결과물이다." 슈레이더는 사람들의 내면이 아닌 겉모습만을 새겨 내는 영화라는 매체는 오직 자기를 포기하는 연기를 통해서만 정신적 영역에 가까이 다가선다고 주장한다. 그는 오즈 야스지로와 로베르 브레송 같은 감독들이 추구한 "결핍의 미학"에 담긴 포기가 성경의 회개에 해당하는 영화적 요소라 여긴다. 나머지는 저속한 허세와 같다. 세실 B. 드밀의 「십계」에서 하나님은 윙 소리와 천상의 합

창 같은 음악과 함께 스크린을 가로지르며 선회하는 작은 불덩이를 내던진다. 불덩이가 커지더니 훅 솟아 나오는 연기 속에서 모세의 돌판에 십계명을 새겨 넣는다. 신은 브와지오 발렌티노 리버라치[6]처럼 자신의 쇼맨십 기질과 디자인 감각을 공유하는 것만 같다.

스코세이지의 영화에서 가장 멋진 부분은 여러 차례의 기적이다. 스코세이지가 묘사한 이 사건들에서 예수(더포)는 유다(카이텔)가 잠든 사이 사과를 먹고 사과심을 사막에 던진다. 그러고 나서 화면에는 완전히 자란 나무가 등장한다. 이 솟은 소리 없이 몇 초 동안 지속되다가 사라진다. 악마가 예수를 유혹하기 위해 나타나는 모습들인 코브라와 사자, 불기둥도 마찬가지인데, 영화의 가장 기본적인 마법인 편집자의 가위질 한 번으로 사라져 버린다. 스코세이지의 예산 덕에 그 자체로 결핍의 미학을 실천한 것이다. 예수의 산상수훈山上垂訓을 듣기 위해 모인 사람들은 소규모 군중에 불과하며, 각 개인의 의문, 특히 예수 자신이 품은 의심까지 서로 다들을 수 있을 정도로 가깝다. 그는 자기 자신을 설득하여 믿음과 행동으로 이끌고 있는 것처럼 보인다.

영화의 대부분은 이런 식이다: 흙먼지와 핏속에서 날카로운 논쟁이 벌어진다.

---

4 미국의 싱어송라이터 로이 오비슨의 1964년 히트곡 〈It's Over〉를 연상케 한다는 의미다.

5 원문인 "It is consummated"에서 'consummate'에는 '첫날밤을 치름으로써 결혼을 완성하다'라는 뜻이 담겨 있다.

6 1950년대부터 70년대 사이에 큰 인기를 누렸던 미국의 피아니스트이자 가수·배우. 화려한 의상과 무대 소품 및 연출, 친부적 쇼맨십으로 '미스터 쇼맨십'이라 불렸다.

"현장에서 결정해야 할 것들이 있었어요. 예수의 사도使徒는 어떻게 걸어가서 질문을 할까? 모르겠습니다. 그 모든 걸 해결해야 했죠."

예수와 12사도가 예루살렘에 들어서고 있다.

이는 오래도록 이어지는 고투이기도 하다. 예수와 유다의 갈등은 영화가 시작되기 전부터 진행되고 있지만 분명하게 설명되지는 않는다. 한편 예수와 하나님의 논쟁은 우리가 한 번도 본 적이 없는 것이다. "먼저 나는 석 달 동안 단식을 했다." 예수가 땅바닥에서 태아처럼 몸을 동그랗게 웅크리고 있을 때 더포의 보이스오버 내레이션이 흐른다. "잠자리에 들기 전에 나 자신을 채찍질하기까지 했다. 처음엔 효과가 있었다. 그런 다음 다시 고통이 찾아왔다. 그리고 목소리가…" 이 영화의 주요 갈등은 이처럼 내면적이고 보이지 않으며 카메라에 담기지 않은 곳에 있다. 제목에 나온 최후의 유혹을 묘사한 마지막 시퀀스에 이르러서야 영화는 진정한 극적 형태 비슷한 상황에 이른다. 십자가에 못 박힌 예수는 자신이 달리 살 수 있었던 삶의 모습을 마음속에 그려 본다. 거기서 그는 막달라 마리아와 정착하여 가정을 이루지만, 그녀의 죽음과 예루살렘 공방전[7]을 겪고 유다의 악의적 비난을 받는다. 감독의 작품 중에서도 아주 강렬하고 비통한 이 멋진 결말은 「셔터 아일랜드」의 혼란스러운 고통, 그리고 마지막 장면에서의 해방을 예시해 준다. 스코세이지에게는 일상 속에 숨어 있는 기적을 너무 늦게 깨닫는 사람들이 가지는 비통과 회한의 정서가 있다.

영화가 공개되자 극우 기독교 단체들의 맹렬한 규탄과 신성 모독이라는 비난, 시위가 이어졌다. 이 영화의 박스 오피스 성적은 좋지 않아서 겨우 800만 달러를 벌어들이는 데 그쳤다. "제가 할 수 있는 말이나 일은 없었습니다." 스코세이지가

---

7   1차 유대–로마 전쟁이던 서기 70년에 벌어진 로마군의 예루살렘 점령 및 성전 파괴 사건.

말했다. "결국 「최후의 유혹」은 제 손아귀에서 벗어났던 것 같아요. 제가 이 영화로 일종의 영적인 여행 같은 걸 할 수 있을 거라는 순진한 생각을 했기 때문입니다. 하지만 예수를 육욕肉慾을 지닌 육체적 인간으로, 그런 식으로 다루기에는 잘못된 소재였을지도 모르겠네요." 그는 아주 오랫동안 「비열한 거리」의 찰리, 「택시 드라이버」의 트래비스 비클 같은 구원자에 관한 영화를 만들어 왔다. 자신의 가톨릭 신앙을 하위 텍스트로, 희미한 그림자로 이용하면서 말이다. 그 무렵에는 그걸 저 열린 곳, 타는 듯한 모로코의 태양 아래로 흘러넘치게 하려고 돌아다녔지만 하위 텍스트는 결실을 맺지 못한 채 끝나고 말았다. 「그리스도 최후의 유혹」은 어떤 작품 못지않게, 사실은 더욱 노골적인 작가주의 변종들과 비교할 때 그것들만큼이나 좋은 논쟁거리이다. 때로 감독들이 열망하는 프로젝트의 영화화를 강제로라도 저지할 필

요가 있다. 스티븐 스필버그는 「후크」를 만들 필요가 없었다. 그는 이미 「이티」에서 자신이 피터 팬이라는 걸 보여 줬으니까. 데이비드 크로넨버그는 「네이키드 런치」를 만들 필요가 없었다. 윌리엄 버로스의 원작과 너무나도 정확히 일치했으니까. 감독과 작가가 서로를 상쇄했던 것이다.

스코세이지는 예수에 관한 영화를 만들 필요가 없었다. 이미 여러 번 만들었기 때문이다. 그는 이제껏 극장에 영화를 걸기 위한 삶을 살아왔다. 나중에 얻을 수 있는 해방감을 위해서라도 스스로의 삶을 힘겹게 만들어야 하는, 자신에게 가혹한 인간인 스코세이지는 이제 「그리스도 최후의 유혹」을 떨쳐 버리고 거기서 벗어나 즐길 수 있게 되었다.

"그가 죽었을 때 사람들이
관심을 가지는 그런 캐릭터가
되기를 바랐습니다."

피와 살을 지닌 인간으로 묘사된 예수는 관객에게 더 친밀하게 다가왔지만
보수적인 기독교인들의 분노를 불러일으켰다.

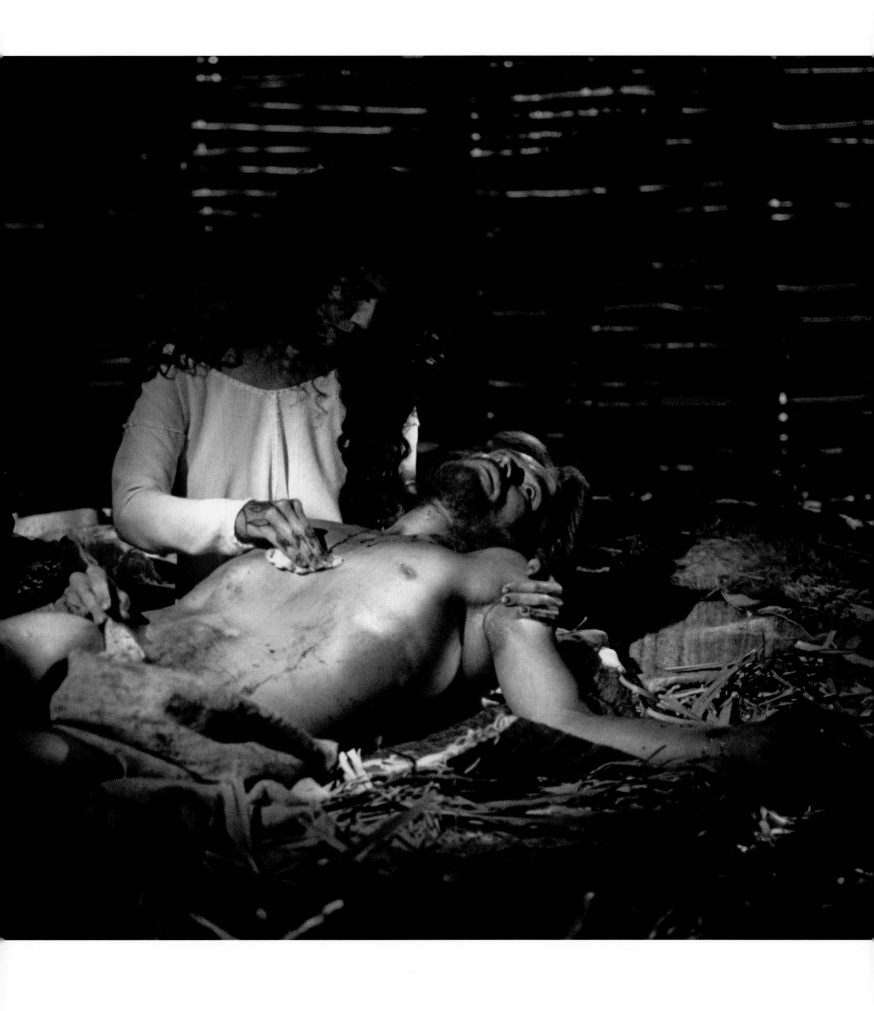

좋은 친구들
Goodfellas

1990

"저를 가장 매혹한 건 일상의 세세한 모습이었습니다.
그들이 무엇을 먹고 어떻게 옷을 입는지,
어느 나이트클럽에 가는지, 집은 어떻게 생겼는지,
그리고 이를 둘러싼 삶이 하루하루 시시각각
어떻게 체계를 갖추는지를 말이죠."

"「좋은 친구들」은 고발장과 같은 작품입니다.
사람들이 현 상황과 조직적인 범죄, 그리고 그게
작동하는 방식과 이유에 분노하게 만드는 방식으로
해야 했어요. 왜 그런 게 작동할까요?
우리 사회에서 조직 범죄가 그렇게 잘 돌아가고
그토록 어마어마한 규모로 운영되는 이유가 뭘까요?
거물급 조직폭력배는 보통 유죄 판결을 받지 않죠.
그 이유를 모르겠습니다."

「그리스도 최후의 유혹」을 둘러싼 논란이 한창일 때, 스코세이지는 영화를 베니스영화제에 가져갔다. 예닐곱 명의 보디가드에 둘러싸인 채 리도섬의 호텔을 나서던 그는 로비 맞은편에 있는 레이 리오타를 보았다. "레이, 잘 지내나?" 뉴욕에 있는 사무실에 이 배우의 오디션 테이프가 도착한 걸 보고 왔던 그가 외쳤다. "테이프는 잘 받았네. 아직 보진 못했지만 말야." 리오타가 그에게 다가오자 보디가드 한 명이 배우의 팔을 붙잡았다. 스코세이지는 그의 반응에서 흥미로운 점을 발견했다. 그는 조금도 물러서지 않았지만 그들에게 자신이 위협적인 존재가 아니라는 사실을 납득시켰던 것이다. "그 순간 그가 보인 행동이 마음에 들었어요. 그리고 알았죠. 아, 저 친구는 저런 상황을 이해하는구나." 그는 생각했다: 굿펠라[1]로군.

감독은 시카고에서 「컬러 오브 머니」를 찍고 있을 때 『뉴욕 리뷰 오브 북스』[2]에서, 니컬러스 필레지가 쓴 헨리 힐과 깡패 친구들의 흥망에 관한 이야기 『와이즈가이Wiseguy』의 리뷰를 처음 접했다. 이 책의 교정쇄 한 부를 받은 그는 "이 근사한

오만함… 그저 앞만 보고 나아가는, 원하면 갖는 단순함"이 아주 마음에 들었다. 힐은 자신의 목소리와 자신의 리듬으로, 거의 스탠드업 코미디언처럼 말하는 듯 보였다: 장사가 안 된다고? 좆 까, 돈 내놔. 불이 났다고? 좆 까, 돈 내놔. 가게가 번개를 맞았다고? 좆 까, 돈 내놔. 수준이 낮을수록 입은 거칠어진다. 그가 어렸을 때 리틀 이탈리아에서 깨닫게 된 사실이 바로 이거다. 정말로 센 사람들은 언제나 가장 예의가 바르다. 어느 쪽이든 그들이 나타나면 사람들은 옆으로 비켜선다. "이 사람들에게서 권력의 흐름을 그냥 느낄 수가 있습니다. 어릴 때는 이게 뭔지도 모르면서 우러러보게 되죠." 그게 「좋은 친구들」을 만들 수 있도록 자극한 원동력이었다. "이것이 제가 여덟 살 때 이 사람들에 대해 생각했던 모습입니다."

그러나 그는 이 주제로 돌아가는 게 꺼림칙했다. 말런 브랜도는 그에게 이렇게 얘기했다. "또 갱스터 영화를 하지는 마. 자네는 「비열한 거리」를 만들었고 「분노의 주먹」에서는 폭력배를 다루었잖아. 이제 굳이 하지 않아도 돼." 처음에는 스코세이지도 수긍했다. 그가 마이클 파월에게 "이 「좋은 친구들」 같은 건 못 할 것 같아요"라고 했지만, 파월은 대본을 집으로 가져가서는 셀마 스쿤메이커에게 큰 소리로 읽어 달라고 했다.[3] 당시 그의 시력이 아주 안 좋았기 때문이다. 스코세이지가

1 ‘goodfella'는 조직폭력배, 특히 '마피아 패밀리'의 일원을 일컫는 말이다.
2 1963년 뉴욕에서 창간되어 월 2회 발행되는 서평 중심의 잡지. 문학을 비롯해 문화·경제·과학·시사 등 다양한 분야를 다룬다. 마틴 스코세이지는 2014년 이 잡지의 역사와 편집자, 리뷰어의 이야기를 담은 다큐멘터리 「50년간의 논쟁」을 만들었다.
3 마이클 파월은 1984년 셀마 스쿤메이커와 결혼하여 1990년 세상을 떠날 때까지 함께했다.

말런 브랜도의 조언을 무시한 스코세이지는 조폭의 일원인 헨리 힐에 관한 니컬러스 필레지의 책을 각색하지 않을 수가 없었다.

브릴 빌딩에 있는 자기 편집실에 있을 때 파월이 전화를 했다. "이거 끝내주는구먼." 그가 열변을 토했다. "아주 재미있어. 그리고 이제껏 아무도 이런 삶의 방식을 본 적이 없잖아. 이건 자네가 꼭 해야 해."

또다시 마이크 오비츠의 도움을 받은 이 프로젝트는 워너브라더스가 하기로 결정되었다. 스튜디오는 처음에 주인공으로 톰 크루즈와 마돈나를 원했지만, 스코세이지는 베니스에 다녀온 후 헨리 힐 역으로 리오타를 점찍어 두고 있었다. 조너선 드미의 「섬싱 와일드」에서 리오타가 펼친 연기 또한 그를 매료했다. 그는 지미 콘웨이 역에 누구를 캐스팅할지를 두고 망설이고 있었는데 결국 로버트 드 니로가 출연 의사를 비쳤다. 드 니로가 합류함으로써 그들은 스튜디오로부터 몇백만 달러를 더 짜낼 수 있었다. 스코세이지는 57번가에 있는 자신의 아파트에서 로레인 브라코와 미팅을 한 후 그녀를 헨리의 아내 캐런 역으로 캐스팅했으며 조 페시에게 토미 드비토 역할을 맡겼다. 필레지는 그들이 실제 마피아와 관련이 있는 엑스트라를 찾고 있다는 소문을 퍼뜨렸다. 그들은 할렘에 있는 라오 레스토랑에서 공개 오디션을 열었다. 수십 명의 사내들이 모였는데 디저트를 먹는 동안 그들은 모두 자신의 이야기가 다른 이를 능가한다는 걸 보이려 애쓰고 있었다: *난 누구를 때려눕힌 자*

를 알고 있어, 난 이거하고 저걸 훔친 자를 잘 알아… 결국 그들 중 여섯 명 이상이 워너브라더스의 급여 대상자 명단에 올랐지만, 그들은 자기의 사회보장번호를 알려 주기를 꺼려서 "126, 음, 678, 음, 432, 178…" 이런 식으로 말하곤 했다. "그 사람들은 끝날 때까지 그저 숫자들을 계속 읊어 대고 있었어요." 필레지가 말했다. "그 돈이 어디로 가는지, 누가 수표를 현금으로 바꾸는지 아무도 몰랐죠." 촬영하는 동안 드 니로만이 주머니에 진짜 돈을 가지고 있었고 다른 이들이 사용한 건 모두 가짜 돈이었다. 그걸 진짜 돈처럼 쓰려던 누군가가 붙잡히기까지 했다. "이를테면 어떤 사람들이 촬영장을 많이 방문했어요." 다른 폭력배의 아내 중 하나를 연기한 일리아나 더글러스가 말했다. "영화에는 많은 사람들이 등장하는데, 은근슬쩍 찌르고 눈짓을 주고받으며 말합니다. '그녀가 카메라에 잡히는 거 맞죠? 그렇지 않으면 노조가 기분이 좀 상할 거예요.' 여기엔 선을 넘어 개입하려는 강한 기운이 있었죠."

스코세이지는 1989년작 옴니버스 영화 「뉴욕 스토리」에 수록한 작품 「인생 수업」의 정형화된 표현주의에서 벗어나 동적인 요소를 많이 넣고 싶었다. 그는 지가 베르토프의 1929년작 고전 무성 영화 「카메라를 든 사나이」에서 영감을 얻었다.

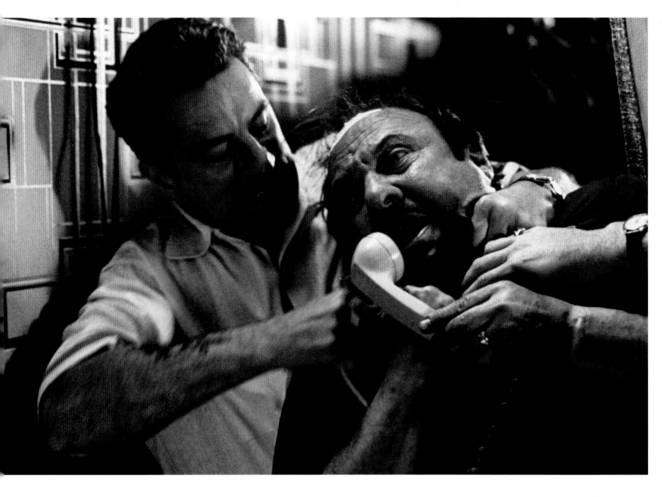

지미가 모리 케슬러(척 로)를 압박한다.

코파카바나 나이트클럽을 관통하는 유명한 트래킹 숏은 원래 식당 측에서 정문이 아닌 뒷문을 통해서만 들어갈 수 있도록 허락했기 때문에 나올 수 있었던 장면이다. 그들은 여덟 테이크 만에 그 장면을 끝냈다. 그 정도로 많이 찍은 이유는 클럽 코미디언을 연기한 베테랑 코미디언 헤니 영맨이 자꾸 대사를 틀렸기 때문이다. 스코세이지는 출연진에게 계속 이야기했다. "반드시 돈이 보이게 움직이세요. 아니면 최소한 손짓으로라도요. 오른쪽에 팁을 주고 왼쪽에 팁을 주고, 여기에 팁, 저기에 팁…" 그건 마술과 같은 행동이었다. 모든 게 어디서 왔는지 모르게 나와야 했다. "테이블이 들어올 때는 비행기처럼 날아서 들어와야 합니다!" 그가 말했다. "제가 어렸을 때 여기 와서 그걸 봤거든요!"

대사의 많은 부분은 즉흥적으로 이루어졌다. 토미가 스파이더를 쏘는 장면(대본에는 "꺼져 버리지지, 토미"라고만 쓰여 있었다), 개 그림에 관한 즉흥적 미술 비평("개 한 마리가 한쪽으로 가고 또 한 마리는 다른 쪽으로 가지. 근데 이 남자는 나한테 원하는 게 뭐냐고 묻네."), 그리고 페시의 이야기에서 나온, 토미와 헨리가 주고받는 대화 중 그 유명한 "내가 웃기냐?" 등이 그러하다. 페시는 브루클린 아니면 브롱크스에 있는 어떤 레스토랑에서 일을 했었는데, 한 손님에게 무심코 "재미있는 분이시네요"라고 말했다. 그러자 남자는 발끈하며 "내가 웃기냐?"라고 했다. 페시가 그 상황을 벗어나는 유일한 길은 그대로 밀어붙여서 모든 걸 장난으로 만들어 버리는 것이

었다. "우린 그걸 활용해야 했어요." 스코세이지가 말했다. 그는 나머지 출연자들과 리허설을 진행하며 「비열한 거리」에서 했던 것처럼 그걸 녹화한 다음 그 기록을 가지고 장면을 구성했다. 편집이 아주 중요했다. "레이가 분위기를 바꾸려고 '씨발 장난 그만 쳐, 토미'라고 하기 전까지 얼마나 기다려야 하는지가 중요한 부분이었어요." 스쿤메이커가 말했다. "믿을 수 없는 저 한 순간에 딱 맞는 리듬을 찾기 위해 몇 번이고 반복해서 모니터했습니다. 거기서 레이는 만일 이게 먹히지 않는다면 자신이 총에 맞을 거라는 걸 알고 있거든요."

「좋은 친구들」은 「분노의 주먹」 이후 스코세이지가 만든 어떤 영화보다도 편집실에서 그 형태를 갖춘 작품이다. 스코세이지와 스쿤메이커는 함께 다큐멘터리를 편집하던 초창기로 돌아가 강조를 위한 느린 동작과 빠른 동작, 정지 화면을 사용했다. 예를 들어 불길이 솟아오르며 화면이 멈춘 다음 나오는 "그들은 존경심으로 그랬다"라는 말은 여덟 살짜리 헨리에게 미치게 될 영향을 전해 준다. 스코세이지는 자신이 노리던 효과를 설명하기 위해 필레지에게 트뤼포의 「쥴 앤 짐」을 보여 주었다. "「좋은 친구들」이 영화 예고편이나 「쥴 앤 짐」의 첫 장면처럼 빠르게 진행되고 두 시간 동안 그런 식으로 계속되었으면 했어요." 그가 말했다. "이 영화의 수법은 위험을 어느 정도 무시하고, 어떤 면에서는 모두가 이리저리 떠돌아다니며 즐

토미는 스파이더가 자신을 모욕한 걸
살아서 후회하도록 놔두지 않는다.

스코세이지와 셀마 스쿤메이커는 편집실에서 「좋은 친구들」에 생기를 불어넣었다.

"특히 함께 일한다는 사실만으로
축복이나 다름없는 탁월한 재능을
지닌 배우들과 일을 할 때면,
특정 장면들이 편집을 통해 하나로
합쳐지는 순간이 있습니다.
음악이 들어맞고 카메라가 제대로
움직이고 그 배우들이 자리하죠.
그건 편집에서 벌어지는 일이에요.
바로 그 순간이 이 일을 가치 있게
만들어 줍니다."

"어느 날 밤, 바비 빈튼[4]이 우리에게 샴페인을 보내 주었다. 그보다 더 멋진 일은 없었다. 이런 게 뭔가 이상하다는 생각은 안 했다." 상류 사회의 삶에 현혹된 캐런(로레인 브라코) 은 곧 질문을 하지 않는 법을 알게 된다.

거운 시간을 보내는 밥 호프와 빙 크로스비의 영화[5] 비슷한 신나는 로드 무비로 만드는 것이었습니다."

스코세이지는 이 영화를 찍기 3년 전부터 여기에 어떤 노래를 넣어야 할지를 알고 있었다. 그는 리틀 이탈리아에 살던 시절 들었던, 거리로 음악을 쏟아 내던 낡은 주크박스와 같은 사운드트랙을 원했다. 그리고 그 음악에도 등장인물들과의 동시대성을 반영하고 싶었다. 예를 들면 엔딩 크레디트에는 잘 알려진 프랭크 시나트라의 노래가 아니라 섹스 피스톨스 버전의 〈My Way〉[6]가 나온다. 곳곳에 배치된 사운드트랙은 적절하거나 역설적인 내용을 능란하게 엮어 내는 스코세이지의 솜씨를 보여 준다. 롤링 스톤스의 〈Monkey Man〉에 담긴 "나는 지저분하고 보잘것없는 원숭이 같은 남자야, 그리고 내 친구들은 모두 약쟁이지"라는 구절이 애인, 마약 밀매, 방랑과 관련된 장면에, 빌리 배츠를 살해하는 동안에는 도노반의 노래

〈Atlantis〉가 흐른다. 토미가 술집으로 돌아와 배츠의 머리를 흠씬 두들겨 팰 때 이 유명한 채식주의자에 평화주의자 싱어송라이터는 "그들은 신이었지만"이라고 노래한다. "그들은 신과 같습니다. 그리고 신들은 몰락하죠." 스코세이지가 말했다. "완전히 터무니없게 일그러진 아메리칸드림인 겁니다."

스튜디오가 시사회를 강요하는 바람에 그들은 남부 캘리포니아의 오렌지 카운티에서 관객을 대상으로 영화를 상영했다. 재앙과도 같은 일이었다. 약 70명이 나가 버렸다. "그들은 제가 이 사람들을 너무나 매력적으로 보이게 했으며 그게 도리에 어긋나는 짓이라고 생각했어요." 스코세이지가 말했다. "많은 시사회 관객들이 마지막 날 시퀀스에 동요했지만, 저는 그들이 동요해야 한다고 주장했죠." 워너 브라더스의 회장 밥 데일리는 스코세이지 건을 논의하기 위해 등급위원회에 수없이 다녀와야 했다. 이에 부응하여 스코세이지는 마지막 두 릴[7]을 줄여서 두 장면을 들어냈다. 영화는 2,000개 극장에서 개봉할 예정이었다. 워너브라더스는 상영관 1,000개로 시작했다. 그것도 좌석은 훨씬 적고 지저분한 인테리어로 장식된 진짜 B급 극장이었다. 그들은 제대로 폭탄을 맞았다고 생각했다.

---

4 빌보드 1위 히트곡들인 〈Roses Are Red (My Love)〉(1962), 〈Blue Velvet〉(1963), 〈Mr. Lonely〉(1964) 등으로 잘 알려진 미국의 팝 가수. 캐런이 이 대사를 할 때 〈Roses Are Red〉가 흐른다.

5 코미디언 밥 호프와 가수 겸 배우인 빙 크로스비, 여배우 도로시 라무어가 전 세계 각지를 돌아다니며 펼치는 영화 시리즈. 코미디와 로맨스, 어드벤처의 요소와 음악이 어우러진 이 시리즈는 "Road to…"로 시작되는 제목으로, 1940년작 「싱가포르로 가는 길」부터 「홍콩으로 가는 길」(1962)까지 총 7편이 제작되었다.

6 1978년 섹스 피스톨스 해체 후 밴드의 베이시스트인 시드 비셔스가 발표한 버전이다.

7 「좋은 친구들」이 사용한 35밀리 필름의 경우 1통(릴)의 길이는 약 305미터이며 상영 시간은 11분이다.

"돈이 필요할 때마다 우린 공항을 털었다. 우리에게는 그게 시티뱅크보다 훨씬 나았다."
스코세이지가 자신의 작품으로 항상 수익을 냈던 건 아니지만 「좋은 친구들」은
박스 오피스에서 4,600만 달러를 벌어들였다.

아니었다. 그들에게 떨어진 건 혜성이었다. 「좋은 친구들」보다 더 빠르게 전개되는 두 시간 반짜리 영화가 존재할까? 평론가 데이비드 톰슨이 꼭 집어 언급했듯이 영화는 "위대한 뮤지컬이나 마구잡이 코미디처럼 경사면을 따라 질주해 내려간다." 이 작품은 감독으로서 스코세이지가 거둔 가장 패기만만한 성과로 자리하는데, 그는 편집과 카메라워크, 사운드를 전력으로 가동함으로써 아주 멋진 울림을 지닌 압도적인 영화로 만들어 냈다. 기타 리프와도 같은 이 영화는 마치 키스 리처즈[8]의 기타 연주처럼 물결치고 쉭쉭거리며 짜릿함을 전해 준다. "이 영화에는 보는 이가 흡사 라이브 공연장에 와 있는 것처럼 반응하게 하는 화려한 기교가 담겨 있다." 폴린 케일은 이렇게 썼다. "사람들이 말하고 싶어 하는 건 종횡무진 눈부시게 움직이는 카메라와 정지 화면, 그리고 점프 컷이다. 이것이 젊은 영화광들이 스코세이지의 작품에 그토록 열광하는 이유일 것이다. 그들은 단지 그의 영화에만 반응하는 것이 아니다. 그들은 그가 되고 싶어 한다."

어떤 면에서는 맞는 말이다. 코파카바나를 관통하는 스테디캠 숏은 영화에서 과시적인 요소라 볼 수 있지만, 헨리가 캐런을 유혹하기 위해 스스로를 과시하고 있기 때문에 이는 효과가 있으며 스코세이지 역시 그렇게 관객을 유혹한다. 그의 넘

---

8   롤링 스톤스의 기타리스트.

치는 생동감은 갱스터 반영웅反英雄들이 지닌 활기에서 나온다. 그들은 죽음을 뿌려 댈 때에도 생기로 넘쳐 난다. 그건 그들의 헐렁한 정장과 훔친 차, 헤어스프레이를 뿌린 그들의 여인과 집안 인테리어에 대한 형편없는 취향과 더불어 강렬하고 끔찍하며 천박한 활기다. 그러나 이 영화의 인기를 정말로 보장해 준 것, 그리고 정기적으로 톱텐 리스트를 주도하며 TV에서 끊임없이 반복해 방영되는 「좋은 친구들」을 보편적으로 가장 인기 있는 스코세이지의 영화로 만들어 준 것은, 감독이 어렸을 때부터 품어 온 환상을 채우기 위해 천식을 앓는 방관적 입장에서 모든 이웃 사람들의 행동을 지켜보며 얻은 온갖 세세한 인류학적 정보의 활용이었다. 만약 그가 지켜보는 대신 함께 즐겼다면 어땠을까? 깡패가 되는 건 재미있지 않겠는가? 사람들의 차를 훔치고 그들의 딸들을 데리고 도망치고 그들이 자신을 따르지 않으면 머리를 짓밟아 버리는 깡패 말이다.

「좋은 친구들」은 마피아에게 환영을 받는 듯한, 우리 등에 그들의 손이 올려져 있고 우리 귓가에 그들의 웃음소리가 들려오는 듯한 기분이 드는 꼼꼼하고 충실한 오락거리가 포함된 소년의 환상곡이다. 얼룩과도 같은 외로움에 사무쳐 있지 않을 때 다정한 스코세이지가 얼마나 활기찰 수 있는지를 말해 주는 작품이기도 하다. 거친 사교성과 떨쳐지지 않는 고독을 오가는 저 불안정함은 그에게 처음부터 내재되어 있었다. 그건 거리의 매혹과 자신의 양심이 이끄는 죄책감 사이에서 괴로워하

"제가 「좋은 친구들」 같은 영화를 만드는 게 도덕적으로
    무책임하다고 생각한 영화감독과 평론가 들이 있었습니다.
    글쎄요, 할 수만 있다면 그런 걸 더 만들 겁니다."

장면을 구상하는 중: 헨리는 지미의 살생부에서 자신이 다음 차례임을 알아차린다.

는 하비 카이텔의 눈 속에도 있었지만 스코세이지의 갱스터들이 보인 방종한 쾌락주의는 또 얼마나 다른가. 그들은 FBI가 접근하고 있다고 생각한 헨리가 백미러를 훔쳐보는 걸 제외하면 뒤 한 번 돌아보지도 않고 정상을 향해 달리며 약탈하고 사람을 죽이고 불구로 만든다. 「좋은 친구들」은 죄책감이나 가톨릭주의에 관한 영화도, 혹은 「대부」가 다룬 방식으로서의 미국에 관한 영화도 아니다. 이 작품은 평론가 오언 글라이버맨이 말했듯 "범죄 행위의 쾌락적 매혹에 모든 걸 쏟아부은 영화"다.

범죄를 표현하는 스코세이지의 감각은 매력적이고 감각적이고 예측 불허에 본질적이다. 「좋은 친구들」은 활짝 꽃을 피우고 쇠락하는 초목이나 스스로 부패하여 악취를 풍기는 꽃, 즉 갱스터의 정물화와 같다. 그의 대본은 패거리가 전력을 다해 위법 행위를 저지르는, 이야기의 중간부터 시작한다. 그러고는 한 시간 동안 이전의 이야기를 좇은 다음 시작점에 이르러, 헨리가 스파게티 소스를 만들려 하고 코카인을 흡입하고 지미를 만나고 FBI를 피하는 일이 모두 한꺼번에 벌어지는 저 미친 듯한 하루로 접어든다. 이 영화는 자체의 열기로 파괴되는 별똥별처럼 자멸하는 걸로 끝나지 않는다. 스코세이지는 자신의 1막에서 형성된 극적인 이야기 전개의 2막을 찾은 것처럼 자기 커리어의 모습을 따라갈 수도 있었다. 얼마나 대단한 몰락인가. 그는 이 주제를 뼛속 깊이 알고 있었고 영화를 만들수록 그 주제로 돌아가게

된다.

「좋은 친구들」은 4,600만 달러를 벌어들이며 박스 오피스에서 성공을 거두었을 뿐만 아니라 평론가들로부터도 크게 호평을 받았다. 아카데미 시상식에서 「늑대와 춤을」에 패하긴 했지만, 이 패배는 미국 영화계에서 도외시되는 성자이자 이탈리아 혈통의 저주받은 시인, 추방된 무관의 제왕이라는 스코세이지의 지위를 확인해 주었을 뿐이다. 모두가 그가 상을 받을 거라 확신했다. 당시 감독과 사귀고 있던 일리아나 더글러스는 그에게 오스카 트로피를 놓을 작은 탁자를 사 주기까지 했다. 수상에 실패했을 때 그의 머릿속에는 온통 어머니 생각뿐이었다. "그들이 저와 어머니를 맨 앞자리에 앉혔는데 제가 상을 못 탄 겁니다." 그가 말했다. "그들은 저를 좋아하지 않습니다. 정말로, 진짜로 싫어한다고요." 뭐 좋다. 성공적으로 기량 회복을 이룬 「좋은 친구들」은 그 기량을 엄청나게 강화한 작품이기도 하다. 부드럽게 이어지는 다채로운 움직임과 리듬 같은 한층 성숙한 스코세이지의 스타일은 누가 봐도 알 수가 있었다. 앞으로 나아가고 있는 감독에게 문제는 어떻게 어울리는 소재를 찾아내느냐 하는 점이었다.

"사람들은 조직폭력배가
사람들을 죽인다고 생각하죠.
맞아요, 물론 그들은 사람을 죽입니다.
하지만 특히 「좋은 친구들」에서
조폭의 주된 목적은 돈을 버는 겁니다.
그게 바로 「좋은 친구들」에서 토미가
살해되는 이유죠. 얼마 후 그는 돈보다
더한 잡음을 만들어 냅니다."

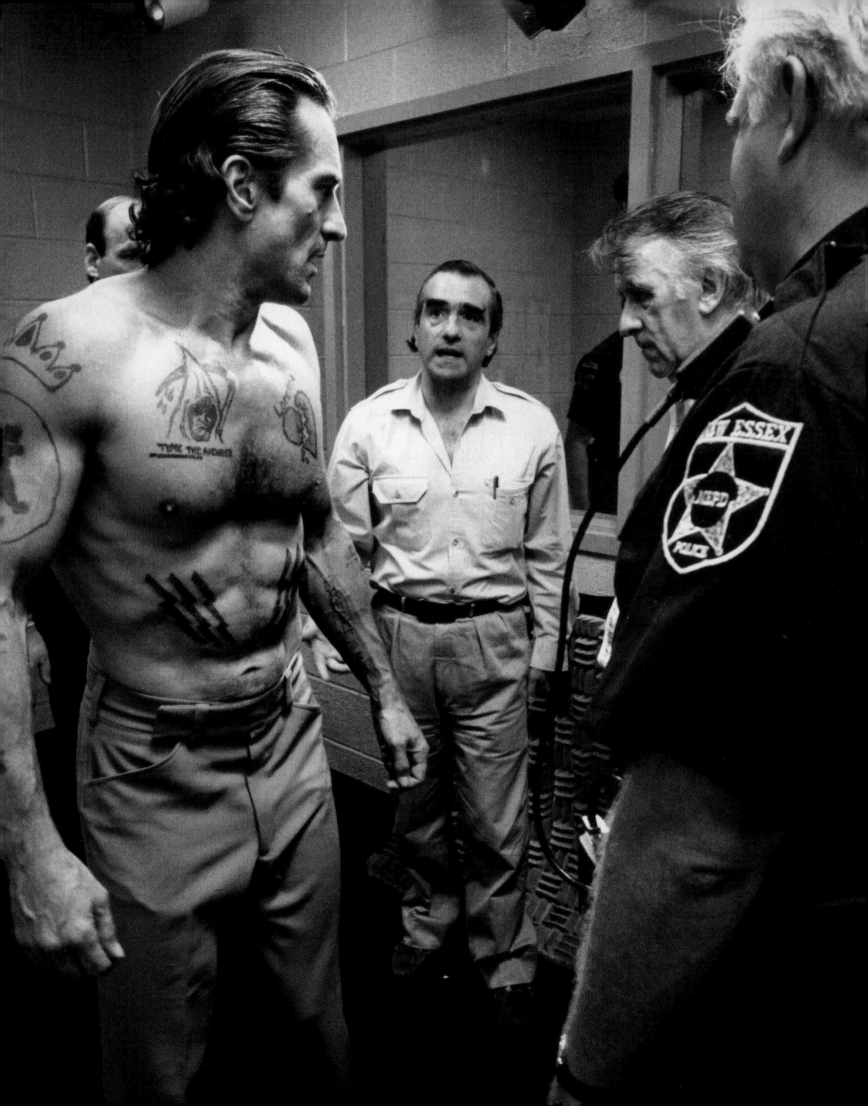

케이프 피어
Cape Fear
1991

"「케이프 피어」는 어떤 면에서는
그냥 일로만 느껴지더군요.
새로운 걸 전혀 시도하지
않았어요. 스릴러와 보트를
소재로 한 할리우드식 과장을
제외하면 말이죠. 정말 만들기
힘들었던 영화였습니다."

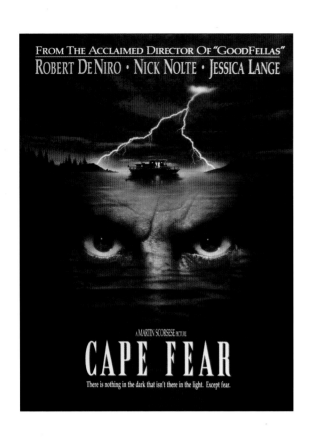

케이디는 그가 받은 가혹한 선고가 자신의 변호사 샘 보든(닉 놀티) 탓이라 여기고 출소하자마자 그를 찾아내 복수를 준비한다.

스코세이지는

「케이프 피어」와 엮이지 않으려고 갖은 애를 썼다. 유니버설 영화사는 그가 더 상업적인 작품도 해 줄 거라는 사실을 전제로 「그리스도 최후의 유혹」에 투자한 바 있다. 그리고 그가 「좋은 친구들」을 편집하고 있을 때 스티븐 스필버그는, 그레고리 펙이 샘 보든이라는 변호사로, 로버트 미첨이 잔혹한 의뢰인 맥스 케이디로 출연한 유니버설의 1962년작 스릴러 「케이프 피어」의 리메이크 대본을 가지고 그를 찾아왔다. 스코세이지는 대본을 세 번 읽었다. "그런데 세 번 다 마음에 안 들었어요. 끔찍이 싫었다는 의미죠."

원래 스필버그를 염두에 두고 글을 쓴 웨슬리 스트릭의 대본에는 보든 가족이 피아노 앞에 둘러앉아 행복하게 노래하는 장면이 많이 등장했다. "그들은 제게 화성인처럼 보였습니다." 스코세이지가 말했다. "그들을 괴롭히는 맥스를 응원하게 되더군요." 그는 자신의 다음 프로젝트로 토머스 케닐리의 홀로코스트[1] 소설을 각색한 「쉰들러 리스트」를 염두에 두고 있었지만 「그리스도 최후의 유혹」을 둘러싼 소동을 겪고 나서는 또 다른 민감한 주제를 떠맡는 게 내키지 않았다. 한편 스필버그는 「케이프 피어」를 하고 싶지가 않았다. "그저 하고 싶은 마음이 생기질 않았어

요." 그가 말했다. 그래서 그들은 프로젝트를 바꾸기로 했다. "스티브가 물었어요. '이 영화를 하게 된다면 이 가족을 어떻게 하실 건가요?'" 스코세이지가 회상했다. "'끝에 가서 이 가족이 살게 되나요?' 그래서 제가 대답했습니다. '그래, 살 거야. 그러지 않으면 의미가 없으니까.' 그러자 그가 말하더군요. '그럼 거기까지는 뭐든 하고 싶은 대로 다 할 수 있겠네요.'"

그는 스트릭에게 원고를 스물네 번 의뢰한 끝에, 아버지의 부정不貞, 아내의 분노, 10대 딸의 성적 욕망과 부모에 대한 경멸 같은 모든 가족이 표출하는 감정의 병적 측면에 초점을 맞춘 최종 촬영 대본을 얻었다. 맥스 케이디는 "어떤 면에서는 가족이 지은 죄에 악의를 품은 복수의 화신이자 사람들이 느낀 일체의 성적인 감정에 대한 형벌, 기독교 윤리가 지닌 근본적 도덕 투쟁의 장"으로서 모습을 드러낸다. 원래 학교 지하실에서 케이디(로버트 드 니로)가 보든의 딸 대니엘(줄리엣 루이스)을 뒤쫓는 내용이었던 장면(스필버그의 절묘한 추격전은 대니엘이 선반에 매달리는 걸로 끝날 예정이었다)은 불안한 유혹 장면으로 바뀌었다. 스코세이지는 "추격이 아니라 조용히 아이에게 성폭력을 가하는" 장면으로 만들고 싶었다. 촬영을 시작하기 직전 드 니로가 자신의 엄지손가락을 루이스의 입에 넣는다는 아이디어를 생각했다. 스코세이지는 그게 무척 마음에 들었다. "그냥 하자." 그가 드 니로에게 말했다. "그녀에겐 말하지 말고."

---

1 제2차 세계 대전 중 나치 독일이 자행한 유대인 대학살.

"제가 만든 모든 영화가 뉴욕에 사는 이탈리아인에 관한 거라면 사람들은 '저 사람이 할 줄 아는 건 그게 다야'라고 할 겁니다. 그래서 확장하려고 노력하고 있어요."

3,400만 달러의 예산으로 찍은 「케이프 피어」는 단 한 번도 영화 두 편 이상을 계약한 적이 없는 감독이 유니버설과 6년 계약을 맺고 처음으로 만든 영화였다. 스코세이지와 마이크 오비츠와의 연대는 결실을 맺기 시작했지만, 촬영하는 동안 책임감이 그를 무겁게 짓눌렀다. 그는 후에 "이 장르가 제게 맞지 않았기 때문에 불편했던 경험"이라고 했다. 파나비전[2]으로 처음 작업(보통 「성의」나 「십계」와 같은 와이드스크린 서사 영화와 더 관련이 있는 이 형식은 스릴러 영화로서는 보기 드문 선택이다)을 한 스코세이지와 영국인 베테랑 촬영 감독 프레디 프랜시스는 분할 스크린, 특수 필터, 매트 페인팅[3], 시각 효과, 그리고 천장에 매달린 맥스 케이디를 따라 한 장면 안에서 카메라를 뒤집을 수 있게 해 주는 파나테이트[4]라고 하는 장치를 활용하며 최선의 노력을 다했다.

"어떤 의미로 보면 장르를 저와, 제 표현 방식과, 제가 관심을 가지는 요소들과 조합하려 노력하고 그게 궤도를 크게 벗어나지 않는지를 확인하는 것이 제가 해야

할 일일 겁니다." 지난번 「뉴욕, 뉴욕」에서 그러한 장르 수정주의를 시도했을 때 일어났던 일을 고통스럽게 자각하고 있던 스코세이지는 이렇게 말했다. 그는 언론과의 인터뷰에서 장르가 필요로 하는 것과 자신에게 필요한 것 사이의 충돌에 대해 많은 시간을 할애하며 이야기했다. "순수한 장르 영화를 만들 생각은 전혀 없었어요." 그는 이렇게 말했다. "그런 틀 안에서 작업하는 것은 마치 체스 게임을 하는 것과 같아요. 그 안에서 정말로 표현력을 발휘할 수 있는지 알 수 있죠. 옛날 영화들을 사랑해 왔지만 그런 걸 만들 수 있을지 모르겠다는 고민이 항상 있습니다."

「케이프 피어」에는 대부분의 스릴러에서 보통 악당에게 국한되는 기분 나쁘고 교묘하게 불결한 구석이 있다. 여기서도 분명 악당에서 출발한다. 전과자 맥스 케이디 역을 맡은 드 니로는 숨 막힐 정도로 불쾌한 연기를 펼치는데, 꽃무늬 셔츠를 입은 이 악마는 샘 보든(닉 놀티)에게 마치 포르노를 읽어 주듯 성경을 인용하며 자신의 뭉툭한 시가를 외설스럽게 휘두른다. "감옥에서는 육체를 더럽히는 일 말고는 달리 할 일이 없단 말이지." 그는 문신 가득한 몸으로 갇혀 있던 시간 속에서 일부러 퍼 올린 것 같은 어휘를 쓰며 남부인 특유의 느릿한 말투로 말한다. 그러나 부패는 케이디 너머로 흘러넘쳐 퍼져 나간다. 차 안에서 빈둥거리는 그는 남편의 숱한 불륜 때문에 잔뜩 화가 나 있는 보든의 아내(제시카 랭)를 집적거린다. 그는 보

---

2 1953년 설립된 영화 촬영 장비 제작사. 애너모픽 렌즈를 장착해 가로비를 압축하여 필름에 기록하고 상영 시 화면을 옆으로 늘리는 방식인 시네마스코프CinemaScope에 파나비전의 렌즈가 사용되었다. 「케이프 피어」의 화면비인 2.35:1 비율은 통상적 애너모픽 와이드스크린의 표준 화면비다.
3 matte painting: 특정 공간을 묘사하는 정교한 그림으로, 주로 배경 합성용으로 사용된다.
4 Panatate: 파나비전에서 제작한, 360도 회전 촬영을 가능케 하는 장치.

가족의 개를 독살한 케이디는 이후 보든의
애인 로리 데이비스(일리아나 더글러스)를
잔혹하게 폭행하고 강간한다.

케이디는 또 보든의 10대 딸 대니엘에게로 시선을 돌리지만 그녀는 그가 생각했던 것보다 더 재치 있는 아이다.

"아마 (드 니로는) 죄를 저지르고 응보를 받는다는 주제 때문에
이 작품이 제게 맞는 영화라고 생각했던 것 같습니다. 누가 옳고 누가 그를까요.
우리가 두려워하는 모든 일이 우리와 가족을 찾아와 괴롭히는데 말이죠.
대단히 흥미로워요."

든이 최근 사귀고 있는 정부情婦를 지독하게 폭행하지만, 과한 성적 신호를 보내고 성생활이 난잡한, 가해자를 찾는 희생자나 다름없는 그녀 역시 위험의 소지를 지니고 있다. 그리고 케이디가 보든의 딸을 대담하게 유혹하는 장면에서, 드 니로가 자신의 엄지손가락을 순진한 루이스의 입 속으로 집어넣자 그녀가 그걸 막대 사탕처럼 빠는 부분은 불안함을 안겨 주는 탁월한 즉흥 연기다.

케이디를 도덕적 위선자인 보든을 벌하는 복수의 화신이 되게 한다는 아이디어는 드라마적으로 괜찮은 설정이다. 이는 히치콕이 1950년대에 자신의 가장 가톨릭적인 영화들인 「나는 고백한다」와 「누명 쓴 사나이」를 만들던 때 스튜디오 몰래 했음직한 그런 내용이다. 히치콕에 대한 존경의 마음, 엘머 번스타인의 스코어와 솔 배스의 타이틀 시퀀스[5], 그레고리 펙, 로버트 미첨과 마틴 발삼(모두 원작 영화의

주인공들)의 카메오 출연 등 스코세이지의 「케이프 피어」는 영화광에게 큰 즐거움을 주는 작품이지만, 자기 자신에 대한 그의 평가는 기본적으로 옳았다. 즉 그는 옛날 영화들을 사랑하지만 직접 그런 걸 만들지는 못했다. 그에게는 위대한 조작자들의 뻔뻔함, 극장 맨 앞줄에서 자기 영화를 연출하는 히치콕이나 스필버그의 저 기이한 유체 이탈 능력[6]이 없다. 그는 자기 자신의 시각 하나만으로 연출한다. 그건 그를 위대한 영화 예술가로 만들어 주지만 동시에 어설프고 때로 히스테릭한 장르

---

5 앨프리드 히치콕의 열렬한 팬이었던 원작 영화의 감독 J. 리 톰슨은 히치콕 스타일을 차용했을 뿐만 아

니라 히치콕의 여러 작품에서 함께한 버나드 허먼에게 음악을 맡겼다. 역시 히치콕의 팬인 스코세이지의 리메이크작에서 음악을 맡은 엘머 번스타인은 허먼의 오리지널 스코어를 새로 작업하여 사용했다. 오프닝 크레디트를 디자인한 솔 배스는 「현기증」, 「북북서로 진로를 돌려라」, 「사이코」 등 히치콕의 걸작들에 참여했던 그래픽 디자이너다.

6 관객의 입장에서 바라보고 자신의 스타일과 예술적 지향점과 무관하게 상업적으로 타협하고 절충할 수 있다는 의미.

"제가 만드는 영화는 아주 개인적인 작품들입니다. 스릴러나 장르 영화는 만들지 않아요. 스릴러를 만들려면 무척 겸손해야 할 필요가 있다고 생각하는데 저는 그렇게 할 수 없습니다. 저는 유니버설에 영화를 만들어 주겠다고 약속했습니다. 이 영화에 대해 변명을 하는 건 아니에요. 이 영화로 많은 걸 시도해 봤는데, 어떤 건 성공적이고 어떤 건 그렇지 않습니다. 정말 솔직히 말하면 잘될지 아닐지 잘 모르겠어요."

케이디가 보든의 아내 리(제시카 랭)를 움켜잡고 있다.

신봉자로 만들어 주기도 하는 것이다. 다른 이들을 끓어오르게 할 때까지 기다릴 수 없는 성질 급한 사람인 스코세이지는 위대한 스릴러 감독들이 지닌 냉철한 기질이 부족하다.

작은 예를 들어 보자. 케이디가 들어오면 신호가 오도록 창문에 철삿줄로 연결된 테디 베어 장면은 긴장감을 조성하기 위해 고요함 속에서 전개되는 게 아니라 번스타인의 끽끽대는 바이올린 소리가 사방팔방 엄습하는 가운데 펼쳐진다. 이 바이올린 연주는 스코세이지가 자신이 준비한 큰 충격의 순간에 다가갈 때 그의 기분

이 어떠한지를 우리에게 알려 주지만, 관객에게는 서스펜스의 요소를 일절 전하지 않는다. 「케이프 피어」는 관객이 아닌 감독의 신경 말단에 연결된 스릴러로, 자동차 문을 닫는 것조차 목을 조르는 것과 같은 수준의 강렬함을 선사하는 기괴한 창조물이다. 이 영화는 박스 오피스에서 7,900만 달러를 벌어들임으로써 「그리스도 최후의 유혹」을 만들며 진 빚에서 스코세이지를 벗어나게 해 주었고 더욱 야심에 찬 개인적 프로젝트를 위한 길을 열어 주었다.

영화는 케이프피어강에서 펼쳐지는
케이디와 보든의 사투로 절정에 이른다.

평론가 로저 에버트는 「순수의 시대」를 "온통 워튼이면서
온통 스코세이지로 가득한" 작품이라고 묘사했다.

순수의 시대
The Age Of Innocence
1993

"제가 책을 읽으며 느낀
경험을 관객에게 최대한
재현해 주고 싶었습니다."

평론가 로저 에버트는 「순수의 시대」를 "온통 워튼이면서
온통 스코세이지로 가득한" 작품이라고 묘사했다.

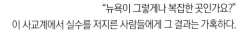
"뉴욕이 그렇게나 복잡한 곳인가요?"
이 사교계에서 실수를 저지른 사람들에게 그 결과는 가혹하다.

1980년, 제이 콕스는 스코세이지에게 이디스 워튼의 소설 『순수의 시대』를 건네주며 이렇게 말했다. "당신이 시대극이나 로맨스물을 하게 된다면 바로 이 작품일 거예요." 이 책은 예쁘고 상냥하고 품행이 바르며 집안 좋은 메이 웰랜드와 결혼을 약속한 전도유망한 변호사 뉴랜드 아처의 비극적 로맨스에 관한 이야기다. 어느 날 밤 아처는 오페라 극장에서 메이의 사촌인 엘렌 올렌스카 백작 부인을 만난다. 어린 시절 그와 함께 놀던 친구인 그녀는 폴란드인 백작과의 끔찍한 결혼 생활을 끝내고 뉴욕으로 돌아왔다. 이로 인해 그녀의 평판은 실추된 상태다. 아처는 처음에는 거절하지만 이내 그녀의 이혼 소송에서 변호사를 맡게 되면서 그녀와 사랑에 빠진다. 그러나 결국 뉴욕의 상류 사회가 그를 위해 준비해 놓은 운명에서 벗어날 수 없다는 사실을 깨닫는다. "독특한 기운이 있었어요." 스코세이지가 말했다. "강렬한 사랑의 고통이라는 기운이요. 여인의 손길이 닿는 것만으로 충분하다는 느낌, 방 저편에 있는 그녀를 바라보는 것만으로도 그가 1년은 더 살 수 있을 거라는 느낌, 그런 게 저의 일부를 이루는 것이라 생각합니다. (제이는) 그때쯤 저를 제법 잘 알고 있었죠."

"리틀 이탈리아에서 자랄 때 제게 친숙한 하위문화에는 누군가 죽으면 가까운

사람이 최종적으로 작별을 고하는 의식이 있었어요. 보통 친구가 그걸 했죠. 재미있게도 그건 마치 제의적祭儀的인 살육, 제물을 바치는 것과 같았습니다. 하지만 1870년대 뉴욕 사회에는 그런 게 없었어요. 정말 냉혹한 시대였죠. 어느 쪽이 더 나은 건지는 모르겠어요. 저는 한 가지 방식만 생각하면서 자랐지만 지난 10년간 제 개인적인 삶에서, 특정한 감정적 상황에서 말을 아끼고도 깊은 의미를 전달할 수 있다는 걸 깨닫기 시작했습니다."

당시 그는 「분노의 주먹」을 마무리하고 있었다. 그건 이루지 못한 로맨틱한 갈망에 관한 이야기를 위한 훌륭한 준비는 아니었다. 하지만 결국 1985년 영국에서 대니얼 데이루이스가 출연한 머천트 아이보리 프로덕션의 「전망 좋은 방」이 극장가를 휩쓸고 있을 때 이 책을 읽게 되었다. 스코세이지는 워튼의 로맨스가 지닌 불완전함과 아처가 결국 모든 여인들로부터 궁지에 몰리게 되는 방식(그가 막 끝낸 「특근」에서 깔끔하게 이어진 남성의 피해망상 경향)이 좋았다. 스코세이지와 콕스는 2년 동안 구성에 공을 들였는데, 콕스는 일주일에 한두 번씩 찾아와서 논의하고 결론을 짓고자 했지만 결국 책과 크게 달라진 건 거의 없었다. 사교계가 직접 소리 높여 말하는 것처럼 내레이터에게 이야기를 들려주게 한다는 아이디어도 그대로 두

었다. 컬럼비아 영화사의 임원들은 혼란스러워 했다. "내레이터는 누군가요?" 그들은 알고 싶었다. "누군들 상관있나요?" 스코세이지는 이렇게 말하고 조앤 우드워드를 선택했다. 워튼의 절제된 문장을 읽는 우드워드의 나른한 목소리가 영화에 잘 어우러졌기 때문에 이는 중요한 캐스팅이었다. "여성의 목소리로 우리에게 아주 잘 설명해 주고 몰락에 대비하게 해 준다는 아이디어가 마음에 듭니다."

그는 페데리코 펠리니의 「여성의 도시」 촬영장에서 처음 만났던 단테 페레티를 프로덕션 디자이너로 고용했다. 18개월간의 조사를 통해 그들이 살펴볼 시대 고증 관련 참고 도서 25권이 만들어졌다. 스코세이지는 이제 자신의 작업 방식으로 확고히 자리를 잡은, 짧은 기간의 영화 모니터를 통해 영감을 얻었다. 거기엔 앨버트 루인의 「도리언 그레이의 초상」(1945), 잭 클레이턴의 고전 고딕 호러 「공포의 대저택」(1961), 루키노 비스콘티의 「레오파드」(1963), 그리고 그가 아홉 살이나 열 살쯤 됐을 때 아버지가 처음 데려가 보여 주었던 윌리엄 와일러의 「사랑아 나는 통곡한다」(1949) 등이 포함되어 있었다. 랠프 리처드슨이 올리비아 드 하빌랜드가 연기한 딸에게, 몽고메리 클리프트가 그녀의 아름다움이 아니라 돈 때문에 결혼하는 거

라고 폭로하는 무자비함[1]은 오랫동안 그의 가슴속에 남아 있었다. "피 한 방울 흐르지 않는다. 하지만 폭력으로 얼룩진 관계 아닌가? 내면에서 무슨 일이 벌어지는지 어떻게 말해야 할까? 그게 제가 곧바로 스스로에게 던진 질문이었습니다. 등장인물들이 직접 표현할 수 없는 감정을 카메라의 움직임과 편집으로 표현하는 것, 그게 해답이에요."

촬영 기간 동안 대니얼 데이루이스는 스코세이지가 미셸 파이퍼에게 내린 지시를 듣지 않게 해 달라고 요청했다. 그래서 그들 간의 소통 오류는 진짜였다. 그들의 감정은 터져 나오는 빨강, 노랑 같은 순색純色을 통해 부분적으로 표현이 되었다. "말하자면 붓이 들어와서 휙휙 움직이며 이런저런 색으로 칠하는 것 같은 겁니다." 스코세이지가 말했다. "질감이에요. 전적으로 질감에 관한 문제입니다."

영화 편집에 12개월이 걸렸는데 이는 「좋은 친구들」보다 더 오랜 기간이었다. 예를 들어 아처가 사랑을 선언하는 장면은 찍는 데 닷새나 엿새쯤 걸렸지만 편집에는 훨씬 오랜 시일이 소요되었다. 그가 그녀의 질문에 답하는 데 얼마나 걸릴까? 20초? 필름을 몇십 센티미터쯤 붙이거나 잘라야 할까? 아처가 마침내 메이와 헤어

---

1 「사랑아 나는 통곡한다」의 내용이다.

"영화 전반에 걸쳐 붓질한 것 같은
색채 사용, 회화의 관능미,
등장인물들이 서로에게 꽃을 보내며
자신을 표현하는 방식에 흥미를
느꼈습니다."

뉴랜드 아처(대니얼 데이루이스)와 그의 약혼녀
메이 웰랜드(위노나 라이더)의 관계에서 고삐,
즉 주도권을 쥐고 있는 사람은 순진해 보이는 메이다.

지기 위해 그녀를 마주하지만 그녀의 임신 사실을 알고는 그저 망연자실하는 장면에서, 스코세이지는 그녀가 의자에서 일어서는 모습을 세 컷, 세 개의 개별적인 클로즈업으로 보여 준다. 그 순간의 강렬함을 전달하기 위해 하나는 24프레임, 하나는 36프레임, 그리고 하나는 48프레임으로 말이다. "그는 평생 그 순간을 절대 잊지 못할 겁니다." 그가 말했다. "모든 게 감정과 그걸 감추는 가면 사이의 긴장에 달려 있어요. 그리고 우리가 그걸 이룬 건 편집 단계에서였죠."

이 모든 것은 억눌린 감정을 전달하기에 충분할까? 본촬영이 끝날 무렵, 이제 노인이 된 아처가 파리에서 올렌스카 백작 부인을 만나러 올라가지 않고 그녀의 아파트를 떠나가는 마지막 장면을 찍을 때는 스코세이지의 촬영 감독인 마이클 볼하우스조차 당혹스러워 했다. "아니, 왜 올라가지 못하는 거야?" 그가 물었다. "그럴

수 없어요." 스코세이지가 대답했다. "올라갈 수 없어요. 그녀가 그를 사랑한 게 바로 그런 것 때문이거든요. 마지막 순간에 지조 없이 변하면 당신 같으면 어떨 거 같아요?" 나중에 제이 콕스는 감독에게 대니얼 데이루이스와 미셸 파이퍼가 "영화에서 사랑을 나누지 못하지만 원래 그런 이야기"라는 사실을 관객들이 절대 관대히 봐주지 않았다고 말했다.

사람들이 「순수의 시대」에 제기했던 문제는 이미 워튼의 원작 소설에 내재된 문제였다. 데이비드 린의 「밀회」, 왕가위의 「화양연화」, 클린트 이스트우드의 「매디슨 카운티의 다리」 같은 비운의 격정에 관한 이야기는 위대한 영화로 향하는 지름길이 될 수 있다. 그러나 영화 매체는 짝을 맺어 주어야 하는 특성을 가지고 있으

"뉴랜드, 잔인하게 굴면 당신은 행복할 수 없어요. 우리가 다른 방식으로 처신하면, 난 당신이 내가 가장 사랑하는 당신의 모습과 반대로 행동하게 만들 거예요. 그리고 난 그런 사고방식으로 돌아갈 수는 없어요. 모르겠어요? 당신을 포기하지 않으면 당신을 사랑할 수 없다고요."

므로 이런 파멸을 설득력 있게 그려야 한다. 스코세이지는 주어진 임무를 철저하게 수행하여, 온갖 기술을 총동원해 소문, 예법, 빈정거림의 세찬 물결을 쏟아부으며 뉴랜드 아처와 엘렌 올렌스카를 떼어 놓게 만든다. 그의 카메라는 막스 오퓔스[2]와 같은 우아함을 간직한 채 급강하고 미끄러지듯 나아가며 마치 오지랖 넓은 손님 혹은 시간 여행을 하는 인류학자처럼 실크의 바스락거림과 부토니에르[3]의 꽃송이까지 포착해 낸다. 우리는 머천트 아이보리의 깔끔한 품위[4]에서 아주 멀리 떨어져 있다. 여기는 방을 가로질러 걸어가서 남자 옆에 앉는 여인의 모습만으로도 도시 전체에 충격파를 보내는 세상이다. 이곳은 5번가의 마피아 세상에 해당하는 곳, 폭력은 모두 닫힌 문 뒤에서 일어나며 평판이나 로맨틱한 희망처럼 불꽃이 깜박거리고 시가가 꺼져 있는 곳이다.

미셸 파이퍼는 영화의 다른 모든 사람들을 부정하기라도 하듯이 자유롭게 행동한다. 밀랍 인형들에 둘러싸인 살아 있는 사람처럼. 숨이 차고 상기된 채 아처를 만

---

2 독일에서 태어나 미국과 프랑스에서 활동한 거장 감독. 복잡한 크레인과 카메라 돌리를 활용한 트래킹 숏 촬영, 지극히 부드러운 카메라 움직임과 롱 테이크로 유명하다. 대표작으로 「미지의 여인에게서 온 편지」(1948), 「마담D」(1953), 「롤라 몽테」(1955) 등이 있다.
3 boutonnière: '단춧구멍'이라는 뜻의 프랑스어로, 남성용 정장 옷깃에 꽂는 꽃을 의미한다.
4 「전망 좋은 방」을 의미한다.

"이 책이 정말 감동적이었던 부분이 바로 그겁니다. 그는 엘렌을 갖지 못하고 엘렌도 그를 갖지 못하죠. 하지만 그에게는 엘렌에 대한 추억이 있어요. 저 엄청난 열정과 아름다운 사랑의 추억 말이에요. 근본적으로 저는 추억이 현실보다 더 나을 수도 있다고 생각합니다."

이 영화는 뉴랜드의 열정이 지닌 힘을
교묘하지만 정확하게 전달한다.
만지고 쓰다듬는 손은 반복되는 주제다.

나러 온 엘렌은 그에게 뚜렷한 인상을 남긴다. 그녀가 그에게서 끌어낸 웃음은 거의 통제 불가능한 키득거림에 가깝다. 스코세이지는 두 손을 움켜쥐고 어루만지거나 (마차 안에서 펼쳐지는 주목할 만한 한 장면에서) 섬세하게 장갑을 벗는 손의 모습을 통해 그들의 구애를 황홀하게 묘사한다. 차라리 그들이 누드인 게 나을 정도다. 엘렌의 거절 사유는 아주 분명하다. 그녀는 그들이 함께 지게 될 추방자의 삶을 너무도 잘 알고 있다. 엄마 허리께에 있는 아이처럼 그녀를 끌어안는 데이루이스는 잇몸 속에 박힌 어금니가 지끈거릴 정도로 격하게 흥분한다. "그는 육욕肉慾에 패배했으며 고결함에 길들여져 지쳤다." 앤서니 레인은 『뉴요커』에 이렇게 썼다.

올렌스카 백작 부인의 송별연에서 그녀 옆자리에 앉게 된 아처는 가볍게 이야기를 나눈다. "비탄에 빠진 그의 눈은 눈물이 아니라 마치 테이블 아래에서 누군가 그의 다리를 물어뜯기라도 하는 것처럼 순수한 고통으로 젖어 있다."

아처의 소극성은 어떤 이에게 장애 요인이었다. 영화는 주인공만큼이나 갇혀 있는 느낌을 주었다. "본질적 요소는 바로 그 예의범절과 경직된 관습, 그리고 영화가 그토록 풍부한 디테일로 묘사하는 감정적 고지식함에 가려져 있다." 『버라이어티』의 토드 매카시는 이렇게 썼다. 모호함은 지속된다. 스코세이지의 완곡한 연출은 이 "상징적인 세계"의 표면 아래에서 끓어오르고 있는 열정 혹은 그의 연인들을 에워싸고 있는 의례적 형식의 힘을 표현한 걸까? 고동치는 심장일까, 상형 문자일

까? 「브램 스토커의 드라큘라」를 막 끝낸 위노나 라이더는 아주 멋진 장면 하나를 남겼는데, 그녀의 눈은 그녀가 이번에는 남편에게서 생명을 빨아들이는 흡혈귀가 되기라도 한 것처럼 음울하게 빛난다. 이는 스코세이지의 작업에서 탁월한 정서적 배신을 담은 장면으로, 「좋은 친구들」과 「디파티드」의 마지막 장을 뒤덮는 암살만큼이나 폭력적이다.

「순수의 시대」는 분명 젊은이를 위한 영화가 아니다. 나이는 많고 그다지 순수하지 않은, 온통 꺼질 듯 깜박이는 불씨와 끓어오르는 후회로 가득한 영화다. "저는 어떤 면에서 늦은 사춘기를 보냈습니다." 스코세이지가 말했다. "「순수의 시대」를 만들기 시작한 바로 그 시점까지 말이죠. 만약 내가 쉰 살에 일을 보다 쉽게 처리할 수 있는 다른 유형의 인간이었다면 어땠을까 하는 생각이 들었습니다. 제 인생은 아주 달라졌을까요?" 「그리스도 최후의 유혹」에서 처음 언급된 이러한 상실과 갈망의 경향은 「셔터 아일랜드」와 「휴고」, 그리고 조지 해리슨의 다큐멘터리 「조지 해리슨: 물질 세계에서의 삶」 같은 다채로운 프로젝트에서 다루게 될 터였다. 그러나 이 영화는 상업적으로 성공을 거두지 못하여 3,400만 달러의 제작비 중 단지 3,200만 달러를 회수하는 데 그쳤다. 스코세이지는 바로 당장 히트작이 필요했다.

카지노
Casino
1995

"이건 세상에서 가장 오래된 이야기입니다. 사람들은 자만심 때문에 파멸하고 천국을 잃고 말죠. 자만하지 않았다면 그들은 아직 천국에 있었을 겁니다."

"라스베이거스에서는 모두가 다른 누군가를 지켜본다."
샘 "에이스" 로스스틴(로버트 드 니로)은 아무것도 그냥 지나치지 않는다.

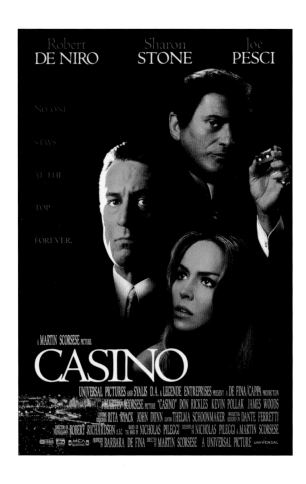

로스스틴의 아내 진저 맥케나 역을 맡은
샤런 스톤이 그녀의 의상 40벌 중 하나를 입고 있다.

「카지노」는 유니버설 영화사의 톰 폴록을 통해 스코세이지에게 왔는데, 그는 아직 스튜디오와 영화 두 편을 더 해야 했다. 기본 아이디어는 「좋은 친구들」의 원작을 쓴 니컬러스 필레지로부터 나왔다. 그는 마피아가 좌지우지하던 1970년대 라스베이거스에서 조직 폭력배의 일원인 프랭크 "레프티" 로젠탈과 그의 아내 제리 맥기, 심복 앤서니 "앤트" 스필로트로가 지내온 파란만장한 삶에 관한 논픽션 책을 하기로 한 상태였다. 필레지가 아직 쓰지 않았다는 게 문제였다. 그에게는 4년간의 연구 자료를 행간 여백도 없이 빽빽하게 채워 넣은 700페이지짜리 사실적 연대기만 있었다. "계획은 책부터 쓰는 것이었습니다." 필레지는 이렇게 말했다. 그런데 스코세이지가 리처드 프라이스의 소설 『클로커스』의 연출을 다른 감독에게 넘긴(결국 스파이크 리에게 갔다) 덕분에 그의 스케줄에 여유가 생겼다. "마티에게 틈이 생기면 다른 500만 명보다 먼저 거기에 뛰어드는 것이 좋습니다."

이 둘은 1994년 2월, 스코세이지의 사무실과 멀지 않은 미드타운 맨해튼에 있는 드레이크 호텔에 숨어들었다. 대본이 완성될 때까지 거기 머문다는 계획이었다. 대본에는 필레지가 로젠탈 본인을 비롯해 FBI의 보호를 받고 있는 목격자들과 가졌던, 녹음기 없이 진행하느라 필레지가 미친 듯이 휘갈겨 써야 했던 여러 인터뷰가 포함되어 있었다. 영화에 더 세부적인 내용이 필요할 때마다 그는 또 다른 인터

「카지노」는 폭발과 함께 시작한다.

뷰를 하러 나가곤 했다. 그들의 호텔 방은 온통 문서와 사본, 스크랩한 신문 기사 등으로 어질러져 있었다. 스코세이지에 따르면 두 남자는 "소비하고 소비하고 또 소비"했다. 영화는 세 시간이 넘는, 하지만 「좋은 친구들」만큼이나 빠른 대작 서사 영화가 될 터였다.

6개월이 지날 무렵 그들은 「카지노」의 시나리오를 완성했다. 원래 시나리오는 필레지가 그에게 보여 준 첫 번째 신문 스크랩에 묘사된 사건인, 라스베이거스의 호화로운 빌라 잔디밭에서 벌어진 부부 싸움을 진정시키려 경찰이 도착하는 걸로 시작되었다. 그 싸움으로부터 10년 간의 이야기가 모두 풀려 나가지만, 스코세이지와 필레지는 여기에 너무 많은 전후 맥락이 필요하며 충분한 극적 긴장을 만들어 내지 못한다는 사실을 깨달았다. 그래서 그들은 차가 폭발하여 로젠탈에 바탕을 둔 캐릭터인 샘 "에이스" 로스스틴이 불길 위에서 느린 동작으로 "마치 지옥으로 뛰어들려 하는 영혼처럼" 공중에 내던져지는 장면으로 시작했다. 이는 솔 배스가 작업한, 바흐의 〈마태 수난곡〉과 함께 실루엣과 불꽃, 네온사인이 드리워지는 가운데 글자가 일렁이고 그 위로 다른 글자가 등장하는 타이틀 시퀀스의 바탕을 이룬다. 제작하는 동안 스코세이지는 「좋은 친구들」 때 그랬던 것처럼 세르게이 예이젠시테인의 「총노선總路線」, 프세볼로트 푸돕킨의 「상트페테르부르크의 종말」과 「아시아의 폭풍」, 레프 쿨레쇼프의 「법대로」, 알렉산드르 도브젠코의 「병기고」 등 소련의 영화감독들을 탐닉했다. "순수한 영화죠." 감독이 말했다. "온갖 가능성이 떠오르게 하는 작품들입니다."

그들은 실제 카지노에서 촬영을 했다. 프로듀서 바바라 드 피나(1991년까지 스코세이지의 네 번째 아내였던)는 카지노 세트를 짓는 데 추가되는 시간을 고려하면 실제 카지노를 사용하는 것이 비용이 덜 들 거라고 계산했다. 그래서 그들은 업무 시간 중에 촬영을 함으로써 흥분과 활기를 담아냈고 라스베이거스 스트립[1]에서 실제로 일하는 베테랑들을 캐스팅했다. 고고 댄서부터 호텔 직원에 이르기까지 7,000명이 넘는 엑스트라들은 스코세이지의 경력에서 가장 규모가 큰 캐스팅이었는데, 이들 모두에게는 리타 라이악과 존 던의 의상이 필요했다. 조 페시는 20에서 25벌을 갈아입었고, 샤런 스톤은 40벌, 로버트 드 니로는 화려한 원색 스포츠 재킷, 광택이 나는 남성복, 흰 양말, 청록색 악어 가죽 로퍼 등 무려 52벌의 의상이 필요했다. 그런데도 원래 레프티가 입었던 강렬한 복장에 비하면 다소 누그러진 편이었다.

「순수의 시대」를 편집하는 일도 어려웠지만, 여러 명의 내레이터와 많은 부분을 차지하는 가짜 다큐멘터리의 요소로 구성된 세 시간짜리 영화 「카지노」를 작업하는 동안 스코세이지와 셀마 스쿤메이커는 마치 불덩이로 저글링을 하는 것 같은 기분이었다. 그들은 각 시퀀스마다 촬영 대본을 벽에 붙여 놓고(총 264개로, 스코세이지의 또 다른 최고 기록이다) 11개월 동안 작업을 했다. "그럴 리가 없어요." 그가 농담을 했다. "저기에서 아직 이 영화를 찍고 있는 누군가가 있을 겁니다." 시퀀스 전체가 왔다 갔다 했다. 돈을 빼돌리는 부분은 영화에서 원래 한 시간이 지나고 나왔

---

1 라스베이거스의 최대 유흥 지역.

"「카지노」를 찍을 때 저는
라스베이거스라는 터무니없는 곳에
화가 났습니다. 저 온갖 탐욕이 당시의
할리우드와 미국 문화를 반영하는 것처럼
보였거든요."

지만 그들이 작업을 할 때마다 방향이 바뀌는 것처럼 보였다. 그래서 그들은 그걸 계속 더 앞쪽으로 옮기다가 결국 두 부분으로 쪼개고 초반에 범행의 개요를 말해 줌으로써 처음부터 모든 일이 어떻게 돌아가는지 알 수 있도록 했다. "이건 제국에 관한 이야기입니다. 그리고 다시 한번 말하지만, 우리 자신에게 내재한 파멸의 씨앗에 관한 이야기예요." 스코세이지가 말했다. "천국을 얻는 자만심과 탐욕으로 그걸 잃는다는 것은 구약 성서에 나오는 오래된 이야기입니다."

「카지노」는 소련의 감독들이 행한 어떤 것 못지않게 순수한 거장의 솜씨가 담긴 완벽한 작품이지만 재미있어서 즐기기보다는 화려한 기술력에 감탄하게 되는 영화다. 가끔은 스코세이지만이 진심으로 이 영화를 즐기는 유일한 사람인 것처럼 보일 수도 있다. 주제의 측면에서 이 영화는 반짝이는 네온사인 안에서 더욱 화려한 셔츠와 더불어 더 큰 스케일의 「좋은 친구들」을 지향한다. 이번에는 세 명의 내레이터가 등장하는데, 그중 한 명은 「선셋 대로」의 윌리엄 홀든처럼 영화에서 살아남지 못한다.[2] 여기엔 에덴동산에서의 추방과 셰익스피어풍 몰락이 있으며, 모든 것은 마치 갱스터의 『실낙원』처럼 진행되어 오프닝 타이틀의 우아함에서 루시퍼와 같은 추락으로 완성이 된다.

2　빌리 와일더 감독의 1950년 걸작에서 홀든이 연기한 주인공 시나리오 작가 조 길리스는 오프닝 장면에서 살해당한 시신으로 등장한다.

「좋은 친구들」보다 더 냉혹하고 비열한 이 영화에는 갱스터의 생활 방식으로 입문하게 해 주는 레이 리오타의 악동과 같은 매혹이 부족하다. 스코세이지에게 그런 꼼꼼함은 이제 사라져 버린 것 같았다. 꼭대기에서 눈부시게 빛나며 술집을 조사실로 바꾸고 사람들을 어둠 속 섬처럼 만들어 주는 로버트 리처드슨의 텅스텐 조명 속에서 드 니로와 페시는 처음부터 불신으로 둘러싸인 것처럼 보인다. 전직 마권 업자를 연기하는 드 니로는 가장 재미없는 사람만이 그토록 화려한 에덴동산의 유혹 속에서 성공할 수 있다는 듯 회계 담당 특유의 완고하고 사무적인 정서로 모든 장면에서 자신의 감정을 억누른다. 로스스틴의 집행자인 니컬러스 "니키" 산토로 역을 맡은 페시는 욕설과 폭력 행위(바이스에 사람 머리를 끼우고 눈알이 터질 때까지 눌러 버리는)를 일삼는 광포한 인물로, 스코세이지의 영화에서 정말이지 가장 혐오스러운 캐릭터다. 독사 같은 이들 둘이 서로 등을 돌리는 게 그리 놀라운 일은 아니다.

영화의 새로운 국면 전환은 대체로 로스스틴의 아내 진저 맥케나 역의 섀런 스톤 때문에 일어난다. 제임스 우즈가 연기한 빌붙어 사는 방탕한 인물 레스터 다이아몬드와 마약으로 얽혀 있는 그녀는 코카인에 중독된 사기꾼이며 영화가 지니는 감정의 중심에 가장 가까이 있는 듯한 인물이다. 전화기를 통해 들리는 그들의 숨죽인 목소리는 유일한 상호 의존적 결합을 형성한다. 평론가 데이비드 톰슨은 스톤

"결국 이 영화는 비극입니다. 인간의 나약함을 보여 주죠. 보통 악당이라고 여겨지는
특정 캐릭터들로 관객의 정서적 공감을 이끌어 내고 싶었어요."

…그리고 포주인 옛 애인 레스터 다이아몬드(제임스 우즈)와 나쁜 짓을 벌인다.

이 "코브라의 목을 움켜잡은 몽구스처럼 영화를 갉아먹는다"고 했다. "그녀는 끊임없이 고독하고 천박하며 인간적이다." 이 영화는 터무니없긴 해도 볼 가치가 있는 작품으로 보는 이를 빠져들게 한다. 스쿤메이커의 편집은 앞으로 밀고 나가는 힘을 지니고 있는 반면 〈Stardust〉[3]에서 롤링 스톤스와 디보의 소울[4]에 이르는 사운드트랙은 특별하지 않은 감흥을 남긴다. 니키와 그의 동생이 서로의 눈앞에서 잔인하게 몽둥이로 맞아 죽는 마지막 장면의 폭력에 눈살이 찌푸려지고 기분이 언짢아지긴 하지만, 이 영화를 끝까지 보지 않고 중간에 딴 길로 빠지기란 거의 불가능

한 일이다.

"그런 삶의 방식이 어떤 결과로 이어지는지를 보여 주는 것 말고는 더 할 게 없었습니다." 스코세이지가 도를 넘어선 듯한 산토로의 죽음에 대해 단호하게 말했다. 그에게 마피아 영화는 이게 끝인 것 같았다. 「카지노」는 박스 오피스 성과가 좋았지만(전 세계 수입 1억 1,600만 달러) 아직 유니버설이 만족할 정도의 돈을 벌지는 못했다. "영화 한 편으로 5,000에서 6,000만 달러의 이익을 내기 위해 대기업이 소유한 스튜디오에 더 이상 대가를 치르지 않을 거라는 사실이 분명했어요. 그들은 더 벌기를 원했죠. 그래서 제게 그런 종류의 영화는 이게 마지막이었습니다."

---

3 미국의 작곡가 호기 카마이클이 1927년 작곡한 재즈 스탠더드.
4 영화에 롤링 스톤스의 오리지널 곡은 등장하지 않는다. 다만 미국의 뉴웨이브 밴드 디보가 1977년 커버한 스톤스의 〈(I Can't Get No) Satisfaction〉이 흐른다.

"당신 돌았어? 우리 애를 묶어 놓고 빌어먹을 문을 잠가?" 로스스틴이 아내의 양육 방식에 의문을 제기한다.

"그 사람들과 그들이 한 일이 마음에 들지
않는다고 해도 그들은 여전히 인간이고
제가 보기에는 비극입니다."

좋지 않은 결말을 맞이하는 두 사람. 진저는 마약 중독으로 죽고(위), 니키는 흠씬 두들겨 맞은 후 들판에 묻힌다(아래).

"저는 조 페시와 그의 동생이
야구 방망이로 맞아 죽는 걸 지켜보고
있었어요. 카메라를 움직이거나 다른
아무것도 하지 않고 그냥 있는 그대로
찍었죠. 르포처럼요.
거기가 결국 그들이 이르게 되는
곳이며 모든 게 끝나고 삶이 끝나는
지점이기 때문이에요. 그게 바로 그런
사고 방식의 종말이고 제게는 폭력의
종말입니다. 그런 걸 더 이상 할 수는
없을 것 같아요."

쿤둔
Kundun
1997

"이 영화를 만드는 건
거의 수행과 같았습니다…
덕분에 일이 단순해졌고
제 삶에서 중요한 게 뭔지
생각하게 했으며 변화를
받아들이는 데 도움이
되었습니다."

「카지노」의 타락과 폭력에 염증을 느낀 스코세이지는
자신의 다음 프로젝트로 보다 영적인 주제를 골랐다

"제가 관심을 가졌던 것은 전적으로
정신에 기반한 사회에 살고 있는
한 남자 혹은 소년의 이야기였습니다.
그리고 마침내 20세기와 맞닥뜨린 그들은
역사상 가장 영적이지 않은 사회와
직면하고 있다는 사실을 알게 되죠."

1993년

10월 「순수의 시대」가 개봉한 주에 스코세이지는 해리슨 포드와 당시 그의 아내였던 시나리오 작가 멜리사 매티슨을 만나러 와이오밍에 있는 그들의 집을 찾아갔다. 손님 중에는 14대 달라이 라마도 있었다. 스코세이지는 1989년 달라이 라마가 노벨 평화상을 수상한 이후 줄곧 그의 이야기에 귀를 기울여 왔는데, 지금은 매티슨이 그 성하聖下의 삶에 관해 쓴 대본을 자신이 영화화할 것을 고려하고 있었다. 매티슨의 도움으로 그들은 이틀 동안 이야기를 나누었다. 그런 중에 달라이 라마는 스코세이지에게 자신이 죽은 수도승들의 바다와 피로 가득 찬 양어지養魚池에 서 있는 꿈을 꾸었다는 이야기를 들려주었다. 스코세이지는 그분 앞에서 자신이 얼마나 편안했는지를 깨닫고 놀랐다. 떠날 때 그들은 악수를 나누었다. 그가 달라이 라마를 바라보는 순간 방 안의 모든 것이 사라지는 것 같았다. "제 심장이 뛰는 소리가 들렸어요." 그가 말했다. "그 만남 이후 그 영화를 만들어야 한다는 걸 알았죠."

스코세이지는 매티슨이 쓴 대본의 소박함이 마음에 들었다. 그건 불교에 관한 논문이나 역사에 바탕을 둔 서사극은 아니었지만, 그녀가 이전에 작업한 「검은 종마」나 「이티」와 마찬가지로 아이의 눈으로 바라본 긴 여정이었다. "아이의 관점에서 모든 걸 하려고 노력해야 한다는 걸 깨달았습니다." 스코세이지가 말했다. "단순히 로 앵글로 촬영된 숏이나 로 앵글의 카메라 움직임이 아니라 아이가 자라며

자신을 둘러싼 모든 것을 본다는 사실을 인식하는 거죠. 그래서 관객은 소년이 알지 못하는 많은 정보를 알면 안 되는 겁니다."

스코세이지가 대본을 승인하기까지 매티슨은 열네 번의 원고를 거쳤다. 그들은 역사적인 전후 사정과 정치적인 흥미 요소를 더 많이 넣으려 했지만 스코세이지는 많은 것이 불필요하다는 걸 깨닫고는 매티슨에게 그걸 다시 축소해 달라고 요청했다. 마지막 원고가 다시 처음 것과 비슷해지자 그들은 제대로 가고 있다는 걸 알았다. 스코세이지는 영감을 얻기 위해 「자전거 도둑」과 「나폴리의 황금」 같은 비토리오 데 시카의 영화와 로베르토 로셀리니의 작품 몇 편, 특히 「길의 노래」와 「뮤직룸」을 비롯한 사티야지트 레이의 영화 다수, 그리고 장이머우, 천카이거, 톈장창의 「말도둑」 등 중국 제5세대 영화감독[1]들의 작품을 보았다.

"마티와 제가 가장 먼저 합의를 본 일은 배우들이 전부 티베트인이어야 한다는 점이었습니다." 매티슨이 말했다. 그러나 스타 한 명 없이 아시아인 배우들만 등장

---

1   1980년대 중반, 문화 대혁명(1966~1976) 이후 베이징영화학교 출신 감독들을 중심으로 중국 사회와 역사, 민중의 삶을 다룬 새로운 경향의 영화가 등장하기 시작했다. 천카이거陈凯歌, 장이머우張藝謀, 톈장창田壯壯, 황젠신黃建新 등으로 대표되는 이들은 빛과 색채를 중시하는 등 시각적 측면을 강조하며 새 시대의 영화 흐름을 이끌었다. 이때부터 1989년 톈안먼 항쟁까지의 시기를 '중국 제5세대 영화'라 일컫는다.

다채로운 모로코의 풍경은 이번에는
성지가 아니라 티베트 역할을 했다.

하는, 자막이 대부분을 차지하는 영화가 될 거라
는 전망에 유니버설은 난색을 보였다. 다른 모든
스튜디오를 거의 다 거치고 나서야 디즈니가 들
어왔고, 스코세이지는 2,800만 달러의 예산으로
「그리스도 최후의 유혹」을 찍었던 모로코의 같은
지역에서 일을 시작했으며 이번에는 일정에서 4
주만 더 추가되었다. 영화의 속도는 티베트인들
에 크게 좌우되었다. 스코세이지는 어쩔 수 없이
속도를 늦추고 자연스러운 흐름에 따라 그들의
얼굴에 집중하고 그들이 자신에게 말하는 걸 보
고 있어야 했다. "어떤 의미에서는 그들이 영화를
감독한 거나 다름없어요." 그가 말했다. "티베트인들은 특정 장면에서 자신들의 행
동이 이러해야 하고 의식儀式은 틀림없이 저러해야 한다는 걸 제게 자주 보여 줘야
했습니다." 스코세이지가 말했다. "이미 앵글을 계획해 두었지만 그들과 즉흥적으
로 작업을 했죠. 제가 그들의 세계에 들어간 거지 그 반대가 아니니까요."

처음 열흘 동안 그들은 겨우 두 살 먹은 달라이 라마로 캐스팅된 가장 어린 배우
와 호텔에서 리허설을 했다. 닷새가 지날 무렵 다른 티베트인들은 촬영 시 자신들

이 있어야 할 정확한 위치에 자리하기, 자기 대사를 말하기, 조명이 자신들을 제대
로 비추는지 확인하기 등 여러 가지를 배웠다. 그리고 디데이가 되었다. 그들은 어
린 배우를 와이드 숏[2] 중앙에 놓고 연기를 시작하게 했지만 스코세이지가 대사 신
호를 보냈을 때 그 아이는 무슨 일이 벌어지는지 궁금해하며 그저 그를 바라보고

2   wide shot: 촬영 대상이나 사람의 모습 전체를 담은 숏. 풀 숏 혹은 롱 숏이라고도 한다.

있었다. 이런 식으로 며칠이 흘렀다. 결국 그들은 덮개를 만들어 카메라를 감추고 거기에 광대를 그렸다. 아이의 감긴 눈에서 카메라가 뒤로 빠지는 장면을 찍기 위해 그들은 그가 잠들 때까지 기다렸다가 살금살금 뒤로 물러나야 했다. 촬영팀은 거의 종교적인 침묵 속에서 일하고 있었다.

영화의 첫 번째 편집은 스코세이지가 이 프로젝트를 맡은 이후 줄곧 품어 왔던 모든 의혹을 확실하게 보여 주었다. 여기엔 힘이 부족했다. 달라이 라마가 티베트를 탈출해 인도에 도착하는 모습을 단순히 직선적으로 편집한 장면은 마음을 사로잡지 못했다. "장면들을 섞어야겠어요." 스코세이지가 셀마 스쿤메이커에게 말했다. 그들은 두 살배기 달라이 라마가 거의 혼자 등장하는 첫 부분은 남겨 두었지만, 그가 다섯 살이 되어 시종장을 만나는 부분에서는 이야기의 순서를 바꾸기 시작했다. 열두 살 장면도 마찬가지였다. 중국의 침략이 앞당겨졌고 이로 인해 뒤이은 것들이 많은 영향을 받았다. 열여덟 살의 달라이 라마에 이르렀을 즈음, 그들은 순수하게 감정적 차원에서 거의 다큐멘터리처럼 영화를 편집하고 있었다. 자신들이 어느 수도원에 있는지 혹은 세상 어디에 있는지 신경 쓰지 않고, 어떤 장면을 꿈으로 바꾸거나 그 반대로 하는 경우에도 꿈이 어디서 시작되고 끝나는지 표시하지 않으면서 말이다.

"영화의 마지막 30~40분 동안 우리는 거의 자유 낙하 상태였어요." 스쿤메이커가 말했다. "마티는 그걸 음악 용어로 설명했어요. 우리는 음표처럼 장면들을 연주해야 했고, 특정 장면을 나란히 배치함으로써 감정의 크레셴도[3]를 만들어 내야 했습니다." 필립 글래스의 음악을 중심으로 전체의 흐름이 만들어졌는데, 영화에 회상의 느낌을 주기 위해 무려 250회나 되는 디졸브[4]가 사용되었다. 그들은 1997년 1월부터 8월까지, 그리고 10월에 들어서까지 거의 한 해에 걸쳐 편집을 했다. 스코세이지는 대담한 편집으로 영화를 끝냈다. 보통 사람들은 페이드아웃으로 영화를 마친다. "이 영화에서는 아닙니다." 그가 말했다. "갑작스럽게 끊고 싶었어요." 그 아이디어는 달라이 라마가 티베트를 급히 떠나야만 했던 것처럼 관객을 산꼭대기의 아름다운 풍경에서 갑자기 떼어 놓는다는 것이었다. "누가 또 그런 식으로 영화를 끝내겠어요?" 스쿤메이커가 말했다.

리처드 콜리스가 『타임』에 쓴 극찬 외에, 1997년 크리스마스에 「쿤둔」이 개봉되었을 때 작품에 대한 평단의 반응은 그저 의례적인 반응에서 조롱에 이르기까지 다양했다. "그 자체로 훌륭하긴 하지만 「쿤둔」에는 극적인 감흥이 거의 없다. 지극히

3 crescendo: 음악의 셈여림표 중 '점점 세게' 연주하라는 지시어.
4 dissolve: 화면이 서서히 사라지며 동시에 다른 화면이 점차로 나타나는 장면 전환 기법.

어린 배우들을 찍으려면 인내심과 풍부한 창의성이 필요하다.

미래의 달라이 라마가 환생자를 찾는 승려들의 테스트를 통과한다.

아름답고 지루한 영화다." 데이비드 에델스타인은 『뉴욕』 매거진에 이렇게 썼다. 평소 충실한 지지자였던 로저 에버트조차 이 영화가 "플롯이 아닌 에피소드의 나열"로 이루어졌다고 인정했다. 디즈니가 제대로 홍보를 하지 않았던 「쿤둔」은 미국 박스 오피스에서 600만 달러의 수익을 올리고는 사라졌다.

　이 영화는 어쩌면 가장 과소평가된 스코세이지의 작품일 것이다. 거대한 산봉우리부터 복잡한 만다라까지 포괄하는 완곡하고 명상적인 시와 같은 이 영화는, 쿤둔

(티베트인들에게 알려진 달라이 라마의 명칭)[5]의 삶에서 일어난 여러 사건이 분명 스크린에 펼쳐지긴 해도, 전통적인 전기 영화와의 유사점은 거의 지니고 있지 않다. 그는 두 살(텐진 예쉬 파이창이 연기) 때 존재가 알려져 환생자를 찾는 승려들이 행한

5　1940년 달라이 라마 14세로 즉위한 라모 톤둡은 즉위 후 텐진 갸초('지혜의 바다'라는 의미)라는 법명을 사용해 왔는데, 티베트인들은 존경의 의미를 담아 그를 '고귀한 존재'를 뜻하는 '쿤둔'이라고 불렀다.

다섯 살배기 툴쿠 잠양 쿵가 텐진을 포함해 각기 다른 나이의 네 배우가 달라이 라마를 연기했다.

"이 사람들은 아주 열성적으로
자신들의 이야기를 들려주었어요.
그들은 연기를 한 게 아니라 삶을
살았습니다. 기교 같은 건 없었어요."

"이 영화를 어머니께 바쳤습니다. 왜냐하면 제 삶에서 어머니가 보여 주신 무조건적 사랑이 달라이 라마가 모든 인간에 대해 배려하는 사랑을 가진다는 생각과 어떻게든 연결이 되어 있기 때문입니다."

텐진 듀톱 차롱이 성인 달라이 라마 역을 맡았다.

일련의 테스트를 마친 후 라싸에 있는 포탈라궁으로 옮겨진다. 성하는 호기심 많고 가만히 있지 못하며, 때로 주위에 모여 있는 수도승들에게 얼굴을 들이대는 성가신 아이다. 분위기는 평온하지만 몰입하게 하며 마치 삽화가 담긴 동화책의 페이지를 넘기는 것 같다. 매티슨의 대본은 동화에 완전히 발을 들여놓지 않은 채 그 가장자리를 맴돌고 있다. 대부분의 장면은 길이가 1분이 넘지 않는데, 최면을 거는 듯한 이미지의 흐름은 필립 글래스의 음악에 담긴 박동과 아르페지오에 박자를 맞춘다.

자연광으로 주로 작업을 한 촬영 감독 로저 디킨스는 요하네스 페르메이르[6]처럼 아주 아름다운 짙은 검은색으로 실내를 채웠다. 달라이 라마가 다섯 살(툴쿠 잠양 쿵가 텐진) 때, 그리고 열두 살(규메 테통) 때 받는 교육과 수도원의 일과가 펼쳐지지만 그것들은 중국이 쳐들어오면서 불시에 산산조각이 나고 만다. 폭격기는 전혀 보이지 않고 산산이 부서진 석조 파편만 있을 뿐이다. 그리고 그들의 침묵이 드리워진 앞의 두 시간을 조심스레 담고 있는 그 광경은 거의 화성처럼 아주 이질적으로 보인다. "그들이 우리의 침묵을 앗아가 버렸습니다." 쿤둔이 말한다. 스코세이지의 영화 중 가장 조롱받기 쉬운 이 작품은 영화계에서 가장 심한 카페인 중독

6 〈진주 귀걸이를 한 소녀〉(1665)로 잘 알려진, 조화롭고 탁월한 빛의 사용으로 독특한 개성을 표출한 17세기 네덜란드의 화가.

1998년 4월 30일, 스코세이지가 실제 달라이 라마로부터 '티베트를 위한 국제 운동'이 수여하는 '진실의 빛' 상을 받고 있다.

1950년 중국의 티베트 침공은 이 나라(그리고 영화)의
평온한 리듬을 뒤흔들었다.

에 재즈광인 감독이 노래하는 평화의 찬가다. 또한
이 작품은 대뇌변연계에 가장 부드럽게 마법을 건
다. 아마도 원초적이고 강한 동물적 감각을 지닌 영
화감독만이 이렇게 만들 수 있었을 것이다.

10년 후인 2007년 10월, 달라이 라마는 미 의회
명예 훈장을 받기 위해 워싱턴에 와 있었다. 스코세
이지는 기념식에 초대를 받았다. 거기서 그는 통통
한 얼굴에 안경을 쓰고 황금빛 법복을 입은 아주 작
은 티베트인 수도승을 만났다. 수도승은 그를 보고
손을 잡아 주었다.

"그 영화를 만들어 주셔서 정말 고맙습니다. 너무
나 감사드려요." 수도승이 말했다. "당신의 다른 영화
「갱스 오브 뉴욕」을 봤어요. 폭력적이고 또 폭력적입니다."

스코세이지는 미안하다는 듯 얼굴을 찡그렸다.

"하지만 괜찮습니다." 수도승이 말을 이었다. "그게 당신의 천성이니까요."

눈에 눈물이 고인 스코세이지는 "그걸 받아들여 줘서" 크게 감동받았다고 나중

에 리처드 시켈에게 말했다. "천성이 그런 거라면, 그래요, 천성이 그런 거예요. 제
말은 그런 게 영화라는 거죠. 그런 느낌 말이에요."

비상 근무
Bringing Out The Dead
1999

"9년 전이었으면
이 영화를 못 찍었을 겁니다.
한밤중에 응급실에 갔던
경험에서 나올 수밖에
없었던 작품이에요.
제 아버지의 죽음,
어머니의 죽음에서요."

프랭크와 그의 파트너 래리(존 굿맨)가 또 다른 호출을 받고 환자를 보살핀다.

"누가 제게 이 영화를 만들어야 한다고 말했다면 미친 거 아니냐고 했을 거예요. 계획에 없던 일이었으니까요. 하지만 책에 담긴 아름다움이 저를 움직였고 이야기에 일체감을 느꼈으며 슈레이더의 캐릭터 묘사가 아주 마음에 들었습니다."

스코세이지는 니컬러스 케이지가 지나치게 일을 많이 하는 응급 구조사 프랭크 피어스 역에 적임이라는 걸 알고 있었다.

프로듀서

스콧 루딘이 스코세이지에게 한계점까지 다다른 프랭크 피어스라는 뉴욕 야간 근무 구급대원의 타오르는 듯 생생한 이야기를 담은 조 코널리의 1998년작 소설 『죽은 자를 끌어내기Bringing Out the Dead』의 교정쇄를 보냈을 때, 그는 곧바로 니컬러스 케이지의 얼굴과 눈을 떠올렸다. 그는 코널리가 "고통의 성모 마리아"라고 부른, 병원 응급실에 실려 오는 총 맞은 환자와 코카인 중독자, 그리고 취객의 행렬을 목격하는 완벽한 인물로 케이지를 점찍었다. 스코세이지는 몇 년 전에 이 배우의 작은아버지인 프랜시스 포드 코폴라를 통해 케이지를 만나 봤고 그가 마음에 들었다. 브라이언 드 팔마도 스코세이지에게 케이지가 함께 일하기에 아주 좋은 배우였다는 얘기를 해 주었다. "그는 독창적이에요. 또 그가 무척 좋아하는 론 체이니[1]처럼 거의 무성 영화 같은 표현주의적 스타일에서 극도로 내면적인 스타일로 나아가죠." 스코세이지가 말했다.

그리고 스코세이지가 대본을 맡겨야겠다고 생각한 단 한 사람이 있었다. 「택시 드라이버」, 「분노의 주먹」, 그리고 「그리스도 최후의 유혹」을 함께했던 오랜 파트너 폴 슈레이더였다. 그들은 함께 만나 저녁 식사를 했다. 슈레이더는 이 책을 좋아하긴 했지만 영화에 더욱 공공연한 종교적 함축이 담기는 것에 대해 스코세이지에

게 경고했다. "여주인공 이름이 메리[2]예요. 가톨릭 상징에 주의하세요. 이미 「비열한 거리」하고 「분노의 주먹」에서 했잖아요." 슈레이더는 책에는 없는, 프랭크(니컬러스 케이지)가 자신이 살려 내지 못한 젊은 라틴계 여인인 로즈의 영혼에게 용서를 구하는 마지막 장면을 썼다. "아무도 네게 고통받으라고 하지 않았어." 그의 친구 메리(퍼트리샤 아케트)가 그에게 일깨워 준다. "그건 네 생각이었다고." 그걸 읽었을 때 스코세이지는 천국에 있는 것 같았다. "우리가 통한다는 게 바로 이런 거예요. 그걸 가지고 의논한 적은 한 번도 없지만 지난 세월 동안 우리는 서로 이런 유사성을 지니고 있었어요. 그에게 이렇게 말했습니다. '너무 멋지다. 그리고 네가 맞아. 넌 자신을 용서할 수 없을 테니까. 너는 다른 모든 사람들이 널 용서하기를 바라잖아.' 우리는 이런 것들로 서로 묶여 있는 거죠."

스코세이지는 일주일 동안 시골에 틀어박혀서 대본 여백에 아이디어를 휘갈겨 쓰며 장면 하나하나에 이르기까지 영화를 구상했다. "「택시 드라이버」에서 트래비스는 세상에 편집증적 시선을 던지고 저는 그걸 그의 관점으로 표현했습니다." 스코세이지가 말했다. "프랭크의 경우 그를 공격하고 그의 시야를 침범하고 그의 마음을 괴롭히는 건 외부 세계의 이미지, 환각적 이미지들이에요. 시간이 좀 지나면

---

[1] 할리우드 무성 영화 시절을 대표하는 배우이자 메이크업 아티스트. 뛰어난 분장으로 다양한 캐릭터를 연기하여 '천의 얼굴을 가진 사나이'라는 별명으로 불렸다.

[2] 영어 이름 'Mary'는 성모 마리아를 의미한다.

폴 슈레이더는 그가 의지할 수 있는 시나리오 작가였다.

현실은 이런 시각적 공격으로 전락합니다. 보도步道에 널브러진 시체들, 고통 혹은 금단으로 일그러진 얼굴들 같은."

그는 다시 「카지노」의 촬영 감독이자 올리버 스톤과 여러 작품을 함께했던 로버트 리처드슨에게로 갔다. 리처드슨은 어둠과 밝고 후광이 드리워진 빛의 대비를 이루는 특유의 명암법으로 영화를 채웠다. 영화는 맨해튼의 웨스트 사이드에 있는 헬스 키친에서 촬영되었는데, 프로덕션 디자이너 단테 페레티는 불편한 현실을 증폭하여 악몽과 같은 도시의 모습을 만들어 낸다. 스코세이지는 몇 년 만에 처음으로 밤에 9번가와 54번가를 이리저리 터벅터벅 돌아다니고 있었다. "이 도시에 서식하

는 야행성 동물군의 일부가 되는 거죠." 그가 소견을 말했다. "그들은 밖에 있었고, 그들은 거기에 있었어요. 그리고 그들 중 일부가 거리에 없다면 어딘가에 있을 겁니다. 정말로요. 그들이 있는 몇몇 장소를 봤어요. 모르는 게 좋을 걸요? 마치 도시 밑에 구멍이 뚫린 것 같은 그런 곳이에요. 선로 아래에 있는. 인생의 막장이죠. 완전 바닥이에요. 더 내려갈 데도 없는." 사람들은 그에게 "이제는 뉴욕이 좀 달라 보여요"라고 계속 이야기했다. 줄리아니 시장은 스코세이지가 마지막으로 그곳을 방문했을 때부터 헬스 키친을 정화해 왔다. 그는 이렇게 대답하곤 했다. "하지만 당신이 보는 건 겉모습이에요. 이건 뉴욕에 관한 이야기가 아니에요. 고통에 관한, 인

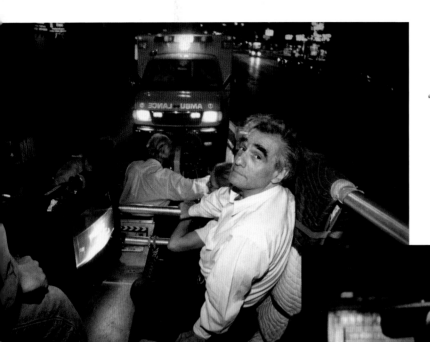

"프랭크는 복수의 화신이 아니에요.
우리의 주인공은 사람을 죽이는 대신 사람들을
구하려고 노력합니다. 「택시 드라이버」를 만들었을 때 우린
모두 서른 살 정도였는데 이제는 50대 중후반이 되었어요.
세상이 달라졌고 우리 역시 달라졌죠."

로버트 리처드슨은 독특한 촬영 기법으로 맨해튼
웨스트 사이드의 악몽과 같은 모습을 그려 냈다.

간성에 관한 이야기죠. 인생에서 우리의 역할이 무엇인지에 관한 이야기입니다."

심지어 「죽은 자를 끌어내기」라는 제목에서부터 오래된 악마들을 불러내서 오래된 유령들을 몰아내려는 시도처럼 느껴진다. 「택시 드라이버」와 일종의 쌍을 이루는 이 작품은 스타일 면에서의 활기와 주제의 측면에서 중층 결정[3]이라는 요소가 혼합된 모습을 보여 준다. 이는 스코세이지의 많은 후기작의 특징을 이루는, 파티를 열 기회를 찾고 있는 듯한 옛 표현주의적 스타일이다. 트래비스 비클이 인간 쓰레기들로 가득한 뉴욕의 거리로 단테풍으로 추락한 지 거의 25년이 지나, 프랭크가 구급차를 몰고 빗물로 미끄러운 거리를 나아갈 때 네온 불빛은 「택시 드라이버」의 섬뜩하고 몽롱한 흐름이 아니라 암페타민에 취한 듯 격렬하고 더 빠르게 기다란 흔적을 남기며 질주한다. 끔찍한 지옥의 변방이 모델일 법한 피로 얼룩져 악전고투 중인 응급실로 환자들을 데려가면서 그는 웃어야 할지 울어야 할지 모르고, 영화는 전례를 따라 슬픔과 기분 나쁜 농담 사이를 오가며 그 자체의 불안하고 신랄한 분위기에 이른다. "나는 항상 악몽을 꾸었다. 그러나 이제 유령들은 내가 잠들기를 기다리지 않는다." 프랭크의 이 말은 트래비스의 불면증을 떠올리게 한다. 그는 스코세이지의 작품 중에서 「비열한 거리」의 찰리까지 거슬러 올라가는 인물이다. 자

신이 다른 이들을 구원하기 위해 세상에 내려왔다고 믿는 자칭 성자, 하지만 구원이 필요한 건 그 자신의 영혼인 인물 말이다.

프랭크에게는 세 명의 파트너가 있는데, 그들의 병적인 단계는 점점 높아진다. 존 굿맨이 연기한 첫 번째 파트너는 언제 먹으러 갈 것인지 또는 잠깐 눈을 붙일 것인지에 대해서만 걱정하는 인물이다. 다음은 터무니없게 천막 치고 부흥회를 여는 목사 스타일의 쉽게 흥분하는 사기꾼(빙 레임스)이다. 마지막은 기본적으로 폭력적인 범죄가 일어나길 기다리는 준군사 조직의 깡패(톰 사이즈모어)다. 마치 프랭크가 나무상자에서 악마를 끄집어내는 것 같다. 그는 밤마다 로즈의 환영을 본다. 그녀의 얼굴은 행인들의 어깨 너머로 비난하듯 그를 응시한다. 그는 그녀의 생명을 구하지 못한 자신을 용서하지 못하는 게 아니라 점차 무관심하게 되는 자신을 용서할 수 없는 것이다. 이는 문학적인 과장으로, 죄책감 자체보다는 죄책감의 태도를 취하는 것일 수 있다. 스코세이지는 자신의 경력에서 이 시점에 이 둘을 구별하려고 하지 않는 듯하다. 메리가 다시 마약 중독에 빠지는 이유가 마음속에서 뭔가 새로운 변화가 일어났기 때문일까? 그냥 이야기의 전개에 있어 이 시점에 프랭크가 구원할 다른 영혼이 필요하기 때문일까? 아니면 스코세이지가 마약의 지옥으로 떨어지는 것을 좋아하기 때문일까? 이 시퀀스는 마약 밀매자가 마치 그리스도처럼 철책에 찔린 채 무척 극적으로 끝난다. 의료진이 철책을 끊어 그를 풀어 주려 애쓰는

3 꿈과 같은 무의식의 결과물이 하나의 원인이 아니라 다수의 요인과 원인으로 중첩되어 결정되어 있다는, 프로이트 정신 분석학의 개념.

"나는 항상 악몽을 꾸었다.
그러나 이제 유령들은
내가 잠들기를 기다리지 않는다."
프랭크는 자신이 구해 내지 못한
사람들의 얼굴이 떠올라
괴로워한다.

"블록버스터가 될 거라 기대하지는 않아요.
그래도 우리가 이걸 만들 수 있어서
정말 다행이에요. 모든 사람을 위한 작품이
되진 않을 것 같지만, 관객에게 말 그대로
이 도덕적이고 영적인 롤러코스터를
태워 주고 싶었습니다."

그는 결국 메리(퍼트리샤 아케트)의 품에서 평화를 찾는다.

동안 절단기의 불꽃은 저 멀리서 터지는 불꽃놀이와 뒤섞이고 그는 뉴욕 찬가를 읊조린다. 진정 별난 모습이자 스코세이지의 커리어에서 확실한 자리를 차지할 장면이다. 아케트의 연민 어린 차분한 연기는 그녀가 다시 나쁜 길로 빠지지 않을 것이라는 걸 암시한다.

"스코세이지는 스코세이지를 흉내 내는 스파이크 리를 흉내 낸다." J. 호버맨은 『빌리지 보이스』에서 이런 식으로 표현했다. "스코세이지가 레게 지옥에서 속도감 있게 전개되는 피바다, 불꽃이 터지는 스카이라인의 피에타와 절정을 이루는 구원의 하얀 빛을 계속해서 촬영할 때, 그 분위기는 지나치게 활력에 넘치기보다는 덜 불안에 차 있다."[4] 다른 면에서 지나치게 흥분한 영화를 진정시키는 건 배우들이다. 케이지는 엘 그레코[5]가 그린 성인聖人처럼 핼쑥하고 일그러진 얼굴로 그야말로 혼이 담긴 연기를 펼치며, 아케트는 향유香油처럼 프랭크를 진정시키는 아름다운

고요함을 발산한다. 그들은 낮은 목소리로 소곤소곤 소통하는 것 같다. 그들은 구급차를 함께 탄 채 아무 말도 없이 나란히 앉아 있다. 이는 뜻밖의 평온함으로 「쿤둔」의 여운을 전해 주는 멋진 장면이다. 마치 스코세이지가 자신의 커리어 중 이 시점에 만든 새로운 영화 하나하나가 허물이 벗겨지는 게 아니라 이전 것 위에 겹겹이 쌓이기라도 하는 것처럼 말이다. 기진맥진한 프랭크가 계단을 올라 메리와 함께 침대에 들어가서 그녀의 가슴에 머리를 얹고 깊은 잠에 빠져드는 결말은 근사하다. 이전에도 그 이후에도 스코세이지의 영화가 이와 같이 지친 기색으로, 마땅히 누려야 할 평화로움으로 끝난 적은 없었다.

---

4 구급대가 사이 코츠의 마약 소굴에 도착했을 때 참극이 벌어진 그곳에는 영국의 레게·팝 그룹 유비포티의 레게 히트곡 〈Red Red Wine〉(1983)이 흐르고 있다. 창밖으로 떨어져 철책에 찔린 채 꼼짝 못하고 있는 사이를 구하려 애쓰는 프랭크가 그를 들어 안는 모습은 영락없는 피에타(십자가에서 내린 그리스도의 시신을 안고 있는 성모 마리아의 모습을 담은 기독교 미술의 테마)다. 사이는 프랭크가 몇 달 만에 처음 목숨을 구한 인물이다.

5 16세기 말에서 17세기 초반 스페인 르네상스 시기에 활동한 그리스 출신의 화가. 에스파냐의 황금 시대를 이끌었던 펠리페 2세의 궁정 화가를 지냈다.

갱스 오브 뉴욕
Gangs Of New York
2002

"오랫동안 이 영화를
얼마나 만들고 싶었는지
모릅니다. 이 영화는
도시의 역사 이상의
이야기이기 때문이죠.
그리고 이 도시의 역사는
진정한 미국의 역사라고
생각합니다."

한창 전투 중인 프리스트 밸런(리엄 니슨).

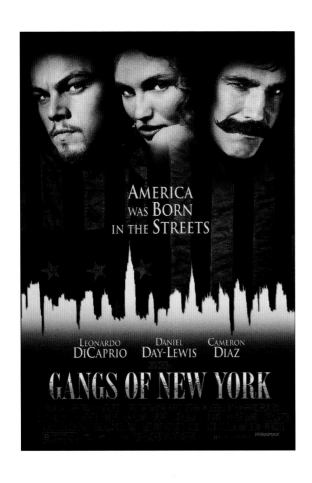

"원래 대본상으로는 어떤 의미로 영화보다
더 소설 같고 더 문학적이었어요.
적어도 저는 그렇게 봤습니다.
이면의 이야기가 굉장히 많이 담겨 있었습니다.
페이지 하나하나가 무척 풍부했죠.
그래서 시간도 오래 걸렸고요."

지금까지 한 편을 제외하고 감독의 이후 모든 작품에서 주연을 맡은
리어나도 디캐프리오[1]와 함께 촬영장에 있는 스코세이지.

새천년의

전환기에 할리우드에서 스코세이지의 평판은 70년대 말 이래로 최악의 상태에 이르러 있었다. 그에게는 1991년 작 「케이프 피어」 이후 히트작이 없었다. 「순수의 시대」는 컬럼비아의 투자 비용을 회수하지 못했고 「카지노」 역시 유니버설이 기대했던 만큼의 성과를 내지 못했다. 파라마운트에서 제작한 「비상 근무」도 마찬가지로 잘 되지 않았다. 그의 박스 오피스 수입이 점점 줄어듦에 따라 여러 프로젝트의 진행도 늦어지기 시작했다. 하지만 항상 스코세이지의 편이었던 마이크 오비츠는 새로 설립한 아티스트 매니지먼트 그룹의 고위 간부 두 명을 뉴욕으로 보내 그를 만나게 했다.

"당신이 뭐든 할 수 있다면 어떤 영화를 하시겠어요?" 그들이 스코세이지에게 물었다.

"갱스 오브 뉴욕」이죠." 그가 대답했다.

이 프로젝트는 30년 전인 1970년으로 거슬러 올라간다. 새해에 친구들 몇 명과 함께 지내던 감독은 허버트 애즈버리의 1928년작 역사서 『갱스 오브 뉴욕』을 우연히 보게 되었다. 이 책은 1830년부터 남북 전쟁 사이, 바워리를 비롯한 갱단이 스코세이지가 자라난 곳과 아주 가까운 로워 맨해튼의 거리를 지배하던 믿을 수 없을 정도로 폭력적인 시절의 도시에 관한 이야기를 담고 있었다. 그는 앉은자리에서 책을 다 읽고는 제이 콕스에게 건네주었다. "마티가 '외계에서 벌어지는 서부극이라

고 생각해 봐'라고 하더군요." 콕스가 말했다. 그는 페데리코 펠리니의 「사티리콘」("뒤집힌 공상 과학")과 스탠리 큐브릭의 「시계태엽 오렌지」에서 크게 영향을 받은, 그 규모 면에서 "거의 찰스 디킨스 소설에나 나올 법하게 광범위한" 179페이지에 달하는 원고를 내놓았다. 그들은 한때 큐브릭 영화의 주연이었던 맬컴 맥다월을 주연으로까지 생각했다. 그리고 1980년 「분노의 주먹」의 시사회로부터 닷새 후 마이클 치미노의 「천국의 문」이 개봉되어 흥행에 참패하며 유나이티드 아티스츠가 와해되자, 「뉴욕, 뉴욕」의 감독이 암흑가를 배경으로 기존의 스타일을 해체해 재구성한 SF 시대 서사극의 가능성은 하룻밤 사이에 사라져 버렸다.

이 프로젝트는 1990년대에 「좋은 친구들」의 뒤를 이어 워너브라더스에서 다시 거론되었지만 또다시 중단되었고, 그다음에는 디즈니에서 또 언급이 되다가 「쿤둔」의 저조한 박스 오피스 실적이 그들의 의욕을 꺾었다. 그 후 모든 메이저 스튜디오가 이 영화를 거부했다. 오비츠가 1998년 「비상 근무」를 찍던 뉴욕 헬스 키친에 스코세이지를 만나러 와서 리어나도 디캐프리오의 주연 캐스팅 가능성을 얘기했을 때에야 「갱스 오브 뉴욕」은 비로소 성공이 보장되는 듯 보이기 시작했다. 스

---

1 이 책이 처음 출판된 시기는 2014년이다. 2002년 이후 그 시점까지 디캐프리오는 「에비에이터」(2004), 「디파티드」(2006), 「셔터 아일랜드」(2010), 「더 울프 오브 월 스트리트」(2013)까지, 「휴고」(2011)를 제외한 스코세이지의 모든 영화에서 주연을 맡았다.

코세이지에게 이 젊은 스타의 재능을 처음 알려 준 사람은 「디스 보이스 라이프」에서 그의 상대역을 했던 로버트 드 니로였다. "물론 그 영화를 본 기억이 납니다." 스코세이지가 말했다. "그리고 제게 리오[2]에 대해 말해 준 사람이 드 니로였습니다. 그가 말했죠. '이 영화에서 이 친구와 작업을 했어. 너도 언젠가는 진짜로 꼭 그와 함께 일을 해야 한다고.' 보통은 그런 말을 안 하거든요."

드 니로가 영화의 악당인 "도살자" 빌 커팅 역을 마다해서, 스코세이지는 당시 반쯤은 은퇴한 채 이탈리아에서 견습 구두 수선공으로 일하고 있던 대니얼 데이루이스에게 이야기를 꺼냈다. 그러나 데이루이스는 영화의 궁극적 자금줄인 미라맥스의 하비 와인스틴을 좋아하지 않았다. 숱한 인디 영화를 제작하며 성공을 거둔 그는 오랫동안 스코세이지와 함께 일하기를 고대해 오다가 기회를 잡았지만 두 남자의 방식이 충돌하리라는 건 애초부터 분명한 일이었다. 와인스틴은 「쉰들러 리스트」로 아카데미를 수상한 시나리오 작가 스티브 제일리언을 데려와 대본을 다시 쓰게 했는데, 그 후 할리우드 작가 파업의 조짐이 보이자 그는 첫 촬영일을 2000년 9월 18일로 앞당겼다. 이로 인해 스코세이지에게 주어진 리허설 기간은 4주에 불과했다. "제작 준비를 하려면 정말로 2주가 더 있어야 했어요." 감독은 후에 이

2 리어나도 디캐프리오.

렇게 말했다. "허를 찔리는 바람에 영화가 만들어지지 못하겠구나 하는 확신이 들었죠. 마지막 순간에 급히 서둘러서 저와 협업을 할 사람들을 모아야 했습니다."

나중에 그는 촬영이 "악몽과 같았다"고 묘사했다. 「달콤한 인생」, 「클레오파트라」, 「벤허」 등을 찍은 로마의 치네치타 스튜디오에서 본촬영이 예정대로 시작되었다. 남북 전쟁 이전 로워 맨해튼의 파이브 포인츠 구역이 거의 1.6킬로미터에 달하는 세트로 재현되어, 양조장, 술집, 공장, 교회, 아편굴, 주류 밀매점, 비밀 터널 등이 뒤얽힌 거리가 사방팔방 끝없이 펼쳐져 있었다. 스코세이지는 골프 카트를 타고 수백 명의 이탈리아인 엑스트라 사이로 구불구불한 거리를 윙윙거리며 돌아다녔다. 그러다 가끔 멈춰 서서는 의상 담당자들에게 각각의 의복을 정확히 얼마나 더 럽게 해야 하는지를 충분히 설명했다. 작업 속도는 아주 더뎌서 하루에 한 페이지 분량을 못 찍었고, 그는 곧 합의한 예산 8,300만 달러를 초과하게 되었다.

와인스틴은 적어도 여섯 번은 날아와서 제작 현장을 살펴보며 촬영장에서 16주를 보냈다. 한 장면에서 스코세이지는 테리어 한 마리가 시궁쥐 수십 마리와 싸우고 구경꾼들이 내기를 거는 "쥐 사냥터"가 역사적으로 정확해야 한다고 고집했다. 다른 장면에서 그는 빌의 매음굴 본부인 '악마의 서커스' 카운터 위에 사람 귀로 채운 단지를 놓을 것을 요구했다. "하비는 쥐 장면을 원하지 않았어요. 귀도 마찬가지였고요." 스코세이지가 생각하기도 싫다는 듯 말했다. "그런데 그게 왜 필요하냐

"이 도시의 이야기에 사로잡혔습니다.
수많은 멋진 요소들과 비화祕話, 각양각색의 인물 등
제가 보여 주고 싶은 것들이 너무도 많았어요.
하지만 제 마음속에서는 전혀 만족스럽게
마무리가 되지 않았습니다. 너무 많은 걸 포기해야
한다고 생각했기 때문에 절대 마음이 편하지 않았죠."

하면, 귀를 갖다 주고 술 한잔 마시는 거예요. 그땐 그랬단 말입니다. 깊이 생각할 필요도 없어요." 결국 데이루이스에게 의안義眼과 기름 바른 머리를 하게 한 감독의 방식을 둘러싸고 두 남자의 감정이 폭발했다. 와인스틴은 잘생긴 데이루이스를 내세운 마케팅 전략을 짜고 싶었다. 왜 할리우드 최고의 배우 둘을 뽑아 놓고는 그들을 꼬질꼬질하게 만드는가? 저 괴상한 실크해트는 도대체 뭔가? 천박한 체크무늬 바지는 또 어떻고? 미라맥스는 와인스틴의 우려를 상세하게 적은 메모를 끊임없이 보냈다. "그게 계속되었어요." 스코세이지가 투덜거렸다. "'머리에 기름이 너무 많음'이라고 쓰인 메모가 있었습니다." 데이루이스가 말했다. "그래서 제가 말했어요. '좋아요, 기름을 더 발라버리죠.' 치네치타 계단에서 하비와 마주쳤을 때 제가 그랬어요. '하비, 당신이 제 머리에 기름이 더 많았으면 한다는 메시지를 받았어요. 이 정도면 되죠?'"

스코세이지는 적어도 한 번 이상은 촬영장에서 나가 다른 사람이 영화를 대신 끝내게 하겠다고 협박했다. 결국 그는 비디오 모니터에 거울을 부착해 와인스틴이 오는 걸 알 수 있게 했다. 또한 그와 디캐프리오는 초과 비용 부담을 위해 둘이 합쳐 700만 달러를 지불하는 데에 동의했지만, 이 즈음 미라맥스는 이미 그들이 계획했던 것보다 최소 1,000만 달러를 더 쓴 상태였고 그에 따라 영화의 예산이 1억 300만 달러 이상으로 불어났다. 촬영이 너무 오랫동안 질질 늘어지는 바람에 캐머

런 디아즈의 다음 영화 「피너츠 송」(컬럼비아 제작) 측은 그녀를 촬영장에서 놓아 달라고 요구했다. 그로 인해 스코세이지는 와인스틴과 또다시 크게 싸웠다. "캐머런을 보내 주어야 했습니다." 제작자가 말했다. "마티는 '그럴 순 없죠'라고 했고요."

"마티, 거의 공짜로 일하는 여배우를 붙잡아 둘 수는 없어요. 넉 달 반 내내, 총 여섯 달을 있었다고요. 그리고 1,500만 달러를 지급해야 하는 날이 코앞인데 보내 줄 수 없다뇨."

스코세이지는 컬럼비아에 직접 얘기하겠다고 했다.

"빌어먹을 마음대로 하쇼." 와인스틴이 대답했다. 그가 그때를 떠올렸다. "그가 컬럼비아에 전화했더니 그들이 '좆 까'라고 하더래요. 그는 제게 화를 내며 책상을 뒤집어 엎었습니다. 근데 그가 제 거라 착각해서 넘어뜨린 건 (제작 자문인) 데이비드 파피트의 책상이었어요."

로마 치네치타 스튜디오에 세운 1.6킬로미터에 달하는 세트는 맨해튼에 있는 파이브 포인츠 구역의 눈부신 재현이었다.

제이 콕스는 촬영 마지막 주에 그곳에서 벌어지는 일들을 보았다. 소품은 치워졌고 엑스트라들은 떠났다. "마티는 엄청나게 극심한 압박을 받고 있었어요." 그가 말했다. "대니얼과 리오의 마지막 대결 장면을 찍고 있었는데 그가 촬영을 전부 마치기 전에 그들이 실제로 그를 멈추더군요. 그들이 말했어요. '됐습니다, 그만해요!' 진공청소기를 돌리고 있는데 플러그를 뽑아 버리는 것 같은 상황인 거죠."

"트래비스 비클이 내레이션을 하는 「바람과 함께 사라지다」를 상상해 보라." 『뉴욕』 매거진은 이렇게 썼다. 그걸 상상하는 게 어렵다는 사실은 스코세이지 영화의 무모함과 궁극적 실패를 말해 주는데, 분노하고 상처 입고 불완전하며 터무니없는 이야기의 분출에 자극을 받는 등 걸작들만이 놓칠 수 있는 그 방식이 마음을 아

프게 한다. 이 영화는 1846년 두 라이벌 갱단이 눈 속에서 벌이는 잔혹한 거리 싸움으로 시작한다. 도살자 빌이 이끄는 미국 태생의 '토박이파'는 프리스트 밸런(리엄 니슨)이 이끄는 아일랜드인 무리 '죽은 토끼파'와 겨룬다. 전투는 격렬하고 유혈이 낭자한 백병전이다. 연속해서 찔러 대며 흰 눈을 붉게 물들이는 사람들의 난투가 로 앵글의 클로즈업으로 펼쳐진다. 이는 스코세이지가 가장 잘하는 게 뭔지를 완벽하게 상기시켜 주는데, 싸움을 그토록 가까이 보여 주는 이 장면들에서 관객은 마치 자신의 복부를 강타당하는 기분을 느낀다. 그는 항상 심한 광장 공포증을 지닌 감독이었고, 「누가 내 문을 두드리는가?」에서 하비 카이텔과 그의 패거리가 시골에서 그러하듯 넓게 트인 공간을 지루해 하는, 어두운 곳을 누비며 거미 다리처

스코세이지는 「갱스 오브 뉴욕」을 "미국의 대작 서사 영화의 전통에 이바지하고자 하는 시도"로 보았다.

"「갱스 오브 뉴욕」은 서부 영화의 종말과 오버랩되는
갱스터 영화의 시작과 같은 영화입니다."

암스테르담이 인종 차별주의자
폭력배인 맥글로인(게리 루이스)과
맞붙는다.

럼 길고 앙상한 도시를 묘사하는 표현주의자였다. 「비열한 거리」는 설정 숏을 배제하다시피 하고 찍은 작품이었으며, 「택시 드라이버」를 찍을 무렵 뉴욕은 그에게 거의 마음속의 도시가 되어 있었다.

「바람과 함께 사라지다」와 같은 영화에 담긴 철저한 흥행 요소(웅장한 역사적 조망, 감정을 증폭하는 스펙터클의 방식에 대한 감각)는 완전히 다른 영상 문법으로 작동하는데, 우리는 「갱스 오브 뉴욕」의 처음 한 시간 동안 스코세이지가 셀즈닉식[3] 표현과 자신의 트레이드마크인 강렬함 사이에서 어느 정도 타협을 이루려 애쓰고 있다는 걸 느낄 수 있다. 촬영 감독인 마이클 볼하우스와 프로덕션 디자이너 단테 페레티는 구름 낀 흐린 하늘 같은 어두운 색채를 사용한다. 그 하늘 아래에는 나무로 지어진 판잣집이 늘어서 있고 들쭉날쭉한 진흙길 사이로 자갈길이 구불구불 나 있는, 폐소 공포증을 불러일으킬 듯 뒤죽박죽 얽힌 미로가 자리하고 있다. 그건 중국의 경극과 데이비드 린이 「올리버 트위스트」에서 묘사한 런던의 모습 사이쯤에 있는 놀랄 만한 세트지만 관객은 오래지 않아 그 끝이 어디에 있는지 알게 된다. 대작 역사극의 광대함이 목표라면 조금은 당황스러운 기분이다. 어쩌면 스코세이지의 기

본 기억 장치에 심리적 내면성이 너무 강한지도 모르겠다. 그는 저 세트의 규모를 줄일 때까지 만족하지 못했다. 또한 그저 그걸 과시하고 싶어 견딜 수가 없었을 수도 있다. 여기에서는 크레인 숏이 사용되었다. 그 화려한 과잉은 세실 B. 드밀을 기쁘게 해 주었을 것이다.[4]

어쩌면 당연한 일이지만, 이 영화는 지하에서 가장 탄탄한 기반을 마련한다. 스코세이지는 지하 묘지로 내려가는 걸 좋아하는 것 같다. 그의 트래킹 숏이 더듬어 나아가는 그곳에서, 감화원에 갇혀 16년을 보낸 밸런의 아들 암스테르담(리어나도 디캐프리오)은 아버지를 살해한 도살자 빌을 응징하기 위해 기량을 갈고닦는다. 영화의 첫 3분의 2는 암스테르담이 교묘하게 빌의 환심을 사서 그의 패거리에 들어가며 고전적인 복수극으로 전개되는데, 그는 자신도 모르게 이 카리스마 넘치는 보스에 끌리게 된다. "드래곤 같은 인물의 날개 아래에서 그의 보호를 받게 된다는 건 재미있는 일이야." 그가 말한다. "네가 생각하는 것보다 더 따뜻하다고." 멋진 대사다. 문제는 관객도 그렇게 생각한다는 점이다. 『햄릿』에서와 마찬가지로 주인공의 우유부단함이 핵심처럼 보일 수 있지만, 암스테르담의 소심함은 영화의 중심

3　「바람과 함께 사라지다」의 제작자인 데이비드 O. 셀즈닉의 상업적 스타일을 의미한다.

4　탁월한 흥행 수완과 거대한 스케일, 뛰어난 스펙터클로 큰 상업적 성공을 거둔 영화감독 세실 B. 드밀은 크레인 촬영의 보급에 역할을 한 인물이기도 하다.

캐머런 디아즈가 다른 영화를 찍어야 하는 상황은 스코세이지와 프로듀서 하비 와인스틴의 불안한 관계라는 화약고에 불을 붙였다.

디아즈는 암스테르담과 사랑에 빠지는 잡범 제니 에버딘을 연기했다.

을 이루는 갈등과 불균형을 이룬다. 스코세이지의 영화를 찍을 때 「타이타닉」에서 빠르게 벗어난 디캐프리오는 온통 찡그린 표정에 집중하는 듯한 연기를 펼친다. 그는 마치 영화 전체를 집어삼키려는 듯 장면을 씹어먹는 데이루이스에게 쉽사리 압도당한다. 데이루이스는 눈을 짓누르고 두꺼운 팔자수염 밑으로 아랫입술을 삐죽거리며 노란 체크무늬 바지를 입고 촬영장을 확보한다. 애초에 이 거꾸로 뒤집힌 뉴욕시를 구상한 것과 같은 기이한 시적 화려함을 지닌 것처럼 말이다. 데이루이스의 연기만으로도 우리는 상처 입은 동물이 아니라 분열된 국민 서사, 유혈이 낭자한 미국 땅, 거리에서 들려오는 울부짖음 등 스코세이지가 마음속에 그렸던 영화를 볼 수 있다.

마지막 부분은 혼란스러움 그 자체다. 암스테르담과 빌이 마침내 서로 대결하는 영원과도 같은 순간은 1863년의 징병 거부 폭동[5]으로 방해를 받고 만다. 포탄이 날아들고 북군 부대가 도착하는데 두 남자는 서로 죽음의 약속을 지키려고 몸부림친다. 본질적으로 와인스틴이 옳았다. 이 이야기는 역사적 배경에 함몰되어 버렸다.

5   남북 전쟁이 한창이던 1863년 7월, 돈으로 병역 기피를 가능하게 만든 불공정한 징병제가 촉발한 대규모 폭동. 로워 맨해튼에서 아일랜드계 이민자들이 주도해 일으킨 사건으로, 폭력, 방화, 흑인에 대한 공격이 이어졌으며 나흘 동안 100여 명이 사망했다.

"너는 애송이 밸런에게 가서 말해라. 내가 그놈의 피로 파라다이스 스퀘어를 두 번 칠할 거라고." "도살자" 빌 커팅 역을 한 대니얼 데이루이스의 엄청난 연기는 영화를 압도한다.

암스테르담과 빌의 마지막 결전은 1863년의 징병 거부 폭동과 얽힌다.

"스코세이지는 개념적 딜레마에 빠졌다. 그는 역사적 통찰 속에서 거의 환각적이라 할 정도로 과장된 영화를 만들려 했지만 또한 인간적 견지에서 현실적으로 그려 냈다." 『뉴욕』 매거진의 피터 레이너는 이렇게 썼다. 그렇지만 많은 사람들은 이런 결점들을 그냥 넘기거나 영화가 위대한 작품에 근접해 있다는 신호로 받아들일 수 있었다. 여기 미국 역사의 혼란스럽고 무질서하며 불완전한 시기에 관한 혼란스럽고 무질서하며 불완전한 대서사극이 있다. 깔끔한 완벽주의자들은 지옥에나 떨어져라! 「갱스 오브 뉴욕」은 서사극의 마지막 숨결이 될 것이다." 리처드 콜리스는 『타임』에 이렇게 썼다. "그렇다면 그건 아일랜드의 경야竟夜[6]에 울려 퍼지는 웅장한 테너처럼 노래하고 울부짖는 숨결이다." A. O. 스콧은 『뉴욕 타임스』에서 이 영화를 "거칠고 결함이 있지만 잊을 수 없는" 작품이라고 평가했다.

2003년 아카데미 시상식에서 「갱스 오브 뉴욕」은 작품상, 감독상, 남우 주연상

(데이루이스), 각본상 등 10개 부문의 후보에 올랐지만 단 하나도 수상하지 못했다. 이 영화는 전 세계적으로 2억 달러를 벌어들였으나 적자의 바다에서 헤어나오지 못하여 스코세이지를 빚더미에 앉혔다. 그는 「디파티드」에 이르러서야 빚에서 벗어날 수 있게 된다. 괜찮다. 그는 90년대 후반의 난국에서 헤쳐 나갈 방법을 찾아냈고 할리우드에서 가장 난폭한 자와의 싸움에서 살아남았으며 이제 영화계에서 50년 차에 접어든 상태였다. "저에게 영화 제작이란 말 그대로 링에 올라 싸우는 것과 같은 일입니다." 「갱스 오브 뉴욕」의 편집 기간에 그를 방문했을 때 그는 내게 이렇게 말했다. "제가 한가운데 있는데 저기 연기가 나고 저기 있는 총포에서 발사된 탄환이 머리 위로 날아다니고 사람들은 수류탄을 던져 댑니다. 그저 공물을 조금 바치기 위해 참호에서 나오려는데 총을 맞게 될지 칭찬을 받을지 모르는 거예요. 지금이 30년 전인가요? 그럴 리가 없죠. 돌아보면 밖은 전쟁터와 같았습니다."

---

6 가족과 친구들이 밤새 시신을 지켜보며 고인을 추모하는 아일랜드의 전통 장례 문화. 악마로부터 시신을 지키고 영혼을 위로한다는 의미를 지닌다.

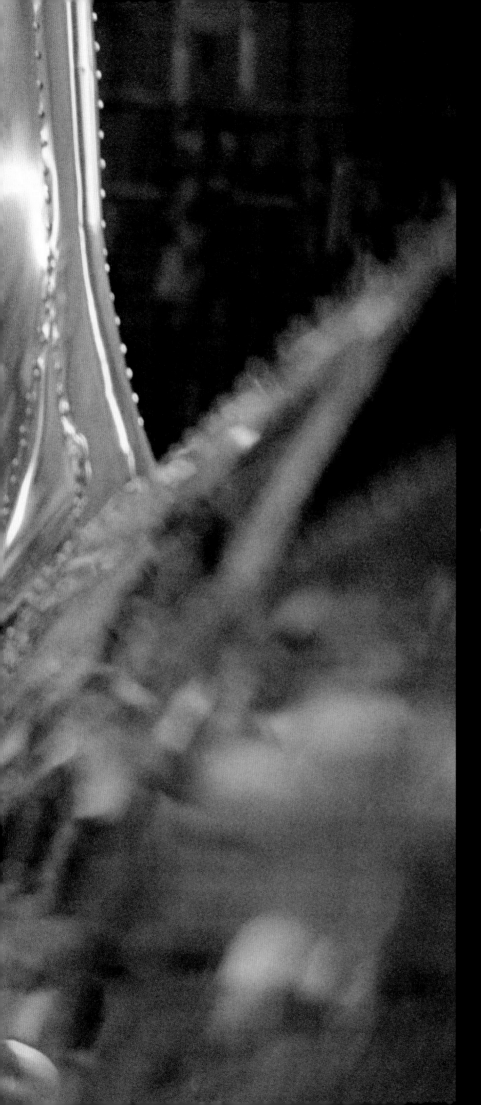

에비에이터
The Aviator
2004

"「에비에이터」는 아마
제가 만족하고 공감할 수
있는 주제를 지닌, 그리고
정신없는 스케줄 속에서
수많은 배우들과 함께
찍으러 촬영장에
가고 싶어 했던 마지막
대작 영화일 겁니다.
그나저나 우린 이걸
91일 동안 찍어서
예정대로 끝냈어요."

「갱스」 오브 뉴욕」을 만들며 스코세이지와 리어나도 디캐프리오는 서로 더 가까워졌다. 처음엔 필요에 의한 동맹이었던 것이 뭔가 더 애정 어린 동지애 같은 걸로 바뀌었다. "리오와 저는 어떤 감정을 공유하고 있습니다." 스코세이지가 말했다. "기질적 친밀감이에요." 그는 이 젊은 배우에게 적합하다고 생각되는 프로젝트가 자신에게 온다면 할 거라고 다짐했다. 그가 1974년 엘렌 버스틴과 「앨리스는 이제 여기 살지 않는다」를 만들겠다고 결정했던 바로 그 마음으로 말이다. 그가 일본의 예수회 선교사들에 관한 영화인 「사일런스」를 막 시작하려고 했을 때 그의 에이전트인 릭 욘에게서 대본 하나가 왔다. 「에비에이터」라는

작품이었다. 그는 생각했다: *지금 여기 오랫동안 쓰이지 않은 단어가 있어.*[1]

첫 장면이 그의 흥미를 방해했다. 엄마가 소년을 세워 놓고 목욕시키고 있다. 그녀는 아이에게 세상은 더럽고 전염병이 들끓는 곳이라고 주의를 주고는 "격리 quarantine"의 철자를 가르쳐 준다. 이는 그가 어린 시절 무서운 철제 호흡 보조 장치를 비롯하여 모든 사람들의 입에 오르내리는 소아마비, 디프테리아, 콜레라 같은 말을 들었을 때 지녔던 병에 대한 공포를 다시 떠올리게 했다. 1880년에서 1900년 사이, 그가 자란 엘리자베스 스트리트는 뉴욕에서 유아 사망률이 가장 높은 곳

---

1 'aviator(비행사)'를 말하는 것으로, 보통은 'pilot'을 사용한다.

"하워드 휴즈에 대해 제가 몰랐던 사실을 알려 주었기 때문에 이 이야기에 매료되었습니다… 그는 세상의 돈을 다 가지고 있어서 하고 싶은 걸 고스란히 할 수 있었죠. 그는 선견지명을 지니고 있었고 속도에 집착했으며 결국 스스로를 파멸로 이끄는 비극적 결함을 가진 남자였습니다."

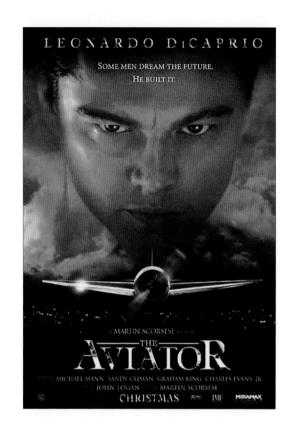

「에비에이터」는 스코세이지와 디캐프리오가 「갱스 오브 뉴욕」을 하며 쌓은 긴밀한 협력 관계를 공고하게 해 주었다.

이었다. 스무 페이지를 보고 나서야 그는 이 대본이 하워드 휴즈에 관한 이야기라는 걸 알았다. 스코세이지는 휴즈에 대해 아무것도 몰랐다. 그는 심지어 비행을 싫어하여 폭풍을 피하기 위해 스케줄을 이리저리 자주 옮겼고 기상 상태를 파악할 수 없으면 비행기에 타지 않으려 했다. (그가 1986년 칸 영화제에서 「특근」으로 수상한 감독상을 직접 받지 못한 이유가 바로 이것이다.) 그는 휴즈가 「지옥의 천사들」을 만들었으며 마지막에는 좀 이상해 보이는 어딘가의 형편없는 은신처에서 죽었다는 걸 알고 있었다. 그게 다였다. 그를 조금이라도 생각했다면 그건 다른 누군가의 집착이었다. 워런 비티는 이제껏 수십 년 동안 하워드 휴즈의 영화에 대해 이야기를 해 왔다. 한때는 스코세이지에게까지 그 얘기를 하기도 했다.

「에비에이터」는 디캐프리오와 시나리오 작가 존 로건, 그리고 감독 마이클 만이 3년간 체결한 개발 계약의 산물이었지만, 「인사이더」와 「알리」를 만든 후 세 번째 역사물을 하고 싶지 않았던 만은 그걸 스코세이지에게 제안했다. 대본을 다 읽었을 때쯤 그는 설득에 넘어갔다. 그는 영원히 지속될 휴즈의 치매가 시작되기 전

인 1927년부터 1947년까지의 20년에 집중한 로건의 방식이 마음에 들었다. 우리는 서부를 향해 밀고 나가는 개척자 비행사를 보게 된다. 이 반항아는 할리우드를 단번에 사로잡고 싶어 하지만 치명적 결함은 그를 결국 파멸로 이끌 것이었다. "그래서 이 작품은 내부 갈등과 이 남자의 파멸, 적어도 그 씨앗이 되는 것들이 결합된 할리우드의 스펙터클이었습니다."

말년의 휴즈를 보여 줄지를 놓고 끝없는 논의(디캐프리오가 계속 그 주제로 말을 꺼냈다)가 이루어졌지만 스코세이지는 로건이 옳은 선택을 했다고 생각했다. 그는 이 생기 넘치는 젊은이를 강조하는 게 좋았지만 로건에게 이렇게 말했다. "그가 여자들에게 했던 짓들을 전부 다루어야 해." 어떤 걸 할지가 문제였다. 캐서린 헵번은 하나의 온전한 이야기였고 에이바 가드너는 또 다른 이야기였다. 그리고 다른 모든 이들을 대표하기 위해 꾸며 낸 여인이 있었으니, 바로 페이스 도머그[2]다. 주요 관심사는 헵번이었지만 스코세이지는 가드너가 그에게 재떨이를 던지는 장면을 추가했고 마지막에 그에게 접근하는 흰 장갑을 낀 남자들도 넣었다. "제가 생각하기에 그의 강박 장애는 이를테면 미노타우로스와 마찬가지로 그가 갇혀 있는 미로 같아요." 그가 말했다. "그는 하늘에서 혼자 비행하고 있을 때 가장 행복해 보였습니다.

2   도머그는 실존 인물이다. 열여덟 살 때 하워드 휴즈의 눈에 띄어 그가 인수한 RKO 영화사와 계약했으며 이후 「놈은 바닷속으로부터 왔다」(1955)를 비롯한 여러 SF와 호러 영화에 출연했다.

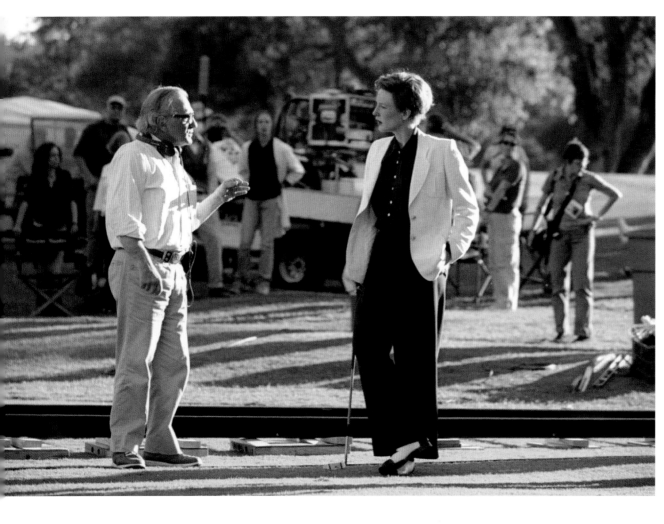

스코세이지는 그 시대의 시네컬러 필름을 떠올리게 하기 위해 영화의 첫 번째 부분을 붉은색과 청록색 색조로 찍었다. 그래서 휴즈가 캐서린 헵번(케이트 블란쳇)과 벌이는 골프 경기 장면의 잔디가 스크린에서는 파랗게 나왔다.

세균과 온갖 어려움과 수줍음과 명예에 대한 유별난 욕구와 갈망에서 벗어나 아래 세상과 완전히 차단되고 격리된 느낌, 그 모든 것이 마치 하늘을 나는 신과 같았죠."

동시에 이 영화는 할리우드의 황금 시대에 바치는 의도적으로 화려하게 꾸민 헌사이며 「갱스 오브 뉴욕」의 쓰라린 체험 이후 기운을 북돋아 주는 작품이 될 터였다. "제 아내는 「순수의 시대」 같은 영화를 '꼭 먹어야 하는 시금치 같은 영화'라고 부릅니다." 제이 콕스는 『뉴욕 타임스』에 이렇게 말했다. "「에비에이터」는 그런 시금치 같은 영화는 아니에요. 이건 디저트죠." 스코세이지는 영화가 진행됨에 따라 색조가 바뀌기를 원했다. 처음 50분 동안 장면들은 대상이 붉은색과 청록색 색조로만 나오는 2색 영화 필름 시네컬러의 스타일을 흉내 내서 촬영되었다. 헵번이 골프장에 있는 장면에서 그들은 노란색을 완전히 뺐다. 휴즈가 문 손잡이를 건드리지 못하는 화장실에서 루이스 B. 메이어[3]가 등장하는 장면 중에 이루어지는 색채 전환과 더불어, 1935년 이후에 펼쳐지는 장면들은 3색 테크니컬러의 강렬한 색채에 필적할 정도가 되었다.

"어떤 면에서는 색채의 역사죠." 스코세이지가 말했다. 그는 소니 스튜디오 촬

3 MGM 영화사의 공동 설립자.

"제 인생에서 가장 큰 규모의 영화인, 그러니까, 역시 대작이었던 「뉴욕, 뉴욕」 다음으로 대규모인 「갱스 오브 뉴욕」을 막 만들고 나서, 저는 이 영화가 훨씬 작은 규모의 독립 영화가 될 거라고 생각했어요. 그렇지만 휴즈라는 캐릭터에는 그 과정을 처음부터 다시 하게 만든 뭔가가 있었죠. 여기엔 제가 끌리는 특정한 주제가 담겨 있었습니다. 의도한 것이든 유전적인 것이든 그가 지닌 자기 파괴적 요소, 20년대와 30년대, 40년대 할리우드의 묘사, 항공, 그리고 여성들과의 관계 같은 것들이요."

강박 신경증을 지닌 휴즈가 누군가 들어오기를 기다리며 화장실 문 옆에 숨어 있다. 그럼으로써 그는 문 손잡이를 건드리지 않고 밖으로 나갈 수 있을 것이다.

영소에 있는 거대한 스크린을 이용하여 흑백의 아름다움을 보여 주기 위해 막스 라인하르트의 1935년작 영화 버전 「한여름 밤의 꿈」 프린트를, 그 다음 2색 테크니컬러와 3색 테크니컬러의 본보기가 되는 작품들을 상영했다. 거기엔 「로빈 후드」[4], 「베키 샤프」[5], 오리지널 시네마스코프 프린트에서 가져온 「에덴의 동쪽」 클립, 「라이언의 딸」 70밀리 프린트, 「X 부인의 이혼」, 「즐거운 영혼」, 그리고 「애수의 호수」가 포함돼 있었다. 「애수의 호수」에서 진 티어니가 입은 의상은 의상 디자이너 샌디 파월이 담당한 이 영화 속 에바 가드너의 일부 옷들에 영감을 주기도 했다. 스코세이지는 또한 촬영 감독 로버트 리처드슨에게 색깔들을 보여 주며 말했다. "총에서 빛이 반사되는 거 보이지? 저게 우리가 원하는 파란색이야."

　지금까지 그에게 있어 최대 규모 예산인 1억 1,500만 달러로 작업을 한 그는, 35밀리 프린트로 모두에게 보여 주었던 「밀랍 박물관의 미스터리」와 「그의 연인 프라이데이」에서 영감을 얻으면서 배우들에게 속도감 있는 연기를 지시했다. 강박

적인 휴즈의 이야기는 스코세이지 자신의 강박적 기질을 급하게 표면화했다. 단테 페레티는 그에게 끊임없이 말했다. "근데 이건 전부 네 얘기잖아!" 그들은 손톱과 머리카락이 길게 자란 휴즈가 자신의 시사실에 갇혀 같은 영화를 수없이 반복해 상영하는 장면을 찍느라 9일 밤낮을 보냈다. 디캐프리오의 보디 메이크업에만 일곱 시간이 걸렸고 이로 인해 촬영 시간이 하루 열두 시간에서 다섯 시간으로 줄었다. "끔찍했죠, 완전히 지옥이었어요." 스코세이지는 이렇게 말하긴 했지만, 러시 프린트를 봤을 때 그는 너무 기뻐서 흥분하며 트레일러에 있는 디캐프리오에게 그걸 보여 주었다. "너 이걸 봐야 돼." 그가 디캐프리오에게 말했다. "노인이 된 하워드 휴즈를 찍을 필요가 없어. 저기 있잖아. 우리가 늙은 하워드를 만든 거라고."

　「에비에이터」 최고의 장면 중 하나는 밤에 할리우드 언덕 위 저 높은 곳에서 펼쳐진다. 하워드 휴즈(리어나도 디캐프리오)는 자신의 빛나는 복엽기에 캐서린 헵번(케이트 블란쳇)을 태우고 하늘을 난다. 그녀가 조종을 하는 동안 그는 뒤에 앉아 우유를 홀짝거리면서 그녀의 옆모습을 감탄하며 바라보고 있다. 유치증幼稚症과 관음증, 그리고 높은 고도가 아주 흥미롭게 조합된 장면이다. 아마도 「뉴욕, 뉴욕」 다음으로 화려한 스코세이지의 영화라 할 수 있는 이 작품은 헵번의 새하얗고 매끄러

4　마이클 커티스가 연출하고 에롤 플린이 주연한 1938년작 「로빈 후드의 모험」을 의미한다. 워너브라더스 최초의 3색 테크니컬러 영화.

5　루벤 마물리언 감독이 연출한 1935년작 역사극. 3색 테크니컬러를 사용한 최초의 장편 영화.

"20년대와 30년대와 40년대
할리우드가 지니고 있던
그 흥분의 느낌을 재현하고 싶었어요.
전 할리우드의 옛날 영화들을
좋아하죠. 그리고 영화가 만들어지는
모습을 실제로 보여 주고 당시
할리우드를 대표하던
몇몇 스타들을 다룬다는 점에
진심으로 매료되었습니다."

자신의 시사실에 틀어박힌 휴즈가 항공 엔지니어
글렌 오드커크(맷 로스)와 사업 얘기를 나누고 있다.

리저리 휙휙 돌며 아찔한 최고의 연기를 선사한다. 스코세이지가 휴즈에게 갖는 관심은 다소 인위적으로 보인다. 초기 영화들에서 스코세이지는 주인공들과 거의 탯줄로 연결되어 있는 것 같았다. 주인공들의 강박은 그의 것과 동일 선상에 있었다. 그러나 그가 장난감 목마를 채찍질하여 결승선을 통과하는 백만장자 예술 애호가인 휴즈에게서 자신의 모습을 보았다고 상상하기는 어렵다. 데이비드 에델스타인은 『슬레이트』에 쓴 리뷰에서 스코세이지는 "디캐프리오가 인근 멀티플렉스 영화관에서 상영 중인 「갱스 오브 뉴욕」에서 허둥거리고 있는 사이, 이 배우가 비난을 받을 정도로 멋진 연기를 보였던 스티븐 스필버그의 「캐치 미 이프 유 캔」이 지닌 탁월한 속도감(그리고 도덕적 판단을 하지 않겠다는 태도)에 자극을 받았다"[7]고 추측했다. 예리하다. 그리고 잘 돌아가는 것처럼 보이는 스타와 감독도 약간은 서로 어긋날 수 있다는 걸 설명해 준다. 그들은 둘 다 서로의 작품에 있는 서로 다른 부분들과 사랑에 빠졌다. 그리고 우연하게도 그건 서로가 잊고자 했던 바로 그 부분이었다. 여전히 「타이타닉」의 젖

운 등에서부터 휴즈의 H-1 경주용 비행기의 반짝이는 알루미늄 외판外板에 이르기까지 풍성한 외형을 지닌 영화. 그리고 눈부신 채색과 호화로운 시대 분위기에서부터 스크루볼과 같은 속도로 빠르게 내뱉는 말에 이르기까지 1930년대와 40년대의 영화에 보내는 러브레터로서, 초반 한 시간 정도가 곡예처럼 흘러간다. 휴즈와 함께 「베이비 길들이기」식으로 골프를 즐기는[6] 블란쳇은 자신의 여성성은 물론 헵번의 연기에서 많은 걸 끌어내는 것 같다. 도도하게 머리를 뒤로 젖히며 큰 소리로 웃음을 터뜨리는 그녀는 마치 순수한 원심력으로 움직이는 것처럼 자리에서 이

6 하워드 혹스의 1938년작 스크루볼 코미디 걸작 「베이비 길들이기」에서 자유분방한 주인공 수전 밴스(캐서린 헵번)는 골프장에서 남주인공의 공을 자기 공이라 우기면서 그와 인연을 시작한다.

7 디캐프리오는 「캐치 미 이프 유 캔」에서 탁월한 사기꾼 연기로 극찬을 받았지만 「갱스 오브 뉴욕」에서는 재능을 살리지 못했다는 평가를 받은 바 있다. 두 영화는 모두 2002년 12월에 개봉되었다.

헵번 역을 맡은 블란쳇의 잊을 수 없는 연기는 아카데미 여우 조연상으로 보답을 받았다.

XF-11기가 시험 비행 중 추락하여 휴즈는 끔찍한 부상을 당한다.

"제가 가장 끌린 건 '사로잡힌' 남자예요. 하늘을 나는 것과 세상에서 가장 빠른 사람이 되는 것에 대한 집착, 진실하고 멋지고 강박적인 광기죠. 그리고 오늘날 우리는 수많은 그의 집착의 결과물들과 함께 살고 있습니다.
저는 또한 그의 몰락이 지니는 신화적 측면에도 매료되었어요. 신들은 파괴할 자에게 광기를 안겨 주니까요."

"새로운 인테리어 아주 마음에 드네요." 휴즈는 깊은 우울증 속에 고립되어 있었지만, 에이바 가드너가 그를 발견하고 체력을 회복하도록 이끌어 준다.

살을 탈피하고 싶어 하는 디캐프리오에게 「에비에이터」는 스코세이지식 어둠의 심연으로 향하는 고전적인 여행이었다. 반면 감독은 이전의 보다 개인적인 작품을 뒤로하더라도, 프로페셔널한 모습을 보여 주면서 관객들을 즐겁게 했던 과거 할리우드의 정신을 되살리려고 애쓰고 있었다. 포마드를 바른 머리, 번뜩이는 푸른 눈, 그리고 끊임없는 몸짓으로 디캐프리오는 우리에게 언변 좋은 악당, 소리 지르며 명령하고 그 자리에서 고용하고 해고하는 자본주의 왕자, 까마귀 무리 중 지배자인 수컷의 초상을 보여 준다.

"너처럼 아름다운 여자에게 즐거움을 주는 게 뭔지 궁금해." 코코넛 그로브에서 담배 파는 여인에게 휴즈가 스팽글로 장식된 그녀의 짧은 튀튀 스커트 아래로 손을 슬며시 넣으며 가르랑거리듯 말한다. 하지만 휴즈는 묘하게도 불임의 쾌락주의자[8]였다. 어쩌면 그것이 스코세이지가 휴즈와 연결될 수 없는, 그리고 그의 정신 붕괴(많은 이들이 스코세이지의 장점을 살렸다고 생각했던)가 이상하게도 영화의 가장 큰 약점이 된 이유일지도 모르겠다. 휴즈가 벌거벗고 면도도 하지 않은 채 자신의 개인 시사실에 틀어박혀 수백 개의 빈 우유병에 오줌을 채우고 끊임없이 계속 소곤소곤

횡설수설할 때 디캐프리오는 진심으로 여기에 전념한다. 스코세이지는 그에게 넘실거리는 지옥불(화염, 불꽃, 원광圓光, 그의 뒤틀린 등을 가로질러 상영되는 「지옥의 천사들」의 여러 장면)을 잔뜩 안겨 주지만 바로 다음 장면이 그 강렬함을 없애 버린다. 에이바 가드너(케이트 베킨세일)가 휴즈의 집에 모습을 드러낸다. "절 위해 옷을 입어 주다니 고맙군요." 그녀가 세균의 접근을 막기 위해 거미줄처럼 잔뜩 테이프를 쳐 놓은 그의 아파트를 둘러보며, 그의 후줄근한 모습을 보고 말한다. "새로운 인테리어 아주 마음에 드네요."

웃기는 일이지만 「택시 드라이버」를 만든 감독은 트래비스 비클이 그토록 주목을 받게 된 걸 절대 용납하지 않았을 것이다. 사실을 말하자면 스코세이지는 비클의 유아론唯我論[9] 혹은 자신에게 있었던 파멸에 대한 취향을 더 이상 지니고 있지 않았다. 휴즈의 조증躁症 직전에 이야기를 멈추는 영화의 마지막 40분에서는 대신 그가 너무 많은 희생을 치르고 얻은 몇 가지 승리를 보여 준다. 그는 전쟁에서 부당이득을 취했다는 날조된 혐의로부터 자신을 방어하고 마침내 H-4 허큘리스 비행기를 하늘에 띄운다. 거대한 허큘리스의 육중한 움직임은 오프닝 장면의 경쾌한 활

8 하워드 휴즈는 스타 배우 등 수많은 유명인들과 연애를 했고 두 번 결혼했지만 슬하에 자녀는 없었다.

9 실제 존재하는 것은 자신뿐이며 그 외의 것은 자신의 의식에서 비롯된 관념이라고 생각하는 주관적 관념론.

"많은 사람들이 왜 하워드 휴즈에 대한 영화를 만들고 싶냐고 물어봐서
그에 관한 영화를 하는 게 무서웠어요. 그는 세계 최고는 아닌 어떤 것들,
그리고 우리나라에 대한, 그리고 인간이 되게 해 주는 것은 무엇인지에 대한 것들을 상징합니다.
하지만 저는 그 모든 게 대단히 매력적이라고 생각했어요. 왜냐하면 제 생각에 휴즈가
이 나라 자체와 가졌던 관계 때문이에요. 권력과 권력의 부패에 관한 것 말입니다."

"미래의 길." 영화는 H-4 허큘리스의
성공적인 시험 비행과 함께 절정에
이르지만, 다시 시작된 휴즈의 강박적
행동으로 인해 승리의 감정은 손상된다.

력과는 전혀 다르고, 스코세이지가 확실하게 승리의 결말로 이끌지도 모른다는 의혹은 디캐프리오의 신경증적 종결부로 인해 바로 힘을 잃는다. "미래의 길, 미래의 길." 그는 스코세이지 영화의 이전 반영웅 주인공들에게 경의를 표하기라도 하듯, 거울 앞에서 반복해 중얼거린다. 다른 삶이었다면 저 장면은 지금처럼 하워드 휴즈에 관한 마틴 스코세이지 영화의 끝이 아니라 출발점이 되었을 것이다.

이러한 분위기가 바뀐 건 이듬해의 아카데미 시상식에서다. 「에비에이터」는 작품상, 감독상, 각본상, 남우 주연상(디캐프리오), 남우 조연상(앨런 앨다)을 포함해 오스카 11개 부문에 후보로 올랐다. 그리고 촬영상, 편집상, 의상상, 미술상, 여우 조연상(블란쳇)까지 총 5개 부문을 수상했다. 기막히게 아름다운 시각적 요소와 뛰어난 조연이 있었지만 중심이 잡히지 않았던 영화에 이 정도면 적당한 것 같다.

디파티드
The Departed
2006

"오래된 이야기죠.
문제가 있다는 걸 알려면,
먼저 문제가 있다는 사실을
인지해야 해요. 정말이에요.
이것이 제 생각입니다."

부패 경찰 콜린 설리번(맷 데이먼)이 포르노 극장에서 조직의 두목
프랭크 코스텔로(잭 니콜슨)를 만난다.

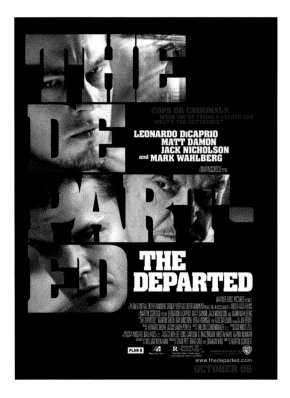

"좋은 생각이 떠올랐어, 괜찮은 아이디어야!" 「디파티드」는 스코세이지에게 고대했던 니콜슨과의 작업 기회를 주었다.

모두가

잭과 관련된 자기만의 이야기를 가지고 떠났다. 니콜슨과 함께 하는 장면을 찍기 전날 저녁에 맷 데이먼은 대본을 훑어보고 있었다. 전화벨이 울렸다.

"맷, 잘 지내나? 마티야. 감독."

데이먼은 스코세이지가 이런 식으로 자신을 알리는 게 늘 즐거웠다.

"예, 누군지 알아요." 그가 말했다.

"재미있는 일이 생겼어. 잭이 내일 자네 장면 관련해서 아이디어가 있대… 좋아, 바로 얘기할게. 잭이 딜도를 착용할 거야."

데이먼은 생각했다: *음, 알았어요. 그럼 내일 7시에 보는 거죠?* 다음 날, 그는 리허설에 들어갔다. 그들은 니콜슨이 역을 맡은 폭력배 프랭크 코스텔로에게 고용된, 그가 연기하는 경찰 콜린 설리번이 포르노 극장에서 코스텔로를 만나는 장면을 찍을 예정이었다. "이렇게 하자." 니콜슨이 그에게 말했다. "내가 외투를 입고 들어와서 저기 앉을 거야. 그리고 내가 커다란 딜도를 꺼내면 우린 웃는 거지." 데이먼은 이게 실제로 장면을 시작하는 아주 좋은 방법이라는 걸 깨달았다. 마치 이 사내들이 정말로 섹스를 폭력으로, 폭력을 섹스로 승화하려는 것 같았다. 니콜슨은 코스텔로의 사디즘과 그의 성적 취향을 일직선상에 놓고자 했고, 한 장면에서 리어나도 디캐프리오의 손을 부러뜨린 후 코스텔로와 그의 여자 친구 간에 이런 말다툼이 있어야 한다고 제안했다. "왜 그렇게 열을 내는 거예요?" "차에 타 봐, 보여 주지…"

"잭은 촬영장에 오면 그냥 미친 짓을 하곤 했어요." 데이먼이 말했다. "리오와 제가 잭과 함께 있는 모든 장면들을 잘 살펴보면 우리가 너무 당황하고 있는 게 보일 겁니다." 디캐프리오 역시 니콜슨과 함께 일하는 게 처음이었다. 디캐프리오가 연기한 빌리 코스티건이 코스텔로에게 자신이 스파이가 아니라는 걸 납득시켜야 하는 술집 장면을 촬영한 후 니콜슨이 스코세이지를 향해 말했다. "저 친구 나한테 충분히 겁먹은 거 같지 않아. 더 무섭게 해야겠어." 스코세이지가 대답했다. "생각나는 게 있으면 뭐가 됐든 가져오세요. 내일 두어 테이크만 하죠. 그거면 될 겁니다." 다음 날, 그가 촬영장에 도착하자 니콜슨이 다가와서는 들뜨서 외쳤다. "좋은 생각이 떠올랐어, 괜찮은 아이디어야!"

아무도 디캐프리오에게 정확히 무슨 일이 일어나고 있는지 말해 주지 않았지만 소품 담당자가 그를 한쪽으로 데려가 경고했다. "조심해요. 그가 소화기하고 총, 성냥, 그리고 위스키 한 병을 가져갔어요." 디캐프리오는 니콜슨을 마주 보고 테이블에 앉았다. 카메라가 돌아갔다. 갑자기 니콜슨이 킁킁거리며 위스키 냄새를 맡기 시작했다. "쥐새끼 냄새가 나." 그는 이렇게 말하고 쥐가 공기 냄새를 맡는 것처럼 코를 찡그렸다. 그러고 나서 총을 꺼내더니 디캐프리오의 얼굴에 대고 천천히 흔들기 시작했다. 소품 총이긴 했지만 그래도 위험했다. 그가 총을 쏠지 어떨지 아무도, 스코세이지조차 몰랐다. "그는 수없이 즉흥 연기를 펼쳤습니다." 디캐프리오가 말했다. "어느 특정한 날 그가 코스텔로의 어떤 면을 연기할지 확신할 수 없었어요.

"잭과 함께할 때는 무엇이든 할 준비가 되어 있어야 합니다. 마음이 완전히 열려 있어야 해요…
그는 자기 대사를 다시 써서 더 상스럽게 고쳤습니다. 캐릭터의 핵심을 정확히 파악하고 있었던 것 같아요."

그건 배우로서 겁나는 일입니다. 그리고 더 분발하게 만들죠."

그들은 훨씬 극단적인 테이크를 네 번 더 찍었다. 그중 하나에서 니콜슨은 테이블에 위스키를 잔뜩 붓고 불을 붙이기도 했지만 스코세이지는 초기 촬영분을 택했다. 이 장면의 편집에 몇 달이 걸렸으며 많은 의문이 제기되었다. 코스텔로와 코스티건은 무슨 관계인가? 그와 설리번은 무슨 관계인가? 그는 그의 아버지일까? "그리고 어떤 면에서는 영화가 바람직한 방향으로 나아가기 시작한 게 바로 그 순간이었습니다." 감독이 말했다. "그러니까 그는 미쳐 버린 하나님 아버지여야 했고 온 세상이 그의 주위로 내려와야 했어요. 그리고 그렇게 되었죠."

처음에 스코세이지는 이 영화가 하고 싶지 않았다. 그는 홍콩의 2002년작 스릴러 영화 「무간도」를 리메이크하여 보스턴으로 배경을 옮긴 윌리엄 모나한의 대본에서 자유로운 언어 표현은 마음에 들었으나 이 이야기로 뭘 할 수 있을지 알 수가 없었다. 그는 전에 스릴러 장르로 스튜디오 소유주들을 기쁘게 해 주려다 된통 혼이 난 적이 있지만, 워너브라더스는 그와 디캐프리오가 다시 함께 일하기를 몹시 열망하고 있었다. 프랭크 코스텔로 역할에 로버트 드 니로가 예정돼 있었고 처음 이 영화의 리메이크 판권을 손에 넣은 브래드 피트가 잠정적으로 콜린 설리번 역에 내정되었지만 「갱스 오브 뉴욕」을 공동으로 집필했던 케네스 로너건이 그 대신 보스턴 태생인 맷 데이먼을 추천했다. 스코세이지는 30년 동안 알고 있었지만 함께 할 영화를 찾으려 애썼음에도 한 번도 연결된 적이 없는 배우인 니콜슨에게 코스텔로 역을 맡겼다.

"니콜슨에게서 뭔가 상징적인 걸 원했습니다." 그가 말했다. "그가 단 세 장면에만 등장한다 해도 사람들이 이 영웅적이며 거의 신과 같은 인물의 존재를 느낄 수 있는, 영화 전체를 이끌어 줄 실질적 존재를 원했던 거죠." 영화에서 묘사된 세계는 "더 이상 도덕이 존재하지 않는 세계입니다. 코스텔로도 이걸 알아요. 그는 그런 걸 거의 넘어선 존재입니다. 그는 그들이 살고 있는 세계에 더 이상 신이 존재하

"「디파티드」를 포기하려 했던 순간이 있었습니다.

저는 대본을 보며 제가 생각했던 영화를 만들고 싶었는데 영화사는

다른 걸 원하는 것 같았어요. 세상에, 내 커리어의 이 시점에서,

나는 예산 범위 내에서 그저 내가 만들고 싶은 영화를 만들려 한다고 생각했습니다.

그런데 내게 와서는 특히 내 홈그라운드 같은 이런 프로젝트에,

이런 배우들과 이런 영화를 찍으라고 요구한다? 저는 이게 끝일 수도 있겠다고 생각했어요.

그냥 여기서 나를 봐 주면 무대 위의 롤링 스톤스나 찍어야겠다 싶었죠."

크랜베리 주스를 주문했다는 이유로 빌리 코스티건을
조롱한 남자로부터 코스텔로의 심복 미스터 프렌치(레이 윈스턴)가
코스티건을 떼어 놓는 장면을 준비한 후 촬영하고 있다.

지 않는다는 사실을 알고 있습니다… 우리가 9·11 테러 이후 이런 상황에 처해 있었기 때문에 제게 있어 그건 그저 슬픔과 절망감인 것 같아요. 아무튼 이 모든 것이 함께 오게 되었고 그래서 저는 이 세계를 일종의 도덕적 그라운드 제로[1]와 같은 곳으로 묘사할 수 있었습니다."

오랜만에 현재를 배경으로 하는 스코세이지 영화인 「디파티드」는 2005년 봄 보스턴과 뉴욕(세액 공제 혜택이 더 많은) 부근에서 로케이션 촬영을 시작했다. 그는 출연진에게 늘 했던 영화 교실을 준비해 앤서니 만의 누아르 스릴러 「티맨」(1947)과 「부당 대우」(1948), 윌리엄 웰먼의 「공공의 적」(1931), 그리고 누군가 파멸을 맞이했음을 나타내는 상징적인 "X" 등급을 받은 하워드 혹스의 고전 「스카페이스」(1932)[2]를 상영했다. 스코세이지는 자신의 영화에서 "이 영화에서는 모두가 같은 운명"임을 모방하고자 했고 "그게 우리가 그들을 죽은 자들the departed이라고 일

커는 이유"라고 했다. 230회 이상의 욕설은 물론이거니와 최소한 열 번의 처형과 한 번의 교살, 아주 높은 곳에서 떨어진 시체에서 생생하게 튀는 피의 묘사가 포함된 이 영화는 워너브라더스가 요구한 시사회 절차를 거치며 괴로울 정도로 더디게 진척되었다.

"많은 돈이 들었고 유명 스타들이 출연했기 때문에 저는 스튜디오와 아주 긴밀하게 일을 해야 했습니다." 스코세이지가 말했다. "상영하고 설득하고 논의하고 그런 거 있잖아요. 우리는 우리 의견을 굽히지 않았어요. 원하는 건 거의 얻었지만 그렇지 못한 몇 가지 것들이 여기저기에 있었죠. 그건 별로 중요하지 않습니다. 문제는 그 절차를 다시 거치는 게 가치 있는 일인지 제가 모르겠다는 사실이에요." 편집과 재편집이 조금씩 진행되면서, 스코세이지는 롤링 스톤스의 콘서트 영화 「샤인 어 라이트」에 담을 그들의 공연을 찍기 위해 뉴욕에 있어야 한다는 것 때문에 점점 더 초조해졌다. 그는 영화의 초벌 프린트를 감독(며칠이 걸릴 수 있는 변환 과정의 마지막 부분)하기 위해 로스앤젤레스에서 또 한 주를 보내기로 되어 있었는데, 작업실의 컴퓨터가 제대로 작동하지 않아 이틀이 더 지연되자 결국 스코세이지의 인내심은 사라지고 말았다.

"여기서 나가겠다고 말했어요. 최종 프린트는 거의 못 봤습니다." 그는 맨해튼에 있는 지그펠드 극장에서 개봉하던 날 완성된 영화를 처음 보았다.

1   2001년 9·11 테러로 무너진 세계무역센터가 있던 자리. 원래는 핵폭발이 일어난 지점을 뜻하는 말이다.

2   미국영화협회에서 'X 등급'을 비롯한 영화 등급제를 시작한 건 1968년부터다. 「스카페이스」가 만들어졌을 때는 할리우드 메이저 스튜디오의 자체 검열 제도인 영화 제작 규약('헤이스 규약Hays Code'으로 불렸다)이 시행되기 이전, 즉 '프리코드 시대'(1929~1934)였다. 하지만 그럼에도 1930년 완성된 이 영화는 과도한 폭력성으로 인해 심한 검열 과정을 거쳐 여러 장면이 삭제되고 내용을 순화한 후 2년이 지나서야 개봉할 수 있었다.

데이먼(위)과 디캐프리오(오른쪽)는 각자 상대 조직에 잠입하여
대립하는 스파이라는 자신들의 역할을 쉽게 바꿀 수도 있었을 것이다.

"이 영화가 사업에서의 배신이나 연인 간의 부정不貞뿐만 아니라
철저한 이중성에 관한 작품이라는 점이 저를 매혹했습니다."

마취에서 깨어나고 있는 아이를 떠나듯, 스코세이지가 그런 식으로 「택시 드라이버」나 「분노의 주먹」을 포기하리라는 건 상상도 못할 일이다. 끝없이 계속되는 영화의 재편집 과정에 대해 스코세이지가 갖게 된 조바심의 기색이었을까? 시사회 절차에 대한 경멸과 영화사 임원들에 대한 짜증이 뒤섞인 것이었을까? 조금씩은 이유가 되겠지만 이는 또한 스코세이지가 상을 얼마나 대수롭지 않게 생각하고 있었는지를 말해 주는 부분이기도 하다. 그런 건 자신의 걸작을 마무리하는 사람이 할 수 있는 행동이 아니다. 거의 10년간 하비 와인스틴에게 A급 영화를 만들어 주었지만 수상은 하지 못했던 스코세이지가 자신이 만든 어떤 작품보다 낮게 으르렁대는 퓨마와 같은 영화인 「디파티드」로 마침내 아카데미상을 받은 건 다소 아이러니한 일이다. 그런데 사실 이 영화가 오스카를 받을 만한 작품은 아니었다. 아카데미 시상식에는 어울리지 않는 영화다. 모두가 지옥의 나락으로 떨어지며, 쥐 한 마리와 스코세이지 작품에서 조 페시 이래로 가장 많은 악담을 퍼붓는 자를 제외하면

마지막에 아무도 살아남지 못하는 이 거칠고 빠르고 비열한 B급 영화에는 절제를 잃게 할 정도로 걷잡을 수 없는 절박함이 담겨 있다.

여기엔 또한 「좋은 친구들」 이후 스코세이지의 영화 중 가장 멋진 오프닝이 자리한다. 최고 수준의 편집, 배경 설명, 장면 구성과 음악 등 모든 것이 풀기 쉽게 맨매듭처럼 한데 모여 있다. 우선 콜린 설리번은 매사추세츠주 경찰청에서 빠르게 승승장구하고 있는 교활한 기회주의자로, 그는 수년간 어린 시절부터 알아 왔던 아일랜드 마피아의 우두머리 프랭크 코스텔로의 스파이 역할을 해 왔다. 그리고 같은 동네 출신으로 경찰학교 부적응자인 빌리 코스티건이 있다. 그는 상사인 퀴넌(마틴 신) 경감에게 선택되어 코스텔로의 조직에 스파이로 잠입하는데, 범죄자로서의 진실성을 더 구체화하기 위해 감옥에서 몇 년을 보내기까지 한다. 소년 시절과 감옥살이를 포함한 이 모든 것이, 때로 프레임 안에서 완전히 똑같은 자리에 위치한 두 남자 사이를 오가는 셀마 스쿤메이커의 편집으로 첫 20분 동안 이어진다. 그동안

기타는 셋잇단음표의 탱고를 연주한다. 로비 로버트슨[3]의 더없이 탁월한 음악 선곡이다. 우리는 같은 동네에서 자랐으나 서로 알지 못하는 이 남부 보스턴 출신의 두 젊은이가 추는 탱고, 춤, 파드되[4]를 바라본다. 이들은 결국 두개골이 깨질 때까지 점점 더 서로를 꽉 끌어안게 된다.

말할 것도 없이 데이먼과 디캐프리오는 역할을 바꿀 수도 있었다. 「갱스 오브 뉴욕」과 「에비에이터」에서 자기 배역에 너무 미숙했던 디캐프리오의 취약한 느낌은 여기서는 이점이 된다. 퀴넌이 그의 앞에서 철퍼덕 떨어질 때 그가 내뱉는 동물처럼 낑낑거리는 소리를 들어 보라. 영화가 진행됨에 따라 그는 열광적으로 문제를 풀어 간다. 하지만 그를 마약에 취하게 할 필요는 없다. 올가미는 충분히 꽉 조여져 있으니까. (그들이 「비상 근무」에서 했던 것처럼 마약은 생리학적 현실로서보다는 주제와 관련된 장식으로서 더 기능하는 것처럼 보인다.) 데이먼의 생기 넘치는 미소는 배신자의 교활한 씰룩거림을 감추어 주는데, 이 연기는 앤서니 밍겔라의 「리플리」에서 그가 맡았던 톰 리플리의 속편과도 같다. 하지만 이들 중 누구도 우리의 주의를 오래 끌도록 의도되지 않았으며, 「좋은 친구들」의 결말을 「길버트 그레이프」처럼 보이게 만들어 주는 향연이 펼쳐지는 마지막 부분에서 젤로[5]처럼 뇌 조직을 벽과 바닥에 흩뿌려 놓고 두 남자가 모두 살해될 때 감정이 거의 느껴지지 않는다는 사실에 놀랄지도 모른다.

「블루 벨벳」의 개똥지빠귀와 마찬가지인, 설리번의 집 창턱을 살금살금 가로질러 가는 쥐를 준비하며 스코세이지조차 얼굴에서 헛웃음을 지울 수가 없었다. 마치

---

3   캐나다에서 결성되어 밥 딜런의 백 밴드로 명성을 쌓은 후 독립해 여러 뛰어난 앨범을 발표한 그룹 '더 밴드'의 리드 기타리스트이자 싱어송라이터. 밴드의 고별 공연을 담은 마틴 스코세이지의 다큐멘터리 「라스트 왈츠」(1978) 이후 「분노의 주먹」(1980)부터 「킬러스 오브 더 플라워 문」(2023)에 이르기까지 10편 이상의 스코세이지 영화에서 음악 감독, 작곡가, 프로듀서 등의 역할을 했다.

4   발레에서 두 사람이 추는 춤.

5   젤리, 푸딩 등 젤라틴 디저트를 대표하는 미국의 브랜드.

「디파티드」에서 니콜슨의 강한 영향을 감출 수는 없었다. 영화에서 어슬렁거리며 돌아다니는 그의 존재는 스코세이지가 결국 첫 오스카를 거머쥐는 데 도움을 주었다.

바깥세상이 또 다른 계략인 양, 햇빛조차 속임수 같다. (아는가? 저기 밖은 보스턴도 아니다.) 분명 스코세이지의 가장 허무주의적 영화인 「디파티드」는 공격자와 등에 칼을 꽂는 자의 루빅스 큐브[6]이며 자코비안 시대의 비극[7]처럼 빈틈없고 불경한 배신자들의 고르디우스의 매듭[8]으로, 모든 배우가 모나한이 쓴 추잡하고 뻔뻔스러운 대사를 누가 더 많이 베어 물 수 있는지 경쟁한다. 최고의 영예는 퀴넌의 재수 없는 보좌관 디그넘 경사 역으로 장면을 압도하는 마크 월버그의 차지다. "당신 도대체

누구요?" "내 할 일을 하는 사람이다. 넌 제대로 일 안 하는 새끼고." 조이스와 셰익스피어, 프로이트 같은 유명인의 이름을 들먹이며 그가 모나한이 쓴 더 도발적인 구절을 내뱉었으면 더 좋았을 것이다. 디그넘은 이렇게 말할지 모르겠다: 졸라 잘났다 씨바.

영화의 공로자는 잭이다. 영화의 시작 장면에서 그림자 사이로 움직이는 니콜슨은 악마와 같은 턱수염과 이글거리는 눈을 과시하며 밝은 곳으로 모습을 드러내 손자孫子[9]와 같은 진실을 이야기한다. 그는 호피 무늬 가운, 잘린 손, 저 가짜 음경 같은 현란한 소품들이 있는 창고를 신나게 돌아다닌다. 아주 서서히 타오르는 분노를 과장되고 허세가 담긴 연기(코스텔로는 섹스와 권력, 마약에 대한 무시무시한 욕구로 이루어진 사람이다)로 펼치긴 하지만 든든한 느낌을 주는 잭 니콜슨의 화려한 연기가 스코세이지에게 오스카 수상을 확실하게 만들어 주었는지도 모르겠다.

"봉투를 다시 확인해 주시겠어요?" 2007년 2월 25일, 「분노의 주먹」으로 처음 아카데미상 후보에 오른 이래 약 26년의 세월이 지나고 일곱 번이나 퇴짜를 맞은

---

6 헝가리의 건축학 교수 루비크 에르뇌가 1974년 발명한, 27개의 정육면체로 이루어져 각 면을 같은 색깔로 맞추는 입체 퍼즐.

7 1603년 엘리자베스 1세가 사망하며 튜더 왕조의 대가 끊기자 스코틀랜드의 왕인 스튜어트 왕가의 제임스 4세는 잉글랜드의 왕위에 오르며 통합 군주인 제임스 1세가 되었다. 그가 재임한 1603년부터 1625년까지를 자코비안 시대라 일컬으며 그 시기에 『오셀로』(1603), 『리어 왕』(1605), 『맥베스』(1605) 등 셰익스피어의 여러 비극이 쓰였다.

8 고대 소아시아의 왕국 프리기아의 왕 고르디우스와 그의 아들 미다스는 사바지오스 신에게 소달구지를 바치고 그걸 아무도 풀 수 없을 정도의 복잡한 매듭으로 신전 기둥에 묶었다. 이걸 푸는 자는 아시아의 왕이 된다는 예언을 실현한 인물은 기원전 333년 칼로 그 매듭을 잘라 버린 알렉산드로스 대왕이다. 풀기 어려운 문제, 발상의 전환이 필요한 문제에 대한 은유로 쓰인다.

9 기원전 6세기 중국 춘추 시대의 사상가이자 전략가. 『손자병법』의 저자로 잘 알려져 있다.

"제가 아는 잭은 할리우드의
역사를 품고 있는 인물입니다.
1950년대 후반으로 거슬러 올라가죠.
로저 코먼을 거쳤고요. 그는 장르를
이해합니다. 미국 영화는 물론 유럽 영화와
아시아 영화, 기타 등등에서 나온 다양한
장르를 이해하고 있어요.
저는 항상 잭과 함께 작업하고 싶었습니다."

후 그의 이름이 호명되자 감독이 익살스럽게 얘기했다. "제가 살아남는다면 시스템 내에서 제 위치가 뭔지 그때 깨달았습니다. 밖에서 안을 들여다보는 사람이죠." 「분노의 주먹」이 로버트 레드포드의 「보통 사람들」에 패했을 때 그는 이렇게 말했었다. 그가 「디파티드」로 거둔 승리는, 무시당하고 밀려나는 데에 오랫동안 익숙해진 영화감독의 도전과 함께 새로운 장을 열어 줄 것이었다. 명사名士로 대접받고 새로 회복된 흥행 가능성을 인정받으면서 말이다. 미국의 현실이라는 수렁에 너무 빠져 있어서 꿈의 공장[10]에서 호감을 살 수 없었던 피로 얼룩진 파스타의 수호성인은 이제 사랑받는 사람이 되었다. "온도가 바뀌었습니다." 그가 말했다. "전 그저 계속 일을 하려고 했을 뿐입니다. 기대도 안 했죠. 모두가 '스코세이지는 오스카를 기대하지 않아'라고 놀립니다. 맞아요. 흥행 성공이나 아카데미 수상 없이 이 모든 영화들을 만들었다는 게 진짜 성공이고 만족을 주었으니까요. 그게 중요한 것이었습니다."

---

10 할리우드의 스튜디오 또는 영화 산업을 일컫는 말.

"이 영화에서는 모두가 같은 운명을 지닙니다. 그게 우리가 그들을 '죽은 자들'이라고 일컫는 이유예요."
스코세이지의 기준으로도 사망자 수가 많다.

"이제는 많은 사람들에게 모욕을 주는
「디파티드」 같은 영화를 만들기가 더 어렵습니다.
이 영화에서는 불쾌한 말이 쓰이죠.
그리고 폭력적이고요. 아마도 10년이나 12년 전에는…
그런 식이 아니었어요. 어쩌면 우리는 잔혹한 현실 같은
것에 더 가까워졌는지도 모르겠네요."

셔터 아일랜드
Shutter Island
2010

"항상 이런 종류의 이야기에
끌렸어요. 제게 흥미로운 점은
어떻게 이야기가 계속 바뀌고,
일어나고 있는 일의 진실성이
계속 바뀌는지, 그리고
맨 마지막 장면까지 어떻게
이르게 되는지입니다.
결국 사실을 어떻게
인지하는가에 대한 문제예요."

벤 킹슬리(닥터 콜리), 리어나도 디캐프리오(테디 대니얼스),
그리고 마크 러팔로(척 아울)와 촬영장에서.

"리오와 함께한다는 건 늘 흥미로운 발견의 과정입니다.
저 역시 그걸 쉽게 말하진 않아요. 왜냐하면 우리는 그 과정이
어떻게 될지 모르고 처음에는 항상 겁이 나기 때문이죠.
그러고 나서 리오가 진짜로 거기 빠져들면 우리는 켜켜이 쌓인
이 모든 것들을 풀어 가기 시작하는 거예요.
그리고 「셔터 아일랜드」의 이야기는 그렇게 하기에 정말
적합했고요. 우리가 이 영화를 끝낼 무렵 그는 자신이
심리적으로나 정서적으로 얼마나 멀리 여행을 해야 했는지에 대해
몹시 놀랐던 것 같아요. 아마 그가 이제껏 찍은 영화 중
가장 힘들었을 겁니다."

어느 날 밤 10시 30분, 스코세이지는 데니스 루헤인의 2003년작 미스터리 소설 『살인자들의 섬』을 각색한 리타 캘로그리디스의 대본을 집어들었다. 그리고 그걸 내려놓을 수가 없었다. "일단 그걸 읽은 이상 할 수밖에 없었어요." 그가 말했다. "불에 뛰어드는 나방 같았다고 할까요." 보스턴 하버에 있는 정신 이상 범죄자 수용소의 감방에서 사라진 여성 정신병 환자를 수색 중인 두 연방 보안관의 이야기를 다룬 이 책은 루헤인이 "B급 영화와 통속 소설에 대한 경의"로 시작한 작품이었다. 이건 늘 자신의 배우와 스태프에게 고전 영화를 상영해 주며 준비를 해 왔던 스코세이지에게 하늘이 내려 준 양식이나 다름없었다. 하지만 「셔터 아일랜드」는 스코세이지가 다른 어떤 영화를 할 때보다 더 시사실에서 많은 시간을 보낸 작품이다.

그가 자기 배우들(리어나도 디캐프리오, 벤 킹슬리, 마크 러팔로)에게 처음 보여 준 영화는 살인 피해자(진 티어니)와 사랑에 빠지는 형사(데이나 앤드루스)의 이야기를 담은 오토 프레민저의 「로라」였다. 스코세이지는 이 영화에서 앤드루스가 보여 준 몸동작에 매료되었다. "그가 프레임 사이를 움직이는 방식, 어깨를 내리고 어느 누구의 눈도 쳐다보지 않죠."

그는 그 다음으로 로버트 미첨, 제인 그리어, 그리고 커크 더글러스가 출연한 자크 투르뇌르의 고전 누아르 「과거로부터」를 보여 주었다. 그는 디캐프리오가 미첨이 움직이는 방식에 다시 한 번 주목하기를 바랐다. "누구에게도 전혀 집중하지 않는 것처럼 보이고 항상 주위를 둘러보는 건 그가 모두를 의심하기 때문이에요." 영화가 끝나자 디캐프리오는 박수를 치며 스코세이지에게 말했다. "제 평생 본 것 중에 가장 멋진 영화였어요."

그 뒤를 이어 앨프리드 히치콕의 「현기증」, 전쟁 신경증에 관한 존 휴스턴의 전시戰時 다큐멘터리 「빛이 있으라」, 새뮤얼 풀러의 한국전쟁 영화 「철모」, 그리고 1940년대에 발 루턴이 RKO의 공포 영화 부문을 총괄했을 때 제작한 다수의 초저예산 싸구려 영화들인 「캣 피플」, 「나는 좀비와 함께 걸었다」, 「일곱 번째 희생자」, 「죽은 자의 섬」을 보여 주었다. 스코세이지가 이 영화들을 마지막으로 봤던 건 열 살이나 열한 살쯤 되었을 때다. 영화를 보고 나오며 너무나도 무서웠던 기억이 났다. "그가 자신의 꿈이나 그 비슷한 것에 접속하는 것 같고, 그 꿈은 바로 저 모든 영화가 되죠." 디캐프리오가 말했다. "그것들은 그에게 되살아나는 추억과 같아요."

그런 것들은 칠순을 눈앞에 둔 미국 최고의 영화 예술가가 누리는 특권이다. 존

디캐프리오는 자신의 캐릭터를 "거대한 조각 그림 맞추기"라고 묘사했다.

업다이크[1]는 헨리 제임스[2]의 후기 소설에 대해 "어떤 면에서는 과거는 희미해지지만 다른 면에서는 나이가 들고 현재의 단계가 결정적인 행동으로 비워짐에 따라 흥미로워진다"고 썼으며, 마찬가지로 『살인자들의 섬』에 대해서도 제임스의 후기 소설 중 어떤 내용보다도 더 과거에 사로잡힌 혼란스러운 팔림프세스트[3]라고 했다. 그러나 스코세이지의 후기 경력에서 나타나는 불운한 경험 법칙[4] 중 하나는, 그가 영화 제작을 앞두고 참고하는 영화의 수가 그가 영화 소재를 정하는 데에 덜 관여한다는 점과 직접적으로 관련이 있다는 사실이다. 그의 초기 작품이 격렬한 현실과 맞닿아 있음으로써 강한 충격을 전해 주었다면, 그의 후기 작품은 영화광이라는 고치 안에 너무 포근하게 갇혀 있는 것처럼 느껴질 수 있다. 한때 세상과 관계를 맺는 방법이었던 영화 만들기는 일종의 도피처가 된다.

---

1 미국의 소설가·시인·문학 평론가. 해리 "래빗" 앵스트롬의 생애를 그린 4권의 '토끼' 시리즈로 유명하다. 그중 『토끼는 부자다』(1981)와 『잠든 토끼』(1990)로 퓰리처상을 수상했다.
2 19세기 후반 미국 사실주의를 이끌었던 작가. '의식의 흐름' 기법의 선구자이며 특히 후기 작품들은 인상주의 화가의 그림에 비견된다. 『데이지 밀러』(1879), 『여인의 초상』(1881), 『대사들』(1903) 등의 작품을 남겼다.
3 원래 쓰여 있던 글자를 지우고 그 위에 새로운 내용을 기록한 양피지.
4 직접적 경험에 의해 체득한 사물의 인과 관계 및 사람·사물의 성질 등에 관한 지식이나 법칙.

루헤인의 플롯이 지닌 복잡성은 거의 모두가 피하는 것이었다. 스코세이지는 촬영하는 동안 카프카의 소설을 많이 읽었다. 특히 카프카의 마지막 미완성 단편인, 평생 동안 만든 정교한 구조의 터널 속을 바쁘게 다니는 두더지처럼 생긴 생물의 이야기를 담은 『굴』을 많이 봤다. "테디는 거대한 조각 그림 맞추기 같은 인물입니다." 디캐프리오는 자기 캐릭터에 대해 이렇게 말했다. 한 현실에서 다음 현실로 거칠게 이동하며 절벽 꼭대기에 매달리고 언덕에서 굴러떨어지는 등 잇따른 지옥 같은 일들을 겪는 그를 디캐프리오는 "저 불쌍한 자식"이라고 불렀다. "거기 있었던 몇 주 동안 제가 이제껏 겪어 본 가장 극단적인 촬영 경험을 했어요. 꽤 심했죠. 점점 더 어두워져 갔고 우리가 예상했던 것보다 더 감정적으로 격렬해졌습니다." 어느 순간 그가 스코세이지에게 몸을 돌려 말했다. "제가 어디에 있는 건지 전혀 모르겠어요. 전 지금 뭘 하고 있는 거죠? 무슨 일이 벌어지는 겁니까?"

"걱정하지 마." 스코세이지가 답했다. "그냥 장면을 다시 하고, 테이크를 찍고, 한 번 더 찍고, 계속 밀고 나가면 돼." 결국 그들은 각 장면에서 그의 캐릭터가 얼마나 극단적이 될지를 표시하는 간단한 숫자 코드(1, 2, 3)를 생각해 냈다. 영화를 편집하면서도 응집력은 부족하고 플롯은 합쳐지다 말다 해서 스코세이지와 셀마 스쿤메이커는 진행을 하면서 그 형태를 알 수 있었다. "편집을 비롯하여 처음부터

"재미있게 만들 수 있는 영화일 거라 생각했어요.
하지만 알고 보니 꽤나 불편한 작품이었죠. 주제 때문입니다.
그리고 우리가 거쳐야 하는 각기 다른 수준의 특징들 때문이었어요.
하지만 그게 바로 영화 제작의 본질이죠."

"폭풍이 오고 있어요." 디캐프리오와 러팔로가 상황을 이야기하고 있다.

끝까지 발견의 과정이었어요." 스코세이지가 말했다. "이 영화는 오락물로 시작했는데, 어떻게 해야 할지 정말 몰랐습니다. 항상 다른 뭔가가 되는 것 같았죠."

그 "다른 뭔가"라는 건 스코세이지의 커리어에서 답이 나오지 않은 거대한 의문으로 남아 있다. 그의 B급 영화들은 그것들이 속해 있는, 그리고 그가 젊은 시절 빨아들였던 장르의 기준에 따라 평가되어야 할까, 아니면 그 자신의 뛰어난 감수성의 표현으로서 평가되어야 할까? 그 탁월함이 그만의 미덕은 아니다. 스코세이지의 결점은 전형적인 할리우드 영화감독과는 거의 정반대에 자리한다. 제작 준비 단계에서 싸구려 영화관까지 잡고 테스트를 하고 시사회를 하고 거의 죽을 지경이 되도록 준비를 하는 일반적인 스튜디오 영화는 적어도 출발은 좋은 경향이 있다. 할리우드에서는 시작(예상, 가능성, 계약)이 가장 중요하고 스튜디오 시스템은 관객을 모으는 데 대단히 능숙해졌다. 잘 못하는 건 업계에서 예스럽게 "3막의 문제"라고 부르는 마무리, 끝내기다. 현대 할리우드에서는 다 좋은데 끝이 좋지 않다.[5]

「셔터 아일랜드」는 정반대다. 아마도 스코세이지의 경력에서 최악의 시작이라 할 만한 이 영화의 시작은 갑작스럽고 과장되어 있다. 반전과 더불어 광분하는 듯한 2막에서 관객들은 순수하게 여러 생각을 하게 되는 자유 낙하의 상태에 접어든

다. 그러고 나서 우리가 보고 있는 게 또 다른 「케이프 피어」(실제로는 스릴이 없는 스릴러를 숨 막히게 영화적으로 재해석한)라는 확신이 들 즈음, 영화는 거대한 힘, 감정적 깊이, 그리고 아름다움의 대단원으로 바뀐다. 그건 마치 스코세이지가 갑자기 나타나 그가 가진 재료에서 시를 짜내기 위해 마침내 예술가와 그의 내면에 있는 장르광을 결합시킨 것과 같았다.

먼저 그 시작 부분이다. 1954년 매사추세츠 연안에서 안개를 빠져나온 배 한 척이 두 명의 미 연방 보안관 테디 대니얼스(디캐프리오)와 그의 새로운 동료 척 아울(러팔로)을 셔터 아일랜드의 정신 이상 범죄자 수용소로 실어 나르고 있다. "들어가거나 나올 수 있는 유일한 길이오." 선장이 말하고는 덧붙인다. "폭풍이 오고 있어요." 그러고 나서, 우리가 요점을 놓칠 경우에 대비해, 우리의 주인공들이 정문에 가까워질 때 음악에서는 뱃고동 소리가 세 번 울린다. 다른 말로 하면 이렇다: 여기 들어오는 자, 모든 희망을 버려라![6] 뛰어난 공포 영화 감독들은 연못처럼 매끄러운 정상성의 표면에서 비정상을 소환하는 법을 알고 있지만, 스코세이지는 서스펜스를 위한 인내심이나 냉정함의 기질을 가져 본 적이 없다. 그는 히치콕보다는 샘 풀러에 훨씬 가깝다.[7] "정신 차리자." 테디가 트래비스 비클과 제이크 라모타처럼 거

5   all's well that ends badly: 셰익스피어의 희극 제목이기도 한 『끝이 좋으면 다 좋다All's That Ends Well』를 비틀어 표현한 말이다.

6   단테의 『신곡』 중 〈지옥편〉에서 지옥문에 새겨진 문구를 인용했다.

7   새뮤얼 풀러는 전통적 스튜디오 시스템에서 벗어나 다양한 주제의 저예산 장르 영화를 만들었다. 프랑

테디와 척이 폭풍을 피해 묘지 지하실로 들어간다.

"이건 제가 즐겨 보는 타입의 영화, 즐겨 읽는 종류의
이야기입니다. 여러 해 동안 저는 어떤 면에서든
저를 키우는 스타일을 모방하는 특정 종류의 영화와
거리를 두고 있었던 것 같아요. 하지만 이것들은
제가 다시 돌아가 반복해서 보는 그런 영화들이죠."

벤 킹슬리가 스코세이지와 막스 폰 시도우(닥터 네어링)와 농담을 주고받고는,
완고한 닥터 콜리 캐릭터로 다시 돌아간다.

"나를 놔줘요." 테디의 죽은 아내 돌로레스(미셸 윌리엄스)가 그의 품에서 재로 변하는 불안한 꿈.

울을 보며 말하지만, 그들은 영화 전체를 저 한계점까지 이르게 했었다. 「셔터 아일랜드」는 이처럼 대부분의 영화가 끝날 때 지니는 것과 같은 강렬함으로 시작된다.

중반. 연이은 반전에 더해지는 설명은 마치 열두 명이 큰 소리로 말다툼을 하며 서로 자동차 운전대를 잡겠다고 싸우는 것 같다. 벤 킹슬리와 막스 폰 시도우가 연기한 이 병원의 소름 끼치는 최고 의사들은 환자들을 대상으로 하는 스파이와 관련된 연구에 연루되어 있는가? 테디는 2차 세계 대전에서 겪었던 트라우마를 다시 체험하고 있는가? 그리고 우리는 셔터 아일랜드가 테디의 아내 돌로레스(미셸 윌리엄스)를 살해한 방화범을 수용하고 있다는 이상한 우연을 어떻게 생각해야 할까? 테디 자신이 미친 걸까? 매 10분마다 방향이 바뀌는 음모에 말려든 테디는 꼭두각시가 되어 이리저리 흔들리며 내내 눈살을 찌푸린다. 이 영화는 표면상으로는 그의 관점으로 촬영되었지만 여기서 표현할 말을 찾아낸 이는 스코세이지 자신이다. 섬뜩한 판옵티시즘[8], 뒤죽박죽인 구성, 「베들램」이나 「충격의 복도」 같은 B급 영화를

―――――――――――――
　스누벨바그의 스타일에 영향을 주었으며 평단의 사랑을 받았던 영화감독이다.

8　영국의 철학자·법학자인 제러미 벤담은 18세기 후반 죄수의 일거수일투족을 감시할 수 있는 원형 감
　시 시설 판옵티콘을 고안했다. 20세기 프랑스의 철학자 미셸 푸코는 이 판옵티콘의 감시 체계 원리가
　사회 전반으로 스며들면서 규범 사회의 기본 원리인 판옵티시즘으로 바뀌었다고 보았다.

참고한 숱한 장면들과 더불어 이 영화는 스릴러 영화를 만들 때 제작자가 어떤 느낌을 갖게 되는지에 대한 기분 나쁠 정도의 생생한 묘사이며 혼돈에 빠졌던 편집실로부터의 보고서다.

「택시 드라이버」나 「분노의 주먹」에서처럼 감독 자신과 주인공이 줄곧 하나가 되는 영화에서 스코세이지의 표현주의는 장르 영화에 요구되는 초연함을 압도한다. 테디가 겪는 고통의 원인이 자신을 가장 잘 숨겨 주는 환상에서 벗어나야만 하는 남자의 괴로움이었다는 게 마침내 밝혀지는 막바지에 접어들어서야 감독과 주인공은 하나가 된다. 마지막으로 스코세이지는 「그리스도 최후의 유혹」의 결말에 생기를 주었던 것과 같은, 자신을 매혹하는 주제를 가지게 된다. "괴물로 사는 것과 착한 사람으로 죽는 것 중에 뭐가 더 나쁠까?" 테디가 묻는다. 그런데 이번만큼은, 아마도 그들의 협업에서 처음으로, 디카프리오가 펼친 연기의 힘에는 그 등 뒤로 스코세이지가 만들어낸 이미지가 갖는 환각적 매력이 담겨 있다. 「셔터 아일랜드」 같은 작품은 드물다. 기억에 사로잡힌 영화에 걸맞게, 영화를 보는 순간보다 돌이켜 생각할 때 훨씬 더 재미있게 즐길 수 있는 스릴러다. 어떤 영화는 절대 새로워질 수 없다. 그건 그저 오래된 영화에 불과하다.

휴고
Hugo
2011

"소년의 눈으로 세상을
본다는 아이디어가
무척 마음에 들었어요.
휴고는 열두 살이죠.
약한 아이라서
특히 끌렸습니다."

1930년대 파리의 기차역을
배경으로 한 「휴고」의 화려한 세트는
스코세이지에게 처음으로
3D의 가능성을 탐구할 수 있는
많은 기회를 주었다.

스코세이지는 열두 살짜리 딸을 둔 덕분에 아역 배우들인 클로이 그레이스 모레츠(이자벨),
에이사 버터필드(휴고)와 친밀감을 쌓을 수 있었다.

비교적 늦은 나이에 스코세이지는 또다시 자신을 따르는 어린 딸과 함께 살고 있었다. 그는 1997년에 「쿤둔」과 함께 나온 책 작업을 시작한 후 다섯 번째 아내인 편집자 헬렌 모리스를 만났다. 1999년 결혼식 후 그녀는 그가 살고 있는 어퍼 이스트 사이드의 저택으로 들어갔고 몇 달 만에 딸 프란체스카를 낳았다. "모든 게 바뀌었어요." 그가 말한다. "다른 딸들을 낳았을 때와는 달랐습니다. 그때는 제가 훨씬 젊었고 미래가 펼쳐져 있었죠. 이제는 달라요. 이제 저는 아이의 눈을 통해 미래를 봅니다. 이 아이는 자기를 둘러싼 세상을 인식하고 있어요. '그게 무슨 뜻이야? 이게 뭐야? 저게 누구야? 이건 맞아, 저건 아냐…' 이 모든 게 계속되면서, 말하고 말하고 또 말하고 그걸 의식하기도 전에 이렇게 말하며 살고 있고 매일같이 그걸 상대하는 거예요. 촬영할 때도 말이죠."

「휴고」를 만드는 동안, 그가 자신의 첫 3D 영화 촬영을 하느라 온갖 관련 업무에 지쳐 기진맥진해서 밤 늦게 집에 가면, 열두 살 먹은 프란체스카가 이를테면 아르마딜로에 대한 대화를 하고 싶어 하는 그런 경우가 많이 있었다. "아이는 저에게 무슨 일이 있는지, 제가 얼마나 지쳤는지 모르죠." 그가 회상한다. "아이가 그럽니다. '이거 봐, 아빠 이거 꼭 봐야 돼. 이게 말 같아, 아르마딜로 같아?' 그냥 지나쳐야 하는 때가 있어요. 하지만 지금은 이렇게 말해요. '잠만, 잠만, 너 아빠한테 저걸 아르마딜로라고 하는 거야? 저건 아르마딜로가 아냐. 개미핥기지.' '아니란 말야.'

갑자기 세상에 제가 채워야 할 구멍이 생긴 겁니다." 그는 목소리를 낮추고 애원하는 속삭임으로 말한다. "'근데 우리 귀염둥이, 아빠는 자야 한단다, 아빠 자야 해. 2층 방으로 갈 거야.' 거기 작은 방이 있어요. '가서 문을 잠글 거야. 울 애기가 조용히 해 줬으면 좋겠어.' '조용히 할게…' '왜냐면 아빠는 내일 아침 5시에 일어나야 하거든…' 이게 제 삶이에요."

프로젝트를 제안한 사람은 「갱스 오브 뉴욕」, 「에비에이터」, 그리고 「디파티드」의 프로듀서였던 그레이엄 킹이다. 그가 말했다. "마티, 이거 완전히 당신 스타일이에요. 꼭 하셔야 돼요." 브라이언 셀즈닉의 2007년작 아동 도서 『위고 카브레』는 열두 살짜리 고아의 이야기다. 1930년대 파리의 기차역 벽 안에서 살고 있는 이 아이는 늙은 조르주 멜리에스와 친구가 된다. 무성 영화 시대의 위대한 환상가인 멜리에스는 자신의 영화들이 영화 역사의 흐름을 얼마나 많이 바꾸었는지 알지 못한 채 무시당하며 말년을 보내고 있다. 멜리에스에 대한 스코세이지의 애정은 그가 처음 「달 세계 여행」을 봤던 1956년으로 거슬러 올라간다. "「80일간의 세계 일주」의 홍보를 위한 대규모 로드쇼의 서막의 일부였어요." 그가 말한다. "영화 전체가 흑백으로 상영되었죠. 놀라운 액션이었어요. 나중에 그리니치 빌리지에서 페니 베이커나 카사베티스의 「얼굴들」 같은 전위 영화들과 함께 봤어요. 그들은 항상 멜리에스의 영화를 상영했습니다. 인물들이 움직이는 방식에는 제가 항상 끌릴 수밖

그는 또한 동년배인 벤 킹슬리와 또다시 작업을 했다. 킹슬리는 선구적인 영화감독 조르주 멜리에스를 연기했다.

에 없었던 일종의 원초적 충동이 있었어요. 제가 천식이 있었기 때문에 아이들이 저와 같이할 수 있는 게 많지 않았어요. 그래서 저는 영화를 아주 많이 보러 다녔습니다. 1940년대 후반의 어느 때 어머니가 저를 데리고 누군가의 집엘 갔는데 거기 16밀리 영사기가 있었어요. 그들이 흑백 만화 「고양이 펠릭스」를 보여 주어서 전 영사기를 통과하는 필름, 빛줄기에서 그림이 움직이는 걸 볼 수 있었죠. 그걸 본 거예요. 멜리에스가 저를 다시 연결해 준 바로 그거 말예요."

런던의 셰퍼턴 스튜디오에 파리 북역과 리옹 역, 그리고 지금은 없는 옛 몽파르나스 역을 합쳐서 기차역 전체를 다시 만든 웅장한 세트에서 촬영하며 스코세이지는 물 만난 물고기 같았다. 그는 멜리에스뿐만 아니라 르네 클레르의 「백만장자」, 「파리의 지붕 밑」, 「우리에게 자유를」, 그리고 장 비고의 아름다운 영화들인 「품행 제로」와 「라탈랑트」 같은 초현실주의에 영향을 받은 1920년대와 30년대의 영화들에서 영감을 얻었다. 영화 홍보를 위해 인터뷰를 하는 동안 그는 빌리 와일더의 「비장의 술수」에서부터 빈센트 미넬리의 「낯선 곳에서의 2주」에 이르기까지 적어도 85편의 영화를 언급했다. "제가 만나 본 이래 가장 행복한 모습이었어요." 킹이 말한다. "갖고 놀 수 있는 새로운 장난감이 생겼던 거죠. 그는 완전히 새로운

영화 제작 방식을 봤어요. 그리고 그걸 너무 좋아했어요. 그 과정과 헤어 스타일, 메이크업까지요. 그가 촬영장에 오면 기차역에 울려 퍼지는 그의 큰 웃음소리를 들을 수 있었죠. 그의 딸도 촬영장에 꽤 자주 왔어요. 아이가 옆에 앉아서 볼 수 있는 영화를 하게 된 그가 얼마나 행복해하는지 알 수 있었습니다."

스코세이지에게 하이라이트는 프로덕션 디자이너 단테 페레티가 재현한 조르주 멜리에스의 유리 스튜디오였다. 그들은 거기서 「요정의 왕국」의 수중 세트를 포함해 멜리에스 영화들의 장면을 숏 하나하나까지 재구성했다. 그들은 5~6일 동안 촬영을 했다. 스코세이지는 영화의 천국에 있었다. "제가 영화를 찍으며 누렸던 최고의 시간이었습니다." 그가 말한다. 하지만 그는 영화를 만드는 데 필요한 3D 기술에 적응하는 데 어려움을 겪었다. "우린 모두 작업을 해 가면서 배우고 있었어요." 킹이 말한다. "마티와 저는 서로를 바라보면서 수많은 기술자들이 각기 컴퓨터 앞에 앉아 있는 걸 보고 이래요. '이 사람들 다 뭐하는 거죠?' 한번은 그가 '액션!'을 외치고 우린 촬영을 했는데 나중에 그러는 거예요. '이거 너무 흐린데. 어떻게 된 거야?' 안경을 안 썼던 거죠."

휴고의 아버지(주드 로)가 휴고에게 고장난 오토마톤[1]을 보여 준다.

자신의 트레이드마크인 뿔테 안경에 3D 필터를 부착해 쓰고 있는 스코세이지.

스코세이지가 새로운 기술에 적응을 하면서 제작 일정은 늘어지기 시작했다. 원래 2010년 7월부터 11월까지로 예정되었던 촬영은 12월까지 계속되더니 1월, 그리고 2월까지 갔다. 일정이 길어지면서 예산도 늘어났다. 원래 한도가 약 1억 달러였던 예산은 곧 1억 5,000만 달러, 1억 7,000만 달러로 증가했고 제작이 끝날 무렵에는 1억 8,000만 달러가 될 거라고 추정하기도 했다. "100일이 지나면 뭘 하실 건가요? 구급차 부르기?" 킹이 말했다. "예산에 관해서는, 준비할 시간도 충분하지 않았고 3D 영화를 만드는 게 얼마나 복잡한 일인지 아무도 깨닫지 못했던 거죠. 무슨 일이 일어나고 있는지 아무도 정확히 몰랐기 때문에 저는 세 명의 라인 프로듀서[2]와 얘기를 해야 했습니다. 아직도 이 영화가 20년이 지나도 회자될 걸작이라고 생각하냐고요? 그렇습니다. 하지만 일단 일정이 엉망이 되기 시작하자 일이 꼬이고 또 꼬이더니 그때부터 걷잡을 수 없는 사태가 시작되었어요."

「휴고」에는 스코세이지의 후기가 결정적으로 도래했음을 알리는, 초창기 무성 영화 시절에 보내는 러브레터와도 같은 째깍거리는 시계가 곳곳에 자리한다. "예술이 현실을 위해 그 권리를 포기하지 않으면 후기 스타일이 생겨난다." 에드워드 사이드는 셰익스피어의 희비극과 리하르트 슈트라우스의 마지막 작곡에서부터 그

---

1 기계적 제어 기구에 의해 스스로 작동하는 장치. 자동 기계라고도 한다.
2 예산과 인력, 일정 등 행정적 업무를 관리하는 사람.

"온 세상이 하나의 커다란 기계라는 생각을 했어." 멜리에스의 작업장에서 일하고 있는 휴고.

"제 영화에서는 영화 자체가 연결 고리입니다. 오토마톤이라는 기계는
소년과 그의 아버지, 멜리에스, 그리고 그의 가족을 감정적으로 이어 주는 연결 고리가 되죠."

레이엄 그린의 꿈 일기, 그리고 헨리 제임스의 마지막 소설들에 이르기까지 후기의 작품들에 대한 대단히 흥미로운 연구를 담은 『후기 스타일에 관하여: 결을 거슬러 올라가는 문학과 예술』에서 이렇게 썼다. 사이드는 각 작품에서 아름답게 수놓은 비단과 같은 다채로운 양식, 기교에 대한 매혹, 회고적이고 추상적인 특질, 마치 『템페스트』의 프로스페로처럼 마지막 공연을 하는 창조자이자 마술사의 모습을 드러내기 위해 장막을 들어 올리는 감각을 발견한다.

우리의 이 배우들은 내가 말한 대로 모두 정령이었고
이제 다 공기 속으로, 엷은 공기 속으로 녹아 버렸다.
그리고 환상 속의 기초 없는 구조물처럼
구름 사이로 우뚝 솟은 탑들, 화려한 궁전들,
장엄한 사원들, 거대한 이 지구 자체도,
이 세상의 온갖 사물이 다 녹아서
이 실체 없는 야외극처럼 사라져
흔적 하나 남기지 않는다.
우리는 꿈과 같은 재료로 이루어져 있고

우리의 짧은 인생은 잠으로 둘러싸여 있다.[3]

이걸로 「셔터 아일랜드」와 「휴고」를 쉽게 묘사할 수 있는데, 두 작품 모두 죽은 이가 되살아나고 폭풍이 일고 환각이 질주하고 영혼이 소환되는 기억이 득시글거리는 집을 떠나지 않는다. 「휴고」의 중심에는 멜리에스(벤 킹슬리)가 자리한다. 그에게는 과거 드래곤과 인어를 찍던 시절이 있지만 지금은 몽파르나스 역에서 기이한 옛 장난감을 파는 가게의 주인이다. 저 위 시계탑 안에서 웅크리고 있는 휴고는 시계를 작동시키고 역무원(사샤 배런 코언)과 그의 야무진 도베르만에게 잡히지 않으려고 도망을 다니느라 시간을 보낸다. 영화는 퓨마처럼 달리는 한 대의 스테디캠으로 촬영한 추격 시퀀스로 시작된다. 별난 선택이다. 교차 편집은 휴고의 옷깃에 닿는 역무원의 손가락이 느껴질 정도로 긴장감을 더해 준다. 그 효과는 멋지긴 하지만 분명치 않으며, 스코세이지의 패기는 관객의 흥분이나 휴고의 두려움을 능가한다. 「휴고」에는 진정한 아동 고전물, 아이의 눈을 통해 보는 세상에 대한 속일 수 없는 감정을 담은 영화들인 「검은 종마」, 「이티」, 「토이 스토리」, 「아름다운 비행」, 「센과 치히로의 행방불명」 등이 지니는 감정의 단순성과 솔직함이 부족하다.

3   셰익스피어가 단독으로 쓴 마지막 희곡으로 알려진 『템페스트』(1611) 4막 1장에서 주인공 프로스페로가 하는 말.

사샤 배런 코언은 휴고의 숙적인 역무원을
연기하기 위해 자신의 레오타드를
유니폼으로 바꾼다.[4]

스코세이지는 틀림없이 휴고의 눈 뒤에 있지만, 저 웅장한 세트를 바라보는 한 쌍의 눈을 제외하면 그가 이 소년에게 많은 걸 느끼고 있는지는 잘 모르겠다. 이 영화에 웅장함이 부족하지는 않다. 스코세이지는 전동 장치, 스프링, 셔터, 그리고 톱니바퀴 속 톱니바퀴들로 스크린을 채우고는 위로는 통행로와 아래로는 널판이 놓인 좁은 통로로 카메라를 빙빙 돌린다. 모든 일이 영화 카메라 안에서 일어날 수도 있다. "영화광 마티는 자신만의 매트릭스를 만들어 냈다." 『뉴욕』 매거진의 데이비드 에델스타인은 이렇게 언급했다. 그러나 우리는 휴고의 배고픔이나 가난, 외로움, 관계에 대한 갈망을 느낄 수가 없다. 어떤 평론가들에게 이 영화의 감상성感傷性 부족은 스코세이지의 더 높은 예술성의 표시이긴 했지만, 이런 소재에서는 좀 더 뻔뻔한 감독이 키를 잡을 필요가 있었는지도 모르겠다. 마놀라 다기스는 『뉴욕 타임스』에서 "달콤함을 멀리"한 「휴고」에 찬사를 보냈고, 스코세이지의 2010년작 다큐멘터리 「퍼블릭 스피킹」의 주인공인 프랜 리보위츠는 "이 영화는 아이들이 보기에는 너무 수준이 높다"고 단언했다.

멜리에스의 모습에 다가갈 때만 뻣뻣함이 사라진다. 스코세이지는 뤼미에르 형제가 카메라를 향해 돌진하는 기차 필름을 상영하고 관객들을 허둥지둥하게 했던

4　배런 코언은 「보랏: 카자흐스탄 킹카의 미국 문화 빨아들이기」(2006)에서 새총같이 생긴 남성용 비키니 '맨키니mankini'를 입은 바 있다.

"이런 특수 효과는 어렵습니다!
어떤 건 구현하는 데 89일이 걸려요.
구현에만 89일이 걸린다고요!
그렇게 완성했는데 마음에 안 들면 어떻게 해야 할까요? 어느 시점에 저는 그들에게 말해야 합니다.
그들이 제게 이런 말을 하면요.
'이제 돌이킬 수 없어요, 마티.
이 숏을 어떻게 할지 지금 당장 결정해 주셔야 합니다!' 그러면 그때가 바로 결정을 내려야 하는 때라는 걸 알게 되죠."

"항상 3D에 관심을 갖고 있었어요. 하지만 할 수가 없었죠. 해 본 적이 없거든요. 무엇보다 그건 유행이 지났고 돈이 너무 많이 들어요… 그걸 할 기회는 없을 거라고 생각했어요. 그때 「휴고」가 온 거예요. 더 많은 감독들이 드라마틱한 영화에 3D를 사용하기를 바랍니다."

스코세이지는 심지어 카메오 출연을 해도 여전히 카메라 뒤에 있다.

1896년의 전설과도 같은 순간이나 멜리에스의 「달 세계 여행」과 「요정의 왕국」 촬영 같은, 초기 영화의 몇몇 획기적 사건들을 물 만난 물고기처럼 재연한다. 스코세이지의 흥분 정도가 강해지고 셀마 스쿤메이커의 편집 리듬이 빨라지며 영화의 맥박이 생명으로 고동칠 때, 한 영화감독의 작품에 남은 불씨는 다른 이의 숨결로 타오른다. 「휴고」는 정말 기이한 창조물이다. 아이들보다 영화광에게 더 사랑받은 어린이 영화, 영화 초창기의 모습을 눈부시게 부활시킨 영화, 그러나 인간적인 마음에 대한 시각이 그 중심에 앉아 있는 오토마톤만큼이나 기계적인, 다소 차가운 경이로움이 담긴 영화다. 아카데미 시상식에서 11개 부문의 후보로 올라 그중 다섯 개를 수상한 「휴고」는 그럼에도 불구하고 박스 오피스에서 고전하여 미국 내에서 겨우 7,400만 달러를, 해외에서 1억 1,200만 달러를 기록하며 전 세계적으로 총 1억 8,600만 달러의 수입을 올렸다. 그 돈의 절반은 극장주들에게 갔고 킹의 제작사는 8,000만 달러의 손실을 받아들일 수밖에 없었다. 제작자와 감독 간의 관계에는

긴장이 쌓여 갔다.

"몇 달 동안은 쉽지 않았다고 해 두죠." 킹이 말했다. "앰비언[5]이 많이 필요했어요." 이는 당장 17세기 일본의 두 예수회 사제의 이야기를 다룬 엔도 슈사쿠의 소설 『사일런스』를 각색한 스코세이지의 다음 프로젝트에 제동을 걸었다. 스코세이지는 여러 해 동안 그 영화를 만들고 싶어 했다. 권리는 킹에게 있었다.

---

5 불면증 환자에게 처방되는 수면 진정제인 졸피뎀 브랜드.

더 울프 오브
월 스트리트
The Wolf Of Wall Street
2013

"그래요, 미국을 보는
또 다른 시각, 우리가
누구인가에 대한
또 다른 시각입니다.
그리고 인간의 본성을
바라보는 시각이에요.
이게 이 나라에서만
벌어지는 일은 아니죠.
저는 스타일을 발전시키고
그걸 더 밀어붙일 수 있기를
바랐습니다."

과시적 소비−조던 벨포트(리어나도 디캐프리오)가 자신의 45미터짜리
요트에 승선하는 FBI 요원들을 맞이하고 있다.

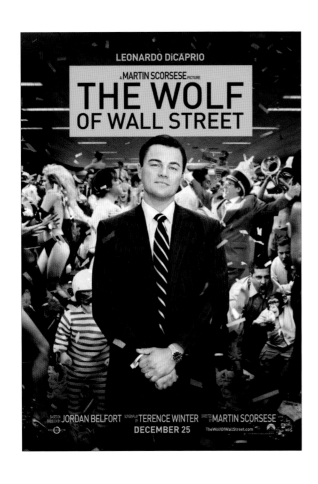

"제가 연출한 영화에서 희극적 요소는 인간의
본성에서 나옵니다. 매일같이 일어나는 오해,
그리고 어떤 상황에서 비롯되는 유머를 즐김으로써
나오는 거예요… 그러나 「더 울프 오브 월 스트리트」
의 경우, 유머는 그들의 즐거움에서 나옵니다.
그들은 나쁜 짓을 저지르고 있는데, 관객들이
이 사람들이 하고 있는 일을 자신들도 즐기고
있을지도 모른다는 생각에 스스로를 살피면서
긴장감을 느끼기를 바랍니다. 우리 안에 무엇이
있기에 이런 일을 즐길 수 있는 걸까요?"

"**이 영화는** 현대판 「칼리굴라」[1]예요." 리어나도 디캐프리오는
2007년 브래드 피트와의 입찰 경쟁에서 판권을 따
낸 조던 벨포트의 회고록 『더 울프 오브 월 스트리트』에 대해 이렇게 말했다. 워너
브라더스는 그와 스코세이지의 프로젝트로 서둘러 이 작품을 선택했지만 2008년
에 여기서 손을 뗐다. 이들 둘은 「셔터 아일랜드」를 만든 후 각자의 프로젝트(디캐프
리오는 「인셉션」, 「장고: 분노의 추적자」, 「위대한 개츠비」, 스코세이지는 「휴고」)를 하느
라 떨어져 있었지만 계속 이야기를 나누고 있었다. "그에게 집착하고 있었어요."
디캐프리오가 말했다. 그는 다른 감독들과 프로젝트를 추진하고자 했지만 시작하
고 싶은 마음이 들지 않았다. "월가(街)의 시스템과 겨루는 이 젊은 잡놈들, 나그네를
터는 귀족과 같은 이 녀석들의 흥분을 전달하는 데 필요한 날것의 느낌과 강인함,

음악, 그리고 특히 유머를 가져다줄 수 있는 다른 사람은 아무도 없었습니다."
80년대 말 롱아일랜드의 증권 회사(일명 "보일러실"[2])를 인수하여 스트래튼 오크
먼트로 이름을 바꾸고 소액 투자자들을 속여 FBI에 체포되기 전까지 줄잡아 1억
달러를 갈취한 파렴치한 증권 중개인의 대단한 모험을 기록한 이 책은 섹스와 마
약, 그리고 과시적 소비로 점철된, 쉼 없이 흥청대는 향락적 파티와 같았다. 디캐프
리오와 스코세이지는 캐릭터들이 얼마나 비열한지에 대해 일찍부터 대화를 나누
었다. 감독이 그에게 말했다. "봐 봐, 내가 영화를 하면서 배운 게 있어. 이 사람들
을 가능한 한 믿을 수 있게 만들고 나서 그걸 미화하지 않으면 사람들은 뭐든 너그
럽게 봐 줄 것이고 저 캐릭터들을 좋아하게 될 거야. 그들이 하는 일이 아니라 그들
에게 투자하는 거지."
두 사람은 이 책을 HBO의 「보드워크 엠파이어」(스코세이지가 파일럿 에피소드를
연출한)[3]를 만든 테런스 윈터와 전 메릴 린치[4]의 주식 트레이더에게 가져갔다. 윈터

1   로마 제국의 3대 황제 칼리굴라를 주인공으로, 맬컴 맥다월, 헬렌 미렌, 피터 오툴 등이 출연한 1979년
    작 영화. 「벤허」(1959)의 시나리오 작업에 참여했던 고어 비달의 시나리오, 이탈리아 에로티시즘 영화
    의 거장 틴토 브라스의 연출로 제작이 시작되었으나, 포르노그래피를 원했던 제작자 밥 구치오네(성인
    잡지 『펜트하우스』를 창간한 인물)와의 의견 충돌로 이 둘은 중도 하차한다. 여러 차례 감독이 바뀌다
    가 결국 밥 구치오네가 섹스와 폭력으로 점철된 포르노 영화로 마무리했다. 개봉 후 숱한 논란을 불러
    일으켰으며 다양한 편집본이 존재한다. 2023년, 새로 찾아낸 96시간 분량의 오리지널 네거티브 필름
    에서 고어 비달의 시나리오를 바탕으로 재편집한 버전이 완성되었다.
2   텔레마케팅 사무실로 차려졌으나 실제로는 가짜 보석 판매나 주가 조작을 하는 장소. 전화로 증권을
    판매하는 무허가 증권 브로커 영업소를 일컫는 말.
3   금주법 시대인 1920년대를 배경으로 부패 관료와 마피아의 이야기를 다룬 범죄 드라마. 2010년부터
    2014년까지 총 5개 시즌이 방영되었다.
4   미국의 금융 투자 회사. 2009년 뱅크오브아메리카에 인수 합병되었다.

「더 울프 오브 월 스트리트」는 많은 이들이
그의 가장 재미있는 작품으로 손꼽는 영화다.

는 감독의 마피아 영화들인 「좋은 친구들」과 「카지노」와
같은, 많은 보이스오버 내레이션이 담긴 세 시간짜리 흥망
성쇠 서사극 형태의 이야기라는 걸 즉각 감지했다. 그는 어
둡고 냉소적인 대본(칠흑같이 새까만, 과도한 블랙 코미디)을
써 나갔는데, 투자자를 못 찾다가 결국 인디 제작사인 레드
그래닛 픽처스가 1억 달러의 예산에 동의했다. 2012년 스코세이지의 스케줄 창이
열렸을 때 디캐프리오가 다시 감독에게 이야기를 꺼냈다. "앞으로 이런 영화를 그
렇게 많이 할 수는 없을 것 같아요." 그가 스코세이지에게 말했다. "이건 더 큰 규
모로 제작하는 예전 스타일의 독립 영화니까요."

　디캐프리오는 벨포트와 몇 주를 보내며 세부적인 내용들을 조금씩 모아서 그걸
엮어 영화에 넣을 수 있었다. 라스베이거스로 가는 747기에서 펼쳐지는 난교 파
티, 태도, 용어, 그들이 들었던 음악의 종류, 그들이 했던 마약, 그 마약의 복용 방
법, 그로 인한 효과 등등. 프로덕션 매니저들은 벨포트의 회고록에 묘사된 대로 훈
련된 말들, 수많은 엑스트라, 벨크로 옷을 입고 과녁에 던져질 난쟁이들을 준비했
다. 디캐프리오는 세부 사항을 계속 추가했다. "조던 말로는 기저귀를 찬 채 롤러
스케이트를 타고 모든 직원들에게 티켓을 나눠 주던 침팬지도 있었다고 했어요."

그가 스코세이지에게 말했다. "굉장한 걸, 침팬지를 어떻게 구하지?" "모르겠는데
요." "좋아, 누군가는 해야지." 스코세이지는 그의 오랜 프로듀서 에마 틸링어에게
전화를 걸었다. 그녀가 말했다. "음, 롤러스케이트를 탈 줄 아는 침팬지가 있긴 한
데요, 지금 플로리다에 있어요." 어느새 디캐프리오는 침팬지와 함께 있었다. "제
가 침팬지를 데리고 사무실을 돌아다니고 있더군요."

　제작 과정에서 「좋은 친구들」 이후 스코세이지의 다른 어떤 영화보다 더 많은
즉흥 연기가 있었는데, 그 대부분은 스트래튼 오크먼트의 공동 설립자인 대니 포루
시를 바탕으로 한 가상의 인물 도니 에이조프를 연기한 조나 힐로부터 나왔다. 감
독이 「비열한 거리」 때부터 했던 방식처럼, 배우들이 즉흥 연기를 하면 그 연기는
활자로 입력되어 대본에 포함되었다. "끊임없이 말했어요. '여기가 어디?'" 스
코세이지가 말했다. 촬영장에서 즉흥 연기는 계속되었다. 벨포트에게 월 스트리트

스코세이지가 조나 힐(도니 에이조프)에게 확실하게 요점을 전달하고 있다.

"근육 뽐내는 것 좀 그만 해, 조던. 당신 졸라 병신 같아."
그의 고객들과 달리 조던의 아내 나오미(마고 로비)는 겉치레를 꿰뚫어 본다.

에서의 행동 방식을 가르쳐 주는 술고래 메피스토펠레스[5]를 연기한 매튜 매커너히는 자기 캐릭터가 정신 나간 듯 자신의 가슴을 치며 투바의 배음倍音 창법[6]으로 흥얼거리는 장면을 만들어 냈다. 디캐프리오는 만만치 않은 적, 카일 챈들러가 연기한 FBI가 자신의 요트에서 내릴 때 그에게 바닷가재를 던진다는 아이디어를 떠올렸다. 원래 벨포트가 결국 에이조프를 맛이 가게 만드는 게 뭔지 알게 되는 것이 핵심이었던 형편없이 상투적인 장면에서, 디캐프리오와 스코세이지는 두 중개인들이 충격 완화를 위해 오래된 강력한 퀘일루드[7] 여러 알을 복용하며 벨포트의 각성을 어둡고 코믹하게 묘사한다는 아이디어를 냈다. 스코세이지는 배우들에게 퀘일루드 복용에 따르는 게 뭔지 얘기해 주었다. "단어를 또박또박 말하려고 애쓰는데 그게 안 되는 거지." 그가 그들에게 말했다. 디캐프리오는 자신의 람보르기니까지 가기

---

5 괴테의 희곡으로도 유명한 독일의 파우스트 전설에 등장하는 악마.
6 후두와 인두 등 목구멍에서 나오는 공명을 조절해 배음을 만들어 내는 창법. 러시아 연방국 투바 공화국과 몽골의 전통 창법인 후미khöömei가 유명하다.
7 불면증과 불안감을 해소해 주는 진정제 브랜드. 미국 마약단속국은 1981년 이 정제의 제조를 금지했다. 영화에서 주인공이 코카인과 더불어 가장 많이 복용하는 마약이다.

금요일 퇴근 후의 술 한잔, 스트레이트 오크먼트 스타일.

위해 며칠 동안 촬영장을 기어 다녔다.[8] 스코세이지는 기뻐했다. "그가 한 건 자크 타티[9]나 제리 루이스와 거의 맞먹는 수준이었어요." 그가 말했다.

　대본에서 벗어난 부분이 있었기 때문에 영화는 주로 편집실에서 모습을 갖추었다. 스코세이지와 셀마 스쿤메이커가 주 7일을 밤낮으로 일하며 뒤섞고 자르고 재편집하여 영화를 4시간에서 보다 다루기 쉬운 2시간 59분(지금까지 스코세이지의 가장 긴 영화[10])으로 줄이고 R 등급 자격을 갖추기 위해 미국영화협회에서 여러 차례 편집한 내용을 반영하느라 개봉이 미뤄졌다. 많은 욕설의 삭제와 비행기에서 펼쳐지는 난교 파티 장면의 축소가 이 편집에 포함되었다. "문제가 있긴 했지만 제가 삭제를 강요받거나 영화에서 빼는 게 불편하다고 느낀 건 하나도 없었습니다." 스코세이지가 말했다. 그에게 있어 영화의 섹스 장면은 정말 섹스에 관한 게 아니라 외설에 관한 것이었다.

　어린 시절 신부를 도와 시중을 드는 복사服事를 했던 그는 그런 장면을 찍는 게 무척 힘들었다. 그의 조감독 애덤 솜너가 좀 더 노골적인 시퀀스에서 미장센과 몸동작에 아주 큰 도움을 주었지만, 그런 장면 하나를 찍기 전 스코세이지는 벨포트의 두 번째 아내 역을 한 오스트레일리아인 여배우 마고 로비에게 지시했다. "좋아, 그래서 네가 사랑을 나눌 때는…" 그녀는 속으로 생각했다. "사랑을 나눈다고? 그걸 그렇게 부르진 않겠어. 그럼 너무 달콤하고 재미있게 들리잖아."

　피카소의 〈미노타우로스와 여인〉이나 필립 로스의 『새버스의 극장』[11]에 견줄 만한 요동치는 만년晚年의 시끌벅적한 축제인 「더 울프 오브 월 스트리트」는 역겹다가 매혹적이다가 혐오스럽다가 기이하다가 소란스럽다가 유쾌하다가 진을 빼 놓는데, 빈번하게 이 모든 것들이 한꺼번에 닥친다. 영화가 개봉되자 이 영화가 등장인물을 풍자한 건지 찬양한 건지에 대해 격렬한 논쟁이 일었다. "「더 울프 오브 월 스트리트」는 비난인가 찬양인가?" A. O. 스콧은 『뉴욕 타임스』에서 물었다. "혐오

8　복용한 퀘일루드의 효과가 뒤늦게 나타나며 마비가 와 제대로 움직일 수 없게 된 벨포트가 계단에서 구르고 땅을 기며 간신히 자동차로 가는 장면.

9　프랑스 코미디계의 거장으로 평가되는 마임 연기자이자 배우·영화감독. 연출 및 주연을 맡은 「윌로 씨의 휴가」(1953), 「나의 아저씨」(1958), 「플레이타임」(1967) 등으로 유명하다.

10　2019년 공개된 「아이리시맨」의 러닝 타임은 3시간 29분으로 이 기록을 깼다.

11　미국 현대 문학의 거장으로 불리는 필립 로스가 1995년 발표한, 외설과 에로티시즘을 적나라하게 표현한 소설.

"무슨 수를 써서라도 정상에 오르는 것을 원칙으로 하는 자본주의 자유 시장의 속성을 고려할 때,
금융업계의 영웅이란 게 있을 수 있을까요? 어쨌거나 우리가 말하는 건 대중문화 트렌드에 관한 게 아닙니다.
문학과 연극 혹은 영화에는 금융계의 영웅이 많지 않아요."

조던은 회사가 거둔 화려한 성공을 축하하기 위해 자기 직원들을 풀파티에 초대한다.

"이런 캐릭터들을 스크린에 등장시켜 그들을 어떤 감정적 위기에 이르게 하고
그들이 한 일로 인해 벌을 받는 걸 보면 기분이 좀 더 좋아질 뿐입니다.
스크린을 보고 있는 사람들, 바로 우리가 피해자입니다."

감을 유발하려는 건가 부러움을 유발하려는 건가?" 물론 정답은 둘 다이다. 「누가 내 문을 두드리는가?」에서부터 스코세이지의 죄의식은 항상 알 수 있고 느낄 수 있는 것이었다. 우리에게 죄를 보여 주는 것만으로는 충분하지 않다. 관객에게 죄는 죄받을 일이라고 말해 주는 것으로도 충분하지 않다. 스코세이지는 우리가 죄를 지은 것처럼 느끼기를, 우리가 누린 즐거움에 부끄러움을 느끼기를 바란다. 그래서 그는 자신의 영화에 반복되는 길티 플레저[12], 터무니없고 탐욕스러운 과잉이 담긴 장면 장면을 채워 넣는다. 탐욕은 좋은 게 아니다. 탐욕은 재미있을 뿐이다.

"마치 아드레날린을 정맥에 주사하는 것 같았죠." 벨포트는 카메라에 대고 섹스와 마약, 부동산에 대한 길고 과시적인 예찬을 우리에게 들려 준다. "광란의 도가니, 탐욕의 축제예요." 스코세이지는 「좋은 친구들」에서 그러했듯, 네덜란드 정물화의 사과처럼 전기 충격으로 살아 있기는 하나 그들 자체의 화농으로 썩어 버려 정신적으로는 죽은 캐릭터들에 매혹된 것처럼 보인다. 그러나 벨포트의 책은, 가난한 멍청이 독자들의 해방된 자아로서 끊임없이 자신을 파는 사람이 지닌 지나치게 힘을 쏟는 스타일로 서술된 니컬러스 필레지의 책보다 더 과장되어 있으며, 시나리오는 그의 어조를 정확하게 재현한다. "여기는 엘리스 아일랜드[13]입니다, 여러분." FBI의 조사에 직면하여 충실한 지지자들에게 굳건히 버틸 것을 촉구하며 그가 분노한다. "스트래튼 오크먼트가 미국입니다." 디캐프리오가 연기한 벨포트는 개츠비가 자신의 구성 요소, DNA 이중 나선, 효소로 역진화한 네안데르탈인 개츠비 같

다. 마이크를 손에 쥔 채 등은 둥그렇게 구부리고 이마는 땀으로 번들거리며 직원들 앞에 선 벨포트는 크게 한몫 잡으라는 복음을 전하며 몇 번이고 자기 말을 바꾼다.

여기에 우리를 매혹하는 레이 리오타는 없다. 집단에 소속되고 싶은 소년의 꿈도 없다. 블랙 먼데이[14] 이후 해고된 벨포트는 롱아일랜드의 무허가 주식 중개 영업소에서 호구들에게 비상장 동전 주식을 파는 일로 새 출발을 하고 이내 그곳을 인수한다. 그는 열성적인 조수들을 모아 팀을 이룬다. 빛나는 하얀 치아를 지닌 정신 없고 땅딸막한 그의 부사령관 에이조프를 비롯해 로비 파인버그, 일명 "핀헤드"(브라이언 사카), 알든 쿠퍼버그, 일명 "해달"(헨리 저브라우스키), 부분 가발을 쓴 "러그랫" 니키 코스코프(P. J. 번), "타락한 중국인" 체스터 밍(케네스 최), 그리고 베이사이드의 퀘일루드 킹으로 알려진 문신 새긴 건달 브래드 보드닉(존 번솔)이 그들이다. 광택이 나는 벨루어 의상을 입고, 화려하게 장식된 벼락부자의 아지트를 배경으로 와이드 숏으로 자주 촬영된 이 사내들은 패거리를 남자들 사이에서 왕자처럼 보이게 한다. 그들은 무리 중 가장 약한 녀석들이고 쓸모없는 인간, 상류층이 되고 싶은 사람들이다. 그리고 그들은 당신의 지갑, 당신의 은행 계좌, 당신의 머리, 당신의 침대 속으로 들어가고 싶어 한다.

세 시간이 조금 못 되는 동안 그들은 섹스를 하고 돈을 사취하고 요트가 박살 나고 퀘일루드를 복용하는 장면들로 들어간다. 100달러짜리 지폐가 눈송이처럼 허공을 팔랑거리며 날아가는데, 이는 「셔터 아일랜드」와 「휴고」에서 쏟아져 내리는 재와 사방으로 흩어진 서류의 반복이다. 스코세이지는 「좋은 친구들」과 「카지노」에서 그랬듯 돈 세탁이나 금융 사기에 대한 세부 사항에는 거의 관심이 없다. 테런

---

12 떳떳하지 못한 쾌락. 죄책감이나 부끄러움을 느끼면서도 거기 담긴 즐거움을 누리는 행동.
13 최초의 연방 이민국이 있었던 뉴욕의 섬. 19세기 말부터 20세기 초, 모든 이민자는 이 섬을 통해 미국에 들어왔다.

---

14 1987년 10월 19일 월요일 뉴욕 증권 시장에서 발생한 주가 대폭락 사건.

브래드의 아내 샨탈(카타리나 차스)을
불법 현금 운반책으로 이용하다.

"장난 쿠폰이다!" 조던이 자신의 사업 거래를 조사 중인 박봉의 FBI 요원들을 조롱한다.

"온전한 액션의 범위, 덮여 있는 바닥, 다양한 활동, 장소,
그리고 상호 작용 등 이야기가 펼쳐지는 배경 자체에 흥미를 느꼈습니다.
그 다음엔 가장자리 구역, 중간 지대가 있죠.
거기서 사람들은 자신도 모르는 사이에 다른 많은 사람들에게
크게 해를 끼치는 진정한 범죄 행위로 넘어가게 됩니다.
이건 흥망성쇠의 이야기예요."

"더나 끄너." 고급 퀘일루드가 완전하게 효과를 발휘하는
상태에서 조던은 도니가 자신들 둘을 유죄로 만드는 걸
막으려고 몸부림친다.[15]

스 윈터의 대본은 우리에게 사기에 대해 진지하게 설명해 주려 하지 않는다. 벨포트가 몇 번 애써 보다가 손을 저으며 포기한다. "여러분은 이런 거 관심 없잖아요?" 그리고 이 대사는 「더 울프 오브 월 스트리트」가 아주 얄팍하고 아주 유쾌하다는 걸 알려 준다. 이 영화가 탐구하는 깊이가 무엇이든 그게 금융업계에서 나오는 건 아니다. 「분노의 주먹」의 깊이가 권투업계에서 오는 게 아니라, 스코세이지가 코카인에 중독되고 황금종려상 수상으로 정점을 찍은 후 자체의 열기로 부서진 유성처럼 완전히 망가졌던 70년대의 자기 파괴 경험에서 온 것처럼 말이다.

이 영화는 「분노의 주먹」과 「좋은 친구들」과 「카지노」로부터 펼쳐지는 작품이기도 하다. 매트 졸러 세이츠가 설득력 있게 말한 것처럼 "저 마피아 영화들 역시 중독에 관한 이야기다." 그리고 모든 중독자들이 알고 있듯 그의 병에는 망각이 내장

되어 있다. 돌이켜 보면 고조된 기분은 항상 애초 상태보다 높이 떠 있는 것 같고 가라앉은 기분은 절대 법석을 피울 정도로 낮지 않다. 「분노의 주먹」과 「더 울프 오브 월 스트리트」 간의 도덕적이고 양식적인 어형語形 변화에 대해 이보다 나은 설명이 있을까? 스코세이지가 이 이야기로 돌아갈 때마다 그의 영화 만들기는 언제나 더 큰 아찔함과 약간은 덜 중요한 것과 함께 소나기처럼 쏟아지는 불꽃 속에서 날아오른다. 「더 울프 오브 월 스트리트」에는 죽음의 고통 혹은 사후 근육 수축과 같은 기괴한 삶이 있다. 스코세이지는 마치 풋내기 배우들에게서 수액을 빨아들이는 것처럼 영화를 지휘한다. 영화 전체가 경련을 하며 살아 있는 것 같다. 그건 자기도 모르게 나오는 긴 경련이요 몽정, 두뇌의 가장 원초적인 부분에서 나오는 트림이다. 스코세이지가 연출한 가장 재미있는 이 영화는 아주 만족스러운 시간을 보냈다는 느낌을 안겨 준다.

---

15 조던은 FBI가 전화를 도청하고 있다는 사실을 모르는 도니의 통화를 저지하기 위해 안간힘을 쓴다. 그러나 퀘일루드로 인한 마비 탓에 몸을 움직이는 것도 말하는 것도 제대로 되지 않는다. 도니는 "전화 끊어"라는 말을 끝내 못 알아듣는다.

사일런스
Silence
2016

"그분의 침묵을 이 사람들에게
어떻게 설명할 수 있을까요?

세바스티앙 로드리게스 역의 앤드루 가필드와 크리스토방 페레이라 역의 리엄 니슨.

"대단히 무더운 날들과 태풍이 이어졌어요."
프리에토가 말한다. "촬영 장소의 특성이
그랬던 건데, 날씨가 가장 큰 골칫거리였죠.
예를 들어 그들이 기치지로의 가족을 불태우는 장면의 경우,
시각적인 면에서는 운 좋게도 비가 내리기 시작하고 바람이
휘몰아치면서 카메라를 제자리에 고정하기가 어려워서 아주 극적인
느낌이 담기게 됐어요. 그날은 그냥 너무 힘들었기 때문에 다
취소하자는 말도 잠깐 나왔어요. 우린 진흙 속을 힘겹게 나아가야
했습니다. 정말로 모든 게 그런 식이었어요. 아니면 한 지점에
가기 위해 그냥 산에 올라가는 거죠."

스코세이지가 오랫동안 마음속에 품어 왔던, 17세기 일본에서 박해와 싸우는 포르투갈 선교사들의 이야기를 다룬 엔도 슈사쿠의 소설 『침묵』을 각색한 작품을 위해 대만에서 로케이션 장소를 찾아 돌아다닐 때, 촬영 감독 로드리고 프리에토는 감독에게 이 프로젝트가 얼마나 중요한 건지를 알아챘다. "저기 절벽 꼭대기에서 이곳 몇 군데를 보며 마을을 찍으면 멋진 앵글이 나올 수 있겠다고 생각했던 기억이 납니다. 그래서 말했죠. '마티, 잠깐만요. 제가 이 절벽에 올라가 사진을 찍어 와서 앵글이 괜찮은지 좀 볼게요.' 그래서 저는 거기로 가서 절벽을 오르기 시작했어요. 사진을 찍으려고 몸을 돌렸는데 마티도 절벽을 올라오고 있는 거예요. 전 그랬죠. '와아.' 그는 우리를 따라왔어요. 그는 정말로 거기 뛰어들었습니다. 그에게는 아주 힘든 일이었기 때문에 전 그가 이야기 속의 로드리게스와 가루페처럼 보였어요. 그에게는 촬영의 고통이 일종의 희생과 같은, 거의 속죄와도 같은 영적인 여행이었어요. 정말 큰 감동을 주는 일이었습니다. 물론 그게 우리 모두를 두 배로 열심히 일하게 했지만 말이죠."

숭고한 희생에 관한 책이 나왔어도 이상하지 않았을 정도로, 「사일런스」의 준비와 제작에 있어 거의 모든 측면을 규정한 말은 '고난'이었다. 스코세이지는 1989년에 뉴욕의 종교 지도자들을 위해 「그리스도 최후의 유혹」을 상영한 이후 폴 무어 대주교가 그에게 보내 준 엔도 슈사쿠의 소설을 처음 읽었다. 스코세이지는 이 책의 판권을 구입하고 오랜 파트너 제이 콕스에게 시나리오로 각색해 달라고 맡겼지만 그는 대본이 마음에 들지 않았다. 그래서 그는 1995년에 「카지노」를, 1997년에는 「쿤둔」 제작을 진행했다. 스코세이지가 「디파티드」, 「셔터 아일랜드」, 「휴고」와 「더 울프 오브 월 스트리트」를 연출하는 동안 「사일런스」의 이탈리아 투자사인 체키 고리 픽처스와 영화를 더 연기하기로 합의했으나, 결국 이 이탈리아 회사는 소송을 제기했다. 그러나 이 이야기는 반전으로 끝난다. 「더 울프 오브 월 스트리트」가 박스 오피스에서 거둔 성공(전 세계적으로 거의 4억 달러)은, 4,600만 달러의 자금 조달과 함께 마침내 「사일런스」를 할 때가 되었다는 걸 의미했다.

20년 동안 잘못된 출발, 위기일발의 상황, 법적 다툼을 겪은 후 2015년 1월 30일, 대만에서 「사일런스」의 본촬영이 시작되었다. 앤드루 가필드, 애덤 드라이버, 그리고 리엄 니슨과 더불어 아사노 타다노부, 츠카모토 신야, 이세이 오가타, 오이다 요시, 쿠보즈카 요스케, 고마츠 나나, 카세 료 등의 일본 배우들이 출연하여 대만의 바위투성이 해안 지대, 안개 자욱한 숲과 삐죽삐죽 솟은 위엄 있는 산을 따라

열악한 촬영 환경 속에 있는 스코세이지: 제작의 거의 모든 측면이 고난 그 자체였다.

로케이션이 이루어졌다. 영화의 컬러 팔레트[1]를 위해 촬영 감독 프리에토는 벨라스케스[2]를 비롯해 스페인과 포르투갈의 바로크 화가들로부터 영감을 얻어서, 처음에는 푸른색과 청록색 톤을, 후에는 황금색 색조를 쓴다. "영화 초반에 우리는 이 포르투갈인 신부들의 관점에서 보게 되는데, 그들의 세계관, 그들의 시각적 영향력에는 모두 화가들이 자리합니다. 바로크 시대의 종교화가 그들의 마음속에 있는 거죠." 프리에토가 말한다. "그리고 영화가 진행되면서 저는 좀 더 일본식으로 착색을 하고자 했습니다. 그러고 나서 우리는 그 느낌에 금색을 좀 더 추가함으로써 명나라 왕조를 연상하게 만들었어요. 그 시대 일본의 병풍에는 도금이 많이 되어 있었어요. 아주 아름다웠죠. 실제로 아주 감동적이기까지 했어요. 그들 신앙을 아주 잘 구체화한 것이었고요. 좋은 점은 광원光源도 중앙에서 빛이 퍼져 나오는 것과 같은 스타일로 허용되었다는 사실입니다."

더 골치 아팠던 건 그들이 마주한 각기 다른 기상 조건에 대응하는 일이었다. "대단히 무더운 날들과 태풍이 이어졌어요." 프리에토가 말한다. "촬영 장소의 특성이 그랬던 건데, 날씨가 가장 큰 골칫거리였죠. 예를 들어 그들이 기치지로의 가

1 화면에 표시되는 색을 설정하는 색상 표.
2 17세기 스페인 바로크 시대를 대표하는 화가. 펠리페 4세의 궁정 화가를 지냈다.

족을 불태우는 장면의 경우, 시각적인 면에서는 운 좋게도 비가 내리기 시작하고 바람이 휘몰아치면서 카메라를 제자리에 고정하기가 어려워서 아주 극적인 느낌이 담기게 됐어요. 그날은 그냥 너무 힘들었기 때문에 다 취소하자는 말도 잠깐 나왔어요. 우린 진흙 속을 힘겹게 나아가야 했습니다. 정말로 모든 게 그런 식이었어요. 아니면 한 지점에 가기 위해 그냥 산에 올라가는 거죠."

배우들에게 조언을 해 준 이는 예수회 수사이자 작가인 제임스 마틴이었다. 그는 특히 앤드루 가필드와 긴밀히 함께하여, 촬영이 시작되기 전 가필드를 예수회로 인도해 30일간 영성 수련을 받게 했다. 나중에 로마의 교황청 동방연구소에서 300명쯤 되는 예수회 수사들을 위해 영화 상영을 하기 전에 스코세이지가 바티칸 사도궁전에서 프란치스코 교황을 만났을 때 그는 가필드가 훈련을 받았다는 걸 언급했다. "앤드루가 다음으로 할 일은 사제 서품을 받는 거예요." 프란치스코 교황이 말했다. 스코세이지가 그를 바라보며 말했다. "대신 제게 받았습니다." 그러고는 큰 웃음을 터뜨렸다. 아시아에서 선교사가 되겠다는 목표를 가지고 예수회 교단에 들어갔던 프란치스코 교황은 알고 보니 이 영화의 바탕이 된 엔도 슈사쿠의 소설을 읽은 상태였다. 그들이 선물(교황에게는 일본의 숨은 기독교인들을 묘사한 그림이 담긴 액자, 스코세이지에게는 묵주)을 교환한 후 그가 감독에게 말했다. "영화의 이야기가

촬영이 시작되기 전, 앤드루 가필드는 예수회의 영성 수련을 배우느라 치열하게 일주일을 보냈다.

프란치스코 가루페 역의 애덤 드라이버. 이 배우는 자신의 역할에 대비해 거의 23킬로그램을 감량했다.

스코세이지가 대만의 촬영 현장에서 잠깐 시간을 갖고 있다.

많은 결실을 맺기를 바랍니다."

「사일런스」는 1643년의 리스본에서 시작된다. 두 명의 독실한 예수회 선교사 세바스티앙 로드리게스와 프란치스코 가루페는 박해받는 일본의 기독교인들을 도와주고 있던 자신들의 스승 페레이라가 고문을 받고 신앙을 버렸다는 이야기를 듣는다. 이를 믿으려 하지 않는 그들은 스승을 찾으러 일본으로 떠나게 해 달라고 요청한다. 일본 나가사키 근처의 어느 바닷가에 몰래 상륙한 그들은 기독교인 마을 사람들이 비밀리에 신앙을 실천하고 있는 작은 정착지를 찾아간다. 어둠을 틈타 기도를 올리는 마을 사람들은 영주와 그 무사들에게 발각될까 봐 극심한 두려움에 떨고 있는데, 그들의 목숨 자체가 이 사제들의 존재로 인해 위험에 처한다. 종종 안개와 그림자에 둘러싸여 펄럭거리는 촛불의 빛으로 촬영된 이 영화에서는, 손을 꽉 잡고 십자가를 주고받는 그들이 바치는 헌신의 소박함으로 인해, 진흙투성이지만 희망에 찬 얼굴은 아름답게 묘사된다. 이 이미지는 알브레히트 뒤러[3]의 그림처럼 단순하고 아름답다.

두 주연 배우 중 더 자연스러운 스코세이지의 연기자로 보이는 인물은 호리호리하고 열정적이며 마약에 중독된 바이런 같은 드라이버지만, 양심의 시험으로 이야

---

3 15~16세기 독일 르네상스 시기 독일을 대표하는 화가·판화가.

기의 중심을 형성하는 인물은 소심하고 수줍어하는 성격의 가필드다. 로드리게스와 가루페가 각자의 길을 가게 된 후, 로드리게스는 홀로 앞으로 나아가서 외딴 어촌에 있는 다른 기독교인 거주지를 발견해 그곳에서 이 외떨어진 기독교인들에게 봉사한다. 그는 이내 배신을 당해 체포되어 이노우에(이세이 오가타)라고 하는 교활한 심문관의 손에 떨어진다. 그는 로드리게스를 종교 교리에 관한 광범위한 지적 토론에 끌어들이고 그의 정신을 무너뜨리기 위한 정교한 고문을 고안해 낸다. 사람들은 부서지는 파도 한복판에서 십자가에 매달리고 산 채로 화장을 당하거나 도살된 돼지처럼 피를 흘린다. 나비 부인처럼 부채질을 하며 「차이나타운」의 존 휴스턴 이래로 가장 기만적인 뻐드렁니 미소를 자랑하는 오가타는 쾌활한 오만함으로 이 음흉하고 불쾌한 인간을 연기한다. "왜 그렇게 나를 힘들게 하는 거야?" 고문을 행하는 것이 가장 힘든 일이라도 되는 양 그가 고문을 당하는 사람에게 구슬린다. 우리는 이 불평을 「카지노」에서 한 남자의 머리를 바이스에 끼우고 조이는 조 페시에게서 마지막으로 들은 바 있다. 이노우에가 요구하는 단순한 배교背敎 행위는 가슴 아플 정도로 간단하다. 그는 예수의 얼굴이 양각으로 새겨진 작은 금속 초상화를 그들 앞에 놓고 그걸 밟으라고 명령하는데, 이조차 로드리게스에게는 견딜 수 없는 일이다. "주님을 버리지 않겠나이다." 그는 맹세한다.

가장 강인한 믿음을 지닌 이들까지도 시험하는, 끈질긴 인내와 바닥을 알 수 없

고문을 당한 크리스토방 페레이라는 자신의 신앙을 버린다.

사운드트랙은 거의 흐르지 않고 진흙과 지저분함이 가득하다. 고문 장면은 잔인해서 거의 볼 수가 없을 정도지만, 아마도 가장 주목할 만한 건 스코세이지의 촬영 스타일에 담긴 단순함과 고요함일 것이다.

스코세이지의 비전은 타협하지 않는 것이었다. 때로는 보기가 힘들 정도였다.

는 고통의 이야기인 「사일런스」는 또한 영화에 충실한 이들을 위한 시험 같은 작품이기도 하다. 그의 예수회 수사들처럼 스코세이지는 돌투성이 길을 꺼리지 않는다. 그의 영화에는 관객을 유혹하는 요소가 거의 없다. 사운드트랙은 거의 흐르지 않고 진흙과 지저분함이 가득하다. 고문 장면은 잔인해서 거의 볼 수가 없을 정도지만, 아마도 가장 주목할 만한 건 스코세이지의 촬영 스타일에 담긴 단순함과 고요함일 것이다. 그가 「라스트 왈츠」에서 처음 발전시키고 「분노의 주먹」에서 완성한 동적인 카메라 움직임을 처음으로 배제한 「사일런스」의 폭력에는 일체의 흥분이 빠져 있다. 마치 스코세이지가 자신의 불안한 콤플렉스와 사소한 실수를 부인한 것처럼, 그 폭력은 생기 없고 정적이어서 그 자체로 포기나 다름없다. 이 영화는 「고요함 Stillness」이라 불릴 수도 있었을 것이다. 제목의 침묵은 신의 침묵이다. 인간의 고통 앞에서 명백하게 무감각한 신에 대한 로드리게스의 고뇌에 찬 탄식의 주제가 바로 침묵이다. "그분의 침묵을 제가 이 사람들에게 어떻게 설명할 수 있을까요?" 점점 더 의심으로 괴로워하는 로드리게스가 묻는다. 할리우드는 "인간 정신의 승리"

에 관한 진부한 이야기에 특화되어 있지만 진짜는 찾기가 힘들다. 그럼에도 불구하고 여기 완고하고 교활하며 아름답지 않은 것이 피아노 줄처럼 영화를 관통하고 있다. 보기는 힘들지만, 단지 이 영화가 존재하는 것만으로도 뭔가 기적처럼 느껴진다.

이 작품은 또 그의 다음 영화에 대해, 「그리스도 최후의 유혹」이 「좋은 친구들」을 예고해 주었던 것과 똑같은 방식으로, 양식적으로나 기술적으로 앞으로의 길을 알려 주었다. 대만에서 촬영을 한 첫 주 동안 그들은 대만의 CMPC 스튜디오에서 가필드와 드라이버가 16세기 마카오의 예수회 대학 계단을 내려가는 장면을 찍고 있었다. 항구의 배경은 나중에 시각 효과 감독 파블로 헬만이 이끄는 인더스트리얼 라이트 앤드 매직ILM[4]의 디지털 아티스트들이 채워 넣을 예정이었다. 촬영 중간에 헬만과 스코세이지는 헬만이 개발 중이던, 마커[5]가 필요 없어 더욱 배우와 감독 친

4 조지 루카스가 1975년 「스타워즈」(1977) 제작을 하며 설립한 특수 효과 전문 회사.
5 모션 캡처나 퍼포먼스 캡처 기술에서 움직임을 추적하고 캡처하기 위해 부착하는 표식.

화적인 새로운 퍼포먼스 캡처 기술에 대한 이야기를 하게 되었다. "그때 저는 그가 프랭크 시나트라 영화를 만들고 있다고 생각했어요. 그래서 우리가 어쩌면 그에게 젊은 시나트라를 만들어 줄 수 있을 거라고 얘기했죠." 헬만이 말한다. "그가 그러더군요. '좋아요, 내가 생각하고 있는 다른 프로젝트에 사용할 수도 있겠네요. 「아이리시맨」이라는 작품이에요.' 그가 말했어요. '마커도 헬멧도 아무것도 없이. 당신은 기술을 개발해요. 끝나면 전화 주세요.' 그래서 저는 숨을 좀 돌리고 그랬죠. '알겠어요, 우리가 기술을 개발할게요.'"

프로토타입 개발에 약 8주가 걸렸다. 그리고 2015년 가을 「사일런스」의 후반 작업이 끝났을 때, 헬만은 HBO의 드라마 「바이닐: 응답하라 락앤롤」 촬영장에 들러 세트 하나를 사용해 「좋은 친구들」에서 드 니로가 연기한 지미가 루프트한자 항공 터미널 현금 강도로 번 돈으로 조닐 로스트비프가 구입한 분홍색 캐딜락 쿠페 드빌을 날려 버리는 장면을 재현했다. 헬만은 10초 분량의 클립을 골라 그걸 샌프란시스코 바로 외곽에 있는 인더스트리얼 라이트 앤드 매직 본사로 가져가 그곳에

서 석 달 동안 작업을 했다. 12월의 끝 무렵, 그는 57번가에 있는 스코세이지의 사무실에서 제작자들에게 두 개의 클립을 나란히 보여 주었다. 하나는 디에이징[6] 작업을 한 드 니로, 하나는 「좋은 친구들」에서 가져온 것이었다. "우리가 함께 모니터를 들여다보고 있는데 마티의 얼굴이 환해지며 말했어요. '세상에, 믿을 수가 없군.'" 헬만이 회상한다. "바로 그 자리에서 그가 그랬어요. '그래, 이게 내 다음 영화가 될 거야.' 정말 멋진 기분이었죠. 그의 얼굴에서 그걸 볼 수 있었다는 뜻이에요. 밥(드 니로)은 그냥 절 바라보다 말했어요. '당신이 내 커리어를 30년 연장했네요.' 그건 엄청난 성취감이었지만 여러 가지 것들이 결합된 상황이었기 때문에 공포스럽기도 했어요. '그래, 우린 이걸 할 거야... 우린 이제 해야만 해.'"

---

6 컴퓨터 그래픽을 활용하여 나이가 든 배우의 젊은 모습을 재현하는 기술.

아이리시맨
The Irishman
2018

"이건 자신의 소멸을 어떤
식으로든 받아들이는 방법에
관한 인간적 딜레마입니다.
그래서 모두가 거기 이르게
되는 거죠. 우린 그 길로
내려가 직면하고 해결해야
했습니다."

프랭크 시런 역의 로버트 드 니로와 러셀 버팔리노 역의 조 페시.

"영화 자체가 실현되지 않을 거라 생각했던 때가
많았지만, 밥이 조에게 요청하면 그가 할 거라는 걸
진작부터 알고 있었어요. 그리고 그렇게 됐죠.
우리가 다시 뭉칠 수 있다는 걸 알고 있었습니다."

로버트 드 니로와 스코세이지는 2009년 7월 파라마운트의 수장인 고故 브래드 그레이와 통화 중이었다. 나이 든 청부 살인 업자에 관한 돈 윈슬로의 2006년작 소설 『프랭키 머신의 겨울』의 각색 계획을 이야기하던 중 드 니로가 갑자기 제임스 브랜트의 회고록 『아이리시맨 I Heard You Paint Houses』을 대화에 끌어들였다. "우린 말 그대로 통화를 하고 있었습니다." 「아이리시맨」의 프로듀서 제인 로젠탈이 회상한다. "브래드 그레이, 마티, 밥, 저, 에마(코스프)가 전부 이 통화에서 「프랭키 머신」의 제작에 대한 이야기를 하고 있었어요. 우린 좀 고쳐서 다시 쓰기를 원했죠. 우리가 전화로 이야기를 하고 있는데 진짜로 밥이 이러는 거예요. '자, 다른 책이 있어요. 아마도 우리가 그걸 선택할 수도 있고 어쩌면 이 다른 책을 더 해야 할지도 모르겠네요.' 모두가 각기 다른 곳에 있었는데 브래드 그레이가 이렇게 말하더군요. '확실히 짚고 넘어갈게요. 당신은 제작이 결정된 영화를 엎고 새로운 프로젝트를 하고 싶다는 거잖아요… 맞습니까?' 모두가 '음, 음, 음…' 하는 소리를 냈어요. 그러다가 브래드가 말했어요. '좋아요, 그것도 괜찮습니다. 그게 더 쉬워요.' 한편으로는 이런 생각도 들었어요. '그래, 맥이 풀리는군. 이건 진행되지 않을 거야. 하지만 밥은 뭐가 됐든 마티와의 다음 협업이 아주 특별한 것이 되어야 한다고 생각하는 것 같아. 그리고 그들 둘 외의 누구도 그 '특별한' 게 뭔지 정의하기가 어려울 거야.'"

드 니로는 자신의 영화 「굿 셰퍼드」의 대본을 쓴 시나리오 작가 에릭 로스의 추천으로 브랜트의 책을 처음 읽었다. 전前 검사인 제임스 브랜트가 청부 살인자로 지목된 프랭크 시런과 2003년 그가 죽기 전에 가진 수천 시간의 인터뷰를 바탕으로 쓴 이 책은, 시런이 안치오의 전장에서 겪은 전쟁과 필라델피아로 돌아와서 자신이 할 수 있는 일을 찾는 이야기를 들려준다. 처음엔 트럭 운전사, 다음은 삼류 사기꾼, 그 다음엔 노조 조직책과 마피아 연합의 복심腹心(FBI의 코사 노스트라[1] 범죄단원 리스트에 오른 몇 안 되는 비非이탈리아인)까지. 거칠고 말이 없으며 충성스러운 전후戰後 미국인 노동자에 대한 세세한 묘사를 담은 이 책은 또한 전미全美 트럭운전사조합의 우두머리인 지미 호파의 실종과 관련하여 자신이 관여한 일로 인해 말년에 고통에 시달린 심정을 명쾌하게 보여 주기도 했다. 드 니로는 완전히 매료되었다.

"이걸 읽었을 때 제가 말했어요. '맙소사, 마티, 너 이거 꼭 읽어 봐 돼. 우리가 훨씬 더 하고 싶어질 게 바로 이거야.'" 드 니로가 말한다. "제게는 대화와 이런저런 모든 것들이 너무나 사실적으로 느껴졌습니다. 마티도 읽자마자 바로 이게 우리가 해야 하는 그 이상의 일이라는 걸 이해했어요. 그가 그럴 거라고 생각했죠." 스코세이지는 마피아에게 돌아가고 싶지 않았다. 「비열한 거리」(1973), 「분노의 주먹」(1980), 「좋은 친구들」(1990)과 「카지노」(1995) 등 직접적으로든 간접적으로든 조직 범죄와 관련된 영화 네 편을 드 니로와 함께 만든 후 이 주제는 다 써 버린 것 같았다. "「카지노」를 끝낸 후 거기까지라는 생각이 들었어요." 그가 말한다. "「좋은 친구들」은 그 시점에 제게 적절했어요. 최종 진술이랄까요. 「카지노」는 그 연장선

1 이탈리아의 시칠리아 섬에 뿌리를 두는 미국의 범죄 조직. 시칠리아 마피아 혹은 마피아라고 불린다.

상에 있었고요. 실제로 무절제함과 미국에 대해서 더 큰 규모로 진행한 거였죠. 하지만 아무튼 또 다른 걸 만들고 싶진 않았어요. 결국 우리는 거기 말고 어디로 함께 갈까요? 무엇을 탐구할까요?" 드 니로가 시런(자신이 아버지처럼 사랑하는 사람을 배신하는 것 말고는 선택의 여지가 없는 남자)의 캐릭터를 그려 가기 시작하자 스코세이지는 "우리가 만들어 낼 수 없는 일이 일어나는 걸" 보았다. "그가 천부적으로 지닌 감정적 반응이었죠. 그걸 봤을 때 이렇게 말했어요. '이 친구가 이렇게 느낀다면 여기 뭔가 있는 거야.' 그 무렵 저는 장피에르 멜빌의 영화와 자크 베케르의 영화에 담긴 아이디어를 가지고 시간을 보내고 있었습니다. 괴물이라고 할 수만은 없는 나이 든 마피아, 그저 살아 있다는 것만으로 만족한 채 자신이 받은 축복을 헤아리고 사라져야 하는 늙어 가는 암흑가의 거물에 관한 영화들이었죠. 그가 저 캐릭터를 저런 식으로 활용할 수 있다면 저도 저기로 갈 수 있다는 걸 알았어요. 진심에서 우러난 진짜니까요. 결과가 어떤 식으로 나오든 그건 할 필요가 있어요. 해야만 하는 일입니다."

공동 주연으로 알 파치노와 조 페시 이야기를 꺼낸 건 드 니로의 아이디어였다. 제안을 한 드 니로의 열정을 알아본 파치노는 「디파티드」를 홍보하던 시상식 시즌에 베벌리힐스에 있는 호텔 객실에서 스코세이지를 만났다. "제 기억에 그가 했던 말은 '이거 할 거야? 영화 진행되는 거야?'뿐이었어요." 스코세이지가 말한다. "이 질문은 진짜니까요. 우린 모두 늙어 가고 있고 실제로 함께 일하기까지 몇 년이 걸렸죠." 페시는 더 까다로웠다. 이 배우는 1999년 음악 작업을 하고 골프를 치기 위

해 영화계에서 은퇴를 선언한 바 있다. 그는 CIA의 이야기를 다룬 드 니로의 2006년 영화 「굿 셰퍼드」에서 작은 역할을 맡으며 복귀하긴 했지만, 처음엔 스코세이지와 드 니로가 함께 만드는 마피아에 관한 또 다른 영화로 돌아오기를 주저했다. 드 니로의 오랜 제작 파트너인 침착한 제인 로젠탈이 "조의 문제"라고 일컬은 상황이 영화의 제작 초기 몇 년 동안 결론이 안 난 채 걸려 있었다. 로젠탈은 그가 문자 그대로 수십 번을 거절하다가 마침내 동의했던 걸 잊지 않고 있다. "'조건이 어떻게 돼? 얼만데?' 그러고는 '난 골프 쳐야 돼, 이것도 해야 돼, 나 좀 그냥 내버려 둬.' 조는 거절하고 거절하고 또 거절을 했어요. 밥은 이렇게 얘기했죠. '조는 할 거야. 조는 한다니까. 내가 조한테 얘기하면 할 거라고.' 밥이 부탁하면 조가 하지 않을 거라는 생각은 절대로 하지 않았죠. 영화 자체가 실현되지 않을 거라 생각했던 때가 많았지만, 밥이 조에게 요청하면 그가 할 거라는 걸 진작부터 알고 있었다는 말이에요. 그리고 그렇게 됐죠. 우리가 다시 뭉칠 수 있다는 걸 알고 있었습니다."

마침내 2017년 9월 18일, 드 니로가 찰스 브랜트의 책을 처음 읽은 지 10년 만에, 야외 촬영 부지를 둘러막고 세트를 세우고 캐스팅을 완료한 후 맨해튼의 랜들스아일랜드에서 「아이리시맨」의 본촬영이 시작되었다. 「사일런스」를 찍는 동안이 태풍, 법적 투쟁, 끝없는 진창 등 고난의 연속이었다면, 스코세이지의 제작 관점에서 볼 때 「아이리시맨」은 어떤 의미로는 귀향이나 마찬가지였다. 「사일런스」는 그에게 거의 고행이라 할 정도로 가혹했어요. 촬영의 고통이 그에게는 희생과 같았죠." 촬영 감독 로드리고 프리에토는 이렇게 말한다. "이 작품을 하며 마티가 훨씬

마틴 스코세이지가 로버트 드 니로와 조 페시의 장면을 연출하고 있다.

더 즐거워한다는 걸 알았어요. 친구들과 함께 돌아온 것일 뿐인데 말입니다. 날마다 그가 조금은 긴장한 채로 오면 모두가 아주 조용해지죠. 그럼 그가 집중할 수 있어요. 핵심은 이런 거예요. '좋아요, 우리가 뭘 하고 있죠? 이게 우리가 얘기했던 장면입니다. 이렇게 하는 게 좋을까요? 조정을 할까요?' 배우들에게 해당되는 말이기도 하죠. 대규모 제작진이 전부 워키토키를 가지고 있는데 그게 그의 눈에 띄면 안 돼요. 하지만 일단 카메라가 돌아가기 시작하고 그가 첫 연기를 보게 되면 저 긴장감은 사라집니다. 바로 그때 즐거움이 밀려들어 오는 거죠."

인더스트리얼 라이트 앤드 매직이 필요로 하는 모든 정보를 촬영하기 위해 거대한 카메라가 사용되었다.[2] 렌즈가 세 개에 무게가 29킬로그램인 카메라에서 뻗어나온 수많은 케이블은 꼭 메두사처럼 보였다. 모두가 그걸 "머리 세 개 달린 괴물"이라고 불렀다. 스코세이지가 두 대의 카메라를 사용해 촬영하기를 좋아했던 대화 장면의 경우, 언제나 총 여섯 대의 카메라가 배우들을 향하고 있다는 의미였다. "우리는 900만 대의 카메라 앞에서 일을 해야 했어요." 페시가 말한다. "제게는 모든 게 새로웠어요. 카메라 두 대로 작업을 하면서 저는 마티와 밥에게 이에 대해 많은 걸 배웠습니다. 전 이런 식이었죠. '어떤 카메라? 여기 카메라 열두 대가 있잖아. 어떤 렌즈?' 어떤 상황에서 복도를 따라 걸어갔던 일이 생각나네요. 마티가 그러더군요. '너 꼭 사방을 둘러보는 거 같아.' 제가 말했죠. '아니, 어딜 봐야 할지 모

르겠어. 난 걷고 있다고! 저 렌즈들 중 어떤 것도 바라보고 싶지 않아!'"

「좋은 친구들」에서 페시는 어머니의 식탁에서 즉흥적으로 펼치는 미술 감상("개 한 마리가 한쪽으로 가고 또 한 마리는 다른 쪽으로 가. 근데 이 남자는 나한테 원하는 게 뭐냐고 말하네."), 대본에는 단 한 줄만 적혀 있던 스파이더와의 소통("꺼져 버리시지, 토미"), 그리고 토미와 헨리가 주고받는 대화 중 저 악명 높은 "내가 우습냐?" 같은, 영화의 가장 재미있는 즉흥 대사를 만들어 내는 데 기여했다. 「아이리시맨」에서는 뭔가 다른 게 필요했다. 필라델피아 시내에 있는 정체 모를 포목점의 레이스 커튼 뒤에서 마피아 사업을 지휘하는 이른바 "조용한 보스"인 러셀 버팔리노는 영화 내내 단 한 마디의 욕설만 내뱉는 사람이다. 대본에는 두 마디였지만 페시는 하나로 줄였다. "조가 해야 했던, 그리고 그가 멋지게 해낸 일은 물러선 채 숨은 권력으로 뒤에서 통제를 하고 내면의 힘을 지니는 일, 사람들이 외치거나 비명을 지르거나 방을 뛰어다니거나 테이블을 뒤집거나 뭘 해도 그 자리에 서 있는 일이었습니다." 스코세이지가 말한다. "조는 다른 배우들이 하지 못하는 방식으로 저 거리의 삶의 진정성을 잘 살렸습니다. 다른 배우들은 그렇게 할 수 없어요. 그리고 그는 무엇이든 살짝 어긋나 있으면 본능적으로 반응합니다. '저 사람은 절대 나를 그런 식으로 보지 않을 거야'라든지 '난 …을 못 할 것 같아' 같은. 그는 하워드 휴즈처럼 문손잡이도 만지지 않았습니다. 제가 말했죠. '좋아, 무슨 일이야?' 그런 다음 우린 문제를 찾아냅니다. 촬영하는 동안 꽤나 힘든 과정이었어요."

1970년대 초반에 프랜시스 포드 코폴라가 스코세이지에게 파치노를 소개해 줬

2   「아이리시맨」에서 로버트 드 니로와 조 페시, 알 파치노 등 주연 세 명은 ILM의 디에이징 기술로 그들의 젊었을 때의 모습을 재현했다.

영화의 클라이맥스, 뉴저지에서 개최된
트럭 노조 만찬에서 러셀 버팔리노(페시).

는데, 그는 「형사 서피코」[3]의 감독 후보로 잠깐 올라 있긴 했어도 파치노와 일을 한 적은 없었다. 이 배우는 자신이 "천국에" 있다고 말했다. 그는 호파의 추진력 강한 독특한 리듬을 포착하기 위해 지미 호파의 오리지널 연설을 헤드폰으로 들으며 각 장면을 준비했고 가끔은 자신의 혈관에 흐르는 피를 느끼기 위해 즉흥 연기를 하게 해 달라고 요청하기도 했다. "가끔 아주 힘든 장면을 할 때면 그 전에 음악을 좀 틀어 놓곤 했습니다." 트럭 노조의 변호사 빌 버팔리노 역을 맡은 레이 로마노가 말한다. "그래서 그에게 물어봤죠. '음악 듣고 있어요?' 그런데 아니었어요. 그는 각기 다른 호파의 연설을 가지고 있었죠. 그는 '액션' 직전까지 지미 호파의 연설을 들었습니다."

가장 길고 촬영하기 어려웠던 시퀀스는 클라이맥스에서 오랜 기간 노조를 위해 일한 시런의 공로에 감사하며 뉴저지의 카지노에서 전미 트럭운전사조합이 개최한 만찬이었다. 여기에는 수백 명의 엑스트라와 작은 오케스트라, 일단—團의 무희舞姬들을 포함하여 영화의 주요 배우들이 전부 등장하는데, 이들 모두가 126번가에 있는 버려진 할렘 클럽인 알람브라 볼룸의 담배 연기와 실안개 속에서 오랜 시간 함께했다. "짜릿한 시간이었지만 영화에 전념해야 하는 요소의 범위와 분량 때문에 모두가 힘들어했어요." 시런의 두 번째 아내 아이린을 연기한 스테파니 커추바가 떠올린다. 어느 시점에 그녀는 그들 주위의 테이블에 있는 배우들, 드 니로와 파치노, 페시, 하비 카이텔은 물론 스코세이지 등을 둘러보고 테이블 사이를 왔다 갔다 오가더니 애나 패퀸을 돌아보며 말했다. "'우리 지금 다 온 거지?' 그러자 그녀가 답했어요. '넵.' 웃기는 상황이었어요." 발코니에서 이 모든 걸 지켜보고 있던

프로듀서 제인 로젠탈은 테이크 하나하나를 다 주시하고 있었다. "저 모든 사람들이 최고의 역량을 펼치는 걸 보고 있다는 건 더없이 즐거운 일입니다." 그녀가 말한다. "그들이 하는 건 저런 아주 사소하고 미묘한 행동이에요. 바로 그때 우리는 이 모든 사람들이 저러한 행동을 일으켜 자신들이 가진 최고 중의 최고를 끌어낼 수 있는, 그들이 자라난 곳과 그들이 자라며 보았던 것들로 거슬러 올라갑니다. 그런 건 없잖아요. '한 시대의 종말'이라고 말하는 걸 좋아하지는 않지만 우리는 사업이 어떻게 변했고 정치가 어떻게 변했고 의사소통 방식이 어떻게 변했는지를 이야기하죠. 이 영화는 그 순간을 포착합니다."

「비열한 거리」가 관객의 무릎에 던져진 폭죽이고 「좋은 친구들」이 자체의 열기로 타오르는 유성이었다면, 「아이리시맨」은 꺼졌다고 생각한 불만큼 위험한 건 없다는 사실을 상기하게 해 주는 작품이다. 기억의 불씨는 여전히 뜨겁게 타고 있는 석탄과 같다. 스코세이지 자신이 만든 갱스터 장르를 위한 비가悲歌일 뿐만 아니라 그들의 혈관을 타고 흐르는 피를 다시 한번 느끼기를 갈망하는 전설적인 배우들을 위한 마지막 업적이기도 한 이 영화에서는 스코세이지의 냉철한 촬영 스타일이 두드러진다. 그리고 그건 「셔터 아일랜드」와 「휴고」에서 늘어난 회상 장면에서부터 두 영화에 등장하는 재와 사방으로 흩어지는 종이의 이미지, 「휴고」와 「롤링 선더 레뷰: 마틴 스코세이지의 밥 딜런 이야기」에서 영화가 지니는 환상의 힘이 주는 짙은 즐거움, 「사일런스」를 만들며 그가 프리에토와 함께 발전시킨 아주 얇고 가느다란 와이어를 사용한 촬영 스타일에 이르기까지 스코세이지가 만년晚年에 행한 온갖 요소들을 집대성한다. 「좋은 친구들」을 그토록 어지러운 혼돈 상태로 바꾸어 놓은 화려한 정장, 키스 리처즈의 리프와 동적인 카메라 움직임은 사라졌다. 그것들

---

3 알 파치노가 주연한 시드니 루멧 감독의 1973년작 범죄 영화.

호파 살해. 버팔리노는 낮잠을 자고, 시런은 운전을 한다.

이 있던 곳에는 중첩된 플래시백 구조, 초기 두왑[4]의 선율, 그리고 한때는 활기차게 물결치던, 여유롭게 구불구불 나아가는 촬영 스타일이 자리하며 버려진 차고와 자동차 정비소, 볼링장, 탄산음료 판매점과 길가의 모텔과 같은 사라진 세계를 불러 낸다. 여기 드 니로와 알 파치노가 워터게이트 청문회에 관해 조용히 농담을 나누고 있는데, 디지털 기술은 우리 아버지들의 얼굴처럼 친숙한 그들의 얼굴에서 세월의 무게를 걷어 주었다. 여기 조 페시와 드 니로가 눈빛을 주고받으며 한 남자의 운명을 결정짓고 있다. 한 박자. 두 박자. 그 사내는 죽은 거나 다름없다.

그 중심에 마피아 보스 러셀 버팔리노(페시)와 그가 총애하는 청부 살인자 프랭크 시런(드 니로)이 1975년 버팔리노 가족의 결혼식에 가려고 필라델피아에서 디트로이트로 향하는 자동차 여행이 있다. 그들은 아내들과 함께 링컨 컨티넨탈을 타고 사촌의 결혼식에 참석하기 위해 필라델피아를 떠나 디트로이트로 향한다. "루이스버그에 도착하면 깨워 줘." 그가 좌석을 뒤로 젖히며 말한다. 조 페시가 영화에서 처음 하는 일이 낮잠을 자는 거라니, 우린 뭔가 다른 경험을 하게 될 거라는 사실을 알게 된다. 버팔리노는 과거 스코세이지의 작품에서 페시가 연기했던 어떤 수다쟁이와도 다르다. 우리가 스코세이지의 영화에서 본 가장 높은 계급의 마피아 멤버인 버팔리노는 또한 가장 말이 없는 "조용한 보스"이기도 하다. 그의 눈에는 무자비함과 친근한 눈빛(그는 프랭크를 "어린 친구"라고 부른다)이 어우러져 있는데, 영화는 전편에 걸쳐 느긋함과 치명적인 요소가 혼합된 이 배우에게서 리듬을 찾으려는 것처럼 보인다. 주유를 위해, 흡연을 위해 또 결혼 선물을 사기 위해 차를 여러 차례 세우는 사이에 페시는 또한 수금을 하고 보석상에게 조용히 협박할 시간을 내기도 한다. 디트로이트에 가고 나서야 그들 여행의 실체가 분명해진다. 결혼식은 또한 장례식이기도 하다.

「비열한 거리」와 「좋은 친구들」처럼 이 영화는 버팔리노, 시런과 그가 보호해야 하는 남자인 전미 트럭운전사조합의 수장 지미 호파 간의 냉혹한 삼각관계를 그려 낸다. 파치노는 프랭크의 딸 페기와 아이스크림선디를 먹어 치우는 것만큼이나 어깨에 힘을 주기를 좋아하는 호전적이지만 매력적인 악당을 멋지게 연기한다. 그는 스코세이지가 즐겨 묘사하는 악의 화신으로서 친숙한 인물이며 영화에서 비장의 카드로, 선의를 지닌 프랭크에게 한없는 비통함을 안겨 주게 된다. 두 남자 사이를 오가는 프랭크는 모두를 행복하게 하고 일을 바로잡으려 애쓰는 중재자로, 마치 바이스처럼 그를 서서히 짓누르게 될 삼각형의 한쪽 모서리에 잡혀 버린다. 우리가 보는 건 본질적으로 서로에 대한 애정으로 인해 최후의 대가를 치르는 남자들과 복수하는 에리니에스[5] 역할을 하는 폭력배 간의 삼각관계다. 우리는 스코세이지의 여러 영화에서 많은 죽음을 보아 왔지만 「아이리시맨」은 그의 작품 중 처음으로 죽음에 사로잡히는 기분을 제대로 느끼게 한다. 흥분이 배제된 채 성실한 배관공이 자기 일을 하듯 실행되는 시런의 살인은 충격일 정도로 갑작스럽다. 한때 스코세이지가 속도를 늦추고 너무도 강렬한 현재(폭발, 칼부림)를 음미하기 위한 방식이었던 정지 화면은, 대신 우리 모두를 끝까지 기다리게 하는 플래시포워드[6] 방식이 되었다: *"앨런 도프만은 1979년 시카고의 주차장에서 머리에 총알 여덟 방을 맞았다"*, *"지붕수리공조합 대표 존 매컬러는 1980년 자신의 집 부엌에서 머리에 총알 여섯 방을 맞았다"* 또는 *"모두에게 사랑을 받았다. 자연사했다"* 같은. 마지막에 시런은 FBI 요원으로부터 변호사를 포함해 자신이 보호하고 있는 사람들이 모두 죽었다는 말을 듣고 의심스럽다는 듯 묻는다. "누가 그랬소?"

"암"이라는 대답이 돌아온다.

---

4 1950년대부터 60년대 초반까지 인기를 누린, 매혹적인 선율과 보컬 하모니가 강조된 R&B 음악. 「아이리시맨」에는 오프닝과 엔딩을 포함해 여러 장면에서 파이브 새틴스의 1956년작 두왑 명곡 〈In The Still Of The Night〉이 흐른다.

5 그리스 신화에 등장하는 복수의 여신들. 티탄족 크로노스가 아버지 우라노스를 거세할 때 흐른 피가 대지(가이아)에 떨어져 탄생한 알렉토, 메가이라, 티시포네의 세 자매를 일컫는다.

6 플래시백의 반대 개념. 「아이리시맨」에서는 '현재'에서 플래시백을 통해 사건의 발단과 전개를 보여 주다가 플래시포워드와 플래시백을 중첩적으로 반복하며 이야기를 풀어 간다.

촬영 현장과 법정에 있는 스코세이지와 파치노(호파).

시런이 살며 만난 사람들 대부분이 이제 세상을 떠났지만 호파는 여전히 그의 뇌리를 떠나지 않는다.

이번에는 마피아가 경쟁 상대를 만난 것이다.

영화가 끝날 즈음에는 브랜트의 책 제목이 된 완곡한 표현("벽을 피로 장식"하는 "페인트칠")은 더 이상 완곡어법이 아닌 것처럼 보인다. 이것은 평생의 작업이다. 연방 수사관들이 마지막 장에 막을 내리듯 내려오는 「좋은 친구들」이나 「카지노」와 달리 「아이리시맨」은 말 그대로 한 남자가 살인을 하고도 처벌을 받지 않았을 때 어떤 일이 일어나지는지를 보여 준다. 마지막 20분은 스코세이지의 작품 중 더할 나위 없이 탁월하다. 시간이 줄어들수록 모든 게 끔찍할 정도로 명쾌해진다. 시런이 보호하던 사람들 대부분은 죽었고 숱한 비밀이 그에게서 끌려 나가는 것처럼 보인다. 호파에 대한 기억은 관절염이 그의 허리를 갉아먹듯 그를 끊임없이 괴롭힌다. 간호사가 그를 떠나자 카메라 역시 그녀를 쫓아 복도를 지나서 그녀가 노트를 제출하는 곳까지 따라가지만, 그녀가 갈 채비를 할 때 그 카메라는 되돌아서 180도 방향을 바꾸어 방으로 돌아간다. 다만 이번에는 밤이며 신부가 그의 곁에서 죄를 사해 주고 있다. 이 남자가 움켜쥐고 있는 것이 무엇이든 그것이 그를 그리 쉽게 놓아주지는 않을 것이다.

"영화를 보고 알 파치노가 그러더군요. '넌 이 영화를 만들려고 76년 세월을 겪어야 했구나.'" 스코세이지가 말한다. "이건 자신의 소멸을 어떤 식으로든 받아들이는 방법에 관한 인간적 딜레마입니다. 그래서 모두가 거기 이르게 되는 거죠. 우린 그 길로 가져가 부딪쳐서 끝내야 했습니다. 1930년대에 루이페르디낭 셀린이 쓴 『밤 끝으로의 여행』이라는 기막힌 책에 멋진 구절이 등장합니다. 여기서 마지막

에 여자가 주인공을 쏘는 장면이 나오는데 그가 얘기합니다. '당신이 왜 그렇게 느끼는지 모르겠어. 무슨 일이 있었던 거야?' 그녀가 말하죠. '무슨 일이 있었냐 하면 인생이라는 일이 있었던 거야.' 탕! 그녀가 그를 쏩니다. 인생이라는 일이 있었다… 그 세계에서는 아주 다양한 이야기가 나와요. 지금도 여전히 그렇잖아요? 항상 뭔가가 있죠. 늘 수많은 소재가 있지만, 이건 제 마음속 깊은 곳까지 벗겨 냅니다. 이건 기본적으로 제가 오랫동안 이르고자 애썼던 것입니다. 제가 이렇게 앉아서 더 지혜롭다고 말할 수는 없지만 다른 한편으로는 많은 일을 겪었고 제가 기본적인 진실이라고 알고 있는 걸 거스르는 게 자연스러워 보이진 않아요. 그리고 제가 이렇게 말할 때면 머릿속에 어두운 복도, 그리고 엘리자베스 스트리트에 있는 낡은 아파트 같은 건물 앞에서 나무 의자에 앉아 있는 노파의 이미지가 떠오릅니다. 검은 옷을 입고 앉아 있는 노인들, 아니면 한 노인이 일어나서 에스프레소를 만드는 모습 같은 거 있잖아요. 진짜 그래요. 어렸을 때 시칠리아 방언을 하면서 복도를 따라 내려오면 그들이 보입니다. 그 오후의 햇살은 마룻바닥을 비추고 있고요. 아직도 그 커피 냄새가 납니다. 그런 거예요. 그들은 후추와 고추, 피망 따위를 화덕에 올려 놓고 그 아래 불길이 그것들의 표면을 태우는 놀라운 이미지를 만들어 냅니다. 그들은 그런 식으로 일을 시작해요. 그리고 그걸 보고 있으면 넋을 잃게 됩니다. 저희 어머니도 그러시곤 했어요. 그러니까 이건 아주 중요한 이미지입니다. 그리고 이건 여러분에게도 있는 것이고요."

다큐멘터리

"영화와 실제 삶을 엄격하게 구분하는 사람들의 이야기를 들을 때마다,
저는 그것이 영화의 힘을 회피하는 방편일 뿐이라는 생각을 합니다.
물론 영화는 삶이 아니죠. 영화는 삶을 작동하게 하는 것이며,
삶과의 지속적인 대화입니다."

스코세이지에게

있어 다큐멘터리 작업은 부업이 아니다. 그는 다큐멘터리로 단련이 되었으며 뉴욕대학교를 나오면서는 다큐멘터리를 만들며 돈을 벌었고, 셀마 스쿤메이커와의 협업은 이후에 「비열한 거리」, 「분노의 주먹」, 「좋은 친구들」과 「카지노」의 거칠고 빠르고 즉흥적인 미학에 영향을 주었다. 스코세이지가 묘사한 마피아와 거리, 그의 스타일로 잘 알려진 모든 것들은 그의 다큐멘터리 작업이 없었다면 상상하기 어려운 것들이다. "저는 제가 찍는 다큐멘터리와 극영화에 구분을 두지 않습니다." 그는 이런 말을 했다. "어떻게 구분을 둘 수 있겠어요?" 그의 장편 영화가 다큐멘터리의 직접성을 추구한다면, 그의 다큐멘터리는 때때로 장편 영화 수준의 완성도와 세련미를 지닌다. 더 밴드의 고별 콘서트를 담은 애수 어린 1978년작 「라스트 왈츠」는 마지막 한 프레임에 이르기까지 스토리보드를 그렸던 작품이다. 롤링 스톤스의 콘서트를 다룬 2008년작 「샤인 어 라이트」에서 스코세이지는 카메라맨 아홉 명을 고용하여 최소 열여덟 대의 카메라를 돌렸는데, 어느 순간 믹 재거에게 너무 많은 조명을 비추는 바람에 그에게 화재 위험을 초래하기도 했다. "솔직히 그가 연기 속에서 사라질까 두려웠어요." 스코세이지가 반농담조로 말했다.

뉴욕대학교 시절 스코세이지의 멘토인 헤이그 마누지언은 다큐멘터리에 열정을 가지고 있었다. 그는 메이즐스 형제, 리콕과 페니베이커, 크리스 마커[1]의 작품과, 이탈리아 네오리얼리즘과 프랑스 누벨바그(둘 모두 다큐멘터리에서 영향을 받은)에서 나온 서사 영화들을 칭송했다. 특히 로베르토 로셀리니의 「전화戰火의 저편」과 「이탈리아 여행」을 비롯한 네오리얼리즘 영화들은 스코세이지에게 큰 영향을 주었다. "그게 제 우주였습니다. 그 영화들은 저의 이모이자 삼촌이자 부모님이었죠." 그가 말했다. "제가 아무리 많은 서부 영화를 좋아했어도, 제가 영화를 만들 때마다 거기엔 네오리얼리즘 영화 같은 다큐멘터리의 요소가 담겨 있었어요. 다큐멘터리에서 나오는 그런 진실성과 힘을 지닌 영화에서 제가 가끔 뭔가를 얻을 수 있다면, 제게는 정말 그게 바로 궁극적 탐구일 거라는 생각을 항상 합니다."

아직 「누가 내 문을 두드리는가?」를 끝내기 위해 애쓰는 동안, 그는 웨스트 86번가에 있는 마이클 워들리의 패러다임 픽처스에서 셀마 스쿤메이커와 함께 다큐멘터리를 편집하며 주급 55달러의 뉴욕대학 강사 급료를 보충했다. 그들은 낮에는 PBS와 「머브 그리핀 쇼」[2]의 일을, 밤에는 1층에 있는 아주 작은 편집실에서 「누가 내 문을 두드리는가?」를 마무리하기 위해 밤새도록 일하곤 했다. 이 창의적이고 분주한 곳에서 스코세이지는 워들리가 연출한 1969년 우드스톡 음악 페스티벌 다

---

1 프랑스의 사진작가·다큐멘터리 감독.
2 1962년 NBC에서 방영을 시작한 TV 토크 쇼.

"모두들 만나서
반갑습니다. 누구든
이렇게 보니 좋네요!"
「샤인 어 라이트」에서
키스 리처즈가 감사의
인사를 전한다.

꼭 평화와 사랑을 나누지는 않은 감독 마이크 워들리가 「우드스톡」을 만드는 동안
스코세이지와 셀마 스쿤메이커에게 항의하고 있다.

B. B. 킹은 황홀감을 느꼈을지 모르지만 「메디신 볼 카라반」은 스코세이지에게 시작일 뿐이었다.

큐멘터리의 수석 조감독으로서 영화 크레디트에 처음으로 이름을 올렸다. "인생을 바꾼 엄청난 경험이었어요." 스코세이지는 후에 이 페스티벌을 이렇게 묘사했다. "제가 뿌리를 두는 곳에서 온 거라 정말 좋았어요. 정말로, 사람들이 행복해하는 모습을 보는 게 좋습니다." 그들은 193킬로미터에 이르는 필름[3]을 가지고 왔고 그와 스쿤메이커는 그걸 세 시간 분량의 필름으로 짜 맞추었다. 전에 당구장이 있던 86번가 2층의 또 다른 작업실에서 일곱 개의 영사기를 써서 작업을 했다. 그중 서너 개는 하얀 벽에 동시에 영사되고 있었다. 그들은 바로 여기서 분할 화면을 사용한다는 아이디어를 떠올렸다. "모든 필름이 동시에 영사기를 통과한다는 것에 대해 뭔가 본능적으로 오는 느낌이 있었어요." 스코세이지가 말했다. "그리고 우리는 그런 식으로 편집이 되어야 한다는 데 동의했죠."

결국 그와 워들리는 충돌했고 스코세이지는 해고당했다. 그렇지만 「우드스톡」 (1970)은 커다란 상업적 성공을 거두었고 평단의 극찬을 얻었으며 아카데미 장편 다큐멘터리상을 수상했다. 이로 인해 프레드 와인트라웁은 스코세이지에게 「메디신 볼 카라반」(1971)(이후 「당신네 딸들 데리러 왔소We Have Come for Your Daughters」라는 제목이 붙었다)의 편집 일(그를 처음 로스앤젤레스로 끌어냈던 일)을 맡

3 보통 35밀리 필름 한 통의 길이는 약 305미터이며 이는 러닝 타임 11분 정도의 분량이다. 필름 길이가 193킬로미터면 약 116시간 분량에 해당한다.

기기에 이르렀다. 스코세이지에게는 이때가 히피 시기의 절정이었다. 멜로즈 애비뉴에서 산 청바지와 카우보이 셔츠를 입은 그는 머리를 길게 기르고 텁수룩한 수염을 하고 있었다. "그 시점에 제게는 제 뿌리를 이루는 모든 걸 다 지워 버리고 싶어 하는 또 다른 모습이 있었어요." 그가 말했다. "도망쳐 나온 거 같은 기분이었죠." 「앨리스는 이제 여기 살지 않는다」는 이런 기분에서 하게 된 것이었지만 「앨리스」는 동시에 어머니에 대한 기억("어머니는 더 구시대적이었지만 그분은 그런 유머와 냉소를 지니고 있었어요")을 부추겨 주었다. 그리고 촬영이 서서히 끝나 가자, 그는 워싱턴에 있는 미국 국립인문재단의 의뢰를 받아 자신의 부모님에 관한 작은 다큐멘터리를 찍었다. 이는 미국 건국 200주년을 기념하여 재단에서 유대인, 이탈리아인, 아일랜드인, 그리스인 등 이민자 그룹들에 대해 제작한 일련의 영화들 중 하나였다.

뉴욕대학 시절의 옛 친구인 마딕 마틴의 도움을 받아 준비한 질문지를 바탕으로, 어느 주말에 그의 부모님 집 거실에서 회당 세 시간 분량으로 두 번에 걸쳐 찍은 「이탈리아계 미국인Italianamerican」(1974)은 결국 「분노의 주먹」으로 이어지게 되는 감독의 뿌리를 심리적으로나 창의적으로 심리적으로나 창의적으로 포괄하고 있는 작품으로 기록된다. 영화는 인터뷰를 하기 전 스코세이지가 어머니, 아버지와 앉아서 분위기를 띄워 주는 장면으로 시작한다. "당신은 왜 거기 앉아 있어요?" 소파 끝에 걸터앉은 남편 찰리를 보고 캐서린이 묻는다. "내가 앉고 싶은 데가 여기니까." 찰리가 대답한다.

"부모님에 대해 제가 몰랐던 것들을 알게 되었어요… 그분들이 20대와 30대 시절에 어떻게 살았는지 알게 됐고 이 두 분의 이야기가 보였습니다. 저는 그분들을 세상 사람이 아닌 그저 부모로만 바라보고 있었어요. 그러다 갑자기 그분들이 세상 사람이 되었고 이건 그들의 사랑 이야기였죠."

캐서린이 카메라로 시선을 돌리고는 집요하게 얘기한다. "이 남자는 결혼한 지 42년이 지났는데도 저기 앉아 있어요!" 그 순간부터 이 영화가 직접적인 이민자 이야기나 역사적 기록물이 될 거라는 생각은 완전히 사라진다. 이 작품이 그런 것이긴 해도, 다른 무엇보다도 이 영화는 주름살이 졌지만 사랑이 넘치고 소극적이면서도 적극적이고 못마땅해 하며 42년을 이어 온 결혼 생활의 묘사라 할 수 있다. "제가 한 가장 잘한 일입니다." 스코세이지가 최근 밝혔다. "그때 저는 한 사람이 지닌 단 하나의 이미지만으로도 이야기를 할 수 있다는 걸 알았어요. 하나의 세계죠. 제 부모님은 배우들보다 낫긴 했지만 배우는 아니었습니다."

입심 좋고 재치 넘치고 즐거워하고 다른 이를 즐겁게 해 주는 캐서린은 의심할 여지 없이 이 영화의 주인공이다. 자신을 돋보이게 만드는 재능은 그녀를 자기 아들의 진짜 어머니로 만들어 줄 뿐만 아니라 그녀가 왜 그리 쉽게 「좋은 친구들」과 「카지노」의 출연진에 들어가게 되었는지를 설명해 준다(그녀는 통틀어 13편에 연기자로 이름을 올렸다). 이 점을 강조하거나 분명히 보여 주기 위해 쓰인 그녀의 두 손은 허공에서 발레를 하듯 움직인다. 스코세이지의 아버지 찰리는 적어도 처음에는 훨씬 말이 없는 인물이다. 그는 카메라 앞에서 다른 말투를 쓴다고 아내에게 핀잔을 주지만 아내에게 매료된 게 분명한데, 강인한 여성을 좋아하는 그의 취향은 1세대 이민자인 그의 어머니("회초리를 자주 들었던")로 거슬러 올라간다. 어머니가 물

려준 엄격함은 식탁 위에 물음표처럼 매달려 있다. 어쩌면 유일한 침묵의 순간일지도 모를 보기 드문 순간이다. 영화의 나머지 부분에서 캐서린과 찰리는 짝을 이루어 툭하면 동시에 서로 말을 끊고 바로잡아 주며 각자의 일화를 즐겁게 끊임없이 이야기한다. 스코세이지의 영화에서 쏟아져 나오는 말이 어디서 나오는 건지 궁금하다면, 어머니(그리고 아버지)라는 풍요로운 원천이 여기 있다. 영화는 캐서린이 가구를 원래대로 돌려놓아도 되는지 묻고 가구를 정리하면서 끝나는데, 그러면서도 그녀는 계속 말을 하고 있다. "당신 아직도 이걸 찍고 있어요?" 그녀가 웃으며 묻는다. "당신을 죽일 거야! 이 집에서 절대 살아 나갈 수 없을 걸!" 스코세이지는 가족의 힘에 대한 역설적 증거로서 이 장면을 그대로 남겨 둔다.

「이탈리아계 미국인」이 「비열한 거리」를 뒷받침하는 자전적 욕구의 연장으로서 그의 부모를 포용했다면, 제멋대로인 청년들을 다룬 「아메리칸 보이: 스티븐 프린스의 프로필」(1978)은 「택시 드라이버」에 넘쳐 흐르는 더욱 파괴적인 충동을 알린 작품이었다. 「택시 드라이버」에서 총기 판매원 역할을 맡았던 스코세이지의 친구 스티븐 프린스(그는 한때 닐 다이아몬드의 로드 매니저였으며 헤로인 중독자였다가 개과천선한 인물이다)를 다룬 이 영화는, 대상에 대한 스코세이지의 다정함과 애정이 스며들어 있는 젊은 사기꾼의 희극적인 동시에 비극적인 초상이다. 주로 프린스의 거실에서 두 번의 주말에 걸쳐 촬영된 이 영화는 프린스와 조지 메모리(「비열한 거리」

"그는 성자가 아닙니다. 그렇다면 누가 성자일까요? 그리고 당신, 먼저 돌을 던질 당신은 누구인가요?" 자신의 친구 스티븐 프린스에 대한 스코세이지의 애정은 「아메리칸 보이」에서 빛을 발했다.

의 당구장 주인)의 싸움으로 시작된다. 그런 다음 프린스가 들려주는 여러 농담과 곤경에 빠졌던 이야기가 이어진다. 그가 일했던 자동차 정비소에서 타이어를 훔친 남자를 쏜 일, 고릴라와의 싸움, 그의 커밍아웃, 의학 사전과 매직펜에 의지해 마약을 과다 복용한 한 여자의 심장에 아드레날린을 주사한 이야기(이 에피소드는 나중에 쿠엔틴 타란티노의 「펄프 픽션」에 들어가게 된다) 등등. 마지막 부분에 이르러서 영화는 알아채지 못할 정도로 서서히, 강인한 생존자의 증언으로 변해 간다. "스티븐은 여러 차례 죽을 뻔했고 저도 그랬습니다." 스코세이지가 말했다. "하지만 우린 아직 살아 있죠. 스티븐은 마약 중독 치료를 받지 않고 스스로 이겨 냈습니다. 보기 드문 일이에요. 살아남는다. 하지만 어떻게? 저를 계속 괴롭히는 문제입니다."

스코세이지가 「뉴욕, 뉴욕」의 제작을 끝내고 가장 격동적인 시기를 겪는 동안 완성된 이 다큐멘터리는 작품을 만든 이에게 구명조끼 비슷한 역할을 했다. 스코세이지는 잠깐의 휴식도 취하지 않으려는 것처럼 보였으며 대신 마치 문간에 모래주머니를 쌓아 올리듯, 「아메리칸 보이: 스티븐 프린스의 프로필」뿐만 아니라 라이자 미넬리와 함께한 무대극과 더 밴드의 고별 콘서트를 담은 다큐멘터리 「라스트 왈츠」 등 일련의 프로젝트를 떠맡았다. "지쳐 있었지만 영화를 찍는 걸 멈출 수는 없을 것 같았어요." 그가 말했다. "계속할 수밖에 없었죠." 계속해서 「라스트 왈츠」를 찍게 된 촬영 감독 마이클 채프먼이 소리쳤다. "마티, 당신은 괴물이야! 내가 만난

가장 위험한 사람! 제발, 난 계속할 수 없어. 편하게 죽게 나 좀 내버려 두라고!"

「라스트 왈츠」(1978)는 더 밴드에게뿐만 아니라 70년대의 생활 방식, 1976년 11월 샌프란시스코에 있는 윈터랜드 볼룸에서 가진 그룹의 마지막 공연을 담은 콘서트 필름에 스코세이지가 삽입한 무대 뒤 인터뷰 중에서 리드 기타리스트 로비 로버트슨이 말한 것처럼 "도저히 불가능한 삶의 방식"에 바치는 애가哀歌. 일곱 대의 카메라를 사용하여 35밀리로 촬영된 이 다큐멘터리에는, 뒤에 휘장과 나뭇가지 모양 촛대가 장식된 우아한 무대에서 더 밴드가 연이어 등장하는 조니 미첼, 닐 영, 머디 워터스, 에릭 클랩턴, 밥 딜런, 그 외 여러 유명 게스트들과 펼치는 공연이 담겨 있다. 스코세이지는 카메라를 연주자들의 악기보다 얼굴 쪽으로 더 많이 향하게 하여 완전히 몰입해 도취되어 있는 그들의 모습을 잡아 냄으로써 록 음악 자체만큼이나 풍요로운 감동을 전한다.

콘서트의 가편집본을 보며 음악적이든 그렇지 않든 모든 요소들이 연결되는 오페라의 아이디어를 떠올린 그는, MGM의 사운드스테이지에서 「뉴욕, 뉴욕」의 프로덕션 디자이너였던 보리스 레븐이 「바람과 함께 사라지다」의 불타는 애틀랜타에 바탕을 두어 불에 그을린 청동색과 붉은색, 초콜릿 브라운 색의 컬러 팔레트로 만든 세트를 배경으로 세 곡을 찍기로 했다. 콘서트 자체가 그러했듯 모든 게 스토리보드로 그려졌으며(조명 변화와 카메라 움직임은 가사와 정확히 일치한다) 편집에 2년

「라스트 왈츠」 중 로비 로버트슨, 밥 딜런과 릭 댕코.

"「라스트 왈츠」를 끝냈을 때 이제껏 제가 한
최고의 작업이라고 생각했습니다."

「분노의 주먹」부터 「아이리시맨」까지 스코세이지의
수많은 장편 영화에서 음악을 작곡하고 편곡하거나
감독하게 되는 로버트슨과 함께 1978년 칸영화제에서.

가까이 걸렸다. 「뉴욕, 뉴욕」이 혼란스러웠던 만큼 이 작품은 엄격하게 통제되었다. 스코세이지가 절박하게 자기 재건을 하느라 바쁘기라도 한 것처럼 말이다. "저는 바로 거기에서 다시 길을 찾기 시작했어요." 그가 말한다. "「라스트 왈츠」는 제가 길을 잃지 않게 해 주었고, 마치 병원에서 치료를 받는 사람처럼 일하게 해 주었습니다. 분명한 건 제가 다시는 제 모습을 찾을 수 없을 거라 생각하지 않았다는 사실입니다."

이 경우 다큐멘터리 영화 제작은 단지 그를 둘러싼 세계를 바라보는 것 이상일 뿐만 아니라 살아가는 수단, 자신의 영혼을 들여다보는 창이었던 것 같다. 스코세이지의 다음 다큐멘터리 작업이 이루어지기까지는 20년 가까운 세월이 걸리게 되지만, 「마틴 스코세이지의 영화 이야기」(1995)와 「나의 이탈리아 여행기」(1999)와 함께 실개천처럼 시작한 흐름은, 2000년대 중반 블루스 음악의 뿌리에 관한 TV 다큐멘터리 시리즈인 「더 블루스」(2003)의 첫 에피소드와 초창기 밥 딜런의 삶과 커리어를 다룬 다큐멘터리 「노 디렉션 홈: 밥 딜런」(2005)과 더불어 홍수가 되었다. 이후 롤링 스톤스의 콘서트 영화 「샤인 어 라이트」(2008), 스코세이지의 친구인 재담가 프랜 리보위츠를 다룬 「퍼블릭 스피킹」(2010), 영화감독 엘리아 카잔에 관한 「어 레터 투 엘리아」(2010), 조지 해리슨의 커리어와 비틀스 이후 그가 추구한 영적 성취를 이례적으로 자세히 살펴보는 「조지 해리슨: 물질 세계에서의 삶」(2011),

그리고 제임스 볼드윈과 고어 비달 같은 이들의 기록 영상과 잡지의 창립자이자 편집장인 로버트 실버스와 가진 인터뷰를 엮은, 『뉴욕 리뷰 오브 북스』에 보내는 따사로운 축하와도 같은 「50년간의 논쟁」(2014)이 이어졌다. 이번에는 스코세이지가 최종 변론을 향한 충동, 아직 시간이 남아 있을 때 모든 사랑과 열정을 다 써 버리고자 하는 욕망에 사로잡힌 것처럼 보인다.

「샤인 어 라이트」는 스코세이지가 자신의 영화에 다른 누구의 음악보다 많은 곡을 사용했던 밴드 롤링 스톤스에게 그가 진 빚을 갚는 방식이었다. "「비열한 거리」에서 여러 시퀀스와 장면들을 실질적으로 구체화하는 건 많은 부분 그들의 음악에서 비롯됩니다. 그들의 음악과 함께하고 그걸 듣는 데에서 나오는 거죠." 그가 말했다. "제가 영화에서 사용한 노래뿐만이 아니라 그들 음악의 톤과 분위기, 그들의

태도에 대해서도 그렇습니다. 저는 그냥 계속 음악을 듣고 있어요. 그러고는 영화 속 장면들을 상상하죠. 그리고 저 노래들을 이해하는 건 저 이야기들을 영화에 넣을 방법을 찾을 수 있게 영감을 줍니다. 그러니 막대한 빚을 진 거죠. 무슨 말을 해야 할지 모르겠어요. 제 마음속에서는 이 영화를 40년 전에 찍은 것 같은데, 지금에야 찍을 수 있게 되었네요."

믹 재거는 스코세이지에게 리우데자네이루의 해변에서 개최된 그들의 라이브 콘서트를 3D 카메라로 찍어 달라고 요청했지만, 스코세이지는 자신이 그런 큰 행사에 많은 걸 더할 수 있을지 확신이 들지 않아서 그가 그룹과 더 가까이 있을 수 있는 좀 더 적당한 장소에서 더 소규모로 하자고 제안했다. 스코세이지는 밴드 멤버들이 무대 위에서 서로 어떻게 경쟁을 하는지, 그들이 주고받는 육체적이고 정

"우리는 그 실마리를 찾아야 했습니다.
그가 어디로 가든 자기 자신으로 남을 것이라는 실마리요.
결국 그는 많은 사람들을 실망시키고 그들을
화나게 만들려고 했고 실제로 그렇게 했어요.
아티스트에게는 그 점이 중요하다고 생각합니다."

「노 디렉션 홈: 밥 딜런」은 스코세이지처럼
시류에 역행하는 일을 절대 두려워하지 않았던 아티스트인
밥 딜런의 초기 삶과 커리어를 기록한 작품이다.

신적인 에너지를 보여 주고 싶었다. 그들은 뉴욕의 라디오 시티 뮤직 홀을 고려하다가 근처에 있는 비콘 극장으로 결정했다. 「데어 윌 비 블러드」로 오스카를 수상하게 되는 로버트 엘스위트와 「반지의 제왕」 3부작의 촬영 감독 앤드루 레즈니가 포함된 소규모 카메라맨 군단은 로버트 리처드슨이 이끌었다. 스코세이지는 이들이 운용하는 열여덟 대의 카메라를 사용하여 스포츠 캐스터처럼 늘어선 스크린 앞에서 지휘를 했다. 밴드 멤버 각각에게 여러 대의 카메라가 붙어 있었지만 연주자들을 계속 뒤쫓는 건 어려운 일이어서 그들은 이리저리 아주 많이 움직였다. 사전에 그는 재거에게 어느 시점에서 키스 리처즈와 듀엣을 할 수 있냐고 물었다. "그 친구가 무대로 오면 〈Faraway Eyes〉를 할 수 있을 것 같은데 그가 어디 있을지는 모르겠어요." 재거가 대답했다. "그랜드 내셔널[4]을 예측하는 게 더 나을 걸요."

그 결과는 "광기예요, 멋진 광기!"라는 스코세이지의 표현처럼 멋지게 조정된 혼돈이다. 밴드가 〈Jumpin' Jack Flash〉, 〈Some Girls〉, 〈Tumbling Dice〉, 〈Start Me Up〉, 《(I Can't Get No) Satisfaction》, 그리고 재거가 빛의 장벽을 배경으로 윤곽을 드러내며 서 있는 〈Sympathy For The Devil〉 등의 곡들을 맹렬히 연주할 때 항상 바이런과 같은 재거[5]는 빙빙 돌고 뛰어오르고 뽐내며 활보하고 몸부림친다. "이게 일반적인 영화 조명인가요?" 어느 시점에 찰리 와츠가 묻는다. 재거는 자기 셔츠로 부채질을 하며 웃는다. 밴드의 나머지 세 창단 멤버들[6]은 이제 60대인데, 1964년까지 거슬러 올라가는 옛 TV 인터뷰에서 발췌된 장면이 강조되어 있고, 거기엔 딕 캐빗[7]이 재거에게 예순 살이 되었을 때도 계속하고 있는 걸 상상할 수 있냐고 묻는("당연하죠"라고 답한다) 1972년 영상이 포함된다. 「샤인 어 라이트」는 기막힌 인내심의 강력한 증거나 마찬가지인 작품이다. "모두들 만나서 반갑습니다." 리처즈가 관객들에게 말한다. "누구든 이렇게 보니 좋네요!" 예순두 살이 된, 팔은 주름지고 이스터섬의 조각상처럼 얼굴이 패인 리처즈는 늙은 집시 부인

---

4 리버풀에서 매년 개최되는 장애물 경마 대회.

5 19세기 초 영국의 낭만주의 시인 조지 고든 바이런은 화려한 여성 편력으로 숱한 스캔들을 일으켰으며 양성애적 성향까지 가지고 있었다. 유사한 쾌락주의적 삶을 살아 온 믹 재거를 이에 빗댄 표현이다.

6 기타리스트 키스 리처즈와 드러머 찰리 와츠는 롤링 스톤스의 창단 멤버지만 기타리스트 로니 우드는 1975년부터 밴드의 멤버가 된 인물이다.

7 「딕 캐빗 쇼」로 유명한 미국의 토크 쇼 진행자.

"광기예요, 멋진 광기!" 스코세이지가 롤링 스톤스의 다섯 번째 멤버로 도전하다. 「샤인 어 라이트」.

을 닮았는데, 기타 줄을 훑을 때 그의 입술에는 담배가 매달려 있다(어느 멋진 장면에서 그는 눈부신 불꽃을 뿌리며 담배를 뱉는다). 콘서트를 끝내기 전에 그는 몸을 굽혀 기타를 끌어안고 숨을 돌리려 한다. 이는 스코세이지가 가장 좋아하는 순간이었다. "그리고 나서 그는 힘을 되찾고 다시 일어나 부활합니다." 그가 말했다. 마치 예수 그리스도, 제이크 라모타, 그리고 이전의 마틴 스코세이지와 같은 부활이다.

　보다 더 예술적인 표현이 담긴 작품은 밥 딜런에 관한 스코세이지의 두 번째 영화 「롤링 선더 레뷰: 마틴 스코세이지의 밥 딜런 이야기」(2019)였다. 제목이 암시하는 것처럼[8] 이 다큐멘터리는 변덕스러운 딜런에 대한 장난기 가득한 농담 같은 접근법을 취했다. 존 바에즈, 조니 미첼, 샘 셰퍼드, 앨런 긴즈버그 등을 비롯해 버

스 한 대분의 음악가, 시인, 기자, 사진작가, 투자자 들과 유명인의 측근들이 모여들었던 딜런의 1974년 콘서트 투어의 기록 영상을 끼워 넣었는데, 카메라 앞에서 허구적인 '모큐멘터리'[9] 스타일로 이야기하는 일련의 인물들 중에는 영상을 촬영한 감독으로 추정되는 마틴 폰 하셀버그, 그리고 열일곱 살 나이에 어떻게 딜런의 콘서트에 가고 초청을 받아서 이 여행자 무리에 합류했는지에 대해 마찬가지로 허구의 이야기를 들려 주는 섀런 스톤이 포함되어 있다. 장난이자 사기이기도 한 이 다큐멘터리 영화는 멜리에스의 1896년 영화 클립[10]으로 시작해 딜런이 늘 하는 수수

8　'레뷰'는 음악과 춤, 촌극 등이 결합된 가벼운 무대극을 의미한다.

9　다큐멘터리의 형식을 빌려 가상의 인물 혹은 허구적 상황을 실제처럼 보이게 만드는 영화나 TV 프로그램.

10　마술사가 의자에 앉은 여인을 사라지게 하고 다시 나타나게 하는 영상을 담은 75초짜리 단편 「로베

"다큐멘터리 영화를 만들려고 했던 게
아니라 공연을 담아내겠다는 생각을
했었어요. 그들의 음악을 처음
들었을 때부터 항상 말했죠.
'언젠가 저걸 필름에 담을 거야.'
겨우 40년쯤 걸렸을 뿐이지만,
제가 무슨 말을 할 수 있겠어요?"

「롤링 선더 레뷰: 마틴 스코세이지의 밥 딜런 이야기」는 변덕스러운
딜런에 대한 장난기 가득한 농담 같은 접근법을 취했다.

께끼 같은 발언으로 그 의도를 알린다. "누가 가면을 쓰고 있다면 그는 진실을 말해 줄 겁니다. 가면을 쓰고 있지 않으면 그럴 가능성이 아주 적죠."

투어는 재정적으로 실패했지만(딜런은 이 투어가 자신이 "태어나지도 않았던" 아주 오래전에 있었던 일이라고 농담을 한다), 이 투어는 1966년 오토바이 사고 이후 8년 만에 그에게 음악적 활기를 되찾아 주었다. 무대 위에 있는 이 가수의 모자는 꽃으로 장식되었고 그의 얼굴은 그의 밴드와 마찬가지로 흰색 페인트로 뒤덮여 있다. 그룹 키스에 대한 헌정의 의미다.[11] 뉴욕에서 열린 투어 전 파티에서 패티 스미스가

지구에 운석이 떨어진다는 터무니없는 이야기를 지어 내고 있는데 딜런은 열심히 고개를 끄덕인다. 조니 미첼은 토론토에 있는 고든 라이트푸트의 아파트에서 자기 노래 〈Coyote〉의 즉흥 연주를 펼치고 있다. 앨런 긴즈버그는 이 싱어송라이터에 대한 존경심과 경쟁심에 대해 이야기한다. 그리고 딜런은 어디에서든 카메라를 피하고 벗어난다. 그는 자신의 명성에 불안해하고, 스코세이지의 눈길을 끌고 감탄을 자아낸 적극적 자기 희생으로 인해 구경거리가 된 걸 즐긴다. 그 결과 종잡을 수 없고 너무 긴 동시에 매혹적이며 축제와 같은 작품이 되었고, 딜런의 노래와 같은 요란스러운 혼돈이 되살아나 금이 간 거울에 베트남전 시대의 미국을 비추어 준다.

　　르우댕 극장에서의 한 부인의 실종」.
11　하드 록 밴드 키스는 가부키 배우와 같은 짙은 분장과 불꽃, 피, 연기 등을 활용한 무대 퍼포먼스로 유명한 그룹이다. 「롤링 선더 레뷰」에서는 밥 딜런의 메이크업에 영감을 주었다는 식으로 이야기가 되

지만 이는 사실이 아니며 이 역시 '가짜 다큐멘터리'의 요소로 활용된다.

빠르게 감기

앞으로 만들 영화

요즘 그가 프로젝트를 고를 때 고려하는 건 단 한 가지, 그에게 남은 시간 이다. "지금은 정말 그렇습니다. 진짜로 유일한 고려 사항이에요." 2011년 그는 내게 이렇게 말했다. "항상 소재가 중요해요. 소재에 조금도 끌리지 않나요? 마음속이나 머릿속에 있는 뭔가를 말할 방법을 찾을 수 있나요? 가끔은 작동하지 않을 때도 있어요. 「디파티드」와 같은 몇몇 영화들의 경우는 제가 반드시 만들려고 계획했던 게 아니라 개인적인 이유로 만들었습니다. 그건 변명이 아니에요. 뭔가를 만들어야만 한다고 해도 그럼에도 그건 나 자신이어야 합니다. 관객에게 그렇게 할 수는 없는 거예요. 내가 할 수 있는 최선을 다하려고 노력하지 않은 것, 내 내면에서 뭔가를 찾아내지 못한 것을 밖으로 그냥 내던질 수는 없는 거죠. 저는 지금 큰 영화를 향해 날아가고 있습니다. 무슨 말인가 하면 거기엔 저를 집중하게 하는 요소들, 제가 표현하고 싶은 것이 있다는 의미예요. 여기엔 멋진 배우들, 말하자면 저와 좀 잘 맞는 사람들이 있어요. 마음이 편안합니다. 어떻게 하면 좋을까요? 어떤 이미지가 나올지는 모르겠어요. 내일이면 뭔가를 볼 수 있을지 모르지만 그게 하늘이라는 건 확실합니다. 시골을 보고 작은 마을을 보겠죠. 그러니 다른 뭔가가 있을 것이고 그게 뭔지는 알 것 같은데, 제가 할 수 있을까요?"

데이비드 그랜의 역사서를 바탕으로 한 「킬러스 오브 더 플라워 문」은 오세이지 네이션[1] 살인 사건을 중심으로 전개되는 이야기다. 그들의 땅에서 발견된 석유 덕분에 엄청난 부를 소유한 수십 명의 인디언들이 독과 총, 다이너마이트로 죽임을 당한다. FBI 초창기에 젊은 J. 에드거 후버[2]의 부하로 일하고 있는 전 텍사스 레인저 톰 화이트는 변호사, 은행가, 의사, 그리고 보안관 윌리엄 K. 헤일까지도 포함된 음모가 퍼져 감에 따라 누가 이런 범죄를 저질렀는지 밝혀내야 한다. '오세이지 힐스의 왕'으로 알려진, 전에 소 목장 주인이었던 명망 높은 헤일은 동부 오클라호마를 자신의 개인 영지로 운영하는 것 같다. 수많은 아메리카 원주민 배우들과 제작진과 더불어, 리어나도 디캐프리오와 드 니로가 1996년작 「디스 보이스 라이프」 이후 처음으로 함께 출연한 이 2억 달러짜리 서부 범죄 드라마는 2020년 3월 촬영을 시작할 예정이었다. 그러나 이후 오세이지 네이션의 족장 제프리 스탠딩 베어가 8월 5일 연설에서 밝혔듯 코로나 팬데믹의 발생으로 2021년 2월로 연기되었다. 마틴 스코세이지 영화의 촬영 스케줄이 『버라이어티』 매거진이 아닌 제7기 오세이지 네이션 의회에서 발표된 건 처음이다.

"저는 기회가 되는 이야기를 해 보는 걸 좋아합니다. 그걸 뭐라고 하죠? 배우는 게 아니라, 우리에게 남은 시간이 얼마가 됐건 보다 영적인 측면을 다루는 주제와 탐구로 시간을 보낼 수 있는 기회요." 스코세이지가 말한다. "우리가 무엇을 했는지, 우리가 누구인지, 혹은 우리가 무엇인지에 대한. 그래서 그건 정말 중요합니다. 저는 책을 아주 많이 읽으려고 하는데 그건 불가능해요. 저에게 정말 와 닿는 책들이 있어서 그중 몇 권을 골라 대본을 쓰고 있습니다. 규모가 작긴 하지만 그것들을 해 보는 것도 재미있을 거예요. 그리고 음악요. 다큐멘터리가 아니라 영화, 음악 영화가 있죠. 음악은 그러니까, 모든 사람에게 아주 보편적인 요소잖아요. 우린 로비 로버트슨과 이야기를 하고 있어요. 로비와 밴 모리슨과 함께 뭔가를 하는 걸로요. 그 친구와 영화를 하고 싶어요. 그러니까 그는 쉽게 정의할 수 없는 사람이란 말이

---

1 오클라호마주의 아메리카 원주민 부족.
2 미 연방 수사국(FBI)의 초대 국장을 지낸 인물. 스물아홉 살이던 1924년부터 1972년까지 48년간 FBI 국장 자리에 있었다.

"비싸게 얻은 교훈이지만, 가족이 가장 중요하다는 사실은 의심의 여지가 없습니다…"

죠. 그를 추적해 봐야 해요. 데이비드 조핸슨[3]도 마찬가지고요. 데이비드 조핸슨과 하나를 할 계획입니다. 1월 첫째 주에 찍고 싶은데, 60년대 후반으로 거슬러 올라가는 뉴욕의 카바레 장면이거든요. 그는 아주 많은 역사를 품고 있는 인물입니다. 그의 작품뿐만 아니라 그가 선곡한 음악을 들으며 참 많은 걸 배웠어요. 여기 XM[4]에서 라디오 프로그램을 하거든요. 아주 많이 배웠죠."

2014년 1월 이탈리아의 시사지 『레스프레소』에 실린, 스코세이지가 열네 살짜리 딸 프란체스카에게 쓴 편지에서 그는, 자신이 영화를 만들도록 이끌어 주고 그가 떠난 후에도 사람들이 그걸 지속하도록 만들어 줄 거라 믿는 "연결의 불꽃"을 지키는 문제에 대해 이야기했다.

사랑하는 프란체스카에게,

아빠는 네게 미래에 대한 편지를 쓰고 있어. 나는 내 세계의 렌즈를 통해 미래를 보고 있단다. 그 세계의 중심에 있었던 영화라는 렌즈를 통해서 말이야.

아빠가 지난 몇 년 동안 깨달은 게 있어. 내가 자라며 보았던, 네가 아이였을 때부터 네게 보여 주었던 영화들에 담긴, 그리고 내가 영화를 만들기 시작했을 때 번

---

3 미국의 하드 록·글램 록·펑크 록 밴드 뉴욕 돌스의 보컬리스트이자 싱어송라이터.
4 2008년 설립되어 뉴욕 맨해튼에 본사를 두고 있는 위성 및 온라인 라디오 방송국 시리우스XM을 의미한다.

성했던 영화에 대한 개념이 끝나 가고 있다는 사실이지. 이미 만들어진 영화들을 말하는 게 아니라 앞으로 만들어질 영화들을 얘기하는 거야.

절망적이라는 의미는 아니다. 패배의 마음으로 이런 글을 쓰는 건 아냐. 반대로 미래는 밝다고 생각해.

우리는 영화가 사업이고 영화 예술이란 건 사업 조건에 맞기 때문에 가능하다는 걸 늘 알고 있었단다. 60년대와 70년대에 시작한 우리 중 누구도 그런 면에서 환상을 갖고 있지 않았지. 우린 우리가 사랑하는 걸 지키기 위해 열심히 해야 한다는 걸 알고 있었어. 우리는 또 힘든 시기를 거쳐야 할 수도 있다는 걸 알고 있었단다. 그리고 어떤 면에서 우리는 영화 제작 과정에 있어 모든 불편하거나 예측할 수 없는 요소가 최소화되고 어쩌면 없어지게 되는 때를 마주할 수도 있을 거라는 사실을 깨달은 것 같아. 가장 예측할 수 없는 요소가 뭐냐고? 영화 자체야. 그리고 그걸 만드는 사람들.

아빠는 이전에 다른 수많은 사람들이 이 업계의 온갖 변화에 대해 말하고 쓴 걸 반복하고 싶진 않아. 그리고 영화 제작의 전반적 추세를 거스르는 예외적인 것들로부터 기운을 얻는단다. 웨스 앤더슨, 리처드 링클레이터, 데이비드 핀처, 알렉산더 페인, 코언 형제, 제임스 그레이, 그리고 폴 토머스 앤더슨 등은 모두 어떻게든 영화를 만들어 내는 사람들이야. 그리고 폴은 「마스터」를 70밀리로 만들었을 뿐만 아니라 몇몇 도시에서 그 방식으로 상영하기까지 했어. 영화에 신경을 쓰는 사람이

라면 감사해야 할 일이지.

그리고 또 아빠는 프랑스에서, 한국에서, 영국에서, 일본에서, 아프리카에서, 세계 각지에서 자신의 영화를 꾸준히 만들고 있는 예술가들에게 감동을 받는단다. 늘 점점 어려워지고 있지만 그들은 영화를 완성하고 있어.

하지만 영화 예술과 영화 업계가 지금 기로에 서 있다고 말한다 해서 아빠가 비관적으로 생각하는 건 아냐. 시청각 엔터테인먼트와 우리가 영화라고 알고 있는 것 (개인의 상상에서 나오는 움직이는 사진)은 다른 방향으로 향하는 것 같아. 미래에는 우리가 영화라고 인정하는 걸 멀티플렉스 영화관에서는 점점 덜 보고 더 작은 극장, 온라인, 그리고 내가 예측할 수 없는 공간과 환경에서 점점 더 많이 보게 될 거야.

그럼 왜 미래가 그토록 밝을까? 왜냐하면 예술 형식의 역사에 있어 처음으로 영화가 정말 아주 적은 돈으로 만들어질 수 있기 때문이야. 이건 아빠가 자랄 때는 전례가 없던 일이었고 극도의 저예산 영화는 항상 이례적인 일이었지. 이젠 바뀌었어. 너는 적당한 가격의 카메라로 아름다운 이미지를 얻을 수 있고 소리를 녹음할 수 있어. 집에서 편집과 믹싱과 색 보정을 할 수 있게 되었지. 이 모든 게 실현된 거야.

하지만 영화를 만드는 기계와 이런 영화 제작 혁명으로 이끌어 준 기술의 발전에 모든 관심이 집중되면서 잊지 말아야 할 중요한 한 가지가 있단다. 도구가 영화를 만드는 게 아니라 네가 만든다는 사실이야. 카메라를 들어 촬영을 시작하고 그

다음 그걸 파이널 컷 프로[5]로 합치는 건 자유롭지. 네가 만들어야 하는 영화를 만드는 건 다른 문제야. 지름길은 없어.

아빠의 친구이자 멘토인 존 카사베티스가 오늘날 살아 있었다면 그는 틀림없이 이용 가능한 모든 장비를 사용했을 거야. 하지만 그는 항상 말했던 것과 똑같은 말을 할 테지. 작업에 완전히 전념해야 해, 자신의 모든 걸 바쳐야 해, 그리고 무엇보다도 너에게 영화를 만들도록 하는 연결의 불꽃을 지켜야 해. 목숨을 걸고 지켜야 한다. 과거에는 영화 제작에 돈이 너무 많이 들었기 때문에 극도의 피로와 타협으로부터 그걸 지켜야 했지. 미래에는 다른 것에 대해 마음을 단단히 먹어야 할 거야. 흐름을 따르고자 하는 유혹, 그리고 영화가 표류하고 떠내려가게 내버려 두는 것에 말이야.

이게 단지 영화의 문제만은 아니란다. 어떤 것에든 지름길이란 건 없어. 모든 게 힘들어야 한다는 말이 아냐. 네게 불을 붙이는 목소리는 너의 목소리라는 걸 말하는 거야. 퀘이커 교도들이 말하는 것처럼 그게 바로 내면의 빛이란다.

그게 바로 너야. 그게 진실이고.

모든 사랑을 담아,
아빠가

---

5 애플이 개발한 맥 OS 전용 동영상 편집 프로그램.

2007년 2월 25일, 「디파티드」로 아카데미 감독상을 받다.

필모그래피

연출 작품

별도 언급이 없는 경우 개봉일은 미국(일반인 공개) 기준.

아마추어/단편 영화

베수비오 6 Vesuvius VI
1959년

너처럼 멋진 여자가 이런 곳에서 뭘 하고 있는 거야?
What's A Nice Girl Like You Doing In A Place Like This?
(뉴욕대학교 TV·영화·라디오과/여름 영화 워크숍)
9분
각본: 마틴 스코세이지
촬영: 제임스 뉴먼
출연: 새라 브레이브맨(정신 분석가), 제프 미카엘리스(해리),
프레드 시카(친구), 미미 스타크(해리의 아내),
로버트 유리콜라(가수)
1963년

너뿐만이 아니야, 머리! It's Not Just You, Murray!
(뉴욕대학교 TV·영화·라디오과)
15분
각본: 마틴 스코세이지, 마딕 마틴
촬영: 리처드 H. 콜
출연: 아이라 루빈(머리), 샘 드파지오(조),
도미니크 그리코(레프티), 앤드리아 마틴(아내),
캐서린 스코세이지(어머니), 로버트 유리콜라(가수)
1964년

빅 셰이브 The Big Shave
(뉴욕대학교 영화 학교/벨기에 시네마테크)
6분
각본: 마틴 스코세이지
촬영: 아레스 데메르치스
출연: 피터 버누스(젊은 남자)
1968년 벨기에 실험영화제에서 최초 상영

장편 영화

누가 내 문을 두드리는가? Who's That Knocking At My Door
(트라이모드 필름스)
90분
각본: 마틴 스코세이지
촬영: 리처드 H. 콜, 마이클 워들리
출연: 하비 카이텔(J.R.), 해리 노섭(해리), 지나 베순(여자),
앤 콜레트(꿈속의 여자), 레너드 쿠라스(조이),
캐서린 스코세이지(J.R.의 어머니)
1967년 11월 15일 시카고국제영화제에서
「아이 콜 퍼스트 Call First」라는 제목으로 최초 상영

바바라 허시의 공황 시대 Boxcar Bertha
(아메리칸 인터내셔널 픽처스)
88분
각본: 조이스 H. 코링턴, 존 윌리엄 코링턴
촬영: 존 스티븐스
출연: 바바라 허시("박스카" 버사 톰슨),
데이비드 캐러딘("빅" 빌 셸리), 배리 프라이머스(레이크 브라운),
버니 케이시(본 모튼), 조 캐러딘(H. 버크램 사토리스)
1972년 6월 14일 개봉

비열한 거리 Mean Streets
(워너브라더스/태플린-페리-스코세이지 프로덕션스)
112분
각본: 마틴 스코세이지, 마딕 마틴
촬영: 켄트 웨이크퍼드
출연: 로버트 드 니로(조니 보이), 하비 카이텔(찰리), 데이비드
프로발(토니), 에이미 로빈슨(테레사), 리처드 로마너스(마이클),
체사레 다노바(조바니)
1973년 10월 14일 개봉

앨리스는 이제 여기 살지 않는다 Alice Doesn't Live Here Anymore
(워너브라더스)
112분
각본: 로버트 게첼
촬영: 켄트 웨이크퍼드
출연: 엘렌 버스틴(앨리스 하이어트), 앨프리드 러터(토미),
하비 카이텔(벤), 다이앤 래드(플로), 빅 테이백(멜),
크리스 크리스토퍼슨(데이비드)
1974년 12월 9일 개봉

택시 드라이버 Taxi Driver
(컬럼비아 픽처스/빌 필립스/이탈로 주데오 프로덕션스)
113분
각본: 폴 슈레이더
촬영: 마이클 채프먼
출연: 로버트 드 니로(트래비스 비클), 조디 포스터(아이리스),
시빌 셰퍼드(벳시), 하비 카이텔(매튜 "스포트" 히긴스),
피터 보일(위저드), 앨버트 브룩스(톰)
1976년 2월 8일 개봉

뉴욕, 뉴욕 New York, New York
(샤토프-윙클러 프로덕션스)
155분(오리지널 개봉판), 136분(재개봉 편집판), 163분(DVD판)
각본: 얼 맥 라우치, 마딕 마틴
촬영: 코바치 라슬로
출연: 라이자 미넬리(프랜신 에번스), 로버트 드 니로(지미 도일),
라이오넬 스탠더(토니 하웰), 배리 프라이머스(폴 윌슨),
메리 케이 플레이스(버니스 베넷), 조지 올드(프랭키 하트),
조지 메모리(니키)
1977년 6월 21일 개봉

분노의 주먹 Raging Bull
(유나이티드 아티스츠/샤토프-윙클러 프로덕션스)
129분
각본: 폴 슈레이더, 마딕 마틴
촬영: 마이클 채프먼

출연: 로버트 드 니로(제이크 라모타), 캐시 모리어티(비키 라모타),
조 페시(조이), 프랭크 빈센트(샐비), 니컬러스 콜라산토(토미 코모)
1980년 12월 19일 개봉

코미디의 왕 The King Of Comedy
(엠버시 인터내셔널 픽처스/20세기 폭스)
109분
각본: 폴 D. 짐머맨
촬영: 프레드 슐러
출연: 로버트 드 니로(루퍼트 펍킨), 제리 루이스(제리 랭퍼드),
다이안 애보트(리타 킨), 샌드라 버나드(마샤), 토니 랜들(본인)
1982년 12월 18일 아이슬란드 개봉, 1983년 2월 18일 미국 개봉

특근 After Hours
(게펀 컴퍼니/더블 플레이)
97분
각본: 조지프 미니언
촬영: 마이클 볼하우스
출연: 그리핀 던(폴 해킷), 로재너 아케트(마시 프랭클린),
버나 블룸(준), 토머스 총(페페), 린다 피오렌티노(키키 브릿지스),
테리 가(줄리), 존 허드(토머스 "톰" 쇼어), 치치 매린(닐),
캐서린 오하라(게일)
1985년 10월 11일 개봉

컬러 오브 머니 The Color Of Money
(터치스톤 픽처스/실버 스크린 파트너스 II)
119분
각본: 리처드 프라이스
촬영: 마이클 볼하우스
출연: 폴 뉴먼("패스트" 에디 펠슨), 톰 크루즈(빈센트 로리아),
메리 엘리자베스 매스트란토니오(카멘), 헬렌 셰이버(자넬),
존 터투로(줄리언)
1986년 10월 17일 개봉

그리스도 최후의 유혹 The Last Temptation Of Christ
(유니버설 픽처스/시네플렉스 오데온 필름스)
164분
각본: 폴 슈레이더
촬영: 마이클 볼하우스
출연: 윌렘 더포(예수), 하비 카이텔(유다),
바바라 허시(막달라 마리아), 해리 딘 스탠턴(사울/사도 바울),
데이비드 보위(본디오 빌라도)
1988년 8월 12일 개봉

뉴욕 스토리 New York Stories
(우디 앨런, 프랜시스 포드 코폴라, 그리고 스코세이지가
파트별 연출을 맡은 옴니버스 영화)
(터치스톤 픽처스)
124분
스코세이지 파트: "인생 수업 Life Lessons"
각본: 리처드 프라이스
촬영: 네스터 알멘드로스
출연: 닉 놀티(라이오넬 도비), 로재너 아케트(폴레트),
패트릭 오닐(필립 파울러), 필 하퍼(사업가), 폴 허먼(플린 형사)
1989년 3월 10일 개봉

좋은 친구들 Goodfellas
(워너브라더스)
146분
각본: 니컬러스 필레지, 마틴 스코세이지
촬영: 마이클 볼하우스
출연: 로버트 드 니로(제임스 "지미" 콘웨이), 레이 리오타(헨리 힐),
조 페시(토미 드비토), 로레인 브라코(캐런 힐), 폴 소비노(폴 치체로),
프랭크 시베로(프랭키 카본), 토니 대로(소니 번즈),
마이크 스타(프렌치), 프랭크 빈센트(빌리 배츠)
1990년 9월 19일 개봉

케이프 피어 Cape Fear
(앰블린 엔터테인먼트/카파 필름스/트라이베카 프로덕션스)
128분
각본: 웨슬리 스트릭
촬영: 프레디 프랜시스
출연: 로버트 드 니로(맥스 케이디), 닉 놀티(샘 보든),
제시카 랭(리 보든), 줄리엣 루이스(대니엘 보든),
조 돈 베이커(클로드 커섹), 로버트 미첨(엘가트 경위),
그레고리 펙(리 헬러), 마틴 발삼(판사)
1991년 11월 13일 개봉

순수의 시대 The Age Of Innocence
(컬럼비아 픽처스/카파 프로덕션스)
139분
각본: 제이 콕스, 마틴 스코세이지
촬영: 마이클 볼하우스
출연: 대니얼 데이루이스(뉴랜드 아처),
미셸 파이퍼(엘렌 올렌스카), 위노나 라이더(메이 웰랜드)
1993년 10월 1일 개봉

카지노 Casino
(유니버설 픽처스/시알리스 DA/레장드 엔터프라이즈/
드 피나-카파)
178분
각본: 니컬러스 필레지, 마틴 스코세이지
촬영: 로버트 리처드슨
출연: 로버트 드 니로(샘 "에이스" 로스스틴),
섀런 스톤(진저 맥케나), 조 페시(니키 산토로),
제임스 우즈(레스터 다이아몬드), 돈 리클스(빌리 셔버트),
케빈 폴락(필립 그린)
1995년 11월 22일 개봉

쿤둔 Kundun
(드 피나-카파/듄 필름스/레퓨지 프로덕션스/터치스톤 픽처스)
134분
각본: 멜리사 매티슨
촬영: 로저 디킨스
출연: 텐진 듀톱 차롱(성인 달라이 라마),
규메 테통(12세 달라이 라마), 툴쿠 잠양 쿵가 텐진(5세 달라이
라마), 텐진 예쉬 파이창(2세 달라이 라마), 텐초 갈포(어머니)
1997년 12월 25일 개봉

비상 근무 Bringing Out The Dead
(드 피나-카파/파라마운트 픽처스/터치스톤 픽처스)
121분
각본: 폴 슈레이더
촬영: 로버트 리처드슨
출연: 니컬러스 케이지(프랭크 피어스), 퍼트리샤 아케트(메리 버크),
존 굿맨(래리), 빙 레임스(마커스), 톰 사이즈모어(톰 월스)
1999년 10월 22일 개봉

갱스 오브 뉴욕 Gangs Of New York
(미라맥스 필름스/IEG/알베르토 그리말디 프로덕션스)
167분
각본: 제이 콕스, 스티븐 제일리언, 케네스 로너건
촬영: 마이클 볼하우스
출연: 리어나도 디캐프리오(암스테르담 밸런),
대니얼 데이루이스("도살자" 빌 커팅), 캐머런 디아즈(제니 에버딘),
짐 브로드벤트(윌리엄 "보스" 트위드), 존 C. 라일리(해피 잭
멀레이니), 헨리 토머스(조니 시로코), 리엄 니슨("프리스트" 밸런)
2002년 12월 20일 개봉

에비에이터 The Aviator
(포워드 패스/애피언 웨이/IMF 인터나치오날레 메디엔 운트 필름
GmbH & Co. 3. 프로둑시온스 KG/IEG/워너브라더스/미라맥스
필름스/카파 프로덕션스)
170분
각본: 존 로건
촬영: 로버트 리처드슨
출연: 리어나도 디캐프리오(하워드 휴즈),
케이트 블란쳇(캐서린 헵번), 케이트 베킨세일(에이바 가드너),
존 C. 라일리(노아 디트리히), 알렉 볼드윈(후안 트립),
앨런 알다(랄프 오언 브루스터 상원 의원), 이언 홈(피츠 교수),
대니 휴스턴(잭 프라이), 그웬 스테파니(진 할로), 주드 로(에롤 플린)
2004년 12월 25일 개봉

디파티드 The Departed
(워너브라더스/플랜 B 엔터테인먼트/IEG/버티고 엔터테인먼트/
미디어 아시아 필름스)
151분
각본: 윌리엄 모나한
촬영: 마이클 볼하우스
출연: 리어나도 디캐프리오(빌리 코스티건),
맷 데이먼(콜린 설리번), 잭 니콜슨(프랭크 코스텔로),
마크 월버그(디그넘 경사), 마틴 신(퀴넌 경감),
레이 윈스턴(미스터 프렌치), 베라 파미가(매돌린),
앤서니 앤더슨(브라운), 알렉 볼드윈(엘러비 경감)
2006년 10월 6일 개봉

셔터 아일랜드 Shutter Island
(파라마운트 픽처스/피닉스 픽처스/
시켈리아 프로덕션스/애피언 웨이)
138분
각본: 리타 캘로그리디스
촬영: 로버트 리처드슨
출연: 리어나도 디캐프리오(테디 대니얼스), 마크 러팔로(척 아울),
벤 킹슬리(닥터 콜리), 막스 폰 시도우(닥터 네어링),
미셸 윌리엄스(돌로레스), 에밀리 모티머(레이철 1),
퍼트리샤 클라크슨(레이철 2), 재키 얼 헤일리(조지 노이스)
2010년 2월 19일 개봉

휴고 Hugo
(파라마운트 픽처스/GK 필름스/인피니툼 니힐)
126분
각본: 존 로건
촬영: 로버트 리처드슨
출연: 벤 킹슬리(조르주 멜리에스), 사샤 배런 코언(역무원),
에이사 버터필드(휴고 카브레), 클로이 그레이스 모레츠(이자벨),
레이 윈스턴(클로드 아저씨), 에밀리 모티머(리세트),
크리스토퍼 리(무슈 라비스), 헬렌 맥크로리(마마 잔),
리처드 그리피스(무슈 프릭), 주드 로(휴고의 아버지)
2011년 11월 23일 개봉

더 울프 오브 월 스트리트 The Wolf Of Wall Street
(레드 그래닛 픽처스/시켈리아 프로덕션스/
애피언 웨이/EMJAG 프로덕션스)
179분
각본: 테런스 윈터
촬영: 로드리고 프리에토
출연: 리어나도 디캐프리오(조던 벨포트), 조나 힐(도니 에이조프),
마고 로비(나오미 라팔라아), 매튜 매커너히(마크 해나),
존 번솔(브래드)
2013년 12월 25일 개봉

사일런스 Silence
(샤프소드 필름스/AI 필름/에밋-퓔라-오아시스 필름스/
캐치플레이/IM 글로벌/버디 프로덕션스/YLK 시켈리아/
파브리카 데 시네)
161분
각본: 제이 콕스, 마틴 스코세이지
촬영: 로드리고 프리에토
출연: 앤드루 가필드(세바스티앙 로드리게스),
애덤 드라이버(프란시스쿠 가루페), 아사노 타다노부(통역관),
키어런 하인즈(알레산드로 발리냐노),
리엄 니슨(크리스토방 페레이라), 츠카모토 신야(모키치)
2016년 12월 23일 개봉

아이리시맨 The Irishman
(트라이베카 프로덕션스/시켈리아 프로덕션스/윙클러 필름스)
209분
각본: 스티븐 제일리언
촬영: 로드리고 프리에토
출연: 로버트 드 니로(프랭크 시런), 알 파치노(지미 호파),
조 페시(러셀 버팔리노), 레이 로마노(빌 버팔리노),
바비 캐너발리(스키니 레저), 애나 패퀸(장성한 페기 시런),
루시 갈리나(어린 페기 시런), 스티븐 그레이엄(앤서니 "토니 프로"
프로벤자노), 하비 카이텔(앤절로 브루노)
2019년 11월 1일 개봉

다큐멘터리

길가의 풍경 Street Scenes
(뉴욕 시네트랙츠 컬렉티브)
75분
촬영: 낸시 베넷, 존 버트맨, 딕 캐터런, 프레더릭 엘름스, 빌 에트라,
톤 패밍게티, 피터 플린, 로버트 포레스타, 데이비드 프리버그,
타이거 그레이엄, 프레드 해들리, 토니 자네티, 아널드 클라인,
돈 렌저, 론 레비타스, 디디에 루아조, 데이비드 러드윅,
해리 펙 볼스, 밥 피츠, 로라 프리마코프, 피터 리, 대니 슈나이더,
코든 스타인, 올리버 스톤, 에드 서머, 브루스 테이버, 냇 트립,
스탠 와이저, 밥 잔
1970년 9월 14일 뉴욕영화제에서 최초 상영

이탈리아계 미국인 Italianamerican
(내셔널 커뮤니케이션스 파운데이션)
49분
각본: 로런스 코언, 마딕 마틴
촬영: 알렉 허시펠드
1974년 10월 뉴욕영화제에서 최초 상영

라스트 왈츠 The Last Waltz
(FM 프로덕션스/라스트 왈츠 주식회사)
117분
각본: 마딕 마틴(트리트먼트)
촬영: 마이클 채프먼
1978년 4월 26일 개봉

아메리칸 보이: 스티븐 프린스의 프로필
American Boy: A Profile Of Steven Prince
(뉴 엠파이어 필름스/스코세이지 필름스)
55분
각본: 줄리아 캐머런, 마딕 마틴
촬영: 마이클 채프먼
1978년 10월 뉴욕영화제에서 최초 상영

마틴 스코세이지의 영화 이야기
A Personal Journey With Martin Scorsese Through American Movies
(영국영화협회/미라맥스 필름스)
225분
각본: 마틴 스코세이지, 헨리 윌슨
촬영: 장이브 에스코피에, 프랜시스 리드, 낸시 슈라이버
1995년 5월 21일 영국에서 최초 방영

나의 이탈리아 여행기 My Voyage To Italy
원제: Il Mio Viaggio In Italia
(파소 도블레 필름/미디어트레이드/카파 프로덕션스)
246분
각본: 수소 체키 다미코, 라파엘레 도나토, 켄트 존스, 마틴 스코세이지
촬영: 필 에이브러햄, 윌리엄 렉서
1999년 9월 11일 베니스영화제에서 최초 상영

네이버후드 The Neighborhood
(「더 콘서트 포 뉴욕 시티」 공연을 위해 제작한 단편 다큐멘터리)
(미라맥스/더블에이 필름스)
7분
각본: 마틴 스코세이지, 켄트 존스
촬영: 안토니오 페라라
2001년 10월 20일 최초 상영

고향에 가고 싶다 Feel like Going Home
(TV 다큐멘터리 시리즈 「더 블루스The Blues」의 첫 번째 에피소드)
(BBC/카파 프로덕션스)
110분
각본: 피터 구랄닉
촬영: 아서 자파
2003년 9월 28일 최초 방영

바닷가의 여인: 자유의 여신상
Lady By The Sea: The Statue Of Liberty
(히스토리 채널)
55분
각본: 켄트 존스, 마틴 스코세이지
촬영: 로버트 셰퍼드
2004년 1월 14일 최초 방영

노 디렉션 홈: 밥 딜런 No Direction Home: Bob Dylan
(TV 다큐멘터리 시리즈 「미국의 거장들American Masters」의 에피소드)
(스핏파이어 픽처스/그레이 워터 파크 프로덕션스/
서틴 WNET/카파 드피나 프로덕션스/PBS/
벌컨 프로덕션스/BBC/NHK/박스 TV)
208분
촬영: 무스타파 바랏
2005년 9월 26일 영국에서 최초 방영

샤인 어 라이트 Shine A Light
(파라마운트 클래식스/그랜드 엔터테인먼트 (로)/샤인 어 라이트/
콘서트 프로덕션스 인터내셔널/샹그릴라 엔터테인먼트)
122분
촬영: 로버트 리처드슨
2008년 2월 7일 베를린국제영화제에서 최초 상영

어 레터 투 엘리아 A Letter To Elia
(TV 다큐멘터리 시리즈 「미국의 거장들」의 에피소드)
(파 힐스 픽처스/시켈리아 프로덕션스)
60분
감독: 켄트 존스, 마틴 스코세이지
각본: 켄트 존스, 마틴 스코세이지
촬영: 마크 레이커
2010년 10월 4일 최초 방영

퍼블릭 스피킹 Public Speaking
(HBO/아메리칸 익스프레스/시켈리아 프로덕션스/
컨설리데이티드 다큐멘터리스)
84분
촬영: 엘렌 쿠라스
2010년 11월 22일 최초 상영

조지 해리슨: 물질 세계에서의 삶 George Harrison: Living In The Material World
(그로브 스트리트 픽처스/스핏파이어 픽처스/
시켈리아 프로덕션스/그로브 스트리트 프로덕션스)
208분
촬영: 마틴 켄지, 로버트 리처드슨
2011년 9월 2일 콜로라도주 텔루라이드영화제에서 개봉

뉴욕 리뷰 오브 북스: 50년간의 논쟁 The New York Review Of Books: A 50 Year Argument
(시켈리아 프로덕션스/WOWOW/HBO/BBC)
95분
감독: 마틴 스코세이지, 데이비드 테데시
촬영: 엘렌 쿠라스, 리사 린즐러
2014년 2월 14일 베를린국제영화제에서 미완성본으로 최초 상영

롤링 선더 레뷰: 마틴 스코세이지의 밥 딜런 이야기
Rolling Thunder Revue: A Bob Dylan Story
(그레이 워터 파크 프로덕션스/시켈리아 프로덕션스)
142분
촬영: 폴 골드스미스, 엘렌 쿠라스
2019년 6월 12일 최초 상영

텔레비전 에피소드

어메이징 스토리 Amazing Stories
에피소드 "미러, 미러Mirror, Mirror"
(앰블린 엔터테인먼트/유니버설 TV)
24분
각본: 스티븐 스필버그, 조지프 미니언
촬영: 로버트 스티븐스
출연: 샘 워터스턴(조던 맨마우스), 헬렌 셰이버(캐런),
팀 로빈스(조던의 유령)
1986년 3월 9일 최초 방영

보드워크 엠파이어 Boardwalk Empire
파일럿 에피소드 "보드워크 엠파이어"
(HBO/레버리지 매니지먼트/클로지스트 투 더 홀 프로덕션스/
시켈리아 프로덕션스/콜드 프런트 프로덕션스)
72분
각본: 테런스 윈터
촬영: 스튜어트 드라이버그
출연: 스티브 부세미(이녹 "너키" 톰슨), 마이클 피트(제임스 "지미"
다모디), 켈리 맥도널드(마거릿 슈로이더), 마이클 섀넌(넬슨 반
올던), 셰이 위검(일라이어스 "일라이" 톰슨)
2010년 9월 19일 최초 방영

바이닐: 응답하라 락앤롤 Vinyl
파일럿 에피소드
(파라마운트 텔레비전/재기드 프로덕션스/시켈리아 프로덕션스/
콜드 프런트 프로덕션스)
113분
스토리: 리치 코언, 믹 재거, 마틴 스코세이지, 테런스 윈터
TV 각본: 테런스 윈터, 조지 매스트라스
촬영: 로드리고 프리에토, 리드 모라노, 데이비드 프랭코
출연: 바비 캐너발리(리치 피네스트라), 폴 벤빅터(모리 골드),
P. J. 번(스콧 레빗), 맥스 카셀라(줄리언 "줄리" 실버),
아토 에산도(레스터 그라임스), 제임스 재거(킵 스티븐스),
J. C. 매켄지(스킵 폰테인), 잭 퀘이드(클라크 모렐),
레이 로마노(잭 얀코비치), 비르기트 요트 소렌슨(잉그리드),
주노 템플(제이미 바인), 올리비아 와일드(데번 피네스트라)
2016년 2월 14일 최초 방영

광고, 뮤직비디오, 홍보용 단편

아르마니 광고 (I) Armani Commercial (I)
(엠포리오 아르마니)
30초
각본: 마틴 스코세이지
촬영: 네스터 알멘드로스
출연: 크리스토프 부캥, 크리스티나 마실락
1986년 최초 방영

배드 Bad
(마이클 잭슨의 싱글 확장판 뮤직비디오)
(옵티멈 프로덕션스)
17분
각본: 리처드 프라이스
촬영: 마이클 채프먼
출연: 마이클 잭슨(대릴), 애덤 네이선(팁), 페드로 산체스(넬슨),
웨슬리 스나입스(미니 맥스), 로버타 플랙(대릴의 어머니)
1987년 8월 31일 최초 상영

섬웨어 다운 더 크레이지 리버 Somewhere Down The Crazy River
(로비 로버트슨의 싱글 홍보용 비디오)
(라임라이트)
5분
각본: 마틴 스코세이지
촬영: 마크 플러머
출연: 로비 로버트슨, 새미 보딘, 마리아 매키
1987년 10월 27일 최초 상영

아르마니 광고 (II) Armani Commercial (II)
(엠포리오 아르마니)
20초
각본: 마틴 스코세이지
촬영: 마이클 볼하우스
출연: 옌스 페테르, 엘리사베타 라멜라
1988년 최초 방영

메이드 인 밀라노 Made In Milan
(패션쇼를 준비하는 조르지오 아르마니의 인터뷰를 담은
홍보용 단편 다큐멘터리)
(엠포리오 아르마니)
2분
각본: 제이 콕스
촬영: 네스터 알멘드로스
출연: 조르지오 아르마니, 우고 아르마니, 마리아 라이몬디
1990년 최초 방영

아메리칸 익스프레스 광고 American Express Commercial
(툴 오브 노스 아메리카)
90초
촬영: 로버트 리처드슨
출연: 로버트 드 니로, 마틴 스코세이지
2005년 최초 방영

리제르바 와인의 비결 The Key To Reserva
(프레시넷 카바를 알리는 홍보용 단편)
(JWT/오비데오 TV)
10분
각본: 테드 그리핀
촬영: 해리스 사비디스
출연: 사이먼 베이커(로저 손버리), 켈리 오하라(그레이스 손버리),
마이클 스툴바그(루이스 버나드), 크리스토퍼 데넘(리어나도),
리처드 이스턴(미스터 캐럴)
2007년 12월 14일 스페인에서 최초 상영

블루 드 샤넬 광고 Bleu De Chanel Commercial
1분
촬영: 스튜어트 드라이버그
출연: 카스파르 윌리엘, 잉그리드 슈람, 아말리에 브룬
2010년 8월 최초 방영

오디션 The Audition
(마카오 스튜디오 시티 리조트와 카지노를 알리는 홍보용 단편)
16분
각본: 테런스 윈터
촬영: 로드리고 프리에토
출연: 로버트 드 니로(본인), 리어나도 디캐프리오(본인),
브래드 피트(본인/애런 크로스), 마틴 스코세이지(본인),
로드리고 프리에토(본인)
2015년 10월 3일 부산에서 최초 상영

프로듀서 작품

스코세이지가 연출과 프로듀스를 한 영화의 경우 프로듀서 세부
사항만 기재.

단편 영화

빅 셰이브 The Big Shave
마틴 스코세이지 프로듀스

아이템 72-D: 스파와 폰의 모험
Item 72-D: The Adventures Of Spa And Fon
(서머필름 유한 회사)
감독: 에드워드 서머
각본: 존 바이럼, 해리 내런스키, 에드워드 서머
촬영: 존 바이럼, 마이클 설리번
책임 프로듀서: 헤이그 마누지언
자문 프로듀서: 마틴 스코세이지
프로듀서: 에드워드 서머
공동 프로듀서: 제니스 미케일
출연: 에르베 빌셰즈, 마이클 설리번, 마크 알렉산더, 래리 버코위츠,
윌리엄 H. 보슨
1970년 11월 시카고국제영화제에서 최초 상영

장편 영화

그리프터스 The Grifters
(시네플렉스-오데온 필름스)
110분
감독: 스티븐 프리어스
각본: 도널드 E. 웨스트레이크
촬영: 올리버 스테이플턴
책임 프로듀서: 바바라 드 피나
프로듀서: 로버트 A. 해리스, 짐 페인터, 마틴 스코세이지
공동 프로듀서: 페기 라이스키
출연: 앤젤리카 휴스턴, 존 큐색, 아네트 베닝, 팻 힝글, 헨리 존스,
게일라드 사테인, J. T. 월시
1991년 1월 4일 개봉

네이키드 인 뉴욕 Naked In New York
(섬 필름)
95분
감독: 대니얼 앨그런트
각본: 대니얼 앨그런트, 존 워런
촬영: 조이 포사이트
책임 프로듀서: 마틴 스코세이지
프로듀서: 프레더릭 졸로
라인 프로듀서: 캐럴 커디
출연: 에릭 스톨츠, 메리루이스 파커, 랠프 마치오, 질 클레이버그,
토니 커티스, 티머시 돌턴
1993년 9월 프랑스 도빌아메리칸영화제에서 최초 상영,
1994년 4월 13일 미국 개봉

형사 매드독 Mad Dog And Glory
(유니버설 픽처스/매드 독 프로덕션스)
97분
감독: 존 맥노턴
각본: 리처드 프라이스
촬영: 로비 뮬러
책임 프로듀서: 리처드 프라이스
프로듀서: 바바라 드 피나, 마틴 스코세이지
공동 프로듀서: 스티븐 A. 존스
출연: 로버트 드 니로, 우마 서먼, 빌 머리, 데이비드 카루소,
캐시 베이커
1993년 3월 5일 개봉

눈을 감은 채로 Con Gli Occhi Chiusi
(카날+에스파냐/크레아티보스 아소시아도스 데 라디오 이
텔레비지온 [카르텔]/MG 이탈리안 인터내셔널 필름/MG 스리/
파라디 필름/라디오텔레비지오네 이탈리아나)
113분
감독: 프란체스카 아르키부기
각본: 프란체스카 아르키부기
촬영: 주세페 란치
책임 프로듀서: 도나텔라 이바, 마틴 스코세이지
프로듀서: 주도 데 라우렌티스, 풀비오 루치사노, 레오 페스카롤로
협력 프로듀서: 라파엘레 도나토
출연: 스테파니아 산드렐리, 마르코 메세리, 데보라 카프리올리오,
알레시아 푸가르디, 파비오 모데스티
1994년 12월 22일 이탈리아에서 개봉

워킹 맨 Search And Destroy
(오텀 픽처스/뉴 이미지 필름스/옥토버 필름스)
90분
감독: 데이비드 살
각본: 마이클 알메레이다
촬영: 바비 부코스키, 마이클 스필러
책임 프로듀서: 대니 딤보트, 에이비 러너, 마틴 스코세이지
프로듀서: 루스 차니, 엘리 콘, 댄 루포비츠

협력 프로듀서: 마크 블룸, 보즈 데이비드슨, 트레버 쇼트
출연: 데니스 호퍼, 제이슨 페라로, 로버트 네퍼, 그리핀 던, 마틴
스코세이지, 로재너 아케트, 데이비드 손턴, 존 터투로, 이선 호크
1995년 5월 5일 개봉

클로커스 Clockers
(유니버설 픽처스/40 에이커스 앤드 어 뮬 필름웍스)
128분
감독: 스파이크 리
각본: 리처드 프라이스, 스파이크 리
촬영: 맬릭 해산 사이드
책임 프로듀서: 몬티 로스, 로잘리 스웨들린
프로듀서: 존 킬릭, 스파이크 리, 마틴 스코세이지
공동 프로듀서: 라처드 프라이스
출연: 하비 카이텔, 존 터투로, 델로이 린도, 메키 파이퍼,
아이제이아 워싱턴, 키스 데이비드
1995년 9월 13일 개봉

그레이스 하트 Grace Of My Heart
(카파 프로덕션스/그래머시 픽처스/유니버설 픽처스)
116분
감독: 앨리슨 앤더스
각본: 앨리슨 앤더스
촬영: 장이브 에스코피에
책임 프로듀서: 마틴 스코세이지
프로듀서: 루스 차니, 대니얼 해시드
공동 프로듀서: 엘리엇 루이스 로젠블랫
라인 프로듀서: 버트 해리스, 엘리엇 루이스 로젠블랫
출연: 일리아나 더글러스, 맷 딜런, 에릭 스톨츠, 존 터투로,
팻시 켄시트, 브루스 데이비슨
1996년 9월 13일 개봉

킥트 인 더 헤드 Kicked In The Head
(드 피나-카파)
87분
감독: 매튜 해리슨
각본: 케빈 코리건, 매튜 해리슨
촬영: 하워드 크루파, 존 토머스
책임 프로듀서: 마틴 스코세이지
프로듀서: 바바라 드 피나
라인 프로듀서: 앤 루아크
출연: 케빈 코리건, 린다 피오렌티노, 마이클 래파포트,
릴리 테일러, 제임스 우즈, 버트 영, 올렉 크루파
1997년 9월 26일 개봉

하이로 컨트리 The Hi-Lo Country
(드 피나-카파/폴리그램 필름드 엔터테인먼트/워킹 타이틀 필름스)
114분
감독: 스티븐 프리어스
각본: 왈론 그린
촬영: 올리버 스테이플턴
책임 프로듀서: 러드 시먼스
프로듀서: 팀 베번, 바바라 드 피나, 에릭 펠너, 마틴 스코세이지
공동 프로듀서: 라이자 체이신
출연: 빌리 크루덥, 우리 해럴슨, 퍼트리샤 아케트, 콜 하우저,
샘 엘리엇
1999년 1월 22일 개봉

스마일링 피시 앤드 고트 온 파이어 Smiling Fish & Goat On Fire
(원 삭 프로덕션스/패러벨럼 프로덕션스/레드 호스 필름스/
스마일링 피시 앤드 고트 온 파이어 유한책임회사)
90분
감독: 케빈 조던
각본: 데릭 마티니, 스티븐 마티니
촬영: 프레더릭 이아논

책임 프로듀서: 리처드 에이브러모위츠, 셰일라 골드맨, 토미 린치, 마이클 실버맨, 로나 B. 월리스, 마틴 스코세이지
프로듀서: 케빈 조던, 데릭 마티니, 스티븐 마티니
공동 프로듀서: 크리스틴 돌런, 필립 페네스트리, 마크 포기, 라이언 로스메이어, 브리태니 테일러
출연: 데릭 마티니, 에이미 해서웨이, 스티븐 마티니, 헤더 마우디, 웨슬리 톰슨
1999년 9월 16일 토론토국제영화제에서 최초 상영

유 캔 카운트 온 미 You Can Count On Me
(하트-샤프 엔터테인먼트/카파 프로덕션스/크러시 엔터테인먼트/슈팅 갤러리)
111분
감독: 케네스 로너건
각본: 케네스 로너건
촬영: 스티븐 카즈미어스키
책임 프로듀서: 스티브 칼리스, 도널드 C. 카터, 마틴 스코세이지, 모튼 스윈스키
프로듀서: 바바라 드 피나, 존 하트, 래리 메이스트릭, 제프리 샤프
공동 프로듀서: 키스 에이블, 줄리언 이라고리
협력 프로듀서: 로버트 크라비스, 레이첼 피터스
라인 프로듀서: 질 푸틀릭
출연: 로라 리니, 마크 러팔로, 매튜 브로덕, 존 테니, 로리 컬킨, 케네스 로너건
2000년 1월 21일 선댄스영화제에서 최초 상영

비 Rain
(안테나 3 텔레비지온/카파 필름스/키노벨트 필름프로둑시온/롤라필름스/비아 디지탈)
97분
감독: 캐서린 린드버그
각본: 캐서린 린드버그
촬영: 바냐 체르뉼
책임 프로듀서: 안드레스 비센테 고메즈, 라이너 쾰멜, 마틴 스코세이지
프로듀서: 조디 로스
협력 프로듀서: 그레천 캠벨, 그랜트 길모어, 나딘 루크, 팀 피어스
라인 프로듀서: 빅토르 알바란
출연: 멜로라 월터스, 크리스 파크, 제이미 셔리든, 다이앤 래드, 조 앤더슨
2001년 9월 베니스영화제에서 최초 상영

듀스 와일드 Deuces Wild
(시네와일드/시네렌타 메디엔베테일리궁스 KG/이터너티 픽처스/프레스토 프로덕션스/더 앤토니아 컴퍼니/유니티 프로덕션스)
96분
감독: 스콧 캘버트
각본: 폴 키마션, 크리스토퍼 갬벨
촬영: 존 A. 알론조
책임 프로듀서: 에버하드 카이저, 마리오 오호벤, 마르크 스페라차, 마틴 스코세이지
프로듀서: 윌리 베어, 프레드 C. 카루소, 마이클 세린지, 폴 키마션
공동 프로듀서: 멜리사 바렛, 찰리 러벤탈, 스콧 밸런타인, 데이비드 E. 온스턴, 리처드 살바토레
협력 프로듀서: 시라 레빈
라인 프로듀서: 로버트 로스바드
출연: 스티븐 도프, 브래드 렌프로, 페어루자 보크, 노먼 리더스, 맥스 펄릭
2002년 5월 3일 개봉

프랑켄슈타인 Frankenstein
(TV용 장편 영화)
(플레임 TV/플레임 벤처스/L.I.F.T. 프로덕션/USA 케이블 네트워크)
88분
감독: 마커스 니스펠

각본: 존 시번
촬영: 대니얼 펄
책임 프로듀서: 토니 크랜츠, 마틴 스코세이지, 존 시번
공동 책임 프로듀서: 니나 R. 레더맨, 김 모지스, 맬컴 페탈, 이언 샌더
감독 프로듀서: 빈센트 오스터
프로듀서: 마커스 니스펠
공동 프로듀서: 존 J. 앤더슨, 킴벌리 C. 앤더슨, 라우프 글래스고
라인 프로듀서: 재키 리 모건
출연: 파커 포지, 뱅상 페레, 토머스 크레치만, 애덤 골드버그, 이바나 밀리체비치, 마이클 매드슨
2004년 10월 10일 최초 방영

신부 Brides
원제: Nyfes
(앨코 필름스/카파 드피나 프로덕션스/유럽 영상 지원 기금/K.G. 프로덕션스/알파 TV/CL 프로덕션스/시네그램/필름넷/그리스 영화 센터/렉시콘 팩토리/오데온/유럽 영상 지원 기금 유럽 회의/그리스 문화부)
128분
감독: 판텔리스 불가리스
각본: 요아나 카리스티아니
촬영: 요르고스 아르바니티스
책임 프로듀서: 마틴 스코세이지, 파노스 파파하지스
프로듀서: 바바라 드 피나, 테리 두가스, 판텔리스 불가리스
협력 프로듀서: 발레리 고보스, 시라 레빈, 데스피나 무자키, 하리스 파두바스, 미셸 레이가브라스
라인 프로듀서: 코스타스 람브로풀로스
출연: 데미안 루이스, 빅토리아 하랄라비두, 안드레아 페레올, 에비 사울리두, 디미트리스 카탈리포스
2004년 10월 22일 그리스에서 개봉

에비에이터 The Aviator
책임 프로듀서: 크리스 브리검, 콜린 코터, 리어나도 디캐프리오, 아슬란 네이더리, 볼커 샤우스, 릭 슈워츠, 밥 와인스틴, 하비 와인스틴, 릭 욘, 마틴 스코세이지
프로듀서: 샌디 클라이먼, 마티아스 데일, 찰스 에번스 주니어, 그레이엄 킹, 마이클 만
공동 프로듀서: 조지프 리디
라인 프로듀서: 댄 매그, 필립 슐츠데일

라임라이프 Lymelife
(바틀렛 필름스/카파 드피나 프로덕션스/카파 프로덕션스/엘도라도 픽처스)
95분
감독: 데릭 마티니
각본: 데릭 마티니, 스티븐 마티니
촬영: 프랭크 갓윈
책임 프로듀서: 레너드 러벤탈, 마틴 스코세이지
프로듀서: 알렉 볼드윈, 존 코닝, 바바라 드 피나, 스티븐 마티니, 앤절라 서머빌, 미셸 테일러
공동 프로듀서: 윌리엄 볼드윈, 마이클 G. 제퍼슨, 티파니 니시모토, 재민 오브라이언
협력 프로듀서: 아빈드 싱
출연: 로리 컬킨, 알렉 볼드윈, 질 헤네시, 에마 로버츠, 티모시 허튼, 신시아 닉슨
2008년 9월 8일 토론토국제영화제에서 최초 상영

영 빅토리아 The Young Victoria
(GK 필름스)
105분
감독: 장마르크 발레
각본: 줄리언 펠로스
촬영: 헤이건 보그단스키
책임 프로듀서: 콜린 베인스

프로듀서: 새라 퍼거슨, 팀 헤딩턴, 그레이엄 킹, 마틴 스코세이지
공동 프로듀서: 데니스 오설리번, 아니타 오벌랜드
라인 프로듀서: 엘리자베스앤 김버, 마리엘렌 파니세
출연: 에밀리 블런트, 루퍼트 프렌드, 폴 베타니, 미란다 리처드슨, 짐 브로드벤트
2009년 3월 6일 영국에서 개봉

셔터 아일랜드 Shutter Island
책임 프로듀서: 크리스 브리검, 리타 캘로그리디스, 데니스 루헤인, 쟈니 누나리, 루이스 필립스
프로듀서: 브래드 피셔, 마이크 메더보이, 아놀드 메서, 마틴 스코세이지
공동 프로듀서: 에이미 허먼, 조지프 리디, 에마 틸링어

휴고 Hugo
책임 프로듀서: 데이비드 크로켓, 바바라 드 피나, 크리스티 뎀브로스키, 조지아 카칸데스, 찰스 뉴어스, 에마 틸링어 코스코프
프로듀서: 조니 뎁, 팀 헤딩턴, 그레이엄 킹, 마틴 스코세이지
라인 프로듀서: 존 버나드

위험한 패밀리 The Family
(유로파코브/렐러티버티 미디어/TF1 필름스 프로덕션/그라이브 프로덕션스/말라비타/커낼+/TF1)
111분
감독: 뤼크 베송
각본: 뤼크 베송, 마이클 칼레오
촬영: 티에리 아보가스트
책임 프로듀서: 제이슨 벡맨, 제이슨 콜로드니, 마틴 스코세이지, 터커 툴리
공동 책임 프로듀서: 론 버커, 제이슨 콜벡
프로듀서: 뤼크 베송, 라이언 캐버너, 버지니 실라
출연: 로버트 드 니로, 미셸 파이퍼, 다이애나 애그론, 존 딜리오, 토미 리 존스
2013년 9월 13일 개봉

더 울프 오브 월 스트리트 The Wolf Of Wall Street
책임 프로듀서: 대니 딤보트, 조지아 카칸데스, 알렉산드라 밀찬, 어윈 윙클러
프로듀서: 리자 아지즈, 리어나도 디캐프리오, 조이 맥팔랜드, 마틴 스코세이지, 에마 틸링어 코스코프

더 서드 사이드 오브 더 리버 The Third Side Of The River
(롬멜 필름/트레스밀문도스 시네/워터랜드 필름)
90분
감독: 셀리나 무르가
각본: 가브리엘 메디나, 셀리나 무르가
책임 프로듀서: 마틴 스코세이지
프로듀서: 후안 빌레가스
공동 프로듀서: 알렉산더 제라니안, 제이미 마테우스티크, 피터 롬밸, 얀 반 데어 잔덴
협력 프로듀서: 디에고 두브코프스키, 줄리아 솔로몬도프
출연: 알리안 데박탁, 다니엘 베로네세
2014년 2월 20일 네덜란드에서 개봉

무법도시 Revenge Of The Green Dragons
(더 세븐스 플로어/아트파이어 필름스/IM 글로벌 옥테인/이니셜 A 엔터테인먼트)
95분
감독: 유위강, 앤드루 루
각본: 마이클 디 자코모, 앤드루 루
촬영: 마틴 알그렌
책임 프로듀서: 마이클 배식, 코리 라지, 앨런 파오, 마틴 스코세이지, 아트 스피겔, 스티븐 스퀄란트
프로듀서: 앨런 베인, 스튜어트 포드, 아라 카츠, 제시 스콜라로
협력 프로듀서: 찰스 M. 바사미언

출연: 저스틴 전, 케빈 우, 해리 셤 주니어, 레이 리오타, 슈야 창
2014년 10월 24일 개봉

더 워너비-존 고티 The Wannabe
(일렉트릭 엔터테인먼트/트랙션 미디어)
90분
감독: 닉 샌도
각본: 닉 샌도
촬영: 브렛 폴락
책임 프로듀서: 마틴 스코세이지
프로듀서: 마이클 가스파로, 리지 내스트로
공동 프로듀서: 리처드 J. 보스너
협력 프로듀서: 빈스 쿠폰
출연: 퍼트리샤 아케트, 마이클 임페리올리, 빈센트 피아자,
더그 E. 더그, 에이드리아나 드미오
2015년 12월 4일 개봉

블리드 포 디스 Bleed For This
(브루스 코언 프로덕션스/매그나 엔터테인먼트/시켈리아
프로덕션스/더 솔루션 엔터테인먼트 그룹/버디 프로덕션스/
영거 댄 유)
117분
감독: 벤 영거
각본: 벤 영거
촬영: 라킨 사이플
책임 프로듀서: 데이비드 젠드론, 마이클 핸슨, 마일스 네스텔,
조슈아 세이슨, 마틴 스코세이지, 미셸 버디, 리사 윌슨
프로듀서: 브루스 코언, 에마 틸링어 코스코프, 채드 A. 버디,
노아 크래프트, 패멀라 서, 벤 영거
협력 프로듀서: 벤 엠피, 데이비드 기어, 매리엘 올렌틴, 비니
파지엔자, 지노 페레이라, 로버트 타리니
출연: 마일스 텔러, 애런 에크하트, 케이티 사갈, 키어런 하인즈,
테드 리바인, 조던 겔버
2016년 11월 18일 개봉

사일런스 Silence
책임 프로듀서: 브랜트 앤더슨, 마이클 반스, 로런스 벤더, 렌
블라바트닉, 폴 브룩스, 데일 A. 브라운, 스튜어트 포드, 마누
가기, 아비브 길라디, 웨인 마크 갓프리, 닐스 줄, 댄 카오, 켄 카오,
니컬러스 카잔, 매튜 J. 말렉, 지아니 너네리, 채드 A. 버디, 미셸 버디,
타일러 재커리아
공동 책임 프로듀서: 조지 펄라, 벤 로드리게스, 랜들 에밋, 앤서니
제이버
프로듀서: 비토리오 체키 고리, 바바라 드 피나, 데이비드 리,
가스통 파블로비치, 마틴 스코세이지, 에마 틸링어 코스코프,
어윈 윙클러
협력 프로듀서: 아구스틴 코펠, 루벤 코펠, 조시 카월,
브렌트 라이언 그린, 아르노 래닉, 크리스토프 래닉, 케리 브라운
공동 프로듀서: 에리코 미야가와, 다이앤 L. 사바티니, 데이비드 웹,
매리앤 바워

프리 파이어 Free Fire
(필름4 프로덕션스/BFI/룩 필름스/프로태거니스트 픽처스)
90분
감독: 벤 휘틀리
각본: 에이미 점프, 벤 휘틀리
촬영: 로리 로즈
책임 프로듀서: 레노 안토니아데스, 리지 프랭크, 데이비드 코시,
샘 라벤더, 댄 매크레이, 대니 퍼킨스, 벤 로버츠, 마틴 스코세이지,
에마 틸링어 코스코프
프로듀서: 앤드루 스타크
협력 프로듀서: 피트 툼스
출연: 킬리언 머피, 아미 해머, 브리 라슨, 샬토 코플리, 잭 레이너,
바부 시제이, 엔조 실렌티, 샘 라일리, 마이클 스마일리, 노라 테일러,
패트릭 버긴, 톰 데이비스, 마크 모레노
2017년 3월 31일 개봉

어번던트 에이커리지 어베일러블 Abundant Acreage Available
(어번던트 프로덕션스)
80분
감독: 앵거스 매클라클랜
각본: 앵거스 매클라클랜
촬영: 앤드루 리드
책임 프로듀서: 진 해거티, 마틴 스코세이지
프로듀서: 케이트 처칠, 앵거스 매클라클랜
출연: 에이미 라이언, 테리 키니, 맥스 게일, 프랜시스 귀넌
2017년 4월 20일 개봉

치암브라 A Ciambra
(스테이블랙/RT 피처스/라이 시네마/시켈리아 프로덕션스)
120분
감독: 조나스 카르피냐노
각본: 조나스 카르피냐노
촬영: 팀 커틴
책임 프로듀서: 조엘 브란데이스, 페르난도 프라이하,
알레시오 라차레스키, 소피 마스, 로렌수 산타나, 마틴 스코세이지,
다리오 수터, 다니엘라 타플린, 에마 틸링어 코스코프
프로듀서: 파올로 카르피냐노, 존 코플론, 크리스토프 대니얼,
콘스탄스 메이어, 그윈 새니아, 호드리구 테이셰이라,
라이언 재커리아스
공동 프로듀서: 줄리 빌리, 토마스 에스킬손, 카롤 스코타, 션 휠런
협력 프로듀서: 찰스 M. 바사미언
출연: 피오 아마토, 쿠두스 세이혼, 다미아노 아마토
2017년 8월 31일 개봉

커런트 워 The Current War
(바젤레프스 컴퍼니/필름 라이츠/선더 로드 픽처스)
107분
감독: 알폰소 고메즈레존
각본: 마이클 미트닉
촬영: 정정훈
책임 프로듀서: 애덤 애클랜드, 개릿 배시, 베네딕트 컴버배치,
데이비드 글래서, 데이비드 허트킨, 마이클 미트닉, 앤 루아크,
마틴 스코세이지, 애덤 시드먼, 미셸 월코프, 밥 야리,
스티븐 제일리언
프로듀서: 티무르 베크맘베토프, 배질 이와닉
라인 프로듀서: 매튜 패트닉
공동 프로듀서: 제인 설리번
출연: 베네딕트 컴버배치, 마이클 섀넌, 니컬러스 홀트,
캐서린 워터스턴, 톰 홀랜드, 사이먼 마뇨다, 스탠리 타운센드,
터펀스 미들턴, 매튜 맥패디언
2019년 10월 25일 개봉

스노우맨 The Snowman
(퍼펙트 월드 픽처스/워킹 타이틀 필름스/어나더 파크 필름)
119분
감독: 토마스 알프레드손
각본: 호세인 아미니, 피터 스트로핸, 쇠렌 스바이스트룹
촬영: 디온 비브
책임 프로듀서: 토마스 알프레드손, 라이자 체이신, 아멜리아
그레인저, 마틴 스코세이지, 에마 틸링어 코스코프
프로듀서: 팀 베번, 에릭 펠너, 피오도르 구스타프손
공동 프로듀서: 리처드 휴이트, 알렉산더 오닐
출연: 마이클 패스벤더, 레베카 퍼거슨, 샤를로트 갱스부르, 발 킬머,
J. K. 시먼스, 토비 존스, 다비드 덴시크, 로난 비버트, 클로이 세버니,
제임스 다시
2017년 10월 13일 개봉

다이앤 Diane
(AgX/사이트 언신 픽처스)
95분
감독: 켄트 존스
각본: 켄트 존스
촬영: 와이어트 가필드
책임 프로듀서: 줄리아 레베데프, 레오니드 레베데프,
마틴 스코세이지, 에디 베이스먼
프로듀서: 루카 보르즈게, 벤 하우, 캐럴라인 캐플런, 오렌 무버먼
공동 프로듀서: 앨리슨 로즈 카터, 존 리드
협력 프로듀서: 가비 매든스
출연: 메리 케이 플레이스, 제이크 레이시, 디어드레 오코널,
글리니스 오코너, 조이스 밴 패튼, 필리스 서머빌, 앤드리아 마틴,
에스텔 파슨스
2019년 3월 29일 개봉

행복한 라짜로 Happy As Lazzaro
(템페스타/라이 시네마/앰카 필름스 프로덕션스/
애드 비탐 프로덕션/KNM/폴라 판도라 필름프로둑시온스/
RSI-라디오텔레비지오네 스비체라/아르테 프랑스 시네마/
츠바이테스 도이체스 펀제헨 (ZDF)/ARTE)
130분
감독: 알리체 로르바케르
각본: 알리체 로르바케르
촬영: 엘렌 루바르
책임 프로듀서: 마틴 스코세이지
프로듀서: 카를로 크레스토디나, 그레고리 가요스, 아르튀르 알로르,
알레산드라 에녹스베르, 피에르프랑수아 피에, 티지아나 수다니,
마이클 웨버
공동 프로듀서: 비올라 퓌겐, 미셸 메르크트, 올리비에 페르
협력 프로듀서: 프란체스카 안드레올리, 발레리아 자몬테,
알레시오 라차레스키, 마누엘라 멜리사노, 메이놀프 주르호스트
출연: 니콜레타 브라스키, 아드리아노 타르디올로, 세르기 로페즈
2018년 5월 31일 개봉

투모로우 Tomorrow
(퓨처스코프 필름스/로어링 마우스 프로덕션스/로다헤 아 라
카르타/스튜디오 82/스튜디오 DWB)
92분
감독: 마사 핀슨
각본: 스튜어트 브레넌, 세바스천 스트리트
촬영: 대런 브래그
책임 프로듀서: 잭 바인더, 로저 칼슨, 마르셀 두차르메, 코너 얼리,
제이미 이저턴, 알렉스 퍼거슨, 데이비드 플레밍, 글렌 키너버그,
제이슨 오월라비, 퀸틴 포메로이, 마틴 스코세이지,
모하메드 하산 타타나키, 에마 틸링어 코스코프, 툰쿠 야콥
프로듀서: 스튜어트 브레넌, 크리스티나 데 라 살라, 세바스천
스트리트, 딘 M. 우드퍼드
공동 프로듀서: 이스마엘 이사
협력 프로듀서: 크리스 샌드퍼드, 톰 펜윅 스미스
출연: 세바스천 스트리트, 스튜어트 브레넌, 스티븐 프라이,
소피 케네디 클라크, 제임스 코즈모, 폴 케이, 스테파니 레오니다스,
조스 스톤
2019년 9월 27일 개봉

더 수베니어 The Souvenir
(BBC 필름스/BFI 필름 펀드/JWH 필름스/시켈리아 프로덕션스)
119분
감독: 조애나 호그
각본: 조애나 호그
촬영: 데이비드 래데커
책임 프로듀서: 데이브 비숍, 리지 프랭크, 로즈 가넷, 마틴
스코세이지, 앤드루 스타크, 에마 틸링어 코스코프, 마이클 우드
프로듀서: 조애나 호그, 루크 실러

협력 프로듀서: 크리스핀 벅스턴
출연: 아너 스원턴 번, 톰 버크, 틸다 스윈튼, 리처드 아요아디
2019년 5월 17일 개봉

진실과 거짓 사이 Port Authority
(MUBI/RT 피처스/매들린 필름스/시켈리아 프로덕션스)
94분
감독: 대니엘 레소비츠
각본: 대니엘 레소비츠
촬영: 조모 프레이
책임 프로듀서: 바비 앨런, 에페 카카렐, 프레데리크 드 골드슈미트,
페르난두 프라이하, 소피 마스, 로렌수 산타나, 마틴 스코세이지,
로런스 스누키 테일러, 에마 틸링어 코스코프, 셀리나 토레알바
프로듀서: 재커리 루크 키슬레비츠, 비르지니 라콩브,
호드리구 테이셰이라
협력 프로듀서: 케이트 안토니니, 데미안 바오, 야리 존스,
아르노 퀘사다
출연: 핀 화이트헤드, 레이나 블룸, 맥콜 롬바디, 데번 카펜터,
에디 블룸, 루이사 크라우스
2019년 5월 18일 개봉

아이리시맨 The Irishman
책임 프로듀서: 리처드 바라타, 조지 펄라, 닐스 줄, 니컬러스 필레지,
제이 스테판, 채드 A. 버디, 베리 웰시, 릭 요크, 타일러 재커리아
프로듀서: 매리앤 바워, 제럴드 샤말리스, 로버트 드 니로, 랜들 에밋,
가브리엘레 이스라일로비치, 가스통 파블로비치, 제인 로젠탈,
마틴 스코세이지, 에마 틸링어 코스코프, 어윈 윙클러
공동 프로듀서: 데이비드 웹

언컷 젬스 Uncut Gems
(A24/엘라라 픽처스/IAC 필름스/시켈리아 프로덕션스/
스콧 루딘 프로덕션스)
135분
감독: 조시 사프디, 베니 사프디
각본: 로널드 브론스타인, 조시 사프디, 베니 사프디
촬영: 다리우스 콘지
책임 프로듀서: 오스카 보이슨, 앤서니 카타가스, 데이비드 코플란,
마틴 스코세이지, 에마 틸링어 코스코프
프로듀서: 세바스천 베어매클라드, 일라이 부시, 이르판 프레더릭스,
스콧 루딘
공동 프로듀서: 마이클 바톨, 캐서린 패럴
출연: 애덤 샌들러, 라키스 스탠필드, 줄리아 폭스, 케빈 가넷,
이디나 멘젤, 에릭 보고시언, 저드 허시
2019년 12월 13일 개봉

셜리 Shirley
(킬러 필름스/로스앤젤레스 미디어 펀드)
107분
감독: 조세핀 데커
각본: 새라 거빈스
촬영: 스투를라 브랜트 그뢰블렌
책임 프로듀서: 앨리슨 로즈 카터, 셜릴린 호리시, 마틴 스코세이지,
앨리사 테이저
프로듀서: 새라 거빈스, 데이비드 히노호사, 사이먼 호스맨,
엘리자베스 모스, 수 네이글, 제프리 소로스, 크리스틴 바숀
협력 프로듀서: 모건 어니스트, 에번 스콧 니컬러스
출연: 엘리자베스 모스, 마이클 스툴바그, 오데사 영, 로건 레먼,
빅토리아 페드레티, 올라 캐시디, 로버트 월
2020년 6월 5일 개봉

그녀의 조각들 Pieces Of A Woman
(브론 스튜디오스/리틀 램/크리에이티브 웰스 미디어)
128분
감독: 문드루초 코르넬

각본: 베베르 카타
촬영: 벤저민 롭
책임 프로듀서: 제이슨 클로스, 애런 L. 길버트, 샘 레빈스,
스튜어트 마나실, 수라즈 마라보이나, 리처드 매코널, 롤프 페더슨,
빅토리아 페트라니, 마틴 스코세이지, 스티븐 티보
공동 책임 프로듀서: 해리슨 크라이스, 셰릴 리브, 애덤 서머,
앤드리아 스프링, 카티아 워싱턴
프로듀서: 애슐리 레빈스, 애런 라이더, 케빈 투렌
출연: 바네사 커비, 샤이아 라보프, 엘렌 버스틴, 몰리 파커, 새라
스눅, 일라이자 슐레징거, 베니 사프디, 지미 페일스,
도메니크 디 로사
2020년 12월 30일 개봉

다큐멘터리

당신네 딸들 데리러 왔소 We Have Come For Your Daughters
원제: 메디신 볼 카라반Medicine Ball Caravan
(프랑스 오페라 필름/PECF)
88분
감독: 프랑수아 라이센바크
각본: 크리스천 해런(스토리 콘셉트)
촬영: 크리스티앙 오다소, 장미셸 쉬렐, 세르주 알스도르프
프로듀서: 톰 도나휴
협력 프로듀서: 마틴 스코세이지
1971년 8월 25일 개봉

마틴 스코세이지의 영화 이야기
A Personal Journey With Martin Scorsese Through American
Movies
책임 프로듀서: 밥 라스트, 콜린 매케이브
프로듀서: 플로렌스 도맨, 마틴 스코세이지
협력 프로듀서: 라파엘레 도나토
라인 프로듀서: 데일 앤 스티버

에릭 클랩턴: 나싱 벗 더 블루스
Eric Clapton: Nothing But The Blues: An In The Spotlight Special
(PBS)
책임 프로듀서: 존 뷰그, 데이비드 혼, 마틴 스코세이지
프로듀서: 켄 얼리크, 스티븐 와인트라웁
1995년 6월 19일 최초 방영

바닷가의 여인: 자유의 여신상
Lady By The Sea: The Statue Of Liberty
프로듀서: 마틴 스코세이지
공동 프로듀서: 레이철 라이크맨
협력 프로듀서: 에드윈 슐로스버그

라이트닝 인 어 보틀 Lightning In A Bottle
(벌간 프로덕션스/직소 프로덕션스)
103분
감독: 앤트완 푸콰
촬영: 그레그 앤드라크, 리사 린즐러
책임 프로듀서: 조디 패튼, 폴 G. 앨런, 마틴 스코세이지
프로듀서: 마거릿 보디, 알렉스 지브니, 잭 굴릭
공동 프로듀서: 리처드 허튼, 수전 모타메드
2004년 2월 12일 베를린국제영화제에서 최초 상영

섬싱 투 빌리브 인 Something To Believe In
(스냅드래곤 필름스)
감독: 보니 팔레프
각본: 보니 팔레프
책임 프로듀서: 마틴 스코세이지
프로듀서: 보니 팔레프
2004년 최초 상영

발 류튼: 그림자 속의 사나이 Val Lewton: The Man In The Shadows
(터너 클래식 무비스/터너 엔터테인먼트/시켈리아 프로덕션스)
77분
감독: 켄트 존스
각본: 켄트 존스
촬영: 바비 셰퍼드
책임 프로듀서: 톰 브라운, 에마 틸링어
프로듀서: 마거릿 보디, 마틴 스코세이지
라인 프로듀서: 미카엘라 비어즐리
2007년 9월 2일 콜로라도주 텔루라이드영화제에서 최초 상영

피카소 앤 브라크 고 투 더 무비스
Picasso And Braque Go To The Movies
(큐비스츠)
60분
감독: 안 글림처
촬영: 페트르 흘리노마즈
책임 프로듀서: 보니 흘리노마즈
프로듀서: 안 글림처, 로버트 그린헛, 마틴 스코세이지
협력 프로듀서: 버니스 로즈
2008년 9월 7일 토론토국제영화제에서 최초 상영

노 디렉션 홈: 밥 딜런 No Direction Home: Bob Dylan
책임 프로듀서: 조디 패튼, 폴 G. 앨런, 바바라 드 피나, 수전 레이시,
제프 로즌, 나이젤 싱클레어, 앤서니 월
공동 책임 프로듀서: 가이 이스트, 거브 닐, 저스틴 톰슨글로버
프로듀서: 마틴 스코세이지, 수전 레이시, 제프 로즌, 나이젤
싱클레어, 앤서니 월
공동 프로듀서: 마거릿 보디
협력 프로듀서: 첼시 호프먼
라인 프로듀서: 제시카 코언, 티아 레신

어 레터 투 엘리아 A Letter To Elia
책임 프로듀서: 스톤 더글라스, 테일러 매턴
자문 프로듀서: 다이앤 콜리어
프로듀서: 마틴 스코세이지, 에마 틸링어
공동 프로듀서: 레이철 라이크맨

퍼블릭 스피킹 Public Speaking
책임 프로듀서: 테드 그리핀, 존 헤이스
감독 프로듀서: 제니 카치맨
프로듀서: 마거릿 보디, 그레이던 카터, 프랜 리보위츠,
마틴 스코세이지, 에마 틸링어 코스코프
협력 프로듀서: 에린 에데이켄, 크리스 개릿

조지 해리슨: 물질 세계에서의 삶
George Harrison: Living In The Material World
책임 프로듀서: 마거릿 보디, 스콧 파스쿠치, 에마 틸링어 코스코프
감독 프로듀서: 블레어 포스터
자문 프로듀서: 티아 레신
프로듀서: 올리비아 해리슨, 마틴 스코세이지, 나이젤 싱클레어
협력 프로듀서: 레이철 쿠퍼, 에린 에데리켄

서바이빙 프로그레스 Surviving Progress
(빅 픽처 미디어 코퍼레이션/시네마지네르/캐나다 국립영화위원회)
86분
감독: 해럴드 크룩스, 마티유 로이
각본: 해럴드 크룩스, 마티유 로이
촬영: 마리오 자넬
책임 프로듀서: 마크 아흐바, 실바 바스마지언, 벳시 카슨,
마틴 스코세이지, 에마 틸링어 코스코프
프로듀서: 제리 플래하이브, 대니얼 루이스, 데니스 로버트
협력 프로듀서: 프랑수아 지라르
2011년 9월 11일 토론토국제영화제에서 최초 상영

글릭맨 Glickman
(블라인드 데이트 프로덕션스/시켈리아 프로덕션스)
84분
감독: 제임스 L. 프리드먼
각본: 제임스 L. 프리드먼
촬영: 론 매그딕, 마크 밀러, 츠보니미르 비두신
책임 프로듀서: 마틴 스코세이지, 에마 틸링어 코스코프, 릭 욘
프로듀서: 제임스 L. 프리드먼
협력 프로듀서: 프랭크 라플린, 스투 리슨, 키스 로빈슨
2013년 8월 26일 최초 방영

라이프 잇셀프 Life Itself
(필름 라이츠/카템퀸 필름스)
115분
감독: 스티브 제임스
촬영: 데이나 쿠퍼
책임 프로듀서: 마크 미튼, 저스틴 네이건, 고든 퀸, 마틴 스코세이지, 캣 화이트, 스티븐 제일리언
프로듀서: 개릿 배시, 스티브 제임스, 잭 파이퍼
2014년 1월 19일 유타주 선댄스영화제에서 최초 상영

뉴욕 리뷰 오브 북스: 50년간의 논쟁 The New York Review Of Books: A 50 Year Argument
책임 프로듀서: 앤서니 윌, 카요 와시오
프로듀서: 마거릿 보디, 마틴 스코세이지, 데이비드 테데스키

비포 더 플러드 Before The Flood
(애피언 웨이/랫팩 다큐멘터리 필름스/인서전트 독스/맨더린 필름 프로덕션스)
96분
감독: 피셔 스티븐스
각본: 마크 먼로
촬영: 안토니오 로시
책임 프로듀서: 애덤 바다크, 자라 더피, 스타니슬라스 그라치아니, 제니퍼 하일, 마크 먼로, 마틴 스코세이지
프로듀서: 트레버 다비도스키, 제니퍼 데이비슨, 리어나도 디캐프리오, 제임스 패커, 브렛 래트너, 피셔 스티븐스
공동 프로듀서: 마리 테레즈 귀르기스, 마르코 크라펠스
협력 프로듀서: 마조리 크롤리, 제프리 다이, 레이철 게스트, 맥스 트롬바
자문 프로듀서: 필립 왓슨, 헨리 주스트, 줄리 나이브스, 에리얼 슐만
내레이션: 리어나도 디캐프리오
2016년 10월 21일 개봉

롱 스트레인지 트립 Long Strange Trip
(더블 E 픽처스/AOMA 선샤인 필름스/시켈리아 프로덕션스)
238분
감독: 아미르 바레브
책임 프로듀서: 버니 카힐, 앤드루 헬러, 샌퍼드 헬러, 토머스 J. 맹건 4세, 알리시아 샘스, 마틴 스코세이지, 에마 틸링어 코스코프, 릭 욘
프로듀서: 알렉스 블라바트닉, 켄 돈스타인, 에릭 아이스너, 닉 코스코프, 저스틴 크로이츠만
공동 프로듀서: 에제키엘 모건
협력 프로듀서: 에번 레서, 로스 오코너, 오스틴 쇼트
감독/아카이브 프로듀서: 제니 카치맨, 스튜어트 맥피, 짐 맥도널, 애니 살지크
출연: 그레이트풀 데드
2017년 1월 23일 개봉

로비 로버트슨과 더 밴드의 신화 Once Were Brothers: Robbie Robertson And The Band
(벨 미디어 스튜디오스/이매진 다큐멘터리스/화이트 파인 픽처스)
98분
감독: 대니얼 로어
촬영: 키아라시 새디
책임 프로듀서: 새러 번스타인, 코리 코, 브라이언 그레이저, 데이브 해리스, 론 하워드, 랜디 레녹스, 재러드 리바인, 마이클 리바인, 스티브 오드, 피터 레이먼트, 제프리 레메디오스, 마이클 로즌버그, 마틴 스코세이지, 랜디 윌런스, 저스틴 윌키스
공동 책임 프로듀서: 폴 크로더, 메레디스 콜퍼스, 마크 먼로
프로듀서: 앤드루 먼저, 라나 벨 마우로, 스티븐 파니치아, 샘 서덜랜드
아카이브 프로듀서: 안드레 쿠투, 데이비드 다닐로프, 제시카 조이 와이즈, 래리 옐렌
2019년 9월 5일 개봉

TV 시리즈

더 블루스 The Blues
(마틴 스코세이지, 빔 벤더스, 리처드 피어스, 찰스 버넷, 마크 레빈, 마이크 피기스, 그리고 클린트 이스트우드가 연출한 영화들로 구성된 TV 다큐멘터리 시리즈)
각본: 찰스 버넷, 로버트 고든, 피터 구랠닉, 빔 벤더스
촬영: 존 L. 뎀프스 주니어, 배리 애크로이드, 마크 벤저민, 마이크 엘리, 리처드 피어스
시리즈 프로듀서: 알렉스 기브니
책임 프로듀서: 조디 앨런, 폴 G. 앨런, 울리히 펠스버그, 마틴 스코세이지
감독 프로듀서: 미카엘라 비어즐리, 수전 모타메드
자문 프로듀서: 리사 데이
프로듀서: 마거릿 보디, 로버트 케너, 새뮤얼 D. 폴라드, 샘슨 머키
공동 프로듀서: 리처드 허트, 웨슬리 존스, 멜리사 로블레도
협력 프로듀서: 살리마 엘아민, 아그네스 추, 벨린다 클래슨, 로버트 고든, 벨린다 모리슨, 제프 셰프텔
라인 프로듀서: 대프니 맥윌리엄스
2003년 9월 28일 최초 방영

보드워크 엠파이어 Boardwalk Empire
(HBO/레버리지 매니지먼트/클로지스트 투 더 홀 프로덕션스/시켈리아 프로덕션스/콜드 프런트 프로덕션스)
TV 시리즈, 각 에피소드 60분
시리즈 감독: 티머시 밴 패튼, 앨런 콜터, 제러미 포데스와, 에드 비앙키, 브래드 앤더슨, 알릭 사카로프, 사이먼 셀런 존스, 브라이언 커크, 마틴 스코세이지, 앨런 테일러, 데이비드 페트라카, 수재너 화이트, 카리 스코글란드, 제이크 팰트로
시리즈 작가: 넬슨 존스, 테런스 윈터, 하워드 코더, 배스시바 도런, 이타마 모지스, 메그 잭슨, 스티브 코내키, 로런스 코너, 데이비드 플레보트, 데이비드 매튜스, 마거릿 네이글, 폴 심스, 티머시 밴 패튼, 다이앤 프롤로프, 크리스 해덕, 롤린 존스, 앤드루 슈나이더, 데이비드 스텐, 제니퍼 에임스, 크리스틴 체임버스, 데니스 루헤인, 에릭 오버마이어, 스티브 터너
책임 프로듀서: 스티븐 레빈슨, 마틴 스코세이지, 티머시 밴 패튼, 마크 월버그, 테런스 윈터, 하워드 코더
공동 책임 프로듀서: 진 켈리, 다이앤 프롤로프, 크리스 해덕, 앤드루 슈나이더
감독 프로듀서: 데이비드 스텐, 마거릿 네이글
자문 프로듀서: 데니스 루헤인
프로듀서: 데이비드 코츠워스, 릭 욘
공동 프로듀서: 조지프 E. 이버티, 스티브 코내키, 페퍼 오브라이언, 브래드 카펜터

협력 프로듀서: 제니퍼 에임스, 크리스틴 체임버스, 존 플라빈, 에마 틸링어 코스코프
라인 프로듀서: 조지프 E. 이버티, 데이나 J. 쿠즈네츠코프
출연: 스티브 부세미, 켈리 맥도널드, 마이클 섀넌, 셰이 위검, 마이클 스툴바그
2010년 9월 19일 첫 에피소드 방영

배우 출연작

스코세이지가 연출하거나 프로듀스한 영화에 출연한 경우 연기 세부 사항만 기재.

장편 영화

누가 내 문을 두드리는가? Who's That Knocking At My Door
스코세이지: 갱스터 역(크레디트에 오르지 않음)

바바라 허시의 공황 시대 Boxcar Bertha
스코세이지: 사창가 손님 역(크레디트에 오르지 않음)

비열한 거리 Mean Streets
스코세이지: 지미 쇼츠 역(크레디트에 오르지 않음)

택시 드라이버 Taxi Driver
스코세이지: 실루엣을 지켜보는 승객 역

캐논볼 Cannonball!
(크로스 컨트리/하버 프로덕션스/뉴 월드 픽처스/쇼 브라더스)
93분
감독: 폴 바텔
각본: 폴 바텔, 돈 심슨
촬영: 탁 후지모토
스코세이지: 마피오소 역
1976년 7월 6일 개봉

교황의 눈 Il Pap'Occhio
(에이도스코프 S.r.l./라디오텔레비지오네 이탈리아나)
110분
감독: 렌초 아르보레
각본: 루치아노 데 크레셴초
촬영: 루치아노 토볼리
스코세이지: TV 감독 역
1980년 9월 19일 이탈리아에서 개봉

분노의 주먹 Raging Bull
스코세이지: 바비존 극장의 무대 담당자 역

코미디의 왕 The King Of Comedy
스코세이지: TV 감독 역

안나 파블로바 Pavlova: A Woman For All Time
(포세이돈 프로덕션스/모스필름/소빈필름/코스모스 필름/도이치 필름/쿠바 예술 영화 산업 연구소/렌필름 스튜디오/포세이돈 필름 디스트리뷰터스)
113분
감독: 에밀 로티아누
각본: 에밀 로티아누
촬영: 예프게니 구슬린스키, 블라디미르 나카브체프
스코세이지: 가티카사자 역
1983년 12월 2일 핀란드에서 개봉

특근 After Hours
스코세이지: 클럽 베를린의 서치라이트 담당자 역
(크레디트에 오르지 않음)

라운드 미드나잇 Round Midnight
(리틀 베어/PECF)
133분
감독: 베르트랑 타베르니에
각본: 데이비드 레이필, 베르트랑 타베르니에
촬영: 브루노 드 케이저
스코세이지: 구들리 역
1986년 10월 3일 개봉

컬러 오브 머니 The Color Of Money
스코세이지: 오프닝의 보이스오버 내레이션
(크레디트에 오르지 않음)

뉴욕 스토리 New York Stories
"인생 수업" 파트
스코세이지: 라이오넬 도비와 사진을 찍는 남자 역
(크레디트에 오르지 않음)

꿈 Dreams
(워너브라더스/아키라 구로사와 USA)
119분
감독: 구로사와 아키라
각본: 구로사와 아키라
촬영: 사이토 타카오, 우에다 쇼지
스코세이지: 빈센트 반 고흐 역
1990년 8월 24일 개봉

그리프터스 The Grifters
스코세이지: 오프닝의 보이스오버 내레이션
(크레디트에 오르지 않음)

비공개 Guilty By Suspicion
(워너브라더스)
105분
감독: 어윈 윙클러
각본: 어윈 윙클러
촬영: 마이클 볼하우스
스코세이지: 조 레서 역
1991년 3월 15일 개봉

순수의 시대 The Age Of Innocence
스코세이지: 사진사 역(크레디트에 오르지 않음)

퀴즈 쇼 Quiz Show
(볼티모어 픽처스/할리우드 픽처스/와일드우드 엔터프라이지스)
133분
감독: 로버트 레드퍼드
각본: 폴 아타나시오
촬영: 마이클 볼하우스
스코세이지: 마틴 리튼홈 역
1994년 9월 14일 개봉

워킹 맨 Search And Destroy
스코세이지: 회계사 역

뮤즈 The Muse
(옥토버 필름스)
97분
감독: 앨버트 브룩스
각본: 앨버트 브룩스, 모니카 맥고완 존슨
촬영: 토머스 E. 애커맨
스코세이지: 본인 역
1999년 8월 27일 개봉

비상 근무 Bringing Out The Dead
스코세이지: 배차원(목소리) 역

갱스 오브 뉴욕 Gangs Of New York
스코세이지: 부유한 집주인 역(크레디트에 오르지 않음)

샤크 Shark Tale
(드림웍스 애니메이션/드림웍스 SKG/퍼시픽 데이터 이미지스)
90분
감독: 비보 버거론, 비키 젠슨, 롭 레터맨
각본: 마이클 J. 윌슨, 롭 레터맨
스코세이지: 사이크스(목소리) 역
2004년 10월 1일 개봉

에비에이터 The Aviator
스코세이지: 「지옥의 천사들」 영사 기사 역 / 레드 카펫 위의 남자
(목소리) 역(크레디트에 오르지 않음)

휴고 Hugo
스코세이지: 사진사 역(크레디트에 오르지 않음)

TV 에피소드

커브 유어 엔수지애즘 Curb Your Enthusiasm
"특별 구역The Special Section" 에피소드
(HBO)
30분
감독: 브라이언 고든
각본: 래리 데이비드(크레디트에 오르지 않음)
촬영: 빌 시히
스코세이지: 본인 역
2002년 10월 20일 최초 방영

커브 유어 엔수지애즘 Curb Your Enthusiasm
"크라제 아이스 킬러Krazee-Eyez Killa" 에피소드
(HBO)
30분
감독: 로버트 B. 웨이드
각본: 래리 데이비드(크레디트에 오르지 않음)
촬영: 빌 시히
스코세이지: 본인 역
2002년 11월 3일 최초 방영

안투라지 Entourage
"퀸스 대로에 돌아오다Return To Queens Blvd" 에피소드
(HBO/레버리지 매니지먼트)
30분
감독: 마크 마일로드
각본: 더그 엘린, 앨리 뮤지카
촬영: 롭 스위니
스코세이지: 본인 역
2008년 11월 23일 최초 방영

30 록 30 Rock
"오디션 보는 날Audition Day" 에피소드
(브로드웨이 비디오/리틀 스트레인저/유니버설 미디어 스튜디오스)
30분
감독: 베스 매카시밀러
각본: 티나 페이, 맷 허바드
촬영: 매튜 클라크
스코세이지: 본인(목소리) 역
2009년 11월 5일 최초 방영

집필작

아래 영화 외 스코세이지가 각본을 쓰고 연출 및 프로듀스한 작품의
세부 사항은 296~298쪽 참조.

집착 Bezeten: Het Gat In De Muur
(스코피오 필름 프로덕션스)
90분
감독: 핌 데 라 파라
각본: 마틴 스코세이지, 빔 베어슈타펜, 핌 데 라 파라
촬영: 프란스 브로메트, 유베르투스 하겐
출연: 알렉산드라 스튜어트, 디터 가이슬러, 톰 반 빅크, 마라이케
본스트라, 도널드 존스
1969년 8월 15일 서독에서 개봉

참고 문헌

책

Peter Biskind | 『Easy Riders, Raging Bulls』 | New York | Simon & Schuster | 1998

Peter Brunette(ed.) | 『Martin Scorsese: Interviews』 | Jackson | University Press of Mississippi | 1999

Ian Christie and David Thompson(eds.) | 『Scorsese on Scorsese』 | London | Faber & Faber | 2003

Andy Dougan | 『Martin Scorsese Close-Up: The Making of His Movies』 | London | Orion | 1997

Roger Ebert | 『Scorsese by Ebert』 | Chicago | University of Chicago Press | 2008

David Ehrenstein | 『The Scorsese Picture: The Art and Life of Martin Scorsese』 | New York | Birch Lane | 1992

Manny Farber | 『Farber on Film』 | New York | Library of America | 2009

Lawrence S. Friedman | 『The Cinema of Martin Scorsese』 | Oxford | Roundhouse | 1997

Pauline Kael | 『When the Lights Go Down: Complete Reviews 1975–1980』 | New York | Holt & Co. | 1980

Pauline Kael | 『Movie Love: Complete Reviews 1988–1991』 | New York | Plume | 1991

Jeremy Kagan(ed.) | 『Directors Close Up 2: Interviews with Directors Nominated for Best Film by the Directors Guild of America 2006–2012』 | New York | Rowman & Littlefield | 2013

Mary Pat Kelly | 『Martin Scorsese: A Journey』(Rev. ed.) | New York | Thunder's Mouth Press | 1996

Anthony Lane | 『Nobody's Perfect』 | New York | Pan Macmillan | 2003

Edward Said | 『On Late Style』 | New York | Vintage | 2007

Jim Sangster | 『Scorsese』 | London | Virgin | 2002

Richard Schickel | 『Conversations with Scorsese』 | New York | Alfred A. Knopf | 2011

Lesley Stern | 『The Scorsese Connection』 | Bloomington | Indiana University Press | 1995

David Thomson(ed.) | 『The New Biographical Dictionary of Film』(Rev. ed.) | New York | Little, Brown | 2003

David Thomson | 『"Have You Seen?": A Personal Introduction to 1,000 Films』 | New York | Alfred Knopf | 2008

Michael Henry Wilson | 『Scorsese on Scorsese』(Rev. ed.) | Paris | Cahiers du Cinéma | 2011

Paul A. Woods(ed.) | 『Scorsese: A Journey Through the American Psyche』 | London | Plexus | 2005

특집 기사 및 인터뷰

Tara Bennett | "Martin Scorsese, Leonardo DiCaprio, Ben Kingsley, and the Shutter Island Writers Descend into Darkness." | www.fandango.com | 2010/2/17

Andrew Billen | "I Get the Church and the Movies Confused." | 『London Evening Standard』 | 1998/3/25

Peter Biskind | "The Resurrection." | 『Independent』(on Sunday) | 1991/12/22

Mick Brown | "Martin Scorsese Interview for Shutter Island." | 『Telegraph』 | 2010/3/7

Dave Calhoun | "Martin Scorsese Talks Shutter Island." | 『Time Out』 | 2010/3

Ian Christie | "Martin Scorsese's Testament." | 『Sight &

Sound』 | 1996/1

Steve Daly | "Casino's Big Gamble." | 『Entertainment Weekly』 | 1995/10/6

Ginny Dougary | "Original Sinner." | 『Times Magazine』 | 1996/2/2

Guy Flatley | "Martin Scorsese's Gamble." | 『New York Times』 | 1976/2/8

Mike Fleming | "Martin Scorsese on Wolf of Wall Street." | Deadline Hollywood | 2014/1/6

Scott Foundas | "Andrew Garfield to Star in Martin Scorsese's Silence." | 『Variety』 | 2013/5/7

Stephen Galloway | "Martin Scorsese, Leonardo DiCaprio Finally Open up About Wolf of Wall Street." | 『Hollywood Reporter』 | 2013/12/4

Ryan Gilbey | "Blood, Sweat and Tears." | 『Guardian』 | 2007/7/31

Patrick Goldstein | "Graham King on Hugo's Box-Office Woes: 'It's Been Painful'." | 『Los Angeles Times』 | 2012/2/6

『GQ』 staff | "Getting Made the Scorsese Way." | 『GQ』 | 2010/10

Giles Hardie | "Cinema Lovers Cinema." | 『Sydney Morning Herald』 | 2012/6/24

Logan Hill | "Martin Scorsese, Leonardo DiCaprio, and Jonah Hill Discuss The Wolf of Wall Street." | 『Wall Street Journal』 | 2013/10/13

Lynn Hirschberg | "Michael Ovitz Is on the Line." | 『New York Times』 | 2009/5/9

John Hiscock | "Scorsese: This Is My Last Big Movie." | 『Telegraph』 | 2004/12/10

John Hiscock | "The Day Mad Jack Drew a Gun on Set." | 『Telegraph』 | 2006/9/22

J. Hoberman | "Metaphysical Therapy." | 『Village Voice』 | 1999/11/2

Chris Hodenfield | "A Personal Journey with Martin Scorsese through American Movies." | American Film | 1989/3

Kevin Jagernauth | "Martin Scorsese Says Sinatra Is 'Still Going Strong,' Explains Why He Thinks Italianamerican Is His Best Film." | blogs.indiewire.com | 2013/12/4

Mark Kermode | "Martin Scorsese: '3D Is Liberating. Every Shot Is Rethinking Cinema.'" | 『Observer』 | 2010/11/21

Jessica Kiang | "Marrakech Q&A…" | blogs.indiewire. com | 2013/12/9

Anthony Lane | "Not Fade Away: Shine a Light." | 『New Yorker』 | 2008/4/14

Jim Leach | "The Art of Martin Scorsese." | 『Humanities』 | 2013/7-8

Emanuel Levy | "Shutter Island: Interview with Director Scorsese." | Emanuel Levy Cinema 24/7(www. emanuellevy.com) | 2010/1/29

Richard Luck | "You Talkin' to Me? Scorsese, De Niro, Keitel, and Foster on the Making of Taxi Driver." | Sabotage Times | 2013/10/19

Rick Lyman | "In Little Italy with Martin Scorsese." | 『New York Times』 | 1998/2/13

Geoffrey Macnab | "I Was in a Bad Place." | 『Guardian』 | 2006/7/6

Annalena McAfee | "No More Mr Nasty Guy." | 『Financial Times Weekend』 | 1998/3/7-8

Craig McLean | "And We're Rolling." | 『Observer』 | 2007/8/12

Karen Moline | "The Good Fella from New York's Mean Streets." | 『Sunday Times』 | 1990/9/30

Jojo Moyes | "I've Been Lucky Not to Win an Oscar, Says Scorsese." | 『Independent』 | 1997/6/28

Rebecca Murray | "Director Martin Scorsese Discusses The Departed." | movies.about.com | 2006/9/30

Ruben V. Nepales | "How Scorsese Avoided NC-17 Rating for Wolf of Wall Street." | 『Philippine Daily Inquirer』 | 2013/12/14

Martin Palmer | "Back on the Streets." | 『Times Metro』 | 2000/1/15-21

Steve Pond | "Martin Scorsese on Wolf of Wall Street: I Wanted It Big and Ferocious." | The Wrap | 2013/12/23

Angela Pressburger | "The Making of Kundun 1." | 『Shambhala Sun』 | 1998/1

Terence Rafferty | "Talking Pictures." | 『DGA Quarterly』 | 2007/2008 Winter

Terence Rafferty | "Cue the Director's Adrenaline." | 『New York Times』 | 2010/2/5

Mickey Rapkin | "A Conversation with Martin Scorsese." | 『Details』 | 2012/4/6

Julie Salamon | "A Character with Phobias? Scorsese Can Relate." | 『New York Times』 | 2004/12/16

Richard Schickel | "Brutal Attraction: The Making of Raging Bull." | 『Vanity Fair』 | 2010/3

Mary Kaye Schilling | "Leonardo DiCaprio and Martin Scorsese Explore the Funny Side of Depravity in The Wolf of Wall Street." | www.vulture.com | 2013/8/26

Martin Scorsese | "The Persisting Vision: Reading the Language of Cinema." | 『New York Review of Books』 | 2013/8/15

Martin Scorsese | "A Letter to My Daughter." | 『L'Espresso』 | 2014/1/2

Jim Shelley | "Down these Mean Streets Many Men Have Gone." | Times Saturday Review | 1993/2/20

Gavin Smith | "Martin Scorsese Interviewed." | 『Film Comment』 | 1998/1-2

Amy Taubin | "Dread and Desire." | 『Sight & Sound』 | 1993/12

Rick Tetzelli | "Martin Scorsese on Vision in Hollywood." | 『Fast Company Magazine』 | 2011/12

Paul Theroux | "The Sixth Beatle?" | 『Newsweek』 | 2011/10/3

John Updike | "Late Works." | 『New Yorker』 | 2006/8/7

Alex Williams | "Passion Play." | 『New York』 | 2002/12/16

Alex Williams | "'Are We Ever Going to Make This Picture?'" | 『Guardian』 | 2003/1/3

Damon Wise | "Martin Scorsese Exclusive Uncut Interview!" | 『Uncut』 | 2008/4

James Wolcott | "The Executioners." | 『Vanity Fair』 | 2002/4

"Martin Scorsese Interviewed." | http://www. industrycentral. net/director_interviews/MS01.HTM

"Martin Scorsese on Shutter Island." | http://www.film4. com/ special-features/interviews/martin-scorsese-on-shutter-island

"Scorsese and DiCaprio on Exploring Shutter Island." | http://www.fearnet.com/news/interview/scorsese-and-dicaprio-exploring-'shutter-island

"Scorsese: Gangster Style." | http://www. creativeplanetnetwork. com/dcp/news/exclusive-scorsese-gangster-style/15592

사진 크레디트

저작권 보유자를 찾아 고지하는 데에 최선의 노력을
기울였습니다. 의도치 않게 누락된 부분이 있을 경우 미리
사과드리며, 그러한 일이 발생하면 향후 발행될 판본에 적절한
감사의 글을 추가하도록 하겠습니다.

T: Top B: Bottom L: Left R: Right

Corbis: 1(Lynn Goldsmith); 2(Fabrice Dall'Anese/Tuxedo by Giorgio Armani/Corbis Outline); 6–7(Columbia/Bureau L.A. Collection); 8(Catherine Cabrol/Kipa); 14–15(Didier Olivré); 17(Ken Schles/Corbis Outline); 71, 74, 75, 82L, 82–83, 84–85(Columbia/Steve Schapiro); 88R(Bettmann); 91, 107(United Artists/Sunset Boulevard); 110R(20th Century Fox/Steve Schapiro); 133(Universal/Sunset Boulevard); 191(Michael O'Neill/Corbis Outline); 255(SWAP/Splash News); **Martin Scorsese Collection**: 20L&R, 21, 22, 23 T&B, 24, 25, 27, 28, 29, 30T&B(early photography); 10(Columbia); 11, 13(United Artists); 36–37, 37R(Tri-Mod); 65(Warner Bros.); 129(Buena Vista); 238T(Paramount); 267(National Communications Foundation); **M. H. Wilson collection**: 90(United Artists); 78T(Columbia); **Photofest**: 12, 102, 106, 269T(United Artists); 38, 52, 55, 58T&B, 59, 60, 61, 67, 121, 266R(Warner Bros.); 42L(American International Pictures); 72R, 73R, 81R, 162, 165T(Columbia); 124L, 124–125(Buena Vista); 132L, 174L(Universal); 205B(Miramax/Dimension Films/Mario Tursi); 236, 239(Paramount); 268(New Empire Films); **Alamy**: 16, 204, 200–201(Miramax/AF Archive); 42R(American International Pictures/United Archives/IFTN Cinema Collection); 49L, 216(Warner Bros./AF Archive); 50, 218–219(Warner Bros./United Archives GmbH); 72L(Columbia/AF Archive); 113T(20th Century Fox/AF Archive); 123, 127(Buena Vista/AF Archive); 136(Universal/Pictorial Press); 138, 174R(Universal/Moviestore Collection); 141(Warner Bros./Pictorial Press); 157, 159(Universal/AF Archive); 183L(Buena Vista/Pictorial Press); 190R(Touchstone/Paramount/Phillip V. Caruso/United Archives GmbH/IFTN Cinema Collection); 217(Warner Bros./ Moviestore Collection); 225B(Warner Bros./Andrew Cooper/AF Archive); ©**Ferdinando**

Scianna/Magnum Photos: Front cover, 18–19; **Getty Images**: 31(Elliot Landy); 46–47, 48(Jack Manning/New York Times Co.); 100–101(United Artists/Brian Hamill); 114–115(Olivia Morris); 120B(Ron Galella); 186B(Matt Campbell/Hulton Archive); 256T(Bobby Bank/Wire Image); 269B(AFP); 276–277(Jeff Vespa/Wire Image); 278(Kevin Winter); **Photo12.com**: 34–35, 36, 39(Tri-Mod/Archives du 7e Art); 64L, 116L, 145T, 213, 215B (Warner Bros./Archives du 7e Art); 98R(United Artists/Collection Cinéma); 110L(20th Century Fox/Archives du 7e Art); 113B(20th Century Fox/Collection Cinéma); 137(Universal/ Archives du 7e Art); 175(Universal/Collection Cinéma); 225T(Warner Bros./Andrew Cooper/Archives du 7e Art); 234(Paramount/Archives du 7e Art); 242–243, 244R, 245, 246, 246T&B, 247, 248, 249, 250, 251(GK Films/Archives du 7e Art); **Ronald Grant**: 40–41, 45T(American International Pictures); 63, 211(Warner Bros.); 116R(Geffen Company); 132R, 173T; 155, 158L(Amblin Entertainment/Cappa Films/Tribeca Productions/Universal); 186T(Touchstone/Capra/De Fina/Mario Tursi); 266L(Wadleigh-Maurice); **Rex Features**: 43R(Universal/Everett); 64R, 143, 144, 148, 210–211, 212(Warner Bros./Everett); 73L(Columbia/Everett); 88L(United Artists/Everett); 190L(Paramount/Everett); 205T(Miramax/Dimension Films/Everett); **mptvimages.com**: 43L&44–45(American International Pictures); 76–77, 79(Columbia/ Steve Schapiro); 86–87, 96–97, 99, 105(United Artists); 92–93, 95(United Artists/Photo by Bruce McBroom); 170–171, 173B, 176(Universal); **The Kobal Collection**: 45B(American International Pictures); 49R, 51, 53, 56–57(Taplin-Perry-Scorsese); 69B, 117, 118, 119, 120T, 142, 146, 149, 151, 208–209, 214, 215T, 219(Warner Bros.); 80L, 80–81(Columbia); 92L, 98L, 104(United Artists); 112(20th Century Fox); 126(Touchstone); 154L, 156, 170T, 177B(Universal); 162–163, 165B(Columbia/Phillip V. Caruso); 180, 182(Touchstone/Capra/De Fina); 195(Touchstone/Paramount/ Phillip V. Caruso); 198(Miramax/Dimension Films); 220–221, 222L, 222R, 226L, 226–227, 229(Warner Bros./Andrew Cooper); 232–233, 235, 237, 238B(Paramount); 240–241,

244L(GK Films); 252–253, 254, 256B, 256–257, 258–259, 261T&B, 262T&B, 263(Red Granite Pictures); 265, 272(Concert Promotions International/Brigitte Lacombe); **British Film Institute Stills, Posters and Designs, London**: 54, 66, 68(Warner Bros.); 111(20th Century Fox); 125(Buena Vista); 134B, 170R(Universal); 192B, 194(Touchstone/Paramount/Phillip V. Caruso); **akg-images**: 69T(Warner Bros./Mondadori Portfolio); 223(Warner Bros./Album); **Photoshot**: 78B(Columbia/LFI); 94(United Artists); 128(Buena Vista); 135, 154–155, 168–169(Universal/LFI); 147(Warner Bros./CBS); 183R(Touchstone/Capra/De Fina/Mario Tursi); 188–189, 193(Touchstone/Paramount); 273(HBO/Retna); **Globe Photos, Inc.**: 89; S. **Karin Epstein**: 109(20th Century Fox); ©**Mario Tursi Photo**: 131, 134T, 138–139(Universal); 178–179, 181, 184–185, 187(Touchstone/Capra/De Fina); 196–197, 199, 202–203, 206, 207(Miramax/Dimension Films); ©**David Leonard**: 145B(Warner Bros.); **Mary Evans Picture Library**: 150(Warner Bros./Rue des Archives/RDA); **Phillip V. Caruso**: 152, 158R, 177T(Universal); 160–161, 163R, 164, 166, 167(Columbia); 192T(Touchstone/Paramount); **Warner Bros/Andrew Cooper**: 228, 230L, 230–231, 231R; ©**Barry Feinstein Photography, Inc.**: 270–271; **Michael Grecco/michaelgrecco.com**: 275; ©**Patrick Swirc/modds**: 288; **Alamy**: 266, 270L(Al-Film/Cappa Defina Prod/Cecchi Gori Pictures/SharpSword Films/Sikelia Prod/Waypoint Ent); 292(Astrid Stawiarz/Netflix); 274L(BFA); 267, 269R, 270R(Kerry Brown/Paramount Pictures/Everett Collection); 277(Netflix/Landmark Media); 278, 279LB, 279R(Netflix/TCD/Prod. DB); 275, 276, 279LT(Niko Tavernise/Netflix/TCD/Prod. DB); 268T, 269L(Paramount Pictures/Entertainment Pictures/ZumaPress); 268B, 271(Paramount Pictures/Moviestore Collection); 272(STX Entertainment/Album); 264(TCD/Prod.DB)

스코세이지 감독의 아카이브에서 사진 제공에 도움을 주신 시켈리아 프로덕션스의 기록 보관 담당자 매리앤 바워에게 특별히 감사의 말씀을 전합니다.

감사의 말

가장 먼저 지난 몇 년 동안 아주 너그럽게 시간을 내어 주신 마틴 스코세이지에게 감사를 드리고 싶다. 그의 사무실은 이 책에 담긴 자료의 편집에 많은 도움을 주었다. 나는 또한 『마틴 스코세이지와의 대화』를 비롯하여 오랜 세월 동안 감독에 관해 대단히 훌륭한 많은 글을 써 주신 리처드 시켈에게, 그리고 내가 이 책의 연구를 시작하자마자 찾아냈던 그의 조언에 큰 빚을 졌다. 마이클 헨리 윌슨의 『스코세이지에 관하여Scorsese on Scorsese』, 피터 비스킨드의 『헐리웃 문화혁명』, 이언 크리스티와 데이비드 톰슨이 편집한 『스코세이지에 관하여』, 피터 브루넷이 편집한 『마틴 스코세이지 인터뷰 모음Martin Scorsese: Interviews』 등도 내게 유익했던 작품들이었다. 마지막으로 내 인생을 가치 있게 만들어 준 아내 케이트에게 감사를 전한다.

톰 숀

몇 년 전, 오랜만에 「택시 드라이버」를 다시 봤다. 이 책의 저자가 경고한 것처럼, 강박증을 지닌 불면증 환자이자 사회 부적응자의 이야기를 담은 이 음울하기 짝이 없는 영화는 분명 "느긋하게 즐길 수 있는 작품이 아니"며 "한동안 보지 않았다는 이유로 감상 대상으로 삼아서는 안 되는" 작품임에 틀림없다. 그런데 가끔은 가슴을 무겁게 짓누르는 이런 영화가 보고 싶어지는 때가 있다. 무엇 때문이었는지 기억은 안 나지만 그날 갑자기 트래비스 비클(로버트 드 니로)의 고독한 모습이 머릿속에서 사라지지 않았다. 블루레이를 플레이어에 걸며 이번엔 좀 다르게 보자는 생각을 했다. 그래, 여기엔 버나드 허먼이 마지막으로 작업한 스코어가 담겨 있었지. 잭슨 브라운 음악도 나왔었어. 음악 중심으로 한번 봐야겠다. 짙은 수증기와 트래비스의 불안한 눈빛, 차 안에서 바라보이는 비에 젖은 거리, 마치 꿈속 장면과도 같은 오프닝 타이틀의 이미지를 가슴속에 더 깊이 새겨 준 것이 허먼의 나른한 음악이었다는 걸 새삼 깨달았다. 주제 선율의 느릿하고 감성적인 재즈 사운드는 여러 차례 반복되며 냉정한 도시 속에서 홀로 떨어진 트래비스의 외로움을 더욱 강조해 줄 터였다. 그런데 영화가 진행되며 귀를 사로잡은 건 허먼의 선율과 톰 스콧의 매혹적인 색소폰 연주가 전부가 아니었다.

이 영화의 '음악적 순간'은 트래비스와 벳시가 첫 데이트를 하는 장면에서 등장한다. 식사를 하며 시간 되면 영화를 보러 가자는 트래비스에게 벳시가 말한다. "당신을 보니 떠오르는 게 있어요. 크리스 크리스토퍼슨의 그 노래… 그는 예언자, 그는 마약 밀매자, 어느 정도는 진실이고 어느 정도는 허구, 걸어 다니는 모순덩어리." 그녀가 인용한 말은 감독의 전작 「앨리스는 이제 여기 살지 않는다」에 출연했던 컨트리 가수 크리스 크리스토퍼슨의 노래 〈The Pilgrim, Chapter 33〉(1971)에 나오는 가사의 일부다. 누구한테도 마약을 판 적 없다고 항변하는 트래비스는 다음 데이트 때 이 곡이 수록된 크리스토퍼슨의 LP를 선물로 준비한다. 그녀를 포르노 극장에 데려가 "더티 무비"를 보여 주는 바람에 모든 걸 망치고 말지만. 그들이 극장으로 향하는 길, 머리에 기름을 잔뜩 발라 뒤로 넘긴 한 남자가 거리에서 드럼을 연주하고 있다. 힘이 넘치는 연주와 함께 그가 덧붙이는 설명에는 스윙 시대 두 전설적 재즈 드러머의 이름이 언급된다. 진 크루파와 칙 웹이다. 트래비스가 매그넘 44 리볼버를 손에 들고 온갖 허무함을 품은 듯한 표정으로 앉아 TV를 보는 장면을 채우는 음악은 잭슨 브라운의 1974년작 〈Late For The Sky〉다. "다시 깨어난 나는 더 이상 가식적일 수 없어, 난 혼자야, 그리고 우리가 알던 감각의 끝에 가까이 와 있지… 난 얼마나 오랫동안 밤새 홀로 떠돌았던가?" 쓸쓸함 가득한 잭슨 브라운의 목소리는 트래비스의 마음을 고스란히 대변해 주는 것만 같았다.

영화를 보며 음악이 귀에 훅 들어오는 순간이 있다. 대사나 이미지와 별개로 눈앞에 펼쳐지고 있는 상황과 분위기, 등장인물의 심리를 말해 주고 저 스크린 속 세계에 몰입할 수 있게 해 주는, 아니면 뜻밖의 쾌감을 선사해 주는 사운드트랙은 영화에 강렬한 인상을 부여해 주는 요소 중 하나다. 마틴 스코세이지는 그걸 아주 잘 활용하는 감독이다. 많은 이들이 칭송해 온 「분노의 주먹」의 오프닝 타이틀을 보라. 가운을 걸친 채 링 위에서 홀로 섀도우 복싱을 하고 있는 로버트 드 니로의 모습, 그 아름다운 슬로 모션 장면을 완성해 주는 것이 피에트로 마스카니의 오페라 「카발레리아 루스티카나」(1890)의 간주곡이라는 사실에 이의를 제기할 사람은 없을 것이다. 「비열한 거리」의 오프닝 역시 마찬가지다. 악몽을 꾼 듯 침대에서 벌떡 일어난 찰리(하비 카이텔)가 거울을 보고 다시 베개에 머리를 누이는 순간 터져 나오는 로네츠의 〈Be My Baby〉(1963)가 아니었으면 핸드헬드로 찍은 다큐멘터리 혹은 뉴스 릴 형식으로 이어지는 주인공의 일상에 저토록 경쾌한 역동성이 담길 수 있었을까? 클럽에 들어와 스트립 댄서들의 흐느적거리는 몸짓을 따라 몸을 흔들며 테이블 사이를 지나 무대에 오르는 찰리의 즐거운 모습은 롤링 스톤스의 〈Tell Me〉(1964) 덕에 더 잊을 수 없는 이미지로 남게 되었다. 조니 보이(드 니로)가 건들거리며 술집에 들어올 때 흐르는 롤링 스톤스의 〈Jumpin' Jack Flash〉(1968), 혼란스러운 당구장 난투 장면을 희극적으로 만들어 주는 마블레츠의 〈Please Mr. Postman〉(1961)은 또 어떠한가. 「비열한 거리」에는 그 외에도 50년대와 60년대의 R&B·두왑·로큰롤 곡들이 숱하게 등장한다. 비단 이 영화뿐만이 아니다. 이미 장편 데뷔작 「누가 내 문을 두드리는가?」에서 벨 노츠의 흥겨운 로큰롤 〈I've Had It〉(1958)과 도어스의 사이키델릭 〈The End〉(1967) 등 대중음악을 효과적으로 사용한 바 있는 스코세이지는, 마치 주제곡처럼 「아이리시맨」의 오프닝과 엔딩을 빛내는 파이브 새틴스의 〈In The Still Of The Night〉(1956)에 이르기까지 자신의 영화 중 최소 10편 이상의 작품을 수십 곡의 기존 팝 음악으로 채웠다.

그래서 내 머릿속에 선명하게 남아 있는 스코세이지 작품의 이미지는, 스탠리 큐브릭이나 우디 앨런, 쿠엔틴 타란티노의 영화를 떠올릴 때 그런 것처럼, 음악과 더불어 더욱 강렬한 빛을 발하고 있다. 해당 음악을 들을 때마다 스코세이지 영화의 장면을 생각하게 되는 건 말할 나위가 없다. 예컨대 데릭 앤드 더 도미노스의 명곡, 에릭 클랩턴의 애절한 사랑 노래인 〈Layla〉(1970)의 두 번째 파트(이른바 'Piano Exit'로 불리는)를 수놓는 아름다운 피아노 연주는 이제 「좋은 친구들」의 끔찍한 장면과 떼어 놓을 수가 없게 되었다. 분홍색 캐딜락을 시작으로 지미 콘웨이(드 니로)가 처단한 조직원들의 시체가 연이어 발견되는 장면 말이다. 서정적이고 몽환적인 도노반의 〈Atlantis〉(1968)는 토미(조 페시)와 지미의 무자비한 폭력 장면과 이어진다. 「순수의 시대」에서 중절모를 쓴 수많은 남성들이 바람에 날리지 않게 모자를 손으로 잡고 19세기 맨해튼 거리를 걷는 슬로 모션 장면 덕에 난 엔야의 〈Marble Halls〉(1991)를 들으면 중절모를 연상하게 되었다. 「디파티드」 하면 먼저 떠오르는 곡들이 있다. 프랭크 코스텔로(잭 니콜슨)의 권력과 잔혹성이 소개되는 오프닝 장면에 함께하는 롤링 스톤스의 〈Gimme Shelter〉(1969)(이 곡은 「좋은 친구들」과 「카지노」에도 등장한다)와 빌리 코스티건(리어나도 디캐프리오)이 빗속에 매돌린(베라 파미가)을 찾아가는 장면에 흐르는 로저 워터스의 〈Comfortably Numb〉(1990)(베를린 라이브에서 밴 모리슨이 노래한 버전), 그리고 허망한 엔딩의 여운을 길게 지속해 주는 로이 부캐넌의 블루지한 기타 연주곡 〈Sweet Dreams〉(1972)다. 하지만 존 레넌의 샤우팅 〈Well Well Well〉(1970)이 나오는 장면 또한 빼놓을 수 없다. 프랭크와 빌리는 이런 대화를 나눈다.

–프랭크: 존 레넌 아나?
–빌리: (황당한 듯 살짝 웃으며) 알죠, 링컨 전의 대통령이잖아요. (농담으로 받아친 대사다.)
–프랭크: 레넌이 말했지. "난 예술가야. 빌어먹을 튜바를 줘도 그걸로 뭐든 만들어 낼 수 있어."

대본이든 연기든 미장센이든 촬영이든 편집이든 음악이든 연출이든 또는 영화 밖의 이야기든, 이야깃거리가 풍부한 영화는 매력적이다. 걸작이면 더 좋고 그렇지 않아도 상관없다. 앞에서 언급한 내용은 스코세이지의 영화를 음악적 관점에서 바라볼 때 나올 수 있는 무수한 이야기 중 일부일 뿐이다. 언젠가 좋아하는 여러 감독의 사운드트랙(영화 삽입곡) 목록을 정리해서 그걸로 플레이리스트를 만들었던 적이 있다. 오리지널 스코어나 영화를 위해 별도로 만들어진 곡 말고 영화에 잠깐이라도 등장한 기존 음악들만으로 정리를 해 봤다. 마틴 스코세이지의 리스트에는 놀랍게도 거의 500곡에 이르는 방대한 노래가 담겼다. 꼬박 24시간을 들어도 다 듣지 못할 분량이었다. 범상치 않은 풍성한 레퍼토리의 바탕에는 그가 어린 시절 리틀 이탈리아의 거리에서 들었던 음악과 그 독특한 경험이 자리하고 있을 테지만, 그는 음악에 대한 애정을 지니고 있을 뿐만 아니라 그걸 영화적으로 탁월하게 사용할 수 있는 역량을 갖춘 인물이다. 내가 대학 시절 「좋은 친구들」에 정신없이 빠져든 이후 이 놀라운 영화감독에게 더 큰 호감을 가지게 된 이유 중 하나는 그의 음악

센스였다. 2000년대 이후 「더 블루스: 고향에 가고 싶다」와 「노 디렉션 홈: 밥 딜런」, 「샤인 어 라이트」, 결국 눈물을 쏟게 만들었던 「조지 해리슨: 물질 세계에서의 삶」, 그리고 블랙 코미디와 같은 기발함과 혼돈과 매혹을 담아낸 「롤링 선더 레뷰: 마틴 스코세이지의 밥 딜런 이야기」까지 그가 만든 여러 음악 다큐멘터리를 보며 거장에 대한 존경심은 더더욱 깊어졌다.

마틴 스코세이지는 위대한 영화감독이다. 인간의 마음 한구석에 자리한 어두움과 외로움, 나약함과 비열함, 그리고 이율배반으로 가득한 모순투성이가 세계를 가슴 쓰릴 정도로 적나라하게 그려 내는 그의 영화는 수많은 관객과 영화인을 사로잡아 왔다. 2020년 「기생충」으로 아카데미 감독상을 수상한 봉준호 감독은 시상식 무대에서 수상 소감을 통해 이 노장 감독에 대한 무한한 존경심을 드러냈다. "어렸을 때 제가 항상 가슴에 새겼던 말이 있었는데, 영화 공부할 때 '가장 개인적인 것이 가장 창의적인 것이다', 그 말을 하셨던 분이 누구였냐면 책에서 읽은 거였지만, That quote was from our great Martin Scorsese(그 말은 우리의 위대한 마틴 스코세이지께서 하신 말씀이었습니다). 일단 제가 학교에서 마티 영화를 보면서 공부했던 그런 사람인데, 같이 후보에 오른 것만도 너무 영광인데 상을 받을 줄 전혀 몰랐구요…" 기쁘게 웃음 짓는 스코세이지에게 모든 이들이 기립 박수를 보내는 모습을 보며 어찌 가슴 뭉클하지 않을 수 있을까. 「아이리시맨」의 스코세이지, 「원스 어폰 어 타임 인… 할리우드」의 쿠엔틴 타란티노, 「조커」의 토드 필립스, 「1917」의 샘 멘데스 등 쟁쟁한 인물들을 제치고 오스카를 거머쥔 봉준호 감독은 스코세이지에 대한 존경과 타란티노를 향한 애정, 필립스와 멘데스에 대한 고마움을 멋지게 표현했음은 물론 토비 후퍼의 1974년작 공포 영화 「텍사스 전기톱 학살」을 인용하며 순수한 영화광의 모습을 보여 주었다.

그 자신 또한 누구 못지않은 엄청난 영화광인 마틴 스코세이지는 꺾을 수 없는 고집과 창의력과 천재성을 지닌 감독이다. 「디파티드」에서 프랭크가 언급한 존 레넌처럼 그도 영화에 관해서라면 어떤 걸 가지고도 비범한 결과물을 만들어 낼 수 있을 것이다. 중요한 건 그가 장편 데뷔 이후 50년이 훌쩍 넘는 세월 동안 끊임없이 작가주의를 고수해 왔다는 사실이다. 거칠거나 잔혹하고 매끈하거나 뻔뻔하고 유쾌하거나 어이없고 가슴을 옥죄거나 불편하게 만드는, 불타는 사랑과 포근한 정서와 따사로운 가족애와 안정적 행복이 결여된 그의 영화는 우리에게 친숙한 할리우드식 패턴에서 벗어나 있다. 2023년 8월까지 공개된 스코세이지의 장편 영화는 총 25편인데 그중 '해피 엔딩'이라 할 만한 작품은 단 하나도 없다. 애초에 상업적

의도나 감동을 위한 장치 같은 건 그와 거리가 먼 말이다. 하지만 그럼에도 그는 초기 이후 줄곧 워너브라더스, 컬럼비아, 유나이티드 아티스츠, 20세기 폭스, 터치스톤, 유니버설, 파라마운트 등 할리우드 메이저 스튜디오의 자본으로 영화를 만들어 왔다. 거기엔 「갱스 오브 뉴욕」, 「에비에이터」, 「휴고」, 「더 울프 오브 월 스트리트」처럼 제작비 1억 달러 이상의 대작도 포함되어 있고 상업적 성공을 거둔 작품도 있지만, 스코세이지는 기본적으로 자본 논리에 바탕을 둔 스튜디오와 제작자의 의도를 따르거나 타협하지 않는 감독이다. 그럼에도, 온전히 자신이 하고 싶은 이야기를 하고 자신이 원하는 이미지를 보여 주는 이 고집불통 감독에게는 제작자들이 그를 놓칠 수 없게 만드는 이유가 있는 것이다.

그가 영화를 통해 보여 주는 시각적 자극과 종교적 함의, 이를 표현하는 내러티브 구성과 촬영 및 편집 방식은 철저하게 자신의 경험과 철학, 의지에 따른 결과물이다. 역동적이고 강렬한 그의 연출 스타일에는 잦은 클로즈업과 정지 화면, 긴 트래킹 숏과 롱 테이크, 적극적 줌과 내레이션의 활용, 빠른 편집 등이 포함된다. 그리고 그건 그가 어릴 때부터 극장에서 숱하게 보아 왔던 고전 영화에 대한 애정과 이해, 뉴욕대학교에서 영화를 전공하며 습득한 탄탄한 이론적 배경과 실행력, 이탈리아 이민자의 후손으로서 뉴욕에서 태어나 자라며 보고 듣고 경험해 온 일들과 가톨릭 신자로서 가지는 종교적 가치관에 바탕을 둔다. 스코세이지는 범죄와 갱스터뿐만 아니라 스릴러와 심리 드라마, 블랙 코미디, 그리고 시대극 등을 넘나들며 뛰어난 역량을 펼쳐 왔다. 그의 영화에 정의의 사도나 선한 영향력을 행사하거나 온전히 뜻하는 바 혹은 사랑을 이루는 주인공은 등장하지 않는다. 스코세이지 영화의 이야기를 이끌어 가는 캐릭터는 영웅도 친근한 이웃도 공공의 이익을 실천하고자 하는 사람도 아니다. 그가 그리는 이들은 조직 폭력배와 범죄자, 강박 또는 집착을 지닌 인물, 어두운 내면과 불안하고 뒤틀린 정서를 지닌 인물, 성취를 꿈꾸며 이를 위해 매진하지만 그 목표 자체가 모호하거나 일그러져 있는 인물 들이다. 장르와 무관하게 그들은 동일한 철학적 질문을 품고 있는 듯 보이며, 끊임없이 괴로워하고 구원을 갈구하며 방황한다.

그들의 세상에 사랑이라는 건 존재하지 않는 것 같다. 그런 게 있다 해도 금세 사라져 버리는 찰나의 환영幻影이나 마찬가지다. 「누가 내 문을 두드리는가?」의 J.R.(카이텔), 「앨리스는 이제 여기 살지 않는다」의 벤(카이텔), 「택시 드라이버」의 트래비스 비클(드 니로), 「뉴욕, 뉴욕」의 지미 도일(드 니로), 「분노의 주먹」의 제이크 라모타(드 니로), 「좋은 친구들」의 헨리 힐(레이 리오타), 「순수의 시대」의 뉴랜드 아처(대니얼 데이루이스), 「카지노」의 샘 로스스틴(드 니로), 「에비에이터」의 하워드

휴즈(디캐프리오), 「더 울프 오브 월 스트리트」의 조던 벨포트(디캐프리오)는 모두 여인에게 열렬히 구애하는 인물들이다. 하지만 그들에게 여자와 사랑은 성취의 대상 혹은 집착의 일부나 다름없으며 끝내 저주이자 구속이 되어 버린다. 부드럽고 다정해 보이는 순간이 없지 않지만 그 상태는 결코 지속되지 않으며 커플의 관계는 파국으로 향한다. 로맨틱하지 않은 키스나 섹스 신은 노출 및 표현 수위와 상관없이 그저 기계적인 무미건조함과 거북함만 안겨 줄 뿐이다. 스코세이지의 거의 유일한 '러브 스토리'라 할 만한 「뉴욕, 뉴욕」을 채우는, 처음부터 시종일관 극단적 혐오와 불쾌감을 유발하는 병적 사랑이 그가 바라보는 사랑의 모습이 아닐까 하는 생각이 들 정도다. 애초 결함을 지닌 캐릭터를 중심에 세우고 그들의 뒤틀린 정신과 시선으로 바라보게 만들어 결국 가슴속 깊은 곳에 자리한 어두운 방의 문을 열게 만드는 스코세이지의 영화는 절대 가볍게 즐길 만한 대상이 못 된다. 그럼에도 내가 꾸준히 그의 영화를 찾고 여러 번씩 반복해 보게 되는 이유는 하나다. 영화적 쾌감이다.

이 책 『마틴 스코세이지』의 저자 톰 숀은 그 쾌감의 정체를 아주 잘 설명해 주고 있다. 나는 대학 때 「좋은 친구들」을 보고 마틴 스코세이지에게 관심을 가지기 시작했다. 아니, 그때는 오히려 로버트 드 니로에 대한 관심이 더 컸다고 보는 게 맞을 것 같다. 「택시 드라이버」와 「분노의 주먹」, 「비열한 거리」 같은 작품들을 비디오 대여점에서 여러 차례 빌려 봤던 이유는 드 니로의 압도적 존재감 외에는 재미도 없는 이 영화들을 왜 걸작이라고 하는지 궁금해서였다. 할리우드의 블록버스터에 익숙한 감성에 이런 음울한 정서와 스토리텔링이 낯설 수밖에 없었지만, 그러면서 막연하게나마 스코세이지의 스타일에 친숙해졌던 것 같다. 군대 있을 때 휴가 나와서 친구와 「케이프 피어」를 보고 나서는 "역시 스코세이지야!"라며 말도 안되는 허세를 부린 적도 있다. 「순수의 시대」가 개봉했을 때 "드 니로가 없는 스코세이지 영화"는 어떨까 하는 기대, 아름다운 로맨스 영화를 본다는 기대를 품었다가 당혹스러워하기도 했다. 그런데 초기 걸작들을 비디오테이프로 처음 봤을 때와 마찬가지로 여러 이미지들이 묘하게 머릿속을 맴도는 것이 아닌가. 이 감독이 궁금했다. 영화 잡지에 가끔 소개되는 내용으로는 부족했다. 아마 그 무렵이었을 것이다. 어느 날 서점에 갔다가 그의 이름과 얼굴이 실린 책을 집어 들었던 때가. 『비열한 거리—마틴 스콜세지: 영화로서의 삶』(데이비드 톰슨 & 이언 크리스티 엮음, 임재철 역, 1994, 한나래)이라는 책이었다. (예전에는 '스콜세지'라 말하고 썼다. 현재의 외국 인명 표기 규정에 의하면 '스코세이지'로 써야 하지만, 스코세이지 본인이 발음하는 그의 이름은 "스코세시" 혹은 "스콜세시"에 가깝다.) 스코세이지가 들려주는 자신의 삶과 (「순수

의 시대」까지) 각 작품들에 관한 이야기는 웬만한 소설보다 더 흥미진진했다. 비디오로 나오지 않은 그의 영화가 너무나 보고 싶었다. 무엇보다 그가 언급하는 수많은 고전 영화, 거장들의 이름은 다채로운 상상을 품게 하기에 충분했다.

몇 년 후 DVD가 등장하고 인터넷 시대가 열리면서 조금씩 갈증을 해소해 나갔다. 마이클 파월과 빈센트 미넬리, 프랭크 캐프라, 존 포드, 막스 오퓔스, 잉마르 베리만, 프랑수아 트뤼포, 페데리코 펠리니, 존 카사베티스, 새뮤얼 풀러 등 스코세이지의 언급 덕에 적극적으로 찾아본 영화들은 그의 세계에 한 걸음 더 가까이 다가설 수 있는 계단과 같았다. 네 시간 가까운 러닝 타임을 지니는 그의 다큐멘터리 「마틴 스코세이지의 영화 이야기」를 얼마나 재미있게 봤는지 모른다. 신세계가 열린 듯했던 그 시절로부터 어느새 20여 년이 훌쩍 지나 버렸다. 하지만 그는 레전드이면서 여전히 현역이고 가장 위대한, 존경 받는, 영향력 있는 영화감독이라는 위상을 지니고 있다. 그럼에도 국내에 나와 있는 마틴 스코세이지 관련 도서는 내가 대학 때 보았던 책 외에 10여 년 전 출판된 인터뷰집 『마틴 스코세이지와의 대화』(리처드 시켈 저, 이태선 역, 2012, 비즈앤비즈)가 전부였다. 그의 영화 세계를 일목요연하게 살펴볼 수 있는 책이 나오면 좋겠다는 생각을 오랫동안 해 왔다. 그리고 마침내 기대 이상의 멋진 책을 손에 쥐게 되었다.

『마틴 스코세이지: 레트로스펙티브』는 영국의 『선데이 타임스』와 미국의 일간지 『뉴욕 타임스』, 주간지 『뉴요커』 등에 글을 써 온 미국인 영화 평론가 톰 숀이 쓴 책이다. 2014년 『스코세이지: 회고전』이라는 제목으로 처음 출간되어 스코세이지 팬들의 극찬을 받았던 이 커피 테이블 북은 2022년 늦은 가을 개정판으로 새롭게 등장했다. 톰 숀은 「누가 내 문을 두드리는가?」부터 「아이리시맨」까지 스코세이지의 모든 장편 영화 25편을 하나하나 개괄적으로 소개하고 깊이 있는 분석을 더한다. 객관적 사실과 자료를 바탕으로 각각의 영화가 어떻게 만들어졌는지, 감독의 의도가 무엇이었는지, 결과물과 반응은 어떠했는지 등이 서술되는데, 저자가 감독과 직접 가진 인터뷰는 물론 여러 서적과 매체 인터뷰에서 인용한 스코세이지의 말을 중심으로 작가, 여러 스태프 및 제작자의 다양한 이야기가 입체적으로 펼쳐진다. 스코세이지의 어린 시절부터 첫 장편을 만들 때까지의 이야기를 보면 그의 많은 영화에 뉴욕이라는 도시, 거침없는 폭력, 속죄와 구원이라는 테마가 담긴 이유가 자연스럽게 드러난다. 장편 영화 외에 다큐멘터리 감독으로서의 모습을 다룬 내용 또한 흥미롭다. 커피 테이블 북에 걸맞은 풍성한 도판과 소중한 사진 자료는 이 책이 주는 커다란 즐거움 중 하나다. 상세한 설명을 곁들인 270장 이상의 영화 스틸 및 촬영 현장 사진들을 통해 우리는 캐릭터와 인물의 이미지를 더욱 생생하게

가까이 느낄 수가 있다.

오랫동안 그의 영화에 열광해 온 스코세이지의 팬으로서 이 책을 번역하는 일은 더할 나위 없는 즐거움이었다. 사실 처음에는 커피 테이블 북이라는 외형만 보고 지레 '가벼운 읽을거리'일 거라 짐작하여 각 영화의 줄거리와 트리비아식 정보의 나열 정도일 거라 생각했다. 완전히 틀린 생각이었다. 톰 숀의 문장은 문체나 내용 면에서 쉬운 글이 아니다. 영화를 보지 않은 채 읽으면 무슨 말인지 제대로 파악이 안 되는 내용도 간혹 등장하며 때로는 영화의 대사나 상황과 관련된 숨은 의미를 알아채지 못하고 그냥 지나치게 되는 경우도 있다. 즉 철저히 스코세이지광을 위한 책이라는 뜻이다. 스코세이지광이라면 당연히 영화광이기도 할 것이다. 그래서 그의 눈높이는 거기에 맞춰져 있다. 여기에 등장하는 무수한 옛 영화들, 이름들, 때로 인문학적 지식을 요하는 비유들 중에는 생소한 것도 많았다. 필요하다고 생각되는 부분에 각주로 간략히 설명을 했지만 언급되는 대부분의 영화들에 대해서는 따로 주를 달지 않았다. 이 책을 읽는 독자라면 어느 정도는 알고 있거나 검색이 가능할 거라 생각해서다. 개인적 사정 때문에 작업 마감을 여러 차례 미루었다. 못난 역자에게 일을 맡겨 주고 무한한 인내로 양해를 해 주신 이민정 편집장께 한없이 고맙고 또 죄송할 따름이다. 멋진 책을 내 주신 그책 출판사에 큰 감사를 드린다.

2023년 8월
김경진

톰 숀 Tom Shone

뉴욕대에서 영화사를 가르치며 『뉴욕타임스』, 『선데이타임스』, 『이코노미스트』,
『보그』, 『가디언』, 로튼토마토 등에서 활동하는 작가.
지은 책으로 『타란티노: 시네마 아트북』,
『크리스토퍼 놀란: 감독이 참여한 첫 공식 도서』, 『Woody Allen: A Retrospective』,
『Blockbuster: How Hollywood Learned to Stop Worrying and Love the Summer』 등이 있다.

김경진

영화를 사랑하는 대중음악 평론가.
레코드사에서 20여 년간 국내외 음반 기획과 제작·라이선스·마케팅 등
대중음악과 관련한 다양한 일을 했으며 동시에 음악 평론가·팝 칼럼니스트로서 활동을 펼쳤다.
유행을 초월한 음악과 영화는 개인의 삶을 지속적인 풍요로움으로 채워 줄 수 있다고 생각한다.
지금은 레코드 숍 팝시페텔을 운영하며 꾸준히 글을 쓰고 음악과 영화 강좌를 기획·진행하고 있다.
『바이닐. 앨범. 커버. 아트』, 『짐 모리슨: 라이트 마이 파이어』, 『스탠리 큐브릭: 미국인 영화감독』을 옮겼고
『잔다리 페스타 서울 10.10.10 (사진집)』을 쓰고 엮었다.

마틴 스코세이지: 레트로스펙티브

초판 1쇄 인쇄 2023년 8월 7일 | **초판 1쇄 발행** 2023년 8월 17일

지은이 톰 숀 | **옮긴이** 김경진 | **펴낸이** 정상우
편집 이민정 | **디자인** 김해연 | **관리** 남영애 김명희

펴낸곳 그책 | **출판등록** 2007년 11월 29일 제13-237호
주소 서울시 은평구 증산로9길 32(03496)
전화번호 02-333-3705 | **팩스** 02-333-3745
페이스북 facebook.com/thatbook.kr
인스타그램 instagram.com/that_book

ISBN 979-11-92385-18-1 03680

그책은 (주)오픈하우스의 문학·예술 브랜드입니다.

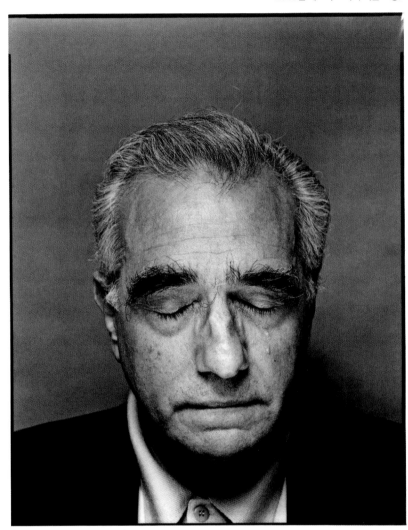

"자, 현실을 직시해 봅시다. 영화(고전 영화)의 시대는 지나갔습니다.
끝났어요. 지금까지 우리가 알고 있던 영화는 사라지고 있어요."